国家社科基金
GUOJIA SHEKE JIJIN HOUQI ZIZHU XIANGMU
后期资助项目

汉语核心人体词共时与历时比较研究

A Synchronic and Diachronic Comparative
Study on Chinese Core Body Terms

章黎平 解海江 著

中国社会科学出版社

图书在版编目(CIP)数据

汉语核心人体词共时与历时比较研究／章黎平，解海江著．—北京：中国社会科学出版社，2015.10
ISBN 978 - 7 - 5161 - 6994 - 0

Ⅰ．①汉…　Ⅱ．①章…②解…　Ⅲ．①汉语 - 人体 - 词汇 - 研究　Ⅳ．①H13

中国版本图书馆 CIP 数据核字(2015)第 251144 号

出 版 人	赵剑英	
责任编辑	任　明	
责任校对	周　昊	
责任印制	李寡寡	

出　　版	中国社会科学出版社	
社　　址	北京鼓楼西大街甲 158 号	
邮　　编	100720	
网　　址	http://www.csspw.cn	
发 行 部	010 - 84083685	
门 市 部	010 - 84029450	
经　　销	新华书店及其他书店	

印刷装订	北京市兴怀印刷厂
版　　次	2015 年 10 月第 1 版
印　　次	2015 年 10 月第 1 次印刷

开　　本	710 × 1000　1/16
印　　张	20.5
插　　页	2
字　　数	350 千字
定　　价	68.00 元

凡购买中国社会科学出版社图书，如有质量问题请与本社营销中心联系调换
电话：010 - 84083683

国家社科基金后期资助项目

出 版 说 明

后期资助项目是国家社科基金设立的一类重要项目，旨在鼓励广大社科研究者潜心治学，支持基础研究多出优秀成果。它是经过严格评审，从接近完成的科研成果中遴选立项的。为扩大后期资助项目的影响，更好地推动学术发展，促进成果转化，全国哲学社会科学规划办公室按照"统一设计、统一标识、统一版式、形成系列"的总体要求，组织出版国家社科基金后期资助项目成果。

全国哲学社会科学规划办公室

序

李如龙

章黎平、解海江贤伉俪经过多年的努力写成了《汉语核心人体词共时与历时比较研究》一书，获得国家社会科学基金的后期赞助，就要出版了，希望我为他们的大作写一篇序文，我为作者和出版者高兴。对于年轻的作者来说，辛勤的劳动得到了专家和社会的认可，就是莫大的鼓舞，这是不用多说的；对于赞助者来说，一个合理的计划能够找到优秀的成果得到落实也并不容易，这却要多说几句。我对社会科学研究成果的后期资助计划特别赞赏，因为只要专家鉴定得好，成果的质量有保证，把合格的、优秀的成果加以认定，并把它推向社会，就是用最少的成本获得最大的效果。就像把奖品放在终点，有志者便都能受到鼓励，发奖的也没有白费心机。据说，多年来不少社科资金赞助的项目无法结项，有的虽然结了项，却因掺水、作假而成废品，国家的投资也就落了空。所以我赞成加大后期资助。如果还有"十年磨一剑"的"傻子"出了精品，那就更应该赶紧搜寻、接纳，热情、高调地向学界推介了。

章、解二位是我多年的朋友了。他们在高校的教学之余，积极攻读博士课程，如期获得学位，并且按照导师指引的方向，长期坚持研究工作，可谓目无旁顾、马不停蹄。这些年来，他们把力量集中在方言学和词汇学上，运用纵横两向的比较方法，既注重读书，用系统理论武装头脑，也能努力发掘大量的古今语料，认真推敲事实、大胆探讨规律，终于年年都有新的进展，如今已是成果累累，在同辈学者之中相当引人注目了。

任何语言的词汇，都是一个同心圆的网络系统，居中的是核心词，而后是基本词、一般词、行业词，除了自源生成的，多少不等的外来词也依序排列成内外圈；内圈和外圈之间又是纵横交错的，少量而常用的核心词（根词）和基本词是生成大量的其他词语的基本原料。人类认知世界、发展思维的过程，总是由近及远、从小到大、自实而虚的，各种语言大都用人体的部位去称说"山顶、山头、山腰、山脚"，就是这个道理；斯瓦迪士的100词、200词中，人体词占了不小的比例，也是遵循了这个道理。本书选取了25个最常用的人体称谓词，就汉语的古今通语和南北方言逐一进行过细的比较，从而探寻隐藏其中的规律，这是一个绝妙的构思。因为它符合上述的原理，也切应汉语的实际。如所周知，汉语有保存数千年的史料和语料，有数量庞大、内容丰繁的方言，只要肯花工夫，就一定可以通过比较去发现规律，形成理论。古人说，"举网必提纲"，"纲举目张"，核心人体词就是一条重要的纲绳，顺着它，追寻其本末，考察共时的异同和历时的流变，就一定可以理解汉语词汇发展的许多基本事实。其中必定有各种语言发展的共性，也必定有汉语特有的个性。就汉语自身而论，这25条核心词的考察面还不算广，就像解剖了一只麻雀，还是可以体会到古今通语和南北方言之间各有哪些主要特征。

　　果然，本书就为我们验证了许多古今汉语和南北方言的不同特征。例如，从上古时期的单音词到中古以后的双音化，这是汉语词汇演变的最重要的规律，原来在核心词就有集中的表现：首——脑袋，臂——胳膊，腹——肚子，颔——脖子，目——眼睛，口——嘴巴，耳——耳朵，鼻——鼻子。而既然是核心词，哪怕后来不能单用了，作为语素，还继续起着核心的作用，多数古时候的单音词，后来不能单说了，还作为语素保留在许多一般词、书面语词或行业词里：首脑、首领、臂膀、臂力、心腹、腹水、目标、注目、口水、出口、木耳、耳背。又如，古今汉语的词汇演变，无非传承、变异、创新和借贷，南北方言的词汇差异其实就出于这些方面的不平衡。南方传承古词多，如闽语至今还保留着"首、目、喙、面、腹、骹、额、胿"。北方结构变异大，如官话就有许多带着多个语缀的复音词：脑壳儿、脑袋瓜子、身板儿、身子骨儿、脸蛋儿、耳丫子、鼻疙瘩、脖颈子、肩膀拐子、奶膀子、腚帮子、磕膝盖儿、圪老拜儿、脚巴丫子。

　　在罗列了基本事实之后，作者还努力就共时差异的类型，方言和普通话人体词的相似率以及造成差异的原因做了很好的归纳和统计分析，得出许多可信度相当高的结论。例如官话区的语缀多，有前缀、中缀、后缀，还能连用、叠用，和南方方言的少语缀形成了鲜明的对比，书中都用了详细的资料做说明。关于各大方言和普通话的词汇相似率，本书所做的统计和徐通锵做的统计以及《汉语方言词汇》所显示的状况，是可以相互论证的：大体依照闽、客、粤、吴、湘、赣的顺序向普通话靠拢。但是南部吴语（如金华、温州）和北部吴语（如上海、苏州）判然有别；新湘语（如长沙）和老湘语（如娄底）显然有异。书中多处提出，许多北方官话的说法也见于长沙的湘语和南昌的赣语，似乎不好解释，其实正是当代新湘语（尤其是省会城市长沙）和官话包围中的北片赣语（尤其是省会城市南昌）向着普通话急剧靠拢的"湘不湘、赣不赣"的写照。

以上是本书的基础内容，也是最精彩的部分。每一位读者都可以对号入座，检验自己的语感，也可以获得许多新知，在对比之中玩味。

在这个基础上，作者还从词汇语义学的角度，分析了这些人体词的编码模式、造词法和构词法的差异，字音演变和字义延伸的相互作用，从中分析方言间的异同。作者从学习到工作长期住在鲁东大学，得到词汇语义学家张志毅先生的指导和熏陶，这些分析也是很有启发意义的。

在历时方面，本书逐一考察了不同方言所传承的不同时代的通语的多少，也讨论了不同时代的古代语言在方言中的继承状况，传承中有变异，变异中有创新，还有内外的借用。在历史考察中也同样进行了类型的归纳和区域性特征的概括，最后的两章还就核心人体词的义位、义素做了历史层次和地域分布的分析，用人体词的异同去检验已有的对汉语方言的分区，考察方言之间的亲疏关系。此外还在人体词中提取了不同方言的内同外异的"特征词"（和特征语素），用它去检验方言的分区。这就使读者对人体词的现实使用有了历史层次的理解和区域差异的概念。经过这些核心词的剖析，细心的读者一定可以就古今南北的汉语及其方言的纵横关系得到大略的理解，而这对于学习汉语和研究汉语都是不可或缺的。

年轻人做学问，看来还应该从"小题大作"做起，这本书的成功就是个证明。为了考察这25个人体词，要查清都有哪些说法，不同的说法都起始于什么时代，弄清楚它的来龙去脉，同样的说法怎么分布的，不同的说法又为什么在一处同现？为了解决这些问题，需查阅的资料之多、要思考的问题之繁，是很难想象的。两位作者硬是这样一层层地追查，一条条加以解释，终于，他们得出了许多有价值的结论，也提出了许多前人还没有说清的问题，这就是突破。然而经过这番苦干，对于怎样去提出问题、解决问题、又怎样去发现新的问题，他们都获得多方面的收获。

这里想谈谈他们发现的问题。如前面所说的，提出为什么长沙、南昌话有不少南方方言少有的、和官话一样的说法？这就是"近江"的湘赣方言受到普通话更多影响的证明；又，为什么杭州话也有许多与官话相同的人体词，这和南宋迁都数百年的历史是息息相关的。书中还提出，研究方言核心词往往会遇到用字的障碍，这也是一个击中要害的难题。方言是地方上口口相传的俗言俚语，并非按字读音的，有的方言词，尤其是那些音缀，本来就无字可写，有的是时代久远，音义改变之后，本字已经模糊,向来记录方言词并未重视追查本字,因此,做面上比较时就会经常被误导。例如粤语写的"仔"和湘语写的"崽",本来可能就是一回事,而闽南写的"仔"却是"囝"(九件切)弱化音的记录。闽语和客家话写的"奶"读为阳声韵 neng,看来就不是汉语,而是底层词。又如,闽语和客家话都称"眼睛"为"目珠",在闽语"珠"有文白两读,俗写就作"目睭",福州话的"牙齿"读为 ngai,是二字的合音,有时就写为"牙",也都成了误导。

最后,再提一点建议,常用的人体词都是核心词,既然是核心词,就常常是多义项的,有的还是兼类词和构成许多多音词的常用语素。例如普通话的"头"有 14 个义项,"口"有 12 个义项,"面"有 10 个义项,它们都可以作为方位词的后缀(前头、门口、后面),也可以用作量词(一头牛、一口猪、一面墙)。有些不同时代的人体词,不是替换,而是"联用"为原意或"合成"为新义,例如前者有"头脑、牙齿、毛发、腿脚、腹肚、眼目";后者有"元首、首领、头领,手脚、手足、耳目、口舌、嘴脸、心腹"。至于南方方言,花样就更多了:粤语有"入面、出面",客家话有"上背、下背",福州话有"前首、后首",厦门话一套衣裳的"套"说 su,是"身躯"的合音。有些人体词成了方言特征词,也很值得注意。例如闽、客方言"鼻子、鼻涕、嗅"通常都用一个"鼻"字来表达(有的用读音来区别意义),这类独具一格的特征词还常常就成了高频词。总之,不论是通语或方言,凡是核心词、基本词、特征词,都应该进行语音的、语义的、构词法的全方位考察和比较,这项工作做好了,我们对于古今汉语和南北方言的特征就会有透彻的认识。我愿以此与作者和读者共勉。

是为序。

李如龙　于厦门大学

2015 年 9 月

目　　录

绪　　论

一　核心词与核心人体词

（一）核心词

谈到核心词，一般都会想到斯瓦迪士核心词列表（Swadesh list），是由美国语言学家、语言年代学即词汇统计学的创始人莫里斯·斯瓦迪士（Morris Swadesh）在 20 世纪 40—50 年代提出的一个词表。他从统计学的角度分析不同的语言（以印欧语系语言为主），从而得出一个约莫有 200 字的核心词列表。[①] 他认为，基本上所有语言的核心词汇都应该包含这 200 多个词；而另一方面，只要认识这 200 多个词，亦可以利用该种语言做最基本的沟通；他"想从基本词根语素在发展中保留下来的百分比来计算语言的发展年代"[②]，比较这些词"在古英语与现代英语、民间拉丁语与现代西班牙语中的异同，这样就可以求出变化的速率"[③]。鉴于种种原因，斯瓦迪士后来又对这个核心词列表的词进行了精选，编制了一个 100 个词的修正词表。[④] 按照斯瓦迪士的观点，这些核心词是"任何语言中由根词、基本的日用的概念组成的那部分词汇"[⑤]。

对于任何一种语言来说，其词汇系统的成员都是极其庞大的，进行词汇比较研究不容易将所有的词纳入比较系统。斯瓦迪士的核心词虽然是为了研究语言年代学，用统计的方法来测算语言发展的年代的，但我们可以借鉴来研究汉语中某些词的历时演变。

（二）核心人体词

斯瓦迪士所枚举的 200 个核心词中，与人体有关的词语有：back、

[①]　徐通锵：《历史语言学》，商务印书馆 1991 年版，第 429—430 页。

[②]　同上书，第 413 页。

[③]　同上书，第 414 页。

[④]　同上书，第 430—431 页。

[⑤]　同上书，第 413—414 页。

belly、blood、bone、ear、eye、flesh、foot、guts、hair、hand、head、heart、leg、liver、mouth、neck、nose、skin、tongue、tooth 共 21 个[①]；后来他的修正词表里 100 个核心词中与人体有关的词仍然有：skin、flesh、blood、bone、hair、head、ear、eye、nose、mouth、tooth、tongue、foot、knee、hand、belly、neck、breast、heart、liver 共 20 个[②]；这些词的数量竟然占这 100 个核心词的 1/5，可以说在所有被收入核心词的各个义类中，表示人体的核心词所占的比重是比较大的。

由于上述核心人体词中"心"、"肝"、"血"等义位的词形在古今汉语中基本无变化，研究其古今演变成效不会很明显，因而对汉语核心人体词的选取就应该考虑汉语的特点和本书的研究目标。

人体是一个连续的整体，用意义无法连续概括的语词去切分人体可能会难以准确划分各个部位；加之语言有模糊性，各时期、各民族、各方言对人体器官部位的划分细度和所指名称可能并不相同。表示人体部位、器官的词繁多而复杂，但我们又无法用医学、解剖学的理论对人体器官部位进行分割，而且表示人体某些部位的词和表示某些器官的词在普通人的心目中又经常是地位一致的（如一些指称位于头、面部的器官：眼睛、鼻子、嘴、耳朵、舌头等的词与指称嘴唇、脸颊等部位的词），使用中可能被同等对待。至于哪些词是指称人体部位、哪些词又是指称人体器官，我们依据《现代汉语词典》的释义；限于篇幅，我们只对一些表示外在的、位置或作用比较凸显的人体器官、部位的义位进行研究，这些义位中除"眼睛、耳朵、鼻子、嘴、舌头、牙齿"等义位是指称器官的外，其他几乎都是指称人体部位的。我们将表示人体器官的词语与表示人体部位的词语放在一起研究，不再专门区分哪些是指称人体器官的词语、哪些是指称人体部位的词语，在此都被统称为人体词语，且在比较、研究中一视同仁地对待。

对人体器官部位的划分，冯凌宇博士认为："汉语中表示人体各部位的词语，主要包含六大语义场（或语义范畴）：头部、躯体、四肢、脏腑、毛发、生殖器。……以及人体经络、骨骼、神经、腺体、膜、淋巴、

---

① 徐通锵：《历史语言学》，商务印书馆 1991 年版，第 429—430 页；但另有资料显示：斯瓦迪士枚举的 207 个核心词中，除上述 21 个与人的身体有关的词外，还有 fingernail、knee、breast 3 个词。

② 徐通锵：《历史语言学》，商务印书馆 1991 年版，第 430—431 页。

分泌物和其他排泄物等词语……"① 李慧贤博士认为人体"由头部、颈部、胸部、腹部、背部、腰部、臀部、上肢、下肢等部分构成……"② 可见,她们的切分差异在于:只分大类还是分小类、只考虑外在部位还是内外部位器官兼考虑的不同。

限于篇幅和历史文献的资料,加之考虑到有些人体义位从古至今的变化不是很大,还有一些人体义位位置不是很凸显且方言差异性虽然很大,但没有什么规律可循(如腋窝、后脑勺等);我们的研究暂且仅限于那些指称外在的、位置或作用比较重要的人体器官部位的义位,即暂且不讨论指称人体的内脏、生殖器及经络、骨骼、神经、腺体、膜、淋巴、分泌物和排泄物等其他词语。对这些义位的切分,我们主要参考冯凌宇的分类、兼参考《同义词词林》和《简明汉语义类词典》的分类,将人体词分为以下八个语义场。

人体外部器官部位各义场的粗略分类:

一、身体义场:1. 身体(总体义场),2. 上身,3. 下身

二、头部义场:1. 头,2. 额、额角、印堂,3. 太阳穴,4. 头顶,5. 囟门,6. 后脑勺

三、面部义场:1. 脸,2. 颊(颧骨),3. 颏(下颌/下巴),4. 腮,5. 酒窝

四、五官及其他义场:1. 五官(总体义场),2. 眼,3. 耳,4. 鼻,5. 口,6. 唇,7. 舌头,8. 牙齿

五、颈部义场:1. 颈/脖子

六、躯干义场:1. 躯干(总体义场),2. 肩,3. 胸、胸脯,4. 乳房、乳头,5. 背,6. 腰,7. 腹(小腹、肚脐),8. 臀

七、四肢义场

1. 四肢(总体义场),2. 上肢(上位义场):3. 臂(上臂、下臂),4. 腋,5. 肘,6. 腕,7. 手,8. 拳,9. 左手,10. 右手;11. 下肢(上位义场):12. 腿,13. 大腿,14. 膝,15. 小腿(腿肚子),16. 腿腕子,17. 脚踝,18. 脚,19. 左脚,20. 右脚

八、毛发义场:1. 头发(鬓角、髻、刘海),2. 眉毛,3. 睫毛,4. 胡须

---

① 冯凌宇:《汉语人体词汇研究》,中国广播电视出版社 2008 年版,第 11 页。

② 李慧贤:《人体词语的特点及历史演变情况》,载《第四届汉语史研讨会暨第七届中古汉语国际学术研讨会论文集》,2009 年 8 月,第 147 页。

　　当然，这55个义位还只是对各个身体部位器官的粗略分类，各个人体器官部位的上位词还会有自己的下位词，如："鼻子"下（根据鼻子的不同部位再分）还可以有：鼻梁、鼻孔、鼻头、鼻翼，等等；"脚"下（根据脚的不同部位再分）还可以有：脚板、脚面、脚背、脚心、脚趾、脚后跟，等等；甚至"手指"下根据不同的分类标准还会有两个义场：一是分别对五个手指的不同指称构成的义场，还有对一根手指不同部位的划分——分为手指尖、手指根等——而构成的义场。

　　对以上55个义位都进行全方位的共时和历时比较研究，显然历史文献资料恐怕不全，篇幅也不允许。限于篇幅，我们暂且只讨论25个核心人体词的共时表现和历时演变情况。这里说的核心人体词，确实存在主观性（是否合适还希望能与各位专家商榷，留待今后研究、修正）。我们认为应该是那些指称外在的、位置或作用比较重要的人体器官部位的义位，其普通话的代表性义位分别是：身体、头、脸、眼睛、耳朵、鼻子、嘴、舌头、牙齿、颈/脖子、肩膀、胸、乳房、背、腰、肚子、臀/屁股、胳膊、手、腿、膝盖、脚、头发、胡子、眉毛。[①] 与斯瓦迪士所枚举的200个核心词中的21个人体核心词相比较，我们舍弃的是"皮肤、血液、骨头、肌肉、肠子、心、肝"共7个词，而增加了"身体、脸、肩膀、胸、乳房、腰、臀、胳膊、膝盖、胡子、眉毛"共11个词。[②] 25个人体义位分语义场的情况是：

　　一、身体义场：身体

　　二、头部义场：头

　　三、面部义场：脸

　　四、位于头、面部的器官义场：1. 眼睛，2. 耳朵，3. 鼻子，4. 嘴，5. 舌头，6. 牙齿

　　五、脖子/颈义场：脖子/颈

　　六、躯干义场：1. 肩膀，2. 胸，3. 乳房，4. 背，5. 腰，6. 肚子，7. 臀

　　七、四肢义场

　　上肢：1. 胳膊，2. 手

　　下肢：1. 腿，2. 膝盖，3. 脚

---

① 各语义场及其义位的排列，尽量按照人体从上往下的顺序，但可能做不到尽善尽美。

② 面部语义场中的"额"和"下巴"两个义位，就其部位来说，可以包括在"脸/面"中；加之其方言规律并不明显，限于篇幅，我们暂且不予讨论。

八、毛发义场：1. 头发，2. 眉毛，3. 胡子

本书将对这 8 个语义场、25 个核心义位，分语义场，各个语义场下再分义位进行共时和历时的综合比较研究。

二　研究意义

徐通锵先生在《历史语言学》中，按照斯瓦迪士核心词（200 词）列表，列出了人体词的古代汉语和现代汉语说法并进行了同源成分的对比①，其中与我们选取的 25 个核心词相关的（前者是古代汉语说法、后者是现代汉语说法）有："发——头发、耳——耳朵、鼻——鼻子、牙/齿——牙/牙齿、舌——舌头、膝——膝盖、手——手、乳——乳房" 8 个是有同源关系的，而 "首——头、目——眼睛、口——嘴（巴）、足——脚、腹——肚子、颈——脖子" 6 个是没有同源关系的；即便是有同源关系的 8 个义位，古、今汉语词形一致的也只有"手"，这说明古、今汉语核心人体词的词形变化比较大，正是因为人体词的历时替换、共时方言差异等情况都很复杂，所以我们选择这类词作为本书的研究对象。

我们承认，与地理/地貌、植物/农作物、饮食、风俗民俗等语义场相比，人体语义场内的义位在各方言中的差异应该是比较小的；因为与人体语义场相比，前述的几个语义场都可能与方言地区独特的生活环境、劳动条件、饮食习俗等有密切关系，而人体语义场中的义位差异受方言独特地理、风俗习惯等方面的影响比较小，且各方言中均有表示人体器官部位的词，其方言对应性应该是比较强的；正因为这样，其可比较性也就较强。这也是我们选取核心人体词这一类词进行比较研究的原因之一。

（一）方言学意义

从同一原始汉语分化出来，又一直从属于汉语共同语的各地方言，尽管分歧很大，其共性与差异肯定却是共存的。"由于社会历史中各种因素的影响，汉语各方言经历长时期发展后，彼此间既有不同的特点，也有相同的特点。"② 学者们一直重视方言的研究，因为"汉语是一种存在着严重方言分歧的语言。汉语方言中蕴藏着大量的语言资源。汉语方言的研究，可以为全面认识现代汉语和古代汉语、构建汉语历史、充实普通语言

---

① 徐通锵：《历史语言学》，商务印书馆 1991 年版，第 417 页。
② 王福堂：《汉语方言语音的演变和层次》，语文出版社 1999 年版，第 49 页。

学的理论等多方面提供鲜活的语料"。① 方言比较研究本身就有重要的语言学价值。

李如龙先生曾指出汉语方言比较研究的重大意义:"什么时候我们把汉语方言的横向比较搞透了,对于现代汉语的结构系统就能获得真切的了解;把纵向的比较也搞透了,一部翔实的汉语史也就水到渠成了。从这一点说,汉语方言的比较研究不仅是研究汉语方言的需要,而且是整个汉语研究,建立汉语语言学,使我们的语言学真正中国化、科学化的需要。"②因此汉语方言比较研究取得的成果可以为整个汉语语言学研究提供参考。

语言由语音、词汇、语法三个方面构成,对语言的研究应全面涉及这三个方面才算是全面、系统的研究;对汉语方言进行全面研究也不应该忽视方言词汇的研究。近年来,汉语方言词汇的调查研究有了长足的进步,人们认识到除方言语音外,方言词汇的差异也是很明显的。大批的方言志、方言词典及一些方言词汇研究的论著大量出版,方言词汇研究开始得到重视。但是,与方言语音的研究相比,方言词汇的研究仍然是相对薄弱的领域,还有待于进一步发展。通过对方言词汇系统的比较,能提高人们对方言词汇特点及方言词汇之间共性和差异的认识,更好地把握和解释方言的特点,这有助于更全面深入地了解方言的全貌;探寻方言词汇及汉语方言演变规律,弄清方言的分化演变特点,这能更好地认识方言规律;从而加强汉语方言研究的深度和广度,从理论上推动汉语方言学的发展。

此外,比较方言人体词,了解其方言共性和差异,看人体词到底能够多大程度地反映方言的特点,其中表现出的方言特点与现有的方言分区有哪些相合,这些特点又能为方言分区提供哪些佐证,能对方言分区——特别是近年来提出的以词汇标准为补充条件的汉语方言分区和分类、汉语方言类型特征研究提供人体词方面的参考。

总之,通过对方言人体词的研究,希望能对方言类型研究、方言间关系及方言分区研究、推广普通话、方言区语文教学、方言地域文化等问题的研究提供一点帮助。

(二) 词汇学意义

各种语言中,人体词一般都是常用词,属于基本词汇,对其研究无疑

---

① 钱曾怡:《方言研究中的几种辩证关系》,载《钱曾怡汉语方言研究文选》,山东大学出版社2008年版,第1页。

② 李如龙:《论汉语方言的比较研究》(代序),载《汉语方言的比较研究》,商务印书馆2001年版,第5页。

具有重要意义。罗杰瑞先生说过："只有在日常用词分析的基础上，才能看到方言之间关系的真实情况。"① "从基本词汇的差异也可以看到不同方言之间的重要特征。"② 对其研究无疑具有重要意义。李如龙先生就说过："词汇比较研究的重点必须坚决地转移到基本词汇上来。"③

全面的汉语词汇学研究不应该抛弃方言词汇的研究。当前国内的词汇学研究是以普通话为主要对象的。差异很大的汉语方言近年来被认为是我国语言的重要资源。当前，在方言研究领域，相对于方言语音研究来说，方言词汇研究本身就比较薄弱，对其研究有重要价值；另一方面汉语词汇研究本身也亟待加强。"方言的词汇特征必须和语音特征一样受到应有的重视。"④

本书以人体核心词为研究对象，作了几个方面的尝试，一是从共时和历时两个方面，采用"普—方—古"综合比较的方法进行研究，目前在词汇研究方面，这样的成果还不多，将以往主要以普通话词为对象的研究扩大至汉语方言词，扩大了研究范围，丰富了研究内容；二是从认知语义学角度对汉语核心人体词的共时差异和历时演变情况进行解释，以尝试寻找语言演变的认知机制，这对词汇学理论的丰富具有重要价值；三是将共时差异与历时变异结合起来，研究了汉语核心人体词结构特征的类型差异与地域分布、方言核心人体词的发展与汉语词汇复音化历程的关系，等等。希望能对汉语方言词汇学的深入研究起到抛砖引玉的作用，能在研究现代汉语人体词的同时关注其历时演变的情况。

（三）汉语史研究意义

近年来，学者们已经意识到汉语方言差异与汉语历时演变的关系，张树铮先生就指出："共时的差异实际上是历时变异的平面展开。"⑤ 历史的演化反映在共时的差异中，或者说共时的差异是历史演化结果的投影。

---

① ［美］罗杰瑞：《汉语概说》，语文出版社1995年版，第167页。
② 李如龙：《词汇系统在竞争中发展》，载《词汇学理论与应用》编委会编《词汇学理论与应用》（三），商务印书馆2006年版，第40页。
③ 李如龙：《谈谈词汇的比较研究》，载《词汇学理论与实践》，商务印书馆2001年版，第141页。
④ 李如龙：《论汉语方言特征词》，载《汉语方言的比较研究》，商务印书馆2001年版，第107页。
⑤ 张树铮：《现代汉语方言音系简化的趋势与推广普通话》，《语言文字应用》1994年第1期，第48—53页。

"语言的分化正是由时间因素引起的。地理差异应该叫作时间差异。"① "造成语言的分歧的正是历时事实的继起以及它们在空间上的增殖。"② 用古汉语与现代汉语普通话、汉语各方言进行比较研究，既会对汉语人体词共时差异的原因作一个历时发展的解释，又会发现汉语历时演变的很多深层次原因。"现时的不同方言的地域差异常常折射出纵向的历史演变脉络。"③ "汉语诸方言大多有久远的历史，词汇方面这种不成对应的差异并非偶见现象，很值得注意。发掘这方面的材料对于考察方言词汇特点乃至研究汉语词汇史都有重要意义。"④ 所以研究汉语方言词汇共时差异与历时演变，扩大了比较研究的范围，对汉语词汇系统抑或对汉语词汇史乃至对整个汉语史研究都有价值。

"从汉语研究的发展趋势来看，共同语与方言的结合、现代汉语与汉语史的结合研究正成为学术界共同努力的方向。"⑤ 既然许多学者们已经指出汉语方言共时的差异与历时的演变有关系，那么联系方言的共时差异去研究汉语的历时演变，是一条值得尝试的研究途径。李如龙先生的观点具有启发性："从汉语史的角度说，把各个时期的常用基本词和各方言的基本词进行综合比较，便可以了解古今汉语的基本词汇的演变过程及其规律。以往汉语词汇史的研究多着重于疑难词语的考释，而忽略常用词的研究。事实上，汉语词汇史的最主要事实便是基本词汇的变动。弄清楚不同时期的基本词汇及其与各方言的基本词、特征词的关系，汉语词汇史的基本面貌也就清楚地显现出来了。"⑥ 核心人体词属于基本词汇，而且仅从古今共同语的情况看，人体词的替换、演变情况也是很复杂的，汉语不同方言人体主要义位的共时差异可以看作不同方言在历时演变特点上的表现，弄清其历时演变情况能对汉语史研究提供参考。由此，从共时和历时两方面对核心人体词进行比较研究对汉语史研究也有帮助。

本书的研究涉及核心人体词在汉语共同语中的历时演变与方言共时分

---

① ［瑞］索绪尔：《普通语言学教程》，商务印书馆 1980 年版，第 277 页。

② 同上书，第 131 页。

③ 钱曾怡：《方言研究中的几种辩证关系》，载《钱曾怡汉语方言研究文选》，山东大学出版社 2008 年版，第 17 页。

④ 李如龙：《谈谈词汇的比较研究》，载《词汇学理论与实践》，商务印书馆 2001 年版，第 140 页。

⑤ 张树铮：《清代山东方言语音研究》，山东大学出版社 2005 年版，第 5 页。

⑥ 李如龙：《论汉语方言的比较研究》（代序），载《汉语方言的比较研究》，商务印书馆 2001 年版，第 17—18 页。

布的关系、方言核心人体词的发展与汉语词汇复音化历程的关系等方面的内容，这是将共时的差异与历时的变异结合起来研究词汇史的一种尝试。另外，用语言三要素相互间的影响来解释人体词的某些历时演变现象，这也是将汉语词汇史研究与语音史、语法史研究相结合的一种尝试。

（四）语言学意义

理论语言学的水平决定于具体语言的研究成果。汉语语言学、汉语方言学的研究成果，也可以对普通语言学理论作补充。

"有关语言学的静态方面的一切都是共时的，有关演化的一切都是历时的。同样，共时态和历时态分别指语言的状态和演化的阶段。"[①] 共时与历时相结合的综合比较研究是近些年来被大力倡导的研究方法。采用这一方法，能在发现语言事实的基础上进一步探讨一些规律性的东西，发展出新的理论；理论来源于实践并指导实践，对现象的解释可能会用到很多语言学理论，但也可能使语言学理论得到深化和发展。

人体词虽是语言词汇系统中数量极少的一类词，但它们也是自成系统的，对其研究，希望会发现一些能反映汉语共时差异和历时演变特点的、有规律性的东西。分析汉语核心人体词语的共时情况，以期找出人体词语的方言共时差异和历时演变的关系，将是本书的一个研究目标。

三　研究概况及存在的问题

（一）研究现状概述

1. 关于汉语词汇的普方古综合比较研究

虽然汉语方言语音研究早在20世纪50年代就开始采用了"方言—普通话—中古音"的三角比较的方法，但用"普—方—古"综合比较的方法研究汉语词汇的成果却不如方言语音方面多。依我们现在掌握的材料，运用"普—方—古"综合比较方法研究汉语词汇的论著和论文有：解海江等的《汉语词汇比较研究》（中国社会科学出版社2008年版）是一部运用多种理论研究词汇语义的论著，对汉、外语多个语义场进行了对比研究，其中选取多个语义场进行了汉语"普—方—古"的比较研究；解海江另有几篇论文，如：《汉语义位"吃"普方古比较研究》（《语言科学》2004年第3期）、《汉语基本颜色词普方古比较研究》（《语言研究》2008年第3期）、《汉语义位"走""跑""站"普方古比较研究》（载《第四届汉语史研讨会暨第七届中古汉语国际学术研讨会论文集》，2009年8

---

① ［瑞］索绪尔：《普通语言学教程》，商务印书馆1980年版，第119页。

月，北京）、《汉语义位"腿""脚"比较研究》（《南开语言学刊》2011年第2期，《中国人民大学报刊复印资料》2012年第6期全文转载）等，对汉语词汇"普—方—古"综合比较研究的理论和方法做了成功探索；还有殷晓杰的《"面"与"脸"的历时竞争与共时分布》（《汉语学报》2010年第九辑；又人大复印资料《语言文字学》2011年第3期全文转载），等等。但是运用这种比较的方法的研究成果仍然比较少，这种研究方法的运用范围还需要进一步拓展。

我们能见到的运用"普—方—古"综合比较的方法进行汉语词汇研究的博士论文也不多，如：解海江的《汉语编码度研究》（厦门大学博士学位论文，2004年）采用汉语"普—方—古"比较、汉英对比的方法，研究汉语词汇编码度情况；白云的《汉语五类常用动词研究》（厦门大学博士学位论文，2006年）抽取了表动作行为概念的五类常用词——"吃类词"、"打类词"、"看类词"、"听类词"、"走类词"等为研究对象，对它们各自的同义聚合系统及主导词的词义系统进行了古今南北全面的比较研究。

2. 关于人体词的研究

由于汉语人体词都属于典型的而又资格古老的基本词，加之它们的词位替换、词义演变情况比较明显，所以研究汉语人体词的成果也就比较多。

（1）关于普通话人体词的研究

汉语人体词的研究成果多集中在普通话。相关论著如：古敬恒的《人体词与人的秘密》，对一些人体词语的引申义和文化义进行了研究。冯凌宇的《汉语人体词汇研究》（中国广播电视出版社2008年版）是一部对汉语人体词语综合研究的专著，是在其同名博士论文（武汉大学博士学位论文，2003年）基础上修改而成，书中研究了人体词的历史演变、意义状况、语法特点、语义和语用，探讨了人体词生成和发展的认知基础和文化因素，但是没有涉及方言人体词（仅有个别举例说明）。在讨论人体词汇的演变、替换情况时，主要举脸、眼、头和脚等几个义位为例，没有做更全面的研究。此书多方面、多角度的研究足见作者的功底之深，值得参考、学习。黄碧蓉的《人体词语语义研究》是关于人体词语词义的研究专著，也是在其博士论文的基础上修改发表的，作者运用跨语言对比，综合运用多学科理论，多角度研究人体语义特征及建构机制。还有一些并非专门研究，但研究内容中涉及人体词的论著，如马清华的《语义的多维研究》（语文出版社2006年版），从文化语义学角度解释了几个人体词替换、语义类扩的原因。另有几部方言词汇研究论著：如邢向东的《神木方言研究》、涂良军的《云南方言词汇比较研究》等，其中都有关于人体词的内容。单篇论文数量极多，其研究主要集中在以下几方面（按成果数量总结排序，限于篇幅不将这些论著一一列出）：①从认知角度研究人体词转义、词语构成、词义演变，这样的成果可以说浩如烟海。②从文化角度研究人体词。以上两个方面的研究，有的论文还涉及不同语言间的比较研究。③研究人体名词的转类或演变为量词的情况。④考察人体词词缀化情况。其中研究不同语言间人体名词的语义变化的普遍现象的文章，有两篇影响很大，对后来的研究有重要启发：孙逊的《论从表示人体部位的词派生的词或词义：比较词义学探索》（《外语学刊》1991 年第 2 期）和龚群虎的《人体器官名词普遍性的意义变化及相关问题》（《语文研究》1994 年第 4 期）。

博士论文有：赵倩的《汉语人体名词词义演变规律及认知动因》（北京语言大学博士学位论文，2007 年），论文对普通话中人体名词词义的演变规律做了研究，并从认知的角度解释了汉语人体名词的演变原因，但只讨论了词义，未涉及词位变化；还有李慧贤的《汉语人体部位词语历史演变研究》（北京大学博士学位论文，2007 年），论文研究了表示人体器官部位的词在汉语共同语中的历史演变情况，研究比较详尽，对汉语人体词各个历史时期的面貌及人体词各语义场内主导词的演变情况进行了严谨的、深入的探讨，李博士的论文是目前我们所见到的对汉语人体词历时演变研究最深入、详尽的，也是本书重点参考资料；但基本没有涉及汉语方言中人体词语。硕士论文也有很多，仅举几例：叶皖林的《现代汉语人体方所表达形式研究》（天津师范大学，2001 年）、朱学岚的《人体词语的语义、语用考察》（天津师范大学，2001 年）、周毕吉的《现代汉语人体名词的多角度研究》（华中师范大学，2006 年）都是研究现代汉语普通话人体名词的；此外还有不少硕士论文，大都是通过汉外语比较或仅从汉语普通话出发研究人体词语的隐喻认知、文化语义的。

（2）关于方言人体词语的研究

对某一地或某一片方言的词汇进行共时描写、研究时涉及人体词语的文章有不少，其中不乏大家之作，如李如龙先生的两篇文章：《闽西客家方言语音词汇的异同》（载《汉语方言的比较研究》，商务印书馆 2001 年版）和《关于东南方言的"底层"研究》（《民族语文》2005 年第 5 期），还有刘俐李的《同源异境三方言核心词和特征词比较》（《语言研究》2009 年第 2 期），等等。但系统、全面地比较研究普通话与方言及方言与方言之间人体词语的共性和差异的成果还是不多见。

（3）从词汇史角度对人体词语的研究

在汉语基本词汇系统中，人体语义场中的词古今词义演变、词位替换的情况比较明显，而且人体语义场各部位分语义场的主导词的古今变化也比较大，探讨汉语人体词的古今演变情况和规律一直吸引着学者们去探索。因此，不少学者对人体词的古今演变进行了研究。

研究汉语词汇史的论著不少都涉及人体词。王力先生的《汉语史稿》（中华书局1980年版）和《汉语词汇史》（载《王力文集》，山东教育出版社1990年版）、赵克勤先生的《古汉语词汇概要》（浙江教育出版社1987年版）和《古代汉语词汇学》（商务印书馆1994年版）、江蓝生先生的《魏晋南北朝小说词语汇释》（语文出版社1988年版）、蒋绍愚先生的《古汉语词汇纲要》（北京大学出版社1989年版）、潘允中先生的《汉语词汇史概要》（上海古籍出版社1989年版）、史存直先生的《汉语词汇史纲要》（华东师范大学出版社1989年版）和《汉语史纲要》（中华书局2008年版）、高守刚先生的《古代汉语词义通论》（语文出版社1994年版）、黄金贵先生的《古代文化词义集类辨考》（上海教育出版社1995年版）、汪维辉先生的《东汉——隋常用词演变研究》（南京大学出版社2000年版）、徐时仪先生的《古白话词汇研究论稿》（上海教育出版社2000年版）、杨端志先生的《汉语的词义探析》（山东大学出版社2002年版）等论著在谈到词汇演变或词位更替时，或以人体名词举例，或集中讨论几个有代表性的人体名词；王凤阳先生的《古辞辨》（吉林文史出版社1993年版）有专门章节对上古汉语中的人体词语进行辨析；徐朝华《上古汉语词汇史》（商务印书馆2003年版）也为我们提供了一些上古汉语人体词的情况。

针对汉语人体词的演变，近些年来，还出现了不少文章及学位论文。

研究整个人体各部位、器官词语演变，或仅就人体某一个或几个部位、器官的词语演变进行研究的单篇文章有解海江、张志毅的《汉语面部语义场历史演变——兼论汉语词汇史研究方法论的转折》（《古汉语研究》1993年第4期），"此文的科学价值在于以脸部语义场分析为例推而广之，为汉语词汇、词汇史研究在方法论上提供了借鉴"；[①] 还有吕传峰的《"嘴"的词义演变及其与"口"的历时更替》（《语言研究》2006年第1期）、吴宝安的《西汉"头"的语义场研究——兼论身体词频繁更替的相关问题》（《语言研究》2006年第4期）、冯凌宇的《汉语人体词语

---

① 许威汉：《二十世纪的汉语词汇学》，书海出版社2000年版，第650—651页。

的演变特点》（《武汉大学学报》2006 年第 5 期）、李慧贤的《"目"和"眼"的词义演变》（《汉字文化》2008 年第 5 期）、李慧贤的《人体词语的特点及历史演变情况》（《第四届汉语史研讨会暨第七届中古汉语国际学术研讨会论文集》，2009 年 8 月，北京）、龙丹的《魏晋"口（嘴）"语义场及其历时演变》（《第四届汉语史研讨会暨第七届中古汉语国际学术研讨会论文集》，2009 年 8 月，北京）、方云云的《近代汉语"脖子语义场"主导词的历时演变》（《安徽农业大学学报》2010 年第 1 期）、盛益民的《论"脖"的来源》（《语言研究》2010 年第 3 期），等等。

综论人体词语演变特点的，博士论文有李慧贤的《汉语人体部位词语历史演变研究》（北京大学博士学位论文，2007 年），吴宝安的《西汉核心词研究》（华中科技大学博士学位论文，2007 年）也涉及了人体词语，龙丹的《魏晋核心词研究》（华中科技大学博士学位论文，2008 年）虽然不是单纯研究人体词，但因核心词中有人体词，因而对魏晋时期汉语人体词的情况及其演变做了比较详尽的研究；硕士学位论文，一般都是对单个人体语义场内词位、词义的演变进行研究，如：李云云的《汉语"下肢"语义场的历史演变》（烟台师范学院硕士学位论文，2005 年），张金木的《魏晋南北朝齐鲁方言研究》（西南交通大学硕士学位论文，2009 年）也涉及了人体词，周启红的《现代汉语"口、嘴"类名词词汇系统的所指及其历史研究》（四川外国语学院硕士论文，2010 年），杜升强的《人体头部部位名称历时演变研究》（西北师范大学硕士论文，2011 年），王丽丽的《汉语"足"类人体词的历史演变研究》（内蒙古大学硕士学位论文，2011 年），等等。

（4）关于人体词语的普方古综合比较研究

对人体词进行普方古综合比较的成果不多，只有个别论著的个别章节对某些人体词进行比较，多为举例说明式。

总之，采用比较的方法、特别是"普—方—古"综合比较的方法研究汉语词汇取得的研究成果还不多；对于汉语人体词的研究，成果有一些，但仍有待于进一步的发展。

3. 汉语核心词研究

目前已有学者对斯瓦迪士核心词表进行了初步的应用研究，如徐通锵（《历史语言学》，商务印书馆 1991 年版）、陈保亚（《论语言接触与语言联盟》，语文出版社 1996 年版）、黄树先先生等的核心词研究都依据斯瓦迪士词表中的核心词。斯氏核心词表的设计虽说是基于语言共性，但局限于印欧语，跟汉藏语结合不够，为此郑张尚芳、黄布凡、江狄等设计了新的核心词表。由于研究目标不同，这些词表不太适用于汉语方言比较，不过对设计汉语核心词表有参考价值。

常用词演变研究也涉及一些核心词，近些年有不少新的研究核心词的成果。这方面卓有成效的是黄树先先生及其学生，黄先生自己的三部专著《汉语核心词探索》（华中师范大学出版社2010年版）、《汉语身体词探索》（华中科技大学出版社2012年版）、《比较词义探索》（四川出版集团2012年版）都从古汉语出发，联系其他民族语言，对人体核心词的来源及演变、词义发展做了深入的探讨。

黄树先先生及其学生在《语言研究》等核心期刊上发表了一些研究汉语、汉藏语核心词的论文，如：黄树先等的《汉语核心词"足"研究》（《语言科学》2007年第2期）、《汉语核心词"界"研究》（《语言研究》2008年第1期）、《汉语核心词"鼻"音义研究》（《语言研究》2009年第2期）等，龙丹的《先秦核心词"颈"辨考》（《孝感学院学报》2007年第2期）和《魏晋核心词"颈"语义场研究》（《云梦学刊》2007年第3期），等等；此外还有陈孝玲的《说侗台语"膝"》（《语言研究》2009年第1期）和《说侗台语族核心词"脚"》（《广西民族大学学报》2010年第1期），等等，这些对汉藏语、汉语和其他民族语言的核心词比较研究的文章里已经涉及人体词语。郑张尚芳《五十身体词的藏汉对应》（《民族语文》2011年第4期）也从汉藏语系语言的亲属关系的角度对汉藏语的对应关系进行了研究。

黄树先先生在华中科技大学培养的几位博士，他们的博士论文都是研究核心词的：2006年吴宝安的博士论文《西汉核心词研究》，2008年龙丹的博士论文《魏晋核心词研究》，2009年施真珍的博士论文《〈后汉书〉核心词研究》，这些对古汉语核心词研究的论文，其中所涉及的核心词中也包括人体词。此外，刘晓静对东汉核心词"黑"、"男"进行了研究，李锦芳等的《创新与借贷：核心词变异的基本方式》（《中央民族大学学报》2008年第5期）研究了仡央语言核心词，李如龙、刘俐李《同源异境三方言核心词和特征词比较》（《语言研究》2009年第2期）等学者在其方言研究中也选择了核心词为研究对象。

但上述的研究多数集中于古代书面语，联系现代方言进行研究的成果比较少，且没有揭示汉语方言核心词的历史层次。

（二）存在的问题

1. 对方言词汇共时和历时相结合研究的成果还不多

汉语各方言都是从古代汉语传承、演变而来的，不论差异大小，彼此之间都存在着对应关系，因此将共时和历时结合起来的方言词汇研究，值得尝试。目前对汉语方言与方言、方言与普通话进行全面比较并从词汇史角度对汉语人体词语进行研究的成果还不多；以往的方言人体词语的研究，很少有全面考察方言与普通话及方言与方言之间的共性和差异的；同时方言词汇共性和差异的原因也没有得到科学解释；汉语基本词汇历时演变的研究，也很少有联系方言词汇的。所以同时考虑古今南北、进行"普—方—古"综合比较的研究，无论是对汉语方言词汇共时研究还是基本核心词的历时研究都是十分必要的。还有对方言词汇的历时层次研究仍需要加强。

2. 从研究对象和范围看，大规模汉语词汇比较研究成果还比较少

就目前汉语词汇研究状况来看，对一般词汇差异的研究较多，对基本词汇研究较少；方言研究中，对东南方言和晋语研究用力较多，而对官话各方言的研究较少；研究主要限于某一个或某几个方言区内各片或各点间的比较，方言区之间的比较研究相对较少；单点方言词汇研究的论著已有，将全国多个方言放在一起进行比较研究的成果还不多；简单枚举方言词语的特点进行论述的成果有，将某一类词全部纳入比较范围的论著也不多；目前对汉语方言与普通话比较研究、方言与方言全面比较研究并从词汇史角度对汉语人体词语进行研究的成果还比较少，大规模的词汇比较研究更少。目前大规模方言词汇比较研究的条件已经成熟，"分卷本方言词典的出版把汉语方言的研究推进到深入开展方言词汇语法研究的新阶段，推进到大规模的汉语方言比较研究的新阶段。……分卷本方言词典，其方言点分布广泛，几乎覆盖了汉语方言的主要分布区域，各点所反映的方言事实又非常丰富，在此基础上，完全有条件进行更大范围、更大规模的方言比较研究"①。

3. 综合比较等研究方法还需进一步实践

比较研究方法已经成为汉语方言词汇研究的基本方法。在比较方言亲疏关系和相关度方面，方言词汇的计量统计方法已得到了较多运用。也有学者尝试运用核心词年代学的统计方法，对汉语方言形成的历史年代进行研究。汉语核心词研究应该重视多种方法的综合应用，应该进一步综合运用共时与历时相结合、内部语言学与外部语言学相结合、定量统计与文献验证相结合等多种方法对汉语方言词汇进行综合比较研究。

---

① 　张振兴：《〈现代汉语方言大词典〉编纂后记》，《方言》2000 年第 2 期，第 97—113 页。

4. 对汉语人体词语进行共时和历时相结合研究的成果还不多

同时考虑古今南北、进行"普—方—古"综合比较的研究，无论是对汉语词汇共时研究还是基本核心词的历时研究都是十分必要的。现在我们能见到的人体词语的研究成果，基本上是以共同语中的为研究对象，虽然有的论著在论述中涉及了方言人体词语，但目前对汉语方言与方言、方言与普通话进行全面比较研究并从词汇史角度对汉语人体词语进行研究的成果还不多；以往的汉语人体词语的研究，没有全面考察方言与普通话及方言与方言之间的共性和差异，同时汉语人体词语共性和差异及历时演变的原因也没有得到科学解释；还有对方言人体词语历时层次的研究仍需要加强。

5. 对汉语核心词、核心人体词综合比较研究的成果还不多

从以上情况看，目前亟须将共时和历时结合起来对汉语核心词进行大规模比较研究。但由于词汇系统复杂、数量庞大，进行全面的比较难度较大，所以有必要以一类词为切入点，进行尝试性研究。我们尝试先对汉语核心人体词语进行古今南北综合比较研究。但目前对汉语核心人体词语进行综合比较研究的成果还不是很多，研究还有拓展的空间。

总之，目前对汉语核心人体词语差异的分析和描写还有待于进一步深化，还需要以语言系统观对待汉语核心人体词语的研究，对汉语核心人体词语共时差异和历时演变的特点和原因也需要做更深入的探讨，方言人体词语的研究成果还远不能满足方言学研究、方言分区研究的需要。

四　研究的理论和方法

"没有理论的材料只是一盘散沙，材料的价值不在于材料本身，而在于阐释材料的理论模式。材料与理论的关系是既可以从材料引出理论，也可以从理论审视材料。有什么样的理论眼光就会发现什么样的材料，或者说材料是理论视角下的材料，是理论驱动下的材料。"[①] 谈到科学方法论，季羡林先生指出："不管搜集了多少材料，如果方法不对头，那么材料都毫无意义。"[②] 掌握理论的高度决定了研究者驾驭材料的能力。没有合适理论指导的研究是毫无价值的；理论事实上是科学研究的起点。

在词汇学研究理论发展方面，张志毅先生指出，近些年来词汇语义学

---

① 赵红梅：《汉语方言词汇语义比较研究》，中国广播电视出版社 2011 年版，第 22 页。
② 季羡林：《印度古代语言论集》，中国社会科学出版社 1982 年版，第 436 页；转引自许威汉《二十世纪的汉语词汇学》，书海出版社 2000 年版，第 132 页。

的研究有了新进展，"比较词汇学出现了多向比较研究的趋势：一是古今比较，二是普方比较，三是方方比较……词汇比较已有许多理论指导……几种理论倾向：第一，在词场中比较词汇的更替演变。第二，在词义演变规律下比较古今词汇和词义。第三，在语言外部因素观照下比较词汇和词义研究。第四，在历史比较语言学和类型学指导下比较词汇研究。第五，在词化、编码度理论指导下的词汇比较研究。第六，在特征词理论指导下的词汇比较研究。第七，在语义学指导下的词汇比较研究。从传统的词义差异比较转向义位、义素、语义特征、基义和各种陪义（色彩）的比较。这样就把词汇比较引入语义的深层次"①。

现代词汇学的研究方法也有发展。"现代词汇学则同时更加注重演绎法、分析法、定量法和多语比较法。"②

张志毅先生介绍的词汇语义学研究理论和方法的新倾向对我们很有启发性。我们将采用以下理论和方法进行综合比较研究。

（一）研究理论

1. 语言结构观和系统观理论

索绪尔的语言结构观含有两个方面：一方面是语言单元本身的结构，另一方面是由语言单元组成的结构。③ 这也就是符号结构和符号关系的结构。所谓符号的结构首先指它具有的双面性或双面对立的结构，而所谓符号关系的结构则是符号之间联结的方式。我们关心的是符号关系的结构，即符号的聚合，因为人体词语本身就构成一个聚合。"结构"的另一个意义在于语言结构的形式性。叶尔姆斯列夫认为，在以整个语言为对象的讨论中，分层问题直接与语言层次结构相关。各种语言中相应划分上的区别却反映了不同语言的结构特点。④ 不同语言语义场的不同切分反映不同语言，乃至不同方言的结构特点。⑤ 对于相同的人体结构，不同方言的切分和对各器官部位的指称存在差异，如有的方言中"手"指普通话的"臂"和"手"，即整个上肢；有的方言中"脚"指普通话的"腿"和"脚"，即整个下肢。这些差异正反映了各方言独特的结构特点。

---

① 张志毅、张庆云：《词汇语义学的新进展》，载《词汇语义学与词典编纂》，外语教学与研究出版社 2007 年版，第 38—39 页。

② 同上书，第 5 页。

③ 李幼蒸：《理论符号学导论》，中国社会科学出版社 1993 年版，第 132 页。

④ 同上书，第 139 页。

⑤ 解海江：《汉语编码度研究》，博士学位论文，厦门大学，2004 年，第 15—16 页。

每一种语言都是一个独特的关系的结构或系统。① 这是结构主义的中心理论。所谓结构实际为由我们按某一标准规定的、处于一定关系中的诸单元的总和或诸单元的类。在某一类中，诸单元是通过一定关系或联系方式而组成该类的。这样我们既可把含有诸单元的类统称为系统，即类与类的所属单元共同构成系统。不论是指系统这个集合体还是指结构这个关系网，都意味着诸单元按有形或无形的规则（方式）连成一个整体，而成为我们的一个观察领域。② 这个观察领域就是我们要对比的词汇系统。词汇只是当它在语言中与相关的词分割共同的语义场时，才在相互之间形成系统，这就是词汇系统的特点。之所以是系统，是因为如何分割语义场并不主要根据语言之外的任何原则或依据，而主要以这些相关词之间的对立关系为依据，而且这又会因语言、方言的不同而不同。词汇意义并不像语法意义那样全然取决于系统，但词汇系统的作用确实存在。程雨民说，概念说话人都能区分，但语言表达上却有的分，有的不分。原因是语言表达须遵守语言系统的规定。③ 如：对上肢这一部分，汉语方言有的分为相当于普通话的"上臂"、"前臂"两部分，有的方言词典中没有记录该方言有这样的分法。这充分说明语言系统的特点和作用。正如洪堡特所说，语言中"没有零散的东西，它的每一个成分都只显示它是整体的一部分"④，"它的每个成分只能借助别的成分而存在，所有成分只能借助那一种贯穿整体的力量而存在"⑤。

汉语人体词语也自成一类，构成一个相对独立的系统，这个系统内各个义位相互联系、相互制约，共同构成一个相对封闭的系统。对于相同的人体语义场，不同方言对其切分不同；表达相同的人体器官部位的概念，各方言却可以使用不同的说法。

从语言结构观和系统观出发，我们把汉语人体语义场看作一个结构、一个系统，研究其特点和规律时都考虑到内部各单位的相互关系、相互作用。

---

① Lyons，John，*Semantics*，Cambridge：Cambridge University Press，1977，pp. 231—232.

② 李幼蒸：《理论符号学导论》，中国社会科学出版社 1993 年版，第 127 页。

③ 程雨民：《语言系统及其运作》，上海外语教育出版社 1997 年版，第 46—47 页。

④ ［德］洪堡特：《论语言发展不同时期的比较语言学研究》（1820），张材烈译，《国外语言学》1987 年第 4 期。

⑤ 同上。

2. 语义场理论

词的聚合关系反映了人类认知机制对事物及本身生活经验的归类和概括。因此，表示某一类事物或某一部分生活经验的词的类聚构成一个语义场。

语义场理论，又称场论，是结构主义语义学最重要的理论之一。许多结构主义学派的学者称场论是他们"最有成果的理论"①，乌尔曼认为场论"揭开了语义学历史的新篇章"②，徐通锵认为"语义场理论为语义的结构分析开辟了前进的道路"③。正是语义场理论，改变了传统词汇学"孤立、分散的、原子主义的"研究思想，使"传统语义学面对的开放性的、分散性的词汇语义单位变成了封闭性的、系统性的词汇语义板块"④。

"语义场内义位的价值对立，是语义场理论的核心。"⑤ 这是特里尔语义场理论中最有价值的部分。

语义场是相对的，而不是绝对的。⑥ 因为语义场的划分受多种因素的影响。影响语义场切分的因素有个人因素、民族文化因素、地域方言因素、社团因素、古今时代因素。⑦ 相对应语义场在不同语言中的差异，除语言系统的因素外，还有主客观文化因素。即使是人类面对的共同的事物，由于义位形成和语义场划分的主观因素，不同的语言乃至不同方言也会有不同的表现方式。词汇场的划分在不同语言中，同一种语言的各个方言、各个历史时期也不同。一种语言或方言对某事物的反映的词比另一种语言或方言对同一事物的反映的词有时候要精细得多。一种语言不同发展阶段对某事物的反映也不同，有时一个阶段的词对同一事物的反映要比另一个阶段精细得多。

基于语言的结构性和系统性，语义场是分层级的。我们把汉语核心人体词语放入语义场，上位义场下还要分出多层子场，这样的研究可能会更有系统性、条理性。

① 周绍珩：《欧美语义学的某些理论与研究方法》，《语言学动态》1978 年第 4 期。

② Ullmann, S., *Semantics: An Introduction to The Science of Meaning*, 1962, p. 7；引自 Lyons, John, *Semantics*, Cambridge: Cambridge University Press, 1977, p. 250.

③ 徐通锵：《语言论——语义型语言的研究方法》，东北师范大学出版社 1997 年版，第 113 页。

④ 张志毅、张庆云：《词汇语义学》，商务印书馆 2005 年版，第 3 页。

⑤ 解海江等：《汉语词汇比较研究》，中国社会科学出版社 2008 年版，第 20 页。

⑥ Lyons, John, *Semantics*, Cambridge: Cambridge University Press, 1977, p. 171.

⑦ 张志毅、张庆云：《词汇语义学》，商务印书馆 2005 年版，第 64—65 页。

3. 认知编码理论

徐通锵在《语言论——语义型语言的研究方法》中提出："语言是现实的编码体系。"他说，我们把语言看成为现实的编码体系，就是想着眼于"编码"，着眼于语言与现实的关系。[①]

建立在结构和系统观基础上的语义场理论通过研究义位之间的关系明确义位的义域大小、广狭，但并不能确定义位的具体所指，更不能说明外界的具体事物、事件、经验和状态是如何编成语码并进而组织成语义场的。只有说明"码"是如何编成的，才能说明不同语言或方言编码度差异的成因。[②]

世界是由事物和关系组成的。由于不同民族、不同方言区的人民对相同事物的认知能力、认知方式不同，会对相同语义范畴中的事物进行不同的分割，分割细度不同，给予的编码会不同，如不同方言对上肢、下肢的切分不同，因此对上肢、下肢各部位的编码名称不同，所编的语码数也不同，也就是说汉语各方言人体词语的编码可能有异。

4. 语言异质论和语言叠置理论

语言异质论是相对于语言同质论而言的。语言异质论认为，语义由于受不同文化的影响，其在语言各要素中的异质性最为突出；联系语言和民族、种族、地理、政治等这些文化的体现者之间的关系才能更好地研究语义。同时，语言既是共时的存在，又是历时的积累，语言的产生、发展、演变都会受到特定民族的历史、社会、文化的影响，因此语言不完全是纯粹的可观察、可实证的同质系统，而是异质系统。汉语方言也是一个有序异质系统。对于它的异质性钱曾怡先生早有论述："汉语方言一方面积存着本方言在各个历史时期遗留下的某些特点，另一方面也会受到其他方言在不同历史时期的各种影响，这就造成了汉语方言地中有时、时中有地的复杂情况。"[③] 李如龙先生认为汉语方言"是在不同时代从不同的共同语或方言分划出来的。在形成的过程中许多都和原住民的语言发生过融合和渗透，在发展的过程中又吸收了不同时代书面语或周边强势方言的影响，在边界和域外还和外国语言发生过交流"[④]。所有这些都必然会在方言的

---

① 徐通锵：《语言论——语义型语言的研究方法》，东北师范大学出版社 1997 年版，第 19 页。

② 解海江：《汉语编码度研究》，博士学位论文，厦门大学，2004 年，第 18 页。

③ 钱曾怡：《汉语方言学方法论初探》，《中国语文》1987 年第 4 期。

④ 李如龙：《汉语方言的比较研究》，商务印书馆 2001 年版，第 4 页。

语音、词汇、语法、语义等各个方面打下烙印，使方言呈现出异质特征。①

用语言异质论，可以解释某些汉语核心人体词共时差异现象。

叠置理论是由徐通锵先生提出的，这可以说是年轻的中国语言学对世界历史语言学研究的一大贡献。其主要是指一个方言向另一个方言吸收结构要素，在语音上产生文读形式，这就在本方言语音系统中出现了叠置现象。②

尽管叠置理论最初主要用来解释语音系统的演变问题，但人们发现文白异读实际上也可以看作以语音形式体现词汇的不同层次。③可以说，叠置现象不仅存于方言语音系统，不同的历史层次也会沉积在方言词汇、语法系统中。造成方言词义系统叠置的原因既有方言对古汉语的传承，方言发展中的自我创新，又会有方言间的影响：共同语语义系统对方言的影响、不同方言之间语义词汇的相互借用，可能还会受到周边少数民族语言词汇的影响以及对原著居民"底层词"的保存。"其实，语言叠置理论和语言异质论是相通的，承认叠置的存在，就必然会接受异质理论。叠置是造成异质的原因之一，也是异质的表现之一。"④

南方有些方言中的人体特征词，究其来源，可能是古百越语词语的遗留。有些方言中表示同一人体器官部位的词语有同义词的存在，这些同义词有不同的来源，受普通话影响、古汉语同义词的遗留，等等，这些都可能造成方言人体词语的叠置。

叠置理论还可以用于解释方言人体同义词的历史层次差异。

其实，我们认为语言异质论和语言叠置论是有联系的，这两种理论都可以用来解释方言人体词语的差异和方言人体同义词现象；此外，正是因为语言是异质的，所以才能会有不同时期语言成分在方言中的叠置，进而产生方言人体同义词语。⑤

（二）研究方法

1. 比较的方法

"比较研究"（comparative study）已成为现代理论语言学一个最基本

① 赵红梅：《汉语方言词汇语义比较研究》，中国广播电视出版社 2011 年版，第 29 页。
② 徐通锵：《历史语言学》，商务印书馆 1991 年版，第 350 页。
③ 张振兴：《漳平方言研究》，中国社会科学出版社 1992 年版，第 180 页。
④ 赵红梅：《汉语方言词汇语义比较研究》，中国广播电视出版社 2011 年版，第 30 页。
⑤ 因方言同义词更多地涉及语义范畴，我们将另行撰文，在汉语人体词词义研究的论著中进行探讨。

的方法。① 现代汉语方言学一直采用比较的方法，比较方法是科学研究的基本方法。

"只有把上古汉语、现代汉语普通话和方言综合比较才能全面、正确地认识汉语……"② "仅仅就古今通语的比较去研究汉语史难免片面；仅仅就古今方言去整理方言史也一定不周密。只有把古今南北打通，全面地进行综合比较，对于汉语结构系统的特点和演变规律才能得到真切的认识。"③ 所以，要对汉语人体词语的演变、替换有更好的了解，还需要联系汉语方言的情况，进行古今南北的综合比较。

近年来，学者们对汉语词汇研究，特别是汉语方言词汇研究都注意比较方法的运用，"比较研究是进一步发展汉语词汇学的必由之路"④。李如龙先生将汉语比较研究提到了理论的高度："就词汇史来说，比较古今共同语及方言，考察词汇演变规律也是十分繁重，然而也是十分有价值的工作。……只有对汉语进行整体的、宏观的综合研究，才能建立有中国特色、能用来解释汉语的各种语言事实的语言学理论，包括共时的结构特征的理论和历时的发展规律的理论。总之，从分体研究到整体的研究，从微观的研究，词汇的研究都离不开比较——内部（古今南北）的比较和外部（亲属和非亲属语言）的比较。"⑤ 李先生还说："汉语方言的比较研究不仅是研究汉语方言的需要，而且是整个汉语研究、建立汉语语言学、使我们的语言学真正中国化、科学化的需要。"⑥ 我们以整体论、系统论和语言结构观为基础，采用共时（普通话与方言、方言与方言）和历时（普通话、方言与古汉语）综合比较的研究方法，根据语义场理论，分语义场、语义场下再分不同的义位，运用表格和叙述两种形式，分别比较各地方言与汉语普通话、各地方言之间、普通话与古汉语、各地方言与古汉语相同义位共时分布和历时演变的各种不同情况。要清楚地了解汉语演变的特点，不能仅就古今共同语，还应联系各地方言进行研究；这就是启发

---

① 桂诗春、宁春岩：《语言学方法论》，外语教学与研究出版社 1997 年版，第 64 页。

② 解海江：《汉语基本颜色词普方古比较研究》，《语言研究》2008 年第 3 期，第 91—96 页。

③ 李如龙：《论汉语方言的比较研究》（代序），载《汉语方言的比较研究》，商务印书馆 2001 年版，第 9 页。

④ 李如龙：《谈谈词汇的比较研究》，载《词汇学理论与实践》，商务印书馆 2001 年版，第 132 页。

⑤ 同上书，第 134 页。

⑥ 李如龙：《论汉语方言的比较研究》（代序），载《汉语方言的比较研究》，商务印书馆 2001 年版，第 5 页。

我们对人体词语进行古今比较的原因。"从共时方面说，方言不但受到共同语的一定制约，而且总要和周边方言发生相互的交流。交流越多，彼此间就有越多的类同。拿邻近的方言作比较，我们便可以了解它们之间的这种渗透关系，探寻方言间相互影响的规律，也才能理解许多方言特点的来龙去脉。放大到整个汉语来说，对现方言所作的比较研究越多，我们对古今汉语发展的历史规律及现代汉语共时结构规律的认识就越接近事实。……就这一点而言，方言的比较研究不光是方言学的事，也是把整个汉语语言学研究提升到新的高度的关键。"① 汉语各方言虽然被分入不同的方言区，但邻接的不同方言区在地理上不是割裂的，因此地理上有邻接关系的不同方言间的相互影响，也是研究方言人体词语共性时应考虑的因素。只有将人体词语的方言情况和古汉语情况结合起来研究，才能看出其演变特点。

我们尝试扩大比较方法的应用范围，深化比较方法的运用深度。同时从横（共时方面）、纵（历时方面）比较汉语核心人体词语的词形共性与差别、历时演变，并对汉语方言与普通话、古汉语进行综合比较研究，建立立体比较结构，希望在汉语方言学抑或词汇学研究方面做一次可贵探索，同时希望对汉语史进行研究，进一步对汉语语言学研究提供实践性探索实例。

2. 定量、定性相结合的方法

"定性——定量——定性的往复循环的方法"② 是现代语义学的方法。"计量研究是现代词汇学的特色。"③ 通过一定的封闭域中语义场的数量和义位的数量的对比为研究语言与思维、文化、词化及理据有关的一些问题提供具体的、可靠的证据。④ "既是同样的民族语言，不论差异大小，各方言之间就总有大量的共同点。重要的是必须区分这些共同特征是批量的还是偶见的，这就需要进行定量的研究。"⑤ 我们采用定性和定量相结合的方法。用定量的方法、计算结果进行说明，同时参考量化材料进行定性阐述。

① 李如龙：《论汉语方言的类型学研究》，《暨南学报》1996 年第 2 期，第 91—99 页。

② 张志毅、张庆云：《词汇语义学》，商务印书馆 2005 年版，第 12 页。

③ 张志毅、张庆云：《词汇学的现代化转向》，载《词汇语义学与词典编纂》，外语教学与研究出版社 2007 年版，第 11 页。

④ 解海江：《汉语编码度研究》，博士学位论文，厦门大学，2004 年，第 25 页。

⑤ 李如龙：《论汉语方言的比较研究》（代序），载《汉语方言的比较研究》，商务印书馆 2001 年版，第 7 页。

3. 归纳和演绎相结合的方法

演绎法和归纳法是科学研究的两种方法。现代科学更重视演绎的重要作用。但在结论的推导、规律的总结方面归纳的作用还是不可或缺。我们采用归纳和演绎相结合的方法，但以归纳法为主，从方言材料中总结归纳出规律，通过演绎说明相关问题。

4. 调查与分析相结合

研究除采用方言词典材料外，还就每个核心人体词代表的语义范畴补充调查一些方言，特别是官话方言中对应的词目（有的对应几种不同的说法）。核心人体词在方言中对应词目的调查、分析和比较必须以语义场为单位。

5. 描写与解释相结合

对于很多问题，如汉语核心人体词的共时共性和差异原因、汉语核心人体词语的历时演变类型及原因、核心人体词在方言分布的区域特征都需结合核心人体词的历史演变在移民、语言接触及文化等方面作出解释。

五　本书的宗旨及相关问题的说明

（一）本书的宗旨

本书以汉语核心人体词这个封闭域为研究对象，对人体词的词形从共时和历时两方面进行全面比较分析，并探讨人体词的方言共时差异与历史演变的关系。我们将尝试解决以下几方面问题：

第一，用现代汉语普通话和方言的人体词与古汉语相应的义位进行比较，尝试发现今天的汉语人体词与古、今汉语共同语中的人体词的变化（旧词位消失、新词位产生、词位替换）、演变等方面的关系，考察不同方言区之间人体词语的差异和共性及方言词汇的区域分布特征与历史上汉语人体词语的词位替换有什么关系，古汉语中那些被替换了的人体词语今天是否还存在于方言中，如果存在，在哪些方言中存在，存在形式（是以语素还是以词的形式）如何，等等。

第二，探讨普通话与方言之间人体词的共性和差异，了解人体词的方言特征词等情况。

第三，从中寻找人体词共时差异与历时演变之间的关系，探讨汉语人体词的共时差异与历时演变原因，分析方言人体词语的历史层次，以期对汉语词汇研究及汉语史特别是汉语词汇史研究提供一点参考。

第四，对人体词的研究，不仅描写出共时差异和历时演变的现象，还争取发现规律性的东西；最好能找出原因，尝试用语言学相关理论等进行解释；并结合语音和语法，尝试从语言三要素之间的关系解释汉语核心人体词的某些历时演变现象。

第五，尝试讨论一些新内容，如汉语核心人体词的承传、变异和创新情况，核心人体词在汉语共同语中的历时演变与方言共时分布的关系，以及方言核心人体词的发展与汉语词汇复音化历程的关系等方面的内容，这是将共时的差异与历时的变异结合起来研究词汇史的一种尝试。

第六，通过方言间人体词的比较分析，发现方言间的共性与差异及汉语人体词的方言区域特征，以期为以下三个方面的研究提供一点参考：一是方言间的亲疏远近关系，二是方言类型学，三是方言分区，特别是以方言词汇为根据的分区。

（二）对相关问题的说明

1. 研究材料

（1）普通话材料

普通话中的核心人体词及义位，选自《现代汉语词典》（第6版）（以下简称为《现汉》，并且不再表明版次），另外用《汉语大词典》作补充，同时参考《同义词词林》、《简明汉语义类词典》所收录的词位情况。这些辞书中提供的词是否都算是普通话词，还需谨慎对待。因为《简明汉语义类词典》中收录的不少词，已经被标注了〈方〉、〈书〉、〈古〉等陪义色彩；《同义词词林》虽然没有对其收录的词标注陪义色彩，但依我们的分析应该与《简明汉语义类词典》相似，也是对一类同义聚合中的具有古、今、方言等陪义色彩的词都兼收的。所以对于《现汉》和《简明汉语义类词典》中那些被标注为〈方〉的词，可以看成是已经不限于在一个或几个方言区使用，正在进入普通话词汇系统，但尚未被认定为普通话词的词，比较时可以将其排除在普通话词之外；被标注为〈书〉和〈古〉的词，也不拿来作方言与普通话的共时比较，因为方言词的服务语体一般是口语，那些古语词在普通话中一般也是很少被使用的，但如果这个词位今天被完整地保留在某一方言中，我们也会把它纳入比较范围；但对于那些被标注为〈口〉的词，比较时需要区别对待，如果今天某一方言中还有这种说法，我们就会将其纳入比较；还有些词虽然没有被标注语体陪义，但如果其方言或书面语等色彩很浓，也需要在比较时谨慎处理。

（2）方言材料

方言人体词语材料主要参考李荣先生主编的《现代汉语方言大词典》42分地本。但讨论某些问题时，也并非仅仅限于此42地材料，参考范围

将会超出此 42 地方言词典。或许有学者对利用这些方言词典作方言词汇
比较研究的可行性和可靠性产生疑问，我们承认，由于各方言调查、编纂
者的认识不同、取向差异等原因，42 分地本也许不能完全真实地反映各
方言人体词语的实际使用情况，各地分册的收词范围可能存在两种情况：
"一类只收与普通话说法不同的方言词……另一类把方言中的常用词，不
管与普通话说法相同与否，全部收录"①；但这些方言词典毕竟是现今对
于这 42 地方言词汇最详尽的记录材料，其用于方言词汇比较研究的可比
性和可靠性正如李荣先生所说：《现代汉语方言大词典》是为汉语方言比
较研究而调查和编纂的，在方言调查时，"凡是本地能说的，都尽可能问
清楚"②。张振兴先生也说："分卷本方言词典……在编纂之初，就重视各
分卷本材料内容上的可比性。""分卷本词典的编纂者大部分都是以所在
方言为母语的，或者是在所在方言地点有过长期生活经历，对所在方言有
充分调查研究的专业人员。他们对这个方言都有相当丰富的感性认识和理
性认识。"③ 邢向东教授也说："《大词典》的词条，既有'规定动作'，
又有'自选动作'，其中有不少必选词条是极其基本的、可能是大多数方
言一致的。然而，正是这些最基本的词，才构成了现代汉语共同语和方言
词汇的骨架，构成了一个比较完整的词汇系统的基础。《大词典》为我们
提供了在全国具有代表性的 42 个方言参照点，建立了一个方言词汇比较
的平台，成为今后开展方言词汇比较的基本框架。采用这个框架，无论是
从某方言出发在本方言区作内部比较，还是与其他大方言作外部比较，或
者在全国范围内开展大型比较，都可以避免条目选择的随意性和盲目性，
避免出现一叶障目、不见森林的弊端。"④ 尽管现在已经出版了大量记录
各地方言词汇的词典、方言志等材料，但由于李荣先生主编的《现代汉
语方言大词典》各分卷从方言调查到词典编纂都按照统一的模式、有统
一的调查词表；而其他自行编制的方言志、方言词典等，不能保证都是按
照统一的标准，不能保证其所收词目与《现代汉语方言大词典》中相同
词位的对应性，且既已出版的方言材料浩如烟海，选择时难以取舍，有些

---

① 董绍克：《汉语方言词汇差异比较研究》，民族出版社 2002 年版，第 1—2 页。
② 李荣：《〈现代汉语方言大词典·分地方言词典〉总序》，《辞书研究》1997 年第 2 期，第
  58—60 页。
③ 张振兴：《〈现代汉语方言大词典〉编纂后记》，《方言》2000 年第 2 期，第 97—113 页。
④ 邢向东：《关于深化汉语方言词汇研究的思考》，《陕西师范大学学报》2007 年第 2 期，第
  117—122 页。

方言志类材料同时涉及语音、语法、词汇等多个方面，词汇方面不如方言词典类所收材料详尽、全面，且一般没有像《现代汉语方言大词典》那样的详尽释义，对方言词的收录甚至有可能挂一漏万，所以我们主要以《现代汉语方言大词典》42 地分卷为主要材料来源，此 42 地方言分属十个方言区，也就是说各方言区都有代表方言，42 地方言的地名及所属方言区，这里先不列出，后面的表格和行文中可以看出。我们承认，《现代汉语方言大词典》也不是没有瑕疵（像人体词"手"可能各方言都与普通话的说法一致，所以多地分卷本都没有收录"手"的方言说法），但是我们认为在尊重作者的语感和劳动的基础上，认真分析、谨慎对待相关材料，还是可以建立一个可比较的语料系统的。由于 42 个方言点在各方言区的分布并不均衡，对全国方言的覆盖并不周全，所以在分析具体问题时，方言语料并不仅限于此 42 地的。如 42 地分卷本对有的方言区仅选取一个方言点，为了说明某一方言区的人体特征词时，我们可能要参考此方言区其他方言点的材料；另外参考的方言材料主要有：北京大学中文系语言学教研室编的《汉语方言词汇》（语文出版社 1995 年版）、陈章太和李行健主编的《普通话基础方言基本词汇集·词汇卷》①（语文出版社 1996 年版）、许宝华主编的《汉语方言大词典》（中华书局 1999 年版）、陈刚主编的《北京方言词典》（商务印书馆 1985 年版）、李行健主编的《河北方言词汇编》（商务印书馆 1995 年版）、温端政主编的《山西方言调查研究报告》（山西高校联合出版社 1993 年版）、马文忠等著的《大同方言志》（语文出版社 1986 年版）、欧阳觉亚等编著的《广州话、客家话、潮汕话与普通话对照词典》（广东人民出版社 2005 年版）、刘纶鑫著的《江西客家方言概况》（江西人民出版社 2001 年版）、李如龙著的《福建县市方言志 12 种》（福建教育出版社 2001 年版）、曹志耘主编的《汉语方言地图集》（商务印书馆 2008 年版）、温昌衍编著的《客家方言》（华南理工大学出版社 2006 年版）、李如龙等主编的《客赣方言调查报告》（厦门大学出版社 1992 年版）、孟庆惠著的《徽州方言》（安徽人民出版社 2005 年版）、李如龙主编的《汉语方言特征词研究》（厦门大学出版社 2001 年版）、山东省地方史志编纂委员会编的《山东省志·方言志》（山东人民出版社 1993 年版），等等。还有，为弄清楚北京话的情况，我们参考了《汉语方言词汇》、《普通话基础方言基本词汇集》、《北京方言词典》中所收录的北京方言材料。除《北京方言词典》和《大同方言志》是记录

---

① 　以下简称《普通话基础方言基本词汇集》。

单点方言情况的外，其他一些方言资料中记录的都不是一地而是多地方言的情况，我们选取这些记录多地方言的材料，是为了能从这些材料中看出多地方言、一片、一区方言或多区方言间的情况。

李荣先生主编的《现代汉语方言大词典》42 分地本中涉及的方言点有：

1. 官话方言 16 地：

东北官话——哈尔滨，

胶辽官话——牟平，

冀鲁官话——济南，

冀鲁官话 5 地——徐州、洛阳、万荣、西安、西宁，

兰银官话 2 地——银川、乌鲁木齐，

西南官话 4 地——武汉、成都、贵阳、柳州，

江淮官话 2 地——扬州、南京；

2. 晋语 2 地——太原、忻州；

3. 吴语 8 地——丹阳、苏州、上海、崇明、宁波、杭州、金华、温州；

4. 徽语 1 地——绩溪；

5. 湘语 2 地——长沙、娄底；

6. 赣语 3 地——南昌、黎川、萍乡；

7. 客家方言 2 地——梅县、于都；

8. 粤语 2 地——广州、东莞；

9. 平话 1 地——南宁；

10. 闽语 5 地——福州、建瓯、厦门、雷州、海口。

（3）古汉语材料

古汉语词汇材料，主要参考《说文》及其对《说文》补充研究的成果，还有《尔雅》和《广雅》等雅书，杨雄《方言》、《广韵》及《古辞辨》、《汉语大词典》、《汉语大字典》等辞书材料。为补充说明一些问题，还参考了自建的"汉语词汇史语料库"（包括先秦至清代反映口语的文献资料及东汉至隋代汉译佛经语料）中的文献材料。

此外，不少核心人体词的古汉语及其演变情况，对李慧贤的博士论文《汉语人体部位词语历史演变研究》（北京大学博士学位论文，2007 年）、龙丹的博士论文《魏晋核心词研究》（华中科技大学博士学位论文，2008 年）有较多参考；对两位博士治学的严谨精神，表示敬佩；对李慧贤博士的无私帮助，谨致谢忱！

为了更好地说明方言差异与古今汉语演变的情况，我们还将对相关材料进行定量统计和定性说明。

2. 关于普通话词的界定

《现汉》第1152页有图示"人的身体"，图中标出的身体各部位名称，一般认为可以算是普通话的人体词语；此外，我们还参考《现汉》释义，对释义中称"通称××"的，我们断定"××"即其通称词，且是普通话的主导词位；那些被《现汉》用来解释身体器官部位同义聚合中其他词位的词，我们即认为它是该语义场的代表性词位。

3. 关于核心人体词词形表现形式的研究

语言包括语音、词汇、语法三个子系统。文字记录下来的词汇系统内部又有词音、词形和词义三个方面，而词音又与语言的语音有关；全面的词汇比较研究应该包括词音、词义和词形，但限于篇幅，加之考虑到词义的复杂性，对人体词词义的共性和差异我们将另行撰文研究；虽然词形是属于书面语系统，但我们研究的是书写记录在古代文献、现代方言词典等材料中的人体词词形，同时人体词词形的差异是本书研究的难点。

4. 关于方言人体词语的书面形式和考本字

《现代汉语方言大词典》42分地本中，记录有些方言词的书面形式并非其本字，可能只是"以字记音"，我们将尊重词典作者的劳动，文中完全按照词典上记录的形式。

汉语方言的历时研究必然要涉及考本字的问题，我们认为对一些有音无字，或仅"以字记音"的方言人体词语应该给予考本字，但限于篇幅和时间，我们无暇深入探讨这一问题，所以暂且将这一问题搁置，留待今后继续研究。

还要说明一点：虽然我们研究的是"汉语核心人体词"，但在说明有些问题时不仅仅限于这25个核心义位，有些非核心人体义位如果保留了古汉语的特点，可能也被纳入讨论。

第一章 汉语核心人体词的共时 分布与历时演变

本章将对25个核心人体义位逐一讨论，讨论其历时演变和方言共时分布；以语义场为单位，逐一比较普通话和北京话及42地方言人体词词形的共时分布及其历时演变，并就核心人体词的共时差异与历时演变关系进行研究。

共时方面的研究主要包括：25个核心人体义位的普通话主导词位[①]或通称词是什么，指称同一器官部位的人体词的方言分布情况，其中还要谈到与普通话词形相同的人体词的方言分布情况，以及方言词汇调查时设计的义位[②]的方言分布情况。

在同一语义场的"各子场中表同一概念的词又构成同义义场，在一个同义义场中，由于各词位间的价值关系的不同，其中必有一个词位较其他词位在言语中出现频率高，并作为通称，我们把这个词位叫主导词位。与之相对应，其他词位则称为非主导词位"[③]。我们用人体语义场各子场中的普通话"主导词位"、"通称词"等与方言中表示相对应概念的词位（包括主导词位和非主导词位）进行比较，研究其词形情况。

对于普通话主导词位、通称词的认定方法，前面我们已经交代过，《现代汉语词典》（第6版）中的释义是主要参考。

---

① 本书的词位在普通话和方言中的所指不同，在普通话中指"指称身体同一器官部位的同义词的各种具体表现形式"（其词形表现形式、书写形式），在方言中指"指称身体同一器官部位的各方言的不同说法"；至于"义位"我们指一个基本语义单位，它的各种表现形式即是不同的词位。

② 本章中提到的"方言调查时设计的义位"指的是编撰《现代汉语方言大词典》时，为方言调查所设计的词表中的义位，即中国社会科学院语言研究所方言研究室资料室编《汉语方言词语调查条目表》；此词表已经发表，发表于《方言》2003年第1期，第6—27页。下同。

③ 解海江、张志毅：《汉语面部语义场历史演变——兼论汉语词汇史研究方法论的转折》，《古汉语研究》1993年第4期。

历时方面的内容主要有：从古汉语语料中寻找核心人体义位在不同历史时期的汉语共同语中的演变情况，今方言人体词的历史来源和演变情况。

对人体义位历史层次的界定，我们按照汉语史的传统分为上古、中古和近代三个时期。但由于各家对这三个时期中的中古汉语时期、近代汉语时期的起始朝代的认定不同，因而影响到研究的范围和语料对象的认定。我们参考王力先生[①]、吕叔湘先生[②]、袁家骅先生[③]、江蓝生先生[④]……直至最近王云路先生的观点[⑤]，暂且将上古时期的下限定到汉代，中古时期的下限定到唐代，这样近代汉语的上限也就暂定为起于晚唐五代。这样处理是否合理，谨待与大家商榷。

第一节　身体整体义场

一　身体

（一）共时分布

《同义词词林》和《简明汉语义类词典》收录的汉语"身体"义场的同义词位包括：身体、体（～重）、身（～高七尺）、躯（为国捐～）、躯体、肌体、肉体、肉身、身子〈口〉（光着～）、身躯（健壮的～）、臭皮囊、身板〈方〉、身上、肢体（四肢，也指四肢和躯干），还有"胴体、腔子"等说法。显然"身板"不是普通话词；在现代汉语普通话中单音节的"身"只在"翻个身、转过身去"等不多的情况下使用；"体"、"躯"在现代汉语普通话中一般不独立使用；"肢体"多用于指四肢；"肉体"多用于与"精神"相区别；"身子"一般只用于口语；"胴体"本来指"屠体，家畜屠宰后的躯干部分"，但现在也用来指女性的裸体；"腔子"指胸腔或动物割去头后的躯干；"躯体"和"肌体"虽然也指"身体"，但使用频率和范围都不如"身体"。依照《现汉》，我们认

---

① 王力：《汉语史稿》（上册），中华书局1980年版，第35页。

② 吕叔湘著，江蓝生补：《近代汉语指代词·序》，学林出版社1985年版。

③ 袁家骅：《汉语方言概要》，文字改革出版社1983年版，第16—21页。

④ 江蓝生：《魏晋南北朝小说词语汇释·序》，语文出版社1988年版。

⑤ 王云路：《中古汉语词汇史》（上册），商务印书馆2010年版，第2页。

为"身体"既是普通话"身体"义场的主导词位，也是"身体"子场的代表性词位，方言调查时设计的义位也是"身体"。普通话主导词位与方言调查时设计的义位一致。

北京话中表示"身体"的义位：《汉语方言词汇》①和《北京方言词典》②都未收录，《普通话基础方言基本词汇集》③记录有两种说法："身体"、"身子"。其中"身体"与普通话主导词位和方言调查时设计的义位一致。

42地方言均未见《同义词词林》和《简明汉语义类词典》收录的"躯、躯体、肌体、肉体、肉身"这些词位。

42地方言中表示"身体"的方言说法，请参考表1-1。从表1-1中显示的42地的方言情况看，与普通话代表性词位及方言调查时设计的词位"身体"相同的说法存在于除万荣、西安、西宁、武汉和扬州5地外的所有11地官话方言点、晋语的太原、吴语（金华话除外④）7地、徽语的绩溪、赣方言的黎川、客家方言两地、粤语的东莞、闽语的福州和海口共26地方言中北京话也说"身体"。《同义词词林》和《简明汉语义类词典》收录的汉语"身体"义场其他词位的方言分布情况：单音节词"体"只见于福州和厦门两地方言；单音节的"身"（实际上不少方言中的"身"也与普通话相似，只用于"～上、翻～、转～"等组合中）广泛存在于全国很多方言：官话区的牟平、西安、银川、乌鲁木齐、贵阳、扬州，晋语的太原，吴语的丹阳、苏州、崇明、金华，徽语的绩溪，赣方言的黎川，客家方言的梅县，粤语的东莞、南宁平话和闽方言的福州、建瓯、厦门和海口等20地方言中，东莞话"身"和"身体"可以两说。"身子"的说法存在于除万荣、银川、成都、贵阳外的所有官话方言12地、晋语的忻州、吴语的上海、湘语的长沙、粤语的广州共约16地方言中，北京话也有"身子"的说法。"身上"见于万荣话；有方言陪义的"身板"见于丹阳话和杭州话；"身躯"的说法见于厦门和雷州两地方言。

---

① 北京大学中文系语言学教研室编：《汉语方言词汇》，语文出版社1995年版。下同。

② 陈刚主编：《北京方言词典》，商务印书馆1985年版。下同。

③ 陈章太、李行健主编：《普通话基础方言基本词汇集·词汇卷》，语文出版社1996年版。下同。

④ 《金华方言词典》没有指称"身体"的方言说法的记录，金华话的"身坯"是"特指躯干"，"身体"是指"身体状况"。我们根据金华话有"上身"、"下身"这样的说法与普通话相应义位对应，认为金华话说"身"。下文在讨论"方言与普通话的相似度"、"古代词位的方言保存率"等问题时，不再赘述。

方言中其他指称"身体"的词语有：宁波话的"人"也指身体，武汉话有"身命"的说法，忻州话有"身平"的说法，温州话有"身膛"的说法，雷州话有"身份"的说法，哈尔滨、牟平和洛阳等9地方言及北京话说"身板儿"，哈尔滨话有"身架儿"的说法，梅县话有"身儿"的说法，"体子"存在于银川、成都、娄底、萍乡4地方言中。其他说法还有：洛阳话的"椿子"、万荣话的"条干"，银川话的"羞体"指"按伊斯兰教规，身体不可裸露的部分"，万荣话的"汉架""指人的躯体、身架"，长沙话的"坯伙"指"人的身躯、个头"，梅县话的"身坯"指"身躯"，绩溪和建瓯两地方言的"全身"指"整个身体"，徐州话有"身子骨儿"的说法。看来，42地方言中表示身体的词语中，跟普通话相似的"身体"的说法方言分布最广，其次是"身"，再次是"身子"。

总之，普通话代表性词位及方言调查时设计的义位"身体"这一说法的方言分布极广，北京话与普通话的说法相同。

表1-1 身体① （方言说法）②

词位	方言点
身	牟平、西安、银川、乌鲁木齐、贵阳、扬州、太原、丹阳、苏州、崇明、金华、绩溪、黎川、梅县、东莞、南宁、福州、建瓯、厦门、海口
身体	北京、哈尔滨、牟平、济南、徐州、洛阳、成都、贵阳、柳州、银川、乌鲁木齐、南京、太原、丹阳、苏州、上海、崇明、宁波、杭州、温州、绩溪、黎川、梅县、于都、东莞、福州、海口
身子	北京、哈尔滨、牟平、济南（口语多说）、徐州、洛阳、西安、西宁、乌鲁木齐、武汉、柳州（老说法）、扬州、南京、忻州、上海、长沙、广州
身躯	厦门、雷州
身上	万荣
身命	武汉（旧用法）

① 对文中表格的说明：一个义位设计一个表格。表中的一些符号是照搬各方言词典中的标注，依据李荣先生主编的《现代汉语方言大词典》各分册内"词典凡例"的说明：字下加小圆圈，表示这个字是同音字；"□"方框表示有音义而无合适的字形可写，对这种情况我们将用国际音标注其读音，声调用数字法表示，其中［ ］方括号内"丨"竖线左右的数字分别是声调的本音和变音的调值。下同。

② 这一章，针对25个人体义位，每一个表格中显示的都是42地方言词典中记录的其方言说法，以及25个义位在北京话中的说法。至于用《汉语方言地图集》及其他方言材料作的补充说明，没有在表格中显示，只有文字说明。谨此说明。

续表

词位	方言点
身平	忻州（身体，多指健壮与否）
身板	丹阳、杭州
身膛	温州（身躯；身材）
身儿	梅县
身坏（身躯）	梅县
身份	雷州
身板儿	北京、哈尔滨、牟平、济南、洛阳、柳州、西宁、太原、忻州
身架儿	哈尔滨
身子骨儿	徐州
椿子	洛阳
条干	万荣（只用于青少年或开玩笑的话）
体	福州、厦门
体子	银川（现在中年以下的人都叫"身体"）、成都（身体，多指身体素质和健康状况）、娄底、萍乡
汉架（指人的躯体）	万荣
羞体	银川（按伊斯兰教规，身体不可裸露的部分）
人	宁波
全身（整个身子）	绩溪、建瓯（整个身体）

（二）历时演变

据徐朝华：卜辞中就有"身"，但甲骨文中的"身"并非指"身体"。[①] 史存直先生说："照段玉裁的注解看来，好像'身'和'体'是部分对总体的区别……'体'在古代既指人体，也指'牲体'，而'身'则只能指人身。"[②] "身"指整个身体，先秦文献中就有用例：《左传·襄公二十四年》："象有齿以焚其身。"清王引之《经义述闻·通说上》"身"："人自顶以下踵以上，总谓之身。"据李慧贤博士研究：上古、中古至近代汉语中的宋金时期，表示身体的主要是单音的"身"。[③] 官话区的牟平、西安、银川、乌鲁木齐、贵阳、扬州，晋语的太原，吴语的丹

---

① 徐朝华：《上古汉语词汇史》，商务印书馆 2003 年版，第 26 页。

② 史存直：《汉语史纲要》，中华书局 2008 年版，第 423—424 页。

③ 李慧贤：《汉语人体部位词语历史演变研究》，博士学位论文，北京大学，2007 年，第 130 页。

阳、苏州、崇明、金华，徽语的绩溪，赣方言的黎川，客家方言的梅县，粤语的东莞、南宁平话和闽方言的福州、建瓯、厦门和海口等 20 地方言中都是以单音节词"身"指称"身体"（实际上不少方言中的"身"也与普通话相似，只用于"~上、翻~、转~"等组合中），东莞话"身"和"身体"可以两说。

福州和厦门两地方言中的"体"，上古就存在；从唐五代开始，"体"单用越来越少。①《礼记·大学》："心广体胖。"《孟子·梁惠王上》："为肥甘不足于口与？轻暖不足于体与？"《广雅·释亲》："体，身也。"

存在于北京话及 42 地方言中除万荣、西安、西宁、武汉和扬州 5 地外的所有 11 地官话方言、晋语的太原话、吴语 6 地方言、徽语绩溪话、赣方言黎川话、两地客家方言、粤语的东莞话、闽语的福州话和海口话共 25 地方言中的"身体"，上古汉语已见，《战国策·楚策四》："襄王闻之，颜色变作，身体战栗。"《汉书·王商传》："为人多质而威重，长八尺余，身体鸿大。"

厦门和雷州两地方言的"身躯"的说法，见于汉王褒《洞箫赋》："托身躯于后土兮，经万载而不迁。"《水浒传》第三八回："（李逵）扑翻身躯便拜。"但据李慧贤博士研究：元代后"身躯"用例才多些，但清代以后逐渐不见于文献了。②

万荣方言有"身上"的说法，其较早用例见于唐杜甫《哀王孙》诗："已经百日窜荆棘，身上无有完肌肤。"

存在于丹阳和杭州两地方言的"身板"，亦作"身版"，指躯体，较早用例见于宋《大宋宣和遗事·贞集》："少帝审听，欲起排闼问之，众人所寝，身版隔碍，不及而止。"

"身子"表示身体，李慧贤博士认为：最早见于宋代的话本③；我们查阅到的较早文献用例见于元吴昌龄《张天师》楔子："今日弄得我一个身子，七死八活。""身子"的说法存在于北京话和除万荣、银川、成都、贵阳外的所有 12 地官话方言、晋语的忻州话、吴语的上海话、湘语的长沙话、粤语的广州话及北京话共约 17 地方言中。

---

① 李慧贤：《汉语人体部位词语历史演变研究》，博士学位论文，北京大学，2007 年，第 127 页。

② 同上书，第 130 页。

③ 同上书，第 127 页。

　　徐州话说"身子骨儿",据周琳娜博士①:清代就有"身骨"从整体上称说人的身体;"身骨"指身体、体格的例子见于《红楼梦》第九十回:"虽身骨软弱,精神短少,却也勉强答应一两句了。"亦称"身子骨"。老舍《女店员》第三幕:"听说单牌楼要开个妇女粮店,我去扛'大个儿',二百斤一个,我身子骨棒呀!"

　　温州话有"身膧"的说法,"膧"[tʂ'uaŋ³⁵],《集韵》传江切,平江澄。"膧骨空"同"骨童骨空"。《集韵·江韵》:"骨童,骨童骨空,尻骨。或从肉。"可见,"膧"只是身体的一部分。

　　雷州话有"身份"的说法,近代汉语中指模样、姿态、架势。金董解元《西厢记诸宫调》卷七:"行一似揳老,坐一似猢狲。甚娘身份!"《儒林外史》第三四回:"这高老先生虽是一个前辈,却全不做身份,最好顽耍,同众位说说笑笑,并无顾忌。"雷州方言以"身份"指身体,是发生了义位变异。

　　武汉话有"身命"的说法。"身命"本指生命。《汉书·郑崇传》:"臣愿以身命当国咎。"唐玄奘《大唐西域记·驮那羯磔迦国》:"闻者怖骇,莫敢履户,谓是毒蛇之窟,恐丧身命。"也指身份。元宫天挺《七里滩》第三折:"我则似那草店上相逢时那个身命,便和您叙交情,做咱那伴等。"武汉方言"身命"指身体,是发生了义位变异。

　　哈尔滨话说"身架儿",属于方言创新,并进入共同语。"身架"指身体、躯体。用例见于现代汉语,康濯《春种秋收·故事》:"那小伙子呀!身架儿就像画上的狮子,肚里头墨水也满多!"

　　梅县话有"身坯"的说法,是方言创新,并进入现代白话作品。"身坯"亦作"身胚",指"身体,躯体"的用例《汉语大词典》引的是现代汉语,叶紫《山村一夜》:"衣服身胚一共有多少斤重量,都会看出来的。"沙汀《烦恼》:"她身胚高大。"据范峻军,"身胚"还见于湖南桂阳敖泉土话。②

　　"体子"存在于成都、银川、娄底、萍乡4地方言中,是方言创新,并进入现代白话作品。鲁迅《书信集·致萧军萧红》:"我的体子并不算坏。"曹禺《北京人》第一幕:"你体子又单薄,哪经得住熬夜。"

　　此外,忻州话的"身平",洛阳话的"椿子"、万荣话的"条干"、银川话的"羞体"、万荣话的"汉架",都可能是方言创新。

---

① 周琳娜:《清代新词新义位发展演变研究》,博士学位论文,山东大学,2009年,第41页。
② 范峻军:《湖南桂阳敖泉土话方言词汇》,《方言》2004年第4期。

见于隋代的"面体"①（指"面部和四肢，泛指全身"）和见于清代的"周身"、"肢骸"、"躯骨"、"躯躬"、"躯膃"、"体骨"、"人身"等从整体上称说人的身体的词②，在42地方言中未见。

（三）共时分布与历时演变之间的关系

存在于全国绝大多数方言的"身"、"身体"的说法，上古就存在；属于闽语的福州、厦门和雷州3地方言保留了上古（汉代以前）产生的"体"或"身躯"两个义位；万荣方言"身上"的说法见于唐代，存在于丹阳和杭州两地方言的"身板"见于宋代；而见于元代文献的"身子"的说法，主要存在于官话方言区，但也存在于吴语上海话、湘语长沙话、粤语广州话这3地南方的方言中。

可见，普通话的主导词位"身体"的历史层次是在上古，与普通话词形相同的"身体"的说法在全国各方言中的分布相当广泛，同是产生于上古的"身"的说法排第二，始见于元代文献的"身子"的说法排第三。

42地方言中：闽语各方言、南宁平话、粤语东莞话、客家方言于都话、赣语黎川话、吴语苏州话和崇明话、徽语绩溪话、晋语太原话中表示"身体"义位的各种说法的历史层次都在上古。

粤语两地方言还存在差异，较早文献用例见于元代的"身子"竟然出现在远离官话和晋语的广州话里，是"异地同变"的结果，还是元代以前"身子"已经存在于北方方言口语中，随移民南下？实在是值得研究；刘镇发博士认为现代粤语"大量的方言词语都是宋明以后的产物"③（后文还有广州话的人体词的历史层次在近代的例子），由此得出"现代粤语源于宋末移民说"的结论；刘镇发的观点是否能作为一种解释，还有待于进一步的研究。

客家话两地方言也存在差异。一般认为"儿"从唐代开始，虚化为词尾。王力先生说："如果作一个比较谨慎的说法，应该说词尾'儿'字是从唐代才开始产生的。"④梅县话"身儿"的说法，或是梅县客家人南迁时既已存在并随客家人南下？值得研究；这仅是孤例，还应联系更多的核

---

① 主金超：《隋代新词新义研究》，硕士学位论文，山东大学，2011年，第35页。

② 周琳娜：《清代新词新义位发展演变研究》，博士学位论文，山东大学，2009年，第41页。

③ 刘镇发：《现代粤语源于宋末移民说》，载《第七届国际粤方言研讨会论文集》，商务印书馆2000年版，第82页。

④ 王力：《汉语史稿》（中册），中华书局1980年版，第229页。

心词等语言事实，来进一步探讨。

　　赣语、湘语、晋语内部也不一致，除方言创新外，长沙话"身子"的历史层次是在元代。

　　吴语各地几乎都有"身体"的说法，官话除万荣话和武汉话都存在上古的说法。

　　由此可见，仅就"身体"这一义位，从共时分布看各方言区内部有的差异很大，一致性较强的是闽语，其次是吴语，再次是官话；从词位来源看，大部分方言都保留上古的说法。

第二节　头部、面部义场

一　头

（一）共时分布

　　《同义词词林》和《简明汉语义类词典》收录的汉语中表示"头"的同义词有：头、首（昂～）、头颅（抛～，洒热血）、首级、二斤半、脑袋〈口〉、脑瓜子、脑袋瓜子〈方〉、脑瓜儿〈方〉、脑壳〈方〉。排除带有"口语"或"方言"的陪义色彩的词位，加上"首级"（"古代指斩下来的人头"），现代汉语中用于表示"人头"的词位有：头、首、头颅，《现汉》没有收录"二斤半"；从《现汉》释义判断，普通话头部子场的主导词位是"头"，方言调查时设计义位也是"头"。有的方言中的"脑"实际上是指头部，我们将不加区别地讨论，但我们暂不讨论头部内的脑子即包括脑组织的部分，也不讨论那些基本义就表示"脑筋、记忆力"等有关脑子功能方面的词语。

　　北京话的情况：《北京方言词典》没有记录表示头部的说法；《汉语方言词汇》记录有两种说法："脑袋（瓜儿）"、"脑壳"；《普通话基础方言基本词汇集》也记录有两种说法："头"、"脑袋（瓜儿）"。这其中"脑袋（瓜儿）"的说法两部书中都有，"头"的说法与普通话头部子场的主导词位和方言调查时设计的义位词形一致。

　　表1-2显示的是42地方言中与普通话"头"相对应的方言说法。从表1-2中显示的42地方言词典的记录看，"头"作为一个单音节或主要语素存在于42地方言点中的31地和北京话中，在全国分布极广。"首"，作为一个单音节词42地方言未见，只有福州话的"头首"中有"首"这个

语素;"脑袋"、"脑瓜子"和"脑瓜儿"只见于哈尔滨话和济南话,就是有方言陪义色彩的"脑袋瓜子"也只见于哈尔滨、牟平和济南3地方言中;有方言陪义色彩的"脑壳"的说法存在于西南官话的武汉、成都、贵阳,吴语上海话,湘语的长沙和娄底,赣语的萍乡,客家方言的于都,粤语的东莞等9地方言及北京话中。方言中其他表示"头"的说法有:黎川话的"脑",西安话的"膁〔sɑ²⁴〕",哈尔滨话的"脑子",洛阳话的"低脑",徐州话的"枣木",柳州、广州、厦门、海口、南宁5地方言的"头壳",柳州话和杭州话的"头皮",太原话的"得脑",万荣话的"等〔tei²⁴〕脑",忻州话的"□老"〔təʔ² lo³¹³〕,丹阳话的"头籇郎〔lɑŋ³³ ⁵⁵〕",崇明话的"头屮"和"头屮壳落",宁波话的"骷颅头毻"和"骷颅头瓶",温州话和建瓯话的"人头",南昌话的"脑盖",南宁话的"能□〔nəŋ²¹ k'əŋ⁵⁵〕",福州话的"头脑"和"头首",海口话的"头颅",雷州话的"壳升",梅县话的"头那",哈尔滨话的"脑壳儿"、"脑壳子"和"脑袋瓜儿",丹阳话和杭州话的"脑袋瓜",苏州话、上海话和宁波话的"骷郎头",上海话的"头脑子"和"头脑壳",杭州还有"脑头瓜"的说法,上海和温州话的"骷髅头",金华话的"葫粒头",温州话和福州话的"六斤四",苏州话和宁波话的"六斤四两"。

据《汉语方言地图集》①(057图),单音节"头"的说法主要分布在河北西部和南部、山东、河南、山西北部、江苏、安徽等地;根据《普通话基础方言基本词汇集》,除地处四川、贵州的一些方言,官话方言其他方言都有单音节词"头";甚至南方的一些方言,如据《客赣方言调查报告》客赣方言的一些方言点:安义、宿松、余干、弋阳、南城、邵武等地也有单音节词"头"这一说法。

可见,全国大部分方言都存在与普通话相同的词位"头",其次是存在于西南官话和湘语等10地方言的"脑壳";其他一些词位分布都很分散。"脑袋〈口〉、脑瓜子、脑袋瓜子〈方〉、脑瓜儿〈方〉"这些说法的存在范围其实很小,只见于东北、胶辽、冀鲁等官话方言区的东部、北部地区;"脑壳"这一说法的存在范围却比较广,但范围是从西南官话向南,包括湘语和赣语部分地区,但东南沿海地区方言点的方言中未见。

总之,普通话头部子场的主导词位和方言调查时设计的义位"头"在全国分布极广,《普通话基础方言基本词汇集》也记录有这种说法。

---

① 曹志耘主编:《汉语方言地图集》,商务印书馆2008年版。057图,指的是《汉语方言地图集》中的第057号图,下文再提到××图时,其序号即为其在此地图集中的序号。下同。

表1-2　　　　　　　　　　　　　　头

词位	方言点
头	北京、哈尔滨、牟平、济南、徐州、洛阳、西安、西宁、武汉、柳州、银川、乌鲁木齐、南京、扬州①、太原、丹阳、上海、崇明、宁波、杭州、金华、温州、绩溪、南昌、黎川、于都、广州、东莞、南宁、福州、建瓯、雷州
头壳	柳州、广州、南宁、厦门、海口
头皮（头；脑袋）	柳州、杭州
头颅	海口
头儿	崇明
头那	梅县
人头	温州、建瓯
头脑	福州
头首	福州
头头子	银川（小脑袋瓜儿；用于小孩儿）
头箍郎［laŋ³³ǀ⁵⁵］	丹阳
头脑子/头脑壳（脑袋）	上海
脑	黎川
脑袋	北京、哈尔滨、济南
脑子	哈尔滨、上海
脑壳	北京、武汉、成都（老年人和农村人多说）、贵阳、上海、长沙、娄底、萍乡、于都、东莞
脑盖	南昌
脑壳儿	哈尔滨
脑壳子	哈尔滨
脑瓜儿	哈尔滨、济南
脑瓜子	哈尔滨、济南
脑仁儿	哈尔滨
脑头瓜	杭州
脑袋瓜	丹阳、杭州
脑袋瓜子	哈尔滨、牟平（含贬义）、济南
脑袋瓜儿	北京、哈尔滨
枣木	徐州（脑袋的戏称、较老说法）

---

① 《扬州方言词典》没有与普通话"头"相对应的方言说法的记录，据《汉语方言地图集》（057图），扬州下的宝应和江都两地都说"头"，我们暂且以"头"为扬州话的说法，并以此词位参与讨论。下文在讨论方言相似度、历史承传等问题时，不再赘述。

续表

词位	方言点
低脑	洛阳
等［tei²⁴］脑	万荣
得脑	太原（是一般说法，骂人话是"（干）骷髅"）
□老①［tə?² lɔ³¹³］	忻州
壳升	雷州
骷髅头	上海、温州（含厌恶口气）
骷郎头	苏州、上海、宁波
葫粒头	金华（含诙谐意）
头爿壳落	崇明（带有不敬的色彩）
骷颅头髻	宁波
骷颅头瓶	宁波（头；贬义）
六斤四	温州（头颅的隐称）、福州（俗称首级）
六斤四两	苏州、宁波（谑称）
膥［sɑ²⁴］	西安（本地字，但不用于"头发、头皮、剃头"中）
能□［nəŋ²¹ k'əŋ⁵⁵］	南宁

（二）历时演变

据王凤阳的《古辞辨》②："元"表"首"应是很远的古代，"首"是后起的方言词，当"元"（意义引申）用于各种抽象意义后，为不致混淆，它的"头"义已为后起"首"所取代。现代 42 地方言中也没有用"元"指称头的了。

据徐朝华："首"出现很早，卜辞中已有。③ 看来，"头"出现前先秦主要用"首"。现代 42 地方言没有用"首"指称头的了，但是"首"作为语素，福州话有"头首"的说法。"头首"指脑袋、首级，较早文献用例有《东观汉记·光武帝纪》："代郡太守刘兴将数百骑攻贾览，上状，檄至，光武知其必败，报书曰：'欲复进兵，恐失其头首也。'"三国蜀诸葛亮《便宜十六策·斩断》："夺人头首，以获其功，此谓盗军，盗军者斩。"

---

① 根据《现代汉语方言大词典》中《词典凡例》："下加圆圈的字是同音代替的字。"下同。

② 王凤阳：《古辞辨》，吉林文史出版社 1993 年版，第 115 页。

③ 徐朝华：《上古汉语词汇史》，商务印书馆 2003 年版，第 122 页。

"头"，战国时出现。《左传·襄公十九年》："生瘕于头。"王力："战国以前，只有'首'，没有'头'。金文里有很多'首'字，却没有一个'头'字。《诗》《书》《易》都没有'头'字。到了战国时代，'头'字出现了。它可能是方言进入普通话里的。作为'首'的同义词，它在口语里逐渐代替了'首'。"① 据李慧贤博士研究："头"表示人头最早见于《左传》，仅见一例②；到了西汉时期，"头"在与"首"的竞争中，取得了明显的优势，"首"开始退出表示人头的词汇场。③ 黄树先先生认为："战国以后，'首'逐渐被'头'取代，一直沿用至今。"④

史存直先生也认为"头"字大约在汉代就已在口语中取得了优势。⑤ 关于"头"的来源，黄树先先生认为：没有证据表明"头"可能来自方言，汉语的"头"疑来自"脰"。⑥

温州和建瓯两地方言说"人头"。"人头"原指人的头，其在文献中的用例也是在上古。《墨子·鲁问》："今有刀于此，试之人头，倅然断之，可谓利乎?"《史记·张仪列传》："左挈人头，右挟生房。"

黎川话说单音节的"脑"，"脑"指头颅，较早文献用例见于汉司马相如《上林赋》："箭不苟害，解脰陷脑。"唐段成式《酉阳杂俎·侠盗》："韦知其盗也，乃弹之，正中其脑。"宋罗大经《鹤林玉露》卷三："谚有云：日出早，雨淋脑。"

可见，"元"、"首"、"头"、"人头"和"脑"都在上古时期的文献中有用例。

福州话说"头脑"。"头脑"指脑袋，较早文献用例见于南朝时《后汉书·酷吏传序》："若其揣挫强执，摧勒公卿，碎裂头脑而不顾，亦为壮也。"

海口话的"头颅"指脑袋的较早文献用例见于《后汉书·袁绍传》："卿头颅方行万里，何席之为！"据李慧贤博士研究：在中古时期，"头

---

① 王力：《汉语史稿》，中华书局 1980 年版，第 497 页。

② 李慧贤：《汉语人体部位词语历史演变研究》，博士学位论文，北京大学，2007 年，第 15 页。

③ 同上书，第 18 页。

④ 黄树先：《汉语身体词探索》，华中科技大学出版社 2012 年版，第 156 页。

⑤ 史存直：《汉语史纲要》，中华书局 2008 年版，第 426 页。

⑥ 黄树先：《汉语身体词探索》，华中科技大学出版社 2012 年版，第 159—160 页。

颅"开始进入指称人头的词汇场。①

"头脑"和"头颅"的文献用例都是在中古。

柳州和杭州两地方言还说"头皮"。"头皮"指脑袋的用例，《汉语大词典》引宋代刘克庄《念奴娇》词："颜发俱非，头皮犹在，胜捉来官里。"

北京、哈尔滨、济南3地方言的"脑袋"，指头，见于近代汉语，金董解元《西厢记诸宫调》卷八："干撞杀郑恒那村厮！牙关紧，气堵了咽喉；脑袋裂，血污了阶址。"元石德玉《紫云庭》第一折："我但有些卧枕着床脑袋疼，他委实却也心内惊。"现代汉语口语中仍在使用。

丹阳和杭州两地方言的"脑袋瓜"，哈尔滨话和北京话的"脑袋瓜儿"，哈尔滨、牟平和济南3地方言的"脑袋瓜子"，清代文献有用例，《红楼梦》第六七回："你要实说了，我还饶你；再有一句虚言，你先摸摸你腔子上几个脑袋瓜子！"普通话仍在使用，杨沫《青春之歌》第一部第六章："要叫外边说咱学堂里有赤党分子煽动宣传——那，那连我余敬唐的脑袋瓜可也要跟着长不住啦！"

哈尔滨和济南两地方言的"脑瓜儿"、"脑瓜子"指头颅，与北京话说法相同。老舍《龙须沟》第一幕："汗珠子从脑瓜顶儿直流到脚底下。"

北京、武汉、成都、贵阳、上海、长沙、娄底、萍乡、于都、东莞10地方言的"脑壳"②，哈尔滨话的"脑壳儿"、"脑壳子"指头颅，与北京话说法相同。毛泽东《在省市自治区党委书记会议上的讲话》："看见这么一点东西，就居然胀满了一脑壳，这叫什么共产党员！"沙汀《淘金记》十四："未必我还怕么？又没有犯什么罪，就是见县长、主任，也不过是那么一回事！总不会炮打脑壳。"

哈尔滨话和上海话还说"脑子"。"脑子"原指脑髓，《儒林外史》第三八回："他但凡要吃人的脑子，就拿这葫芦来打我店里药酒。"哈尔滨方言发生义位变异。

南昌话以"脑盖"指头，是发生了义位变异。"脑盖"原指头额。元杨暹《刘行首》第三折："将郎君脑盖敲，子弟每觔髓撅，怎当他转关儿有百计千谋设！"

西安话的"脛"［sɑ²⁴］，丹阳话的"头镳郎［lɑŋ³³ˈ⁵⁵］"，苏州和上

---

① 李慧贤：《汉语人体部位词语历史演变研究》，博士学位论文，北京大学，2007年，第20页。

② 据邵百鸣，南昌方言也称头为"脑壳"（见《南昌方言》，江西人民出版社2009年版）。

海两地方言的"骷郎头"，杭州话的"脑头瓜"，上海话和温州话的"骷髅头"，金华话的"葫粒头"，宁波话的"骷颅头鬃"和"骷颅头瓶"，温州和福州两地方言的"六斤四"，苏州和宁波两地方言的"六斤四两"，崇明话的"头爿"、"头爿壳落"，雷州话的"壳升"，柳州、广州、厦门、海口、南宁平话5地方言的"头壳"，南宁话的"能□〔nəŋ²¹ k'əŋ⁵⁵〕"，徐州话的"枣木"，都暂时没有找到文献用例，疑为方言创新词。

（三）共时分布与历时演变间的关系

综上所述，汉语中最早表示头的"元"在42地方言及北京话中已经不见；"元"以后出现的"首"也只是作语素见于福州方言的"头首"中，而"头首"指脑袋的较早用例也只见于东汉的文献；比"首"后起的"头"，存在于全国绝大多数方言中；"人头"和"脑"在汉代以前的文献中就有，今天还可见于3地南方方言；闽语福州话的"头脑"、海口话的"头颅"指脑袋，文献用例都是见于南朝的《后汉书》；柳州和杭州两地方言的"头皮"指脑袋的用例见于宋代；南昌话指头的"脑盖"见于元代文献，但可能文献中的"脑盖"用的还是其"指头额"的原义。北京话、哈尔滨话和济南话中指头的"脑袋"见于近代汉语；吴语丹阳和杭州两地方言的"脑袋瓜"、存在于北京话和一些北方话的"脑袋瓜儿"和"脑袋瓜子"，清代文献有用例。

普通话主导词位"头"的历史层次是在上古。

可见，汉语头部义场的义位还是比较稳定的，词位的一致性还是比较强的，从上古承传下来的义位"头"不仅一直存在，今天仍在全国大多数方言中使用；产生于近代的"脑袋"、"脑袋瓜"、"脑袋瓜儿"和"脑袋瓜子"等说法，也只是存在于北方方言、吴语杭州话或是吴语丹阳话这样与官话方言在地理上邻近的方言里，并未在南方方言中普遍传播开来。文献用例只见于现代汉语的"脑壳"指头的情况在北方和南方的多地方言中都存在，其中西南官话和湘语这两个相邻的方言区内（除地理上相距较远的柳州话）都存在这一说法，可以考虑是方言间的相互影响；但北方某些方言中也说"脑壳"，可能其本来就是方言词，也可能是"异地同变"① 的结果。

这里，我们还有一点疑问：吴语丹阳和杭州两地方言都如北方方言说

---

① 李如龙：《论汉语方言特征词》，载《汉语方言的比较研究》，商务印书馆2001年版，第109页。

"脑袋瓜",文献用例是近代汉语的"脑袋瓜"出现在远离北方话的丹阳和杭州方言中,我们不禁产生疑问,是否有这种可能:这个词至少在南宋以前就可能在口语中用于指称"头"?这样才可能随着南宋北方人的南迁传入丹阳话和杭州话,但我们掌握的文献中的记录晚于实际语言的发展罢了!(同样的疑问还涉及义位"面/脸"、"脖子/颈",我们也考虑到"脸"、"脖"或"脖子"南宋以前可能就在口语中使用了。这与殷晓杰、方云云的观点不谋而合。详见下文。)

　　洛阳话的"低脑"、太原话的"得脑"、万荣话的"等〔tei^{24}〕脑"、忻州话的"□老〔tə$ʔ^2$ lɔ^{313}〕"、开封话的"滴脑〔ti24 nau55〕",以及至今活跃在河南方言中的指称"头"的"的(堤)脑"[1],我们怀疑本是同一个义位,只是因为语音在不同地区的演变不同因而造成的"以字记音"的结果使同一个义位书写形式出现方言差异。刘艳平认为定襄话的"得老〔tə$ʔ^2$ lou^{214}〕"(指称头)是"借自蒙语的词"[2],那么这些存在于河南和陕西方言、山西晋语中的指称人体"头"的义位是否也都是借自蒙古语,很值得研究。

　　梅县话的"头那",邓晓华先生认为是客家话和壮侗语的合璧词。[3]

　　魏巍提到的见于元代文献中的用于指称"头"的两个蒙古语借词"铁里温"和"撒骸"[4],在42地方言中均未见。

　　"元"、"首"、"头"、"人头"和"脑"在上古时期的文献中有用例。"头脑"和"头颅"的文献用例都是在中古。

二　脸

(一)共时分布

　　《同义词词林》和《简明汉语义类词典》中收录的汉语中表示"脸"的同义词有脸、脸孔、脸蛋儿/脸蛋子、脸膛儿〈方〉、脸盘儿、脸面、面庞(圆圆的~)、面孔、面、颜(开~)、颜面、面颜。"脸孔"、"脸蛋子"、"面颜"三个词《现汉》均未收录;根据《现汉》:"脸盘儿"和"面庞"都是指脸的形状、轮廓,我们不予讨论;普通话面部子场的主导

① 王珂:《清代河南地方志方言材料研究》,硕士学位论文,河南大学,2013年,第45页。

② 刘艳平:《定襄方言词汇与普通话词汇的比较——以日常生活用词为例》,《忻州师范学院学报》2010年第6期。

③ 邓晓华:《客家话跟苗瑶壮侗语的关系问题》,《民族语文》1999年第3期。

④ 魏巍:《元代汉语词汇史新词研究》,硕士学位论文,山东大学,2010年。

词位是"脸"。"面"在普通话中多用于书面语或作为构词语素使用。方言调查时设计的义位也是"脸"。

北京话的情况:《北京方言词典》未见;《汉语方言词汇》与《普通话基础方言基本词汇集》都收录了"脸"这一种说法,这与普通话面部子场的主导词位、方言调查时设计的义位均词形一致。

从表 1-3 中显示的 42 地方言中与普通话"脸"相对应的方言说法中可见:除北京话外,"脸"的说法还见于官话方言全部 16 地方言和晋语两地方言,以及吴语的杭州话、湘语的长沙话、赣语的南昌话共 21 地方言中;"脸蛋儿"(泛指"脸")见于哈尔滨、济南、徐州、洛阳、西安和西宁 6 地官话方言,哈尔滨、济南、万荣、银川、乌鲁木齐、忻州 6 地方言有"脸蛋子"(泛指"脸")的说法,杭州话有"脸孔"的说法,有方言陪义的"脸膛儿"的说法 42 地方言均未见,但徐州有"脸膛子"的说法。"脸面"在方言中一般不再有表示面部的意义;"面孔"的说法见于吴语的丹阳、苏州、上海、崇明、宁波、金华 6 地方言;"面"见于晋语太原,吴语的丹阳、崇明、金华、温州 4 地,徽语的绩溪,湘语的娄底,赣语的黎川和萍乡,客家方言的梅县,粤语两地,平话南宁,闽语的福州、厦门、海口和雷州 4 地共 17 地方言中。[①]"颜"、"颜面"、"面颜"这些说法 42 地方言中均未见。单音节词"脸"、"面"在全国分布较广。

从表 1-3 中可以看出:方言中其他表示"脸"的词语有:除海口话单音节的"形"、上海话的"番水〔$\phi\varepsilon^{53\mid55}$ ʂɿ$^{55\mid31}$〕"(音译词)、哈尔滨话的"盘儿"和"粉团儿"、成都话的"盘子"、梅县话的"嘴角卵"外,大都是以"脸"或"面"为主要语素构成的,如以"脸"为主要语素构成的词语有:徐州话的"脸儿"、"脸盘儿"和"脸盘子",西宁话的"脸脑"和"脸佬",武汉话的"脸泡"和"脸泡子",贵阳话的"脸包"和"脸兜",柳州话的"脸盘"和"脸板",宁波话的"丫脸",长沙话的"脸块",成都话的"脸登儿〔niɛn^{53} tə^{55}〕",南昌话的"脸豚子",洛阳话的"脸圪垯儿";以"面"为主要语素构成的词语有:温州话的"面门",绩溪话的"面嘴",萍乡话的"面朵",于都话和建瓯话的"面盘",广州话的"面珠",福州话的"面颊",建瓯话的"面颊",厦门话的"面仔",崇明话的"面货墩",萍乡话的"面朵仔",广州话、

---

① 《现代汉语方言大词典》分地本的苏州和建瓯两地方言词典没有记录与普通话"脸"相对应的方言说法,《汉语方言地图集》(058 图)显示:这两地也说"面"。我们以"面"作为这两地方言指称"脸"的方言义位,下文在讨论方言相似度、历史承传等问题时,不再赘述。

东莞话和南宁话的"面珠墩"，建瓯话的"面颊卵"，忻州话的"面模子"，苏州话的"面盘子"和"面架子"，娄底话的"面巴子"。

据《汉语方言地图集》（058 图）：中国北方方言说"脸"，南方方言几乎都说"面"，吴语区北部说"面孔"，赣语个别方言说"面嘴"，粤语区北部也有的方言说"面体"。[①] 这也进一步印证了我们前面提到的北"脸"（说单音节词"脸"或以"脸"为语素构词）、南"面"（说单音节词"面"或以"面"为语素构词）的说法。

表1-3　　　　　　　　　　　　脸、脸蛋儿

词位	方言点
脸	北京、哈尔滨、牟平、济南、徐州、洛阳、万荣、西安、西宁、武汉、成都、贵阳、柳州、银川、乌鲁木齐、扬州、南京、太原、忻州、杭州、长沙、南昌
脸儿	徐州
脸脑	西宁
脸泡（子）	武汉
脸孔	杭州
丫脸	宁波（贬称面孔）
脸蛋儿	哈尔滨、济南、徐州、洛阳、西安、西宁
脸蛋子	哈尔滨、济南、万荣、银川、乌鲁木齐、忻州
脸膛子	徐州
脸登儿 [niɛn^{53} tɚ^{55}]	成都（多用于儿童）
面	太原、丹阳、崇明、金华、温州、绩溪、娄底、黎川、萍乡、梅县、广州、东莞、南宁、福州、厦门、雷州、海口
面孔	丹阳、苏州、上海、崇明、宁波、金华
面嘴	绩溪
面盘	于都、建瓯
面颊	建瓯
面珠墩	广州、东莞、南宁
屄脸	西安（骂人的话）
盘儿	哈尔滨
盘子	成都
形	海口
番水 [ɸɛ$^{53\mid55}$ sʅ$^{55\mid31}$]	上海（指脸，常用于脸长得美丑时，外来词，英语 face 的译音）

[①] 李如龙：《汉语方言的地理语言学研究大有可为——喜读〈汉语方言地图集〉》，《方言》2009 年第 2 期，第 117—125 页。

（二）历时演变

"面"甲骨文中就已存在，李孝定《甲骨文字集释》："契文从目，外象面部匡廓之形，盖面部五官中最引人注意者莫过于目，故面字从之也。篆文从百，则从口无义可说，乃从目之讹。"①《礼记》："女子出门，必拥蔽其面。"这一义位在现代汉语中仍然存在，但在普通话中多用于书面语体和一些成语中，口头语体一般不用。据《汉语方言地图集》（058图）：今天，"面"存在于江苏南部、浙江、福建、台湾、广东、海南、广西、湖南南部（长沙除外）、江西、湖北东南部、安徽南部等地区，这些地区确实包括吴语、徽语、湘语（部分方言）、闽语、赣语、客家方言、粤语、平话等南方方言区。

"脸"字出现得较晚，《说文》没有"脸"字。据解海江等②，"脸"的产生大约在南北朝时期，最初即指现代汉语中所说的"脸颊"。《集韵·琰韵》："脸，颊也。"如南朝梁简文帝《妾薄命》诗："玉貌歇红脸，长嚬串翠眉。"宋文天祥《珊瑚吟》诗："毛羽黑如漆，两脸凝橘脂。"可见古代"面"与"脸"分得很清楚，而且"脸"仅限于妇女。约从唐代开始，"脸"指称义从"颊"扩展到"整个面部"，而且适用对象也从妇女扩大到男人。如唐李孝伦《敬善寺石像铭》："临豪月满，映脸莲开香烟起雾，梵响惊埃。"《敦煌变文集·搜神记》："昔孔子游行，见一老人在路，吟歌而行，孔子问曰：'脸（脸）有饥色，有何乐哉?'老人答曰：'吾众事已毕，何不乐乎?'"此后，"脸"指"颊"和"面部"两义位并存。《水浒传》第六十二回："仰着脸四下里看，不见动静。"这里的"脸"指"整个面部"。明至清中叶是"脸"发展的关键时期，"面"与"脸"展开强烈竞争，大概在清中叶"脸"对"面"的替换已基本完成，"脸"成为语义场主导词。③ 现代汉语中"脸"指称"颊"的意义基本上已经消失了。今天，在汉语方言中，以吴方言为界，几乎是存在着北"脸"、南"面"的局面，"脸"的说法见于北京话及官话方言和晋语，以及吴语的杭州话、湘语的长沙话、赣语的南昌话共21地方言中。

吴语区丹阳、苏州、上海、崇明、宁波金华6地方言都说"面孔"。

① 李孝定：《甲骨文字集释》，"中央研究院历史语言研究所"，台湾，1965年。

② 解海江、张志毅：《汉语面部语义场历史演变——兼论汉语词汇史研究方法论的转折》，《古汉语研究》1993年第4期。

③ 殷晓杰：《明清山东方言词汇研究》，中国社会科学出版社2011年版，第170—178页。

"面孔"指面部约在唐代产生，唐黄幡绰《嘲刘文树》诗："文树面孔不似猢狲，猢狲面孔强似文树。"

西宁话说"脸脑"。"脸脑"大约产生于宋元，元秦简夫《赵礼让肥》第二折："我见他料绰口凹凸着面貌，眼嵌鼻眍，挠着脸脑。"

哈尔滨、济南、万荣、银川、乌鲁木齐、忻州6地方言说"脸蛋子"，哈尔滨、济南、徐州、洛阳、西安和西宁6地方言说"脸蛋儿"。"脸蛋"本指"脸的两旁部分"，清末出现。《女儿英雄传》第三十四回："不由的把个紫棠色的脸蛋儿羞得小茄包似的。"《二十年目睹之怪现状》："两个脸蛋登时热的出了一身冷汗。"现代汉语中使用更为频繁，义域扩大，泛指"面部"。

海口话的"形"指脸，是义位变异。"形"本义指形象；面貌。《荀子·非相》："故相形不如论心，论心不如择术。"唐韩愈《凤翔陇州节度使李公墓志铭》："及幸还，录功封武安郡王，号元从功臣，图其形御阁。"明陶宗仪《辍耕录·盗有道》："责令有司官兵，肖形掩捕。"清沈复《浮生六记·闺房记乐》："其形削肩长项，瘦不露骨。"

建瓯话的"面颊"指脸，是义位变异。"面颊"本指脸的两侧，从眼到下颌的部位。宋苏轼《赠黄山人》诗："面颊照人元自赤，眉毛覆眼见来乌。"《水浒传》第七十回："一个唤做中箭虎丁得孙，面颊连项都有疤痕，马上会使飞叉。"建瓯方言中发生变异，义域扩大，指整个面部。

成都话的"脸登儿"和"盘子"，于都和建瓯两地方言的"面盘"，宁波话的"丫脸"，都暂时没有找到文献用例，疑为方言创新词。

上海话指称脸的"番水"是音译词。

（三）共时分布与历时演变间的关系

综上所述，最早出现的"面"主要存在于长江以南除吴语的杭州话、湘语的长沙话、赣语的南昌话三地方言外的多地南方方言中；唐代开始指称"整个面部"的"脸"存在与吴语以北的官话和晋语，以及吴语的杭州话、湘语的长沙话、赣语的南昌话三地南方方言及北京话共22地方言中；从用来佐证的文献年代顺序来看，吴语区5地方言的"面孔"约产生在唐代，西宁话的"脸脑"大约产生于宋元，多地官话方言有"脸蛋子"或"脸蛋儿"的说法，而"脸蛋"清末出现。

普通话面部子场的主导词位"脸"的历史层次是在唐代。

如果以历时演变和共时分布相结合来划线的话，可以以吴语为界，吴语及其以南地区方言（杭州话、长沙话、南昌话除外）中保留甲骨文既有的"面"或以"面"为语素构词来指称面部；吴语（杭州话和温州话除外）的"面孔"的历时层次是在唐代；吴语以北方言以唐代开始指称"整个面部"的"脸"或以"脸"为语素构词来指称面部；东北、西北等地指称面部的方言词的历史层次为宋元或清末。

可以说，汉语方言指称"脸"存在南北差异：吴语及其以南地区方言的历史层次是在唐代及其以前；官话区和晋语的历史层次是在唐代及其以后。

三　位于头部、面部的器官

（一）眼睛

1. 共时分布

《同义词词林》和《简明汉语义类词典》中收录的汉语中表示"眼、眼睛"的同义词有：眼、眼睛、目、眸、眸子、肉眼。根据《现汉》，普通话目部子场的通称是"眼睛"，"目"在普通话中多用于书面语或作为构词语素使用。方言词汇调查时设计的义位是"眼"。

《汉语方言词汇》和《普通话基础方言基本词汇集》记录有"眼睛"这一说法，《北京方言词典》没有收录。

"眼"和"眼睛"的说法存在于除闽方言区外的全国绝大部分地区（万荣、温州、长沙除外），单音节词"目"见于闽方言区（建瓯除外），闽方言除建瓯话外都说单音节的"目"，闽语建瓯话说"目睭"，潮汕话也称眼睛为"目"或"目睭"①。参考《客赣方言调查报告》、《客家方言》和《广州话、客家话、潮汕话与普通话对照词典》② 中的记录，客家话也说"目珠"，《汉语方言词汇》记录潮州话说"目"，这样"目"作语素构成的指称眼睛的词也见于客家话。《汉语方言地图集》（图059）显示：以"目"为单音节词或语素构成词指称"眼睛"的词分布在浙江省南部、江西省东北部、福建省、台湾省、广东的东部和南部和海南省，即主要分布于闽语区及客赣方言的部分方言点。

从表1-4看，单音节的"眼"存在于16地方言中。16地方言中只有单音节"眼"一种说法的方言点不是很多，只见于官话方言的牟平、济南、洛阳和扬州4地，晋语的忻州、粤方言的广州和东莞、平话区南宁共8地方言中（其他8地方言除"眼"外，还有其他说法）；与普通话相同的双音节词"眼睛"在全国各方言中通行较广，除闽方言用"目"或

---

① 陈伟武：《潮汕方言词考释续貂》，《汕头大学学报》1997年第6期。

② 欧阳觉亚等编著：《广州话、客家话、潮汕话与普通话对照词典》，广东人民出版社2005年版。下同。

以"目"为语素构成的词，再加上官话方言的牟平、济南、洛阳、万荣和扬州、晋语的忻州、吴方言的温州、湘方言的娄底、赣方言的萍乡、客家方言的梅县、粤方言、南宁共 18 地方言外，其余 23① 地方言加上北京话都说"眼睛"；西安、西宁和万荣 3 地方言说"眼窝"，崇明话说"眼乌子"和"眼睛乌子"。有些方言中还用"眼/目"和"珠"构成词指称"眼睛"而非"眼球（眼珠）"的词，如：娄底、萍乡和梅县 3 地方言的"眼珠"（湖南桂阳敖泉土话也是用"眼珠"指"眼睛"②），吴语苏州、上海和温州及徽语绩溪 4 地方言的"眼乌珠"，福州话和厦门话的"目珠"，温州话中还有"眼灵珠"和"眼儿珠"的说法，绩溪话还说"眼乌珠子"，这些方言词的造词理据是以部分（"眼珠"）代替整体（"眼睛"）。从 42 地方言看，"目"作单音节词或语素的情况仅存在于闽方言区，"眼×珠"或"眼（睛）×子"的说法在吴方言区较普遍；根据《徽州方言》徽州方言旌占片和严州片也说"眼睛珠"，严州片还说"眼乌珠"，这样"眼×珠"的说法也见于徽语。

　　指称眼睛的"眸、眸子"和"肉眼"等说法 42 地方言未见。

　　总之，与普通话目部子场的通称"眼睛"一致的说法存在于北京话、官话方言、晋语、吴方言、赣方言、客家方言的 24 地方言中，北京话也有这一说法。与方言词汇调查时设计的义位"眼"一致的说法存在于官话方言、晋语、吴方言、湘方言、赣方言、客家方言、粤方言、南宁平话共 16 地方言中；"眼"的说法比"眼睛"的说法的方言区分布要广些，湘方言、粤方言、南宁平话说"眼"不说"眼睛"。

表 1-4　　　　　　　　　　　　　　眼睛

词位	方言点
眼	哈尔滨、牟平、济南、徐州、洛阳、乌鲁木齐、扬州、太原、忻州、杭州、娄底、萍乡、梅县、广州、东莞、南宁
眼睛	北京、哈尔滨、徐州、西安、西宁、银川、乌鲁木齐、武汉、成都、贵阳、柳州、南京、太原、丹阳、苏州、上海、崇明、宁波、杭州、金华、绩溪、南昌、黎川、于都
眼窝	万荣、西安（郊区多说）、西宁
眼珠	娄底、萍乡、梅县

---

① 《现代汉语方言大词典·长沙方言词典》没有记录与普通话"眼睛"相对应的方言说法，据《汉语方言地图集》（图059），长沙话也说"眼睛"。我们以"眼睛"作为长沙话指称此人体器官的义位，下文在讨论方言相似度、历史承传等问题时，不再赘述。

② 范峻军：《湖南桂阳敖泉土话方言词汇》，《方言》2004 年第 4 期。

续表

词位	方言点
眼乌珠	苏州、上海、温州、绩溪
眼儿珠	温州
眼灵珠	温州
眼乌子	崇明
眼乌珠子	绩溪
眼睛乌子	崇明（眼睛的贬词）
目	福州、厦门、雷州、海口
目珠	福州、厦门
目睭	福州、建瓯
灯笼	贵阳（黑话，眼睛）
荔枝龙	南宁（歇后语，指眼睛）

2. 历时演变

"目"指眼睛这一义位上古就已存在，据徐朝华：卜辞中有"目"。①
《易·鼎》："巽而耳目聪明。"汉王充《论衡·命义》："非正色目不视，
非正声耳不听。"近代汉语仍沿用。明高启《梦松轩记》："目接其光辉，
身承其教训。""目"在现代汉语普通话只用于书面语和成语中。闽方言
除建瓯话外，口语中都使用单音节词"目"。

见于官话的哈尔滨、牟平、济南、徐州、洛阳、乌鲁木齐和扬州、晋
语两地、吴方言的杭州、湘方言的娄底、赣方言的萍乡、方言的梅县、粤
方言两地、南宁平话16地方言中的"眼"，上古汉语多指眼球。《易·说
卦》："其于人也，为寡发，为广颡，为多白眼。"孔颖达疏："为多白眼：
取躁人之眼，其色多白也。""眼"在战国至西汉时期产生"眼睛"义，
如成书于战国至西汉的《黄帝内经》："风入系头，则为目风，眼寒。"
（《素问》卷五《风论篇第四十二》）《说文》中"眼"、"目"互训：
"目，人眼。""眼，目也。"张揖《广雅·释亲》："目谓之眼"。《史记·
大宛列传》："其人皆深眼，多须髯。"方一新②认为，在"眼睛"义位
上，汉魏六朝时"眼"已成为眼睛语义场的主导性词位；吴金华认为：

---

① 徐朝华：《上古汉语词汇史》，商务印书馆2003年版，第25页。
② 方一新：《"眼"当"目"讲始于唐代吗？》，《语文研究》1987年第3期。

"眼"在口语中替代"目"至迟在三国时代①；汪维辉先生将时间提前了："眼"在口语中取代"目"不会晚于汉末。②

存在于北京话、官话方言的哈尔滨、徐州、西安、西宁、银川、乌鲁木齐、西南官话四地、南京、晋语太原、吴方言除温州外7地、徽语绩溪、赣方言南昌和黎川两地、客家方言于都共24地方言中的"眼睛"，较早文献用例见于唐代。白居易《西凉伎》："西凉伎，假面胡人假狮子。刻木为头丝作尾，金镀眼睛银贴齿。"（《白居易诗全集》）《林间录》卷下："嵩明教既化，火浴之，顶骨、眼睛、齿舌、耳毫、男根、数珠皆不坏。"唐韩愈《月蚀诗效玉川子作》："念此日月者，为天之眼睛。"不过唐代用例较少，宋元开始用例较多，现代汉语成为常用词。汪维辉先生认为："眼睛"成为"眼"的通称可能是唐代以后的事情。③

娄底、萍乡和梅县3地方言说"眼珠"，但普通话和多数北方方言里的"眼珠"是指眼球。《水浒传》第五一回："众人看时，那白秀英打得脑浆迸流，眼珠突出，动弹不得，情知死了。"也泛指眼睛，用例见《儿女英雄传》第二九回："好妹妹！怎的你这见识就合我的意思一样？可见我这双眼珠儿不曾错认你了？"

福州和厦门两方言还说"目珠"，指眼睛，是方言义位变异。"目珠"本义指眼球。《医宗金鉴·刺灸心法要诀·周身各位骨度》："目珠。"注："目珠者，目睛之俗名也。"义位发生变异，在这两地方言里以部分代整体指整个眼睛。

西安、西宁和万荣3地方言说"眼窝"。"眼窝"在现代汉语中出现，本指眼球所在的凹陷处，但西安、西宁和万荣3地方言义位发生变异，以部分代整体指整个眼睛。

吴语苏州、上海和温州及徽语绩溪4地方言以"眼乌珠"、绩溪话以"眼乌珠子"指称眼睛。"眼乌珠"本指眼球。夏衍《秋瑾传》序幕："用处可多呐，譬如眼乌珠……"甬剧《两兄弟》第三场："有财啊，我是日也盼你回来，夜也盼你回来，盼得我眼乌珠都要掉落来快咧！"在这些方言中，义位发生变异，以部分代整体指整个眼睛。

崇明话的"眼乌子"、"眼睛乌子"，温州话的"眼灵珠"和"眼儿

---

① 吴金华：《佛经译文中的汉魏六朝语词拾零》，载《语言研究集刊》第2辑，上海出版社1988年版。

② 汪维辉：《东汉—隋常用词演变研究》，南京大学出版社2000年版，第29页。

③ 同上。

珠",建瓯话的"目睭",疑为都是方言创新说法。

可见,方言创新义位和方言义位变异中的不少情况是以表示眼部一部分的词指代整体——眼睛。

3. 共时分布与历时演变间的关系

上古义位"目"还保留在除建瓯话外的闽方言,甚至以"目"为语素构成的词也主要存在于闽语,闽语"目"的历史层次是在上古;在战国至西汉时期产生"眼睛"意义、汉末替代"目"的"眼",存在于除闽语外的16地方言,方言词汇调查时设计的义位也是"眼",其历史层次也是在上古;较早文献用例见于唐代的"眼睛"存在于绝大多数方言中,一直沿用至今,"眼睛"的历史层次暂且定于中古。

普通话目部子场通称的"眼睛"其历史层次应该是中古。从共时分布看,除闽方言外,其他方言都是以"眼"、"眼睛"或者是以"眼"为语素构成的词来指称"眼睛";这说明:除闽方言外,"目"无论是作为单音节词还是作为单音节语素,在全国绝大多数方言中已经被替换。

(二)耳朵

1. 共时分布

《同义词词林》和《简明汉语义类词典》中收录的汉语中表示"耳朵"的词有:耳、耳朵、耳根(儿)。根据《现汉》,应该还有"耳根子",普通话耳朵子场的主导词位是"耳朵",单音节的"耳"在普通话中一般不单用。方言词汇调查时设计的义位是"耳朵"。

《汉语方言词汇》和《普通话基础方言基本词汇集》记录北京话的说法是"耳朵",《北京方言词典》没有记录。

42地方言及北京话指称"耳朵"的方言词,可参见表1-5。从表1-5中看,单音节词"耳"只见于10地方言中,双音节的"耳朵"广泛通行于全国30个方言点及北京;42地方言中均未见以《同义词词林》和《简明汉语义类词典》中收录的"耳根(儿)"、"耳根子"表示"耳朵"的情况。42地方言中只有苏州、海口和雷州3地方言没有表示"耳朵"的双音节词;可以看出,在"耳朵"子场中"耳朵"这一词位的全国通行性及义位双音节化的普遍性。

总之,普通话耳朵子场的主导词位和方言词汇调查时设计的义位词形一致,都是"耳朵",除北京话说外,还存在于除粤语和闽语外的全国30个方言点。

表 1-5 耳朵

词位	方言点
耳	牟平、苏州、杭州、广州、南宁、福州、建瓯、厦门、雷州、海口
耳朵	北京、哈尔滨、牟平、济南、徐州、万荣、西安、西宁、银川、乌鲁木齐、成都、贵阳、柳州、南京、太原、忻州、丹阳、上海、崇明、宁波、杭州、金华、温州、绩溪、长沙、娄底、南昌、黎川、萍乡、于都、南宁
耳道	洛阳
耳洞 [·toŋ]	武汉
耳头	扬州
耳公	梅县
耳仔	广州（耳朵的俗称）、建瓯、厦门
耳吉	东莞
耳耳	福州（儿语指耳朵）
耳团	福州（耳朵，多出现在儿歌童谣中）
耳川	建瓯
耳腔	厦门
耳丫子	哈尔滨
耳门心	成都
耳朵管	苏州
耳空管	海口（耳朵，多指听觉上的）
耳瓜子	乌鲁木齐（"耳朵"的通俗说法）
耳朵瓜子	乌鲁木齐（"耳朵"的通俗说法）

2. 历时演变

只存在于官话方言的牟平、吴语的苏州和杭州、粤方言的广州、南宁平话、闽方言的全部 5 个方言点共 10 地方言中的单音节词"耳"上古汉语就存在，卜辞中就有。①《诗·小雅·无羊》："尔牛来思，其耳湿湿。"《孟子·梁惠王上》："声音不足听于耳欤？"

从表 1-5 看，双音节的"耳朵"广泛通行于北京及全国 30 个方言点，只有官话方言的洛阳、武汉、扬州，吴方言的苏州，客家方言的梅县，粤方言的广州和东莞，还有闽方言的全部 5 个方言点没有"耳朵"这一词位。"耳朵"的较早文献用例见于唐郑棨《开天传信记》："指头十挺墨，耳朵两张匙。"五代徐仲雅《闲居》残句："屋面尽生人耳朵，篱

---

① 徐朝华：《上古汉语词汇史》，商务印书馆 2003 年版，第 25 页。

头多是老翁须。"宋元时使用渐多。据龙丹博士调查发现："大概是从五代开始，'耳朵'的双音形式出现，元代以前，'耳朵'这一双音化形式较少见，而在全元杂剧中却猛增到 36 例，……明清小说中'耳朵'这一双音化形式广泛使用，但也有少量'耳'单用的例子"①

洛阳话的"耳道"，武汉话的"耳洞"，扬州话的"耳头"，梅县话的"耳公"，广州、建瓯和厦门 3 方言的"耳仔"，东莞话的"耳吉"，福州话的"耳耳"和"耳团"，建瓯话的"耳川"，厦门话的"耳腔"，哈尔滨话的"耳丫子"，成都话的"耳门心"，乌鲁木齐话的"耳瓜子"和"耳朵瓜子"，苏州话的"耳朵管"，海口话的"耳空管"等说法，疑为都是方言创新。

3. 共时分布与历时演变间的关系

除方言创新义位外，10 地（除牟平话外其他都地处南方）方言使用承传自上古的"耳"；31 地方言使用唐代就有的"耳朵"；可见，汉语中指称"耳朵"的义位具有较高的稳定性和方言一致性。"耳仔"的说法见于粤语广州话、闽语建瓯话和厦门话共三地方言中。

普通话耳朵子场的主导词位"耳朵"的历史层次是中古。

（三）鼻子

1. 共时分布

《同义词词林》和《简明汉语义类词典》中收录的汉语中表示"鼻子"的词有：鼻、鼻子、鼻头〈方〉。普通话鼻部子场的主导词位是"鼻子"，"鼻"在普通话中一般不独立使用。方言词汇调查时设计的义位是"鼻子"。

《汉语方言词汇》和《普通话基础方言基本词汇集》记录北京话有"鼻子"这一说法，《北京方言词典》没有记录。

单音节词"鼻"存在于客家方言的于都、粤方言的广州、平话南宁及闽方言 5 个点共 8 地方言中，但据《汉语方言地图集》（060 图）：单音节的"鼻"在北方地区只有山西东部的左权和襄垣两地说，在南方主要分布在福建中部和北部，从福州往南、经福建和广东的沿海地区到雷州半岛、海南省和台湾的西部。这些地区，"鼻"为单音节语素构词指称"鼻子"的，集中分布在山东西南部、河北西部和南部、河南北部和山西南部这一片地区，另外，台湾省台北、南投、台南、屏东、台东等地方言也存在这种现象。

---

① 　龙丹：《魏晋核心词研究》，博士学位论文，华中科技大学，2008 年，第 43 页。

北京话及 42 地方言中与普通话"鼻子"相对应的方言词的情况，请参见表 1−6。北京及 42 地方言中的 23 地都有与普通话相同的"鼻子"的说法，另据《汉语方言地图集》（060 图）："鼻子"的说法在全国分布甚广，除江苏南部外，只有浙江省、福建省、广东省、海南、台湾五省没有"鼻子"的说法；湖南、江西、广西三省的某些方言也说"鼻子"。

有方言陪义的"鼻头"见于 42 地方言中湘语的娄底话和除宁波话外的吴语中（"鼻头"在宁波话里指鼻涕，其他吴语多指鼻子①），《汉语方言词汇》记录双峰话说"鼻头"；据《汉语方言地图集》（060 图）："鼻头"指称"鼻子"主要分布在江苏南部、浙江省、福建北部少数方言点，以及湖南南部和广东西北部的一些方言点；参考其他方言材料，湘语、吴语和徽语两个方言片的一些方言有"鼻头"的说法，《徽州方言》记录绩歙片和严州片说"鼻头"；鼻子说"鼻头"，吴语区内不说的仅有龙泉，区外也说的见于湘语和湘南土话（湘乡、双峰、衡阳、江华）②；李如龙先生说：管"鼻子"叫"鼻头"见于吴语和河北承德、邯郸一带，这是不同方言的类同变异。"鼻头"的语素是汉语共有的，这种相同的组合是异地同变。③ 方言人体词的"异地同变"现象有很多。

42 地方言中其他双音节词位有："鼻主"、"鼻孔"、"鼻公"、"鼻哥"、"鼻仔"5 种说法。"鼻主"的说法只见于徐州一地；"鼻仔"的说法也只见于厦门方言。

绩溪一地说"鼻孔"，参考其他方言材料，徽语一些方言说"鼻孔"，《徽州方言》记录休黟片和祁德片等说"鼻孔"，据《汉语方言地图集》（060 图）："鼻孔"的说法只在安徽东南和江西东北部这一小片地方集中分布，其他散见于湖北南部、湖南西部和广西东北部的某些方言。

42 地方言中，赣方言（萍乡除外）和客家方言说"鼻公"，《客赣方言调查报告》和《江西客家方言概况》④ 记录客、赣方言（萍乡除外）大部分方言点说"鼻公"；据《汉语方言地图集》（060 图）：南方说"鼻公"的方言不少，集中分布在江西省（赣语区）和广东省东部和北部（客家方

---

① 周志锋：《宁波方言的词汇特点》，《宁波大学学报》2010 年第 1 期。

② 李如龙：《汉语方言的地理语言学研究大有可为——喜读〈汉语方言地图集〉》，《方言》2009 年第 2 期，第 117—125 页。

③ 李如龙：《论汉语方言特征词》，载《汉语方言的比较研究》，商务印书馆 2001 年版，第 108—109 页。

④ 刘纶鑫：《江西客家方言概况》，江西人民出版社 2001 年版，第 244 页。

言区），另外还散见于安徽省的黄山区和旌德、湖北省的中部、湖南省的辰溪乡、广东省的西部、广西壮族自治区的东部、台湾省的苗栗等地方言中。

据《现代汉语方言大词典》分地本，粤方言广州和东莞两地都说"鼻哥"；但《汉语方言地图集》（060 图）却显示广州话说"鼻头"，与周围其他方言都说"鼻哥"不同，也与《现代汉语方言大词典·广州方言词典》的记录不同。

三音节的词语极少，万荣话有"鼻疙瘩"、宁波话有"鼻头管"的说法。

此外，潮汕话称鼻子为"鼻"，亦称"鼻准"。"准"在历史上曾用来指称鼻子，如《史记·高祖本纪》："高祖为人，隆准而龙颜。"唐·司马贞《史记索隐》引李斐曰："准，鼻也。始皇蜂目长准，盖鼻高起。"而潮汕话的"鼻准"是同义复合而成。[①]

各方言指称鼻子的词语，也存在"同形异义"现象。如宁波方言说"鼻头管"，而其他吴语中多用"鼻头"指鼻子，而"鼻头"在宁波话中则可以指"鼻涕"，如：拖鼻头。[②]

总之，普通话鼻部子场的主导词位和方言词汇调查时设计的义位词形一致，都是"鼻子"，除北京话说外，还存在于 23 地方言中，与普通话相同的"鼻子"的说法分布最广。

表 1-6　　　　　　　　　　　　　　　　鼻子

词位	方言点
鼻	于都、广州、南宁、福州、建瓯、厦门、雷州、海口
鼻子	北京、哈尔滨、牟平、济南、徐州、洛阳、西安、西宁、银川、乌鲁木齐、武汉、成都、贵阳、柳州、扬州、南京、太原、忻州、杭州、长沙、南昌、萍乡、于都、南宁
鼻主	徐州（旧的说法）
鼻头	丹阳、苏州、上海、崇明、杭州、金华、温州、娄底
鼻孔	绩溪
鼻公	南昌、黎川、梅县、于都
鼻哥	广州（鼻子的俗称）、东莞
鼻仔	厦门
鼻疙瘩	万荣
鼻头管	宁波

① 陈伟武：《潮汕方言词考释续貂》，《汕头大学学报》1997 年第 6 期。

② 周志锋：《宁波方言的词汇特点》，《宁波大学学报》2010 年第 1 期。

2. 历时演变

单音节词"鼻"如今存在于客家方言的于都、粤方言的广州、平话南宁及闽方言5个点共8地方言中。"鼻"上古汉语就存在。据徐朝华：卜辞中有"自（鼻）"。[①]后来字形改变为"鼻"。《易·噬嗑》："噬肤灭鼻。"《孟子·离娄下》："西子蒙不洁，则人皆掩鼻而过之。"

湘语娄底话和除宁波话外的吴语都说"鼻头"。"鼻头"本指鼻端；鼻尖。《乐府诗集·杂歌谣辞六·晋元康中洛中童谣》："虎从北来鼻头汗，龙从南来登城看。"后魏贾思勰《齐民要术》："鼻头文如'王''火'字，欲得明。"唐白居易《自觉》诗之二："结为肠间痛，聚作鼻头辛。"义域扩大，指鼻子。《古尊宿语录》："清凉元本鼻头直。夹山依旧两眉横。"

42地方言中除中原官话的万荣、吴方言区7个点（杭州有"鼻子"的说法）、徽语的绩溪、湘语的娄底、赣方言的黎川、客家方言的梅县、粤方言的两地、闽方言的5个点共计19地方言外，其他23地方言及北京话都有与普通话词形相同的"鼻子"的说法；"鼻子"的较早文献用例见于元代。《李亚仙花酒曲江池》："（张千做摸鼻子科，云）哎呀！死也死了，怎么元和？"关汉卿《窦娥冤》："（张千云）我小人两个鼻子孔一夜不曾闭，并不听见女鬼诉什么冤状，也不曾听见相公呼唤。"元代以后，"鼻子"逐渐替代上古起一直在使用的"鼻"，成为"鼻子"语义场的主导词。[②]

绩溪话的"鼻孔"本指鼻腔跟外面相通的孔道。《灵枢经·师传》："鼻孔在外，膀胱漏泄。"宋文天祥《梅》诗："以为香不香，鼻孔有通窒。"绩溪话发生方言义位变异，义域扩大，指鼻子。

徐州话的"鼻主"，赣方言（萍乡话除外）和客家方言的"鼻公"，存在于粤方言的"鼻哥"、厦门话的"鼻仔"、万荣话的"鼻疙瘩"、宁波话的"鼻头管"，可能都是方言创新词。

3. 共时分布与历时演变间的关系

综上所述，除方言创新义位和方言义位变异等情况，存在于客家方言于都话、粤语广州话、南宁平话及闽语中的"鼻"，甲骨文就有，其历史层次是上古；湘语娄底话和除宁波话外的吴语都说的"鼻头"唐代就出

---

① 徐朝华：《上古汉语词汇史》，商务印书馆2003年版，第25页。

② 李慧贤：《汉语人体部位词语历史演变研究》，博士学位论文，北京大学，2007年，第67页。

现了，其历史层次是中古；除个别南方方言外，主要存在于官话和晋语的"鼻子"是元代后才出现的，其历史层次是近代。

普通话鼻部子场的主导词位"鼻子"的历史层次是近代。

从共时分布看，闽方言（厦门话除外）都说上古就有的单音节的"鼻"，保留上古说法；粤语多地方言都说"鼻哥"，可能是粤方言的特征词①；赣语南昌话和黎川话、客家话两地方言都说"鼻公"；吴语（宁波话除外）和湘语娄底话都说"鼻头"，保留中古词位，"鼻头"是吴语的特征词；官话方言（万荣话除外）、晋语，甚至吴语杭州话、湘语长沙话、赣语南昌话和萍乡话、客家方言于都话、南宁平话都有"鼻子"的说法，可见"鼻子"这一词位方言分布很广，也许南方这些方言中"鼻子"的说法是受北方话影响而产生的。历时和共时结合看，从南往北——从闽方言到吴语、再到北方话，"鼻"、"鼻头""鼻子"的历史层次正是上古、中古、近代。

（四）嘴

1. 共时分布

《同义词词林》和《简明汉语义类词典》中收录的汉语中表示"口部"的同义词有：口、嘴、颔〈书〉、咀、喙、嘴巴〈方〉、嘴头儿/子〈方〉。根据《现汉》，普通话口部子场的通称是"嘴"，"口"在普通话和多数方言中通常用于书面语或作构词语素使用，"嘴巴"和"嘴头儿/子"都具有方言陪义，"颔"具有书面语色彩，"咀"是"嘴"的俗称。方言词汇调查时设计的义位也是"嘴"。

北京话的说法：《汉语方言词汇》和《普通话基础方言基本词汇集》记录的是"嘴"，《北京方言词典》记录的是"嘴头子"（往往用来借代口才）。

北京话和42地方言中指称"嘴"的方言词情况，可参见表1-7。从表1-7看，单音节的"口"存在于13地方言中，但银川话的"口"多用于熟语；单音节的"嘴"在全国通行地区比较广，28地方言都有单音节的"嘴"这一说法（长沙单音节的"嘴"还指"鸟类的嘴"）；"喙"见于闽语5地方言②；"嘴巴"存在于16地方言中；"嘴头子"（一般指说话时说的）存在于6地官话方言；《同义词词林》和《简明汉语义类词典》中收录的"咀"和"嘴头儿"42地方言方言均未见；"颔"有书面

---

① 关于方言特征词，我们后面将有专门的章节进行讨论。

② 福州话"嘴"的本字是"喙"，我们且按照其本字归纳福州话此义位为"喙"。

语色彩，而方言词一般服务于口语，所以42地方言均未见。从方言分布来看，"嘴"分布最广，"嘴巴"次之，"口"排第三。

表1-7　　　　　　　　　　　　　　嘴

词位	方言点
口	万荣、银川（只用于熟语）、乌鲁木齐、武汉、丹阳、杭州、金华、娄底、梅县、广州、东莞、南宁、福州
口蒲［bu³¹³］=　口蒲儿①	金华
喙	福州、建瓯、厦门、雷州、海口
喙口	厦门
喙斗	厦门
喙箍	厦门
喙马	海口（嘴巴，用于多嘴或嘴厉害的人，含厌恶意）
喙水	海口（嘴巴，指说话时的，多用于说话使人爱听）
嘴	北京、哈尔滨、牟平、济南、徐州、洛阳、万荣、西安、西宁、武汉、贵阳、银川、乌鲁木齐、扬州、南京、太原、忻州、丹阳、苏州、上海、温州、绩溪、娄底、南昌、黎川、萍乡、梅县、广州
嘴巴	哈尔滨、徐州、洛阳、武汉、成都、贵阳（多说）、柳州、南京、上海、崇明、宁波、杭州、长沙、南昌、黎川、萍乡
嘴儿	徐州
嘴蒲	上海
嘴嘴	温州
嘴仔	黎川
嘴角	于都
嘴巴子	武汉、南京
嘴巴儿	成都
嘴角子	丹阳
嘴头子（一般指说话时说的）	哈尔滨、牟平、徐州、武汉、乌鲁木齐、扬州
牙巴	成都
樱桃子	柳州（隐语）
屄嘴	西安、银川（詈词）

---

① 与万荣方言的"口［tɕya⁵⁵］"和娄底方言的"口口［mi³⁵·mi］"中有音无字的"口"不同；金华方言的"口蒲［bu³¹³］"和"口蒲儿"中的语素"口"就是古汉语中指称"嘴"的"口"。下文同，不再赘述。

续表

词位	方言点
丫码［po$^{53|44}$mo$^{213|53}$］	宁波（嘴巴，含贬义）
三江	南宁（歇后隐语，指嘴巴、口）
□（［tɕya^{55}］）	万荣（指嘴，多用于小孩子或带有贬义时）
肶口	金华（用于骂人）
宨宨＝□□（［mi^{35}·mi］）	娄底（詈辞）

《汉语方言地图集》（061 图）显示："口"及以"口"作语素构成的词主要分布于中国南方方言，如：浙江省的西部和南部、湖南省、江西省、广东省和广西壮族自治区，即主要分布于吴方言区南部的个别方言点、湘语、赣语、客家方言、粤语等方言区；"喙"及"喙"作语素构成的词主要分布于浙江省的西南部、福建省、台湾省西部、广东省的东部和南部、海南省等地，即主要分布于闽语区；江北、鄂、贵官话和粤语都说"嘴"；川、云官话、湘语、吴语、徽语说"嘴巴"，即"嘴巴"主要分布于李如龙先生说的近江方言，或罗杰瑞先生提出的中部方言中；① 闽语说"喙（昌芮切）"或以"喙"为词根的双音词，客赣语除说"嘴"外还说"啜（尝芮切）"，南片吴语和粤语、平话有说"口"的。② 这进一步印证了上文我们讨论的"嘴"、"口"与"喙"的方言分布情况。

总之，普通话口部子场的通称和方言词汇调查时设计的义位"嘴"词形一致，除北京话说"嘴"外，"嘴"还存在于官话方言、吴方言、湘方言、赣方言、客家方言、粤方言等 27 地方言中。

2. 历时演变

存在于武汉、银川、乌鲁木齐、万荣、丹阳、杭州、金华、娄底、梅县、广州、东莞、南宁、福州共 13 地方言中的"口"，卜辞中就有。③《书·秦誓》："人之彦圣，其心好之，不啻若自其口出，是能容之。"而且从先秦至明代一直占据该语义场的主导地位。

―――――――――――

① ［美］罗杰瑞《汉语概说》（语文出版社 1995 年版，第 163 页）中，将中国方言分为北方、中部和南方三大区；李如龙先生（李如龙：《汉语方言学》，高等教育出版社 2001 年版，第 44 页）将其分为官话方言和非官话方言，非官话方言又以长江为坐标分为两大片——近江方言和远江方言。下文同。

② 李如龙：《汉语方言的地理语言学研究大有可为——喜读〈汉语方言地图集〉》，《方言》2009 年第 2 期，第 117—125 页。

③ 徐朝华：《上古汉语词汇史》，商务印书馆 2003 年版，第 25 页。

闽语 5 地方言的单音节词"喙"先秦就已存在，本指鸟兽等的嘴。《易·说卦》："艮……为黔喙之属。"《战国策·燕策二》："蚌方出曝而鹬啄其肉，蚌合而拑其喙。"宋曾敏行《独醒杂志》卷七："其法以肉置小口罂中，埋之野外，狐见而欲食，喙不得入。"也指人嘴。黄树先先生说："《说文》：'喙，口也。'系指人口言，鸟口自有味。"①《庄子·秋水》："今吾无所开吾喙，敢问其方。"但多用于鸟等动物。魏晋以后"喙"逐渐退出本语义场，大概在元代"喙"被"嘴"替代。②

单音节词"嘴"在全国通行地区比较广，42 地方言中除官话方言的成都和柳州两地，吴方言的崇明、宁波、杭州、金华 4 地，湘方言的长沙，客家方言的于都，粤方言的东莞、南宁平话，闽方言 5 地共 15 地方言外，其他 27 地方言都有单音节的"嘴"这一说法，北京话也说"嘴"，长沙话单音节词"嘴"还指"鸟类的嘴"。"嘴"本作"觜"，原指鸟嘴，如张衡《东京赋》："秦政利觜长距，终得擅场。"李善注引薛综曰："喻七雄为斗鸡，利喙长距。"据吕传峰③，唐朝时，"嘴"开始用于人，但带有贬义的陪义。《王梵志诗》："世间慵懒人，五分向有二……出语觜头高，诈作达官子。"元明时期，新词"嘴"的优势才逐渐体现出来，先后完成了对"喙"和"口"的替换后④，明初至清代中期，"嘴"逐步占据该语义场的主导地位，最终成为现代汉语本语义场的代表词位。

徐州话说"嘴儿"，元代有用例，元杂剧《包待制智赚灰栏记》第四折："（张林云）妹子，你到官中，少不得问你，只要说的冤枉，这包待制就将前案与你翻了。若说不过时，你可努嘴儿，我帮你说。"《风雨像生货郎旦》第二折："（外旦怒科，云）你怎么嘴儿舌儿的骂我？"《金瓶梅》第二十三回："这老婆一个猎古调走到后边，玉箫站在堂屋门首，努了个嘴儿与他。"

存在于官话哈尔滨、徐州、洛阳 3 地，西南官话武汉、成都、贵阳、柳州 4 地，江淮官话南京，吴语上海、崇明、宁波、杭州 4 地，湘语长沙，赣语南昌、黎川、萍乡 3 地共 16 地方言的"嘴巴"，明清小说中有用例，《西游记》第九十四回："那国王见他丑陋，说话粗俗，又见他扭

---

① 黄树先：《汉语身体词探索》，华中科技大学出版社 2012 年版，第 190 页。

② 龙丹：《魏晋核心词研究》，博士学位论文，华中科技大学，2008 年，第 29—33 页。

③ 吕传峰：《"嘴"的词义演变及其与"口"的历时更替》，《语言研究》2006 第 1 期，第 107—109 页。

④ 龙丹：《魏晋核心词研究》，博士学位论文，华中科技大学，2008 年，第 32 页。

头捏颈，掬嘴巴，摇耳朵。"成都话的"嘴巴儿"、武汉和南京的"嘴巴子"，只是多了一个后缀。

哈尔滨、牟平、徐州、武汉、乌鲁木齐、扬州6地官话方言说"嘴头子"。文献中只有"嘴头"指嘴的用例：《金瓶梅》第一回："应伯爵、谢希大在旁打诨耍笑，向桂姐道：'还亏我把嘴头上皮也磨了半边去，请了你家汉子来。'"现代汉语"嘴头子"多指说话时的嘴。《醒世恒言·李汧公穷邸遇侠客》："那张嘴头子，又巧于应变，赛过刀一般快。"

于都话说"嘴角"、丹阳话说"嘴角子"。"嘴角"指上下唇两端连接处。清李绿园《歧路灯》："这名相公将笔濡在砚池内一染，横涂竖抹，登时嘴角鼻坳，成了个墨人儿。"清俞万春《荡寇志》："去桥下浸湿了一角战裙，替她脸上、眼堂下、眉毛里、鬓边、嘴角，都拭抹干净。"以"嘴角"、"嘴角子"指嘴，以部分代整体，是发生了义位变异。

万荣话有音无字的"□"（[tɕya⁵⁵]）（指嘴，多用于小孩子或带有贬义时），成都话的"牙巴"，上海话的"嘴蒲"，宁波话的"丫码 [po⁵³ǀ⁴⁴ mo²¹³ǀ⁵³]"，金华话的"□蒲 [bu³¹³]"、"□蒲 [bu³¹³] 儿"和"肧口"（用于骂人），温州话的"嘴嘴"，娄底话的"龛龛"和"口口" [mi³⁵·mi]（詈辞），黎川话的"嘴仔"，厦门话的"喙口"、"喙斗"和"喙箍"，西安话和银川话的"屎嘴"（詈词），海口话的"喙马"和"喙水"，都暂时没有找到文献出处，疑为方言创新词。

柳州话用于隐语的"樱桃子"，源于"樱桃小口"。

另外，黄树先先生根据其他学者的研究提出："嘴"出现很晚，却与原始苗瑶语、藏语有如此对应，"这是值得认真探究的"[①]。究竟"嘴"是继承自原始汉藏语，还是语言借用？"嘴"早就在共同语的口语或方言中存在，很晚才出现在书面语？这些问题都很值得研究。

3. 共时分布与历时演变间的关系

综上所述，除方言创新词和方言义位变异等情况，从历时角度看，甲骨文就有的"口"仍保存在南方、北方的至少13地方言中；闽语5地方言的"喙"先秦就已存在；在全国通行地区比较广的"嘴"，唐朝时开始用于人，直至明初至清代中期才逐步占据该语义场的主导地位；徐州话的"嘴儿"，元代有用例；存在于官话、吴语部分方言、湘语部分方言、赣语部分方言中的"嘴巴"较早见于明清文献。

普通话口部子场通称的"嘴"的历史层次是在近代。

---

① 黄树先：《汉语身体词探索》，华中科技大学出版社2012年版，第193页。

从共时分布看，"喙"主要见于闽语，是闽语的特征词；甲骨文就有的"口"虽然在南方、北方的多地方言中存在，但它不是这些方言中指称"嘴"的唯一的说法，可见，"嘴"及以"嘴"为语素构成的词在全国各方言中分布十分广泛。除闽语外，其他方言中与普通话"嘴"相对应的义位的历史层次都是近代。

值得提出并研究的是：较早文献用例见于明清的"嘴巴"，主要存在于吴语部分方言和湘语部分方言这些中部、近江方言中，赣语部分方言也说历史层次如此晚近的"嘴巴"，这其中的原因，很值得研究。

（五）舌头

1. 共时分布

《同义词词林》收录的汉语中表示"舌头"的词有舌、舌头。根据《现汉》释义，舌头子场的普通话主导词位是"舌头"。方言词汇调查时设计的义位是"舌头"。

《汉语方言词汇》和《普通话基础方言基本词汇集》都收录北京话有"舌头"这一说法，《北京方言词典》没有这一义位说法的记录。

42 地方言及北京话与普通话"舌头"相对应的方言说法，请参考表1－8。从表1－8看，单音节的"舌"只见于黎川、建瓯和海口3地方言，粤方言的广州话和东莞话用单音节的"脷"。41地[①]中有25个方言点及北京都有双音节的"舌头"。此外，武汉话还有"赚头"这一说法。

表1－8　　　　　　　　　　　　　　　舌头

词位	方言点
舌	黎川、建瓯、海口
舌头	北京、哈尔滨、牟平、济南、徐州、洛阳、万荣、西安、西宁、银川、乌鲁木齐、武汉、贵阳、扬州、南京、太原、忻州、丹阳、苏州、上海、崇明、宁波、杭州、南昌、萍乡、于都
舌仔	厦门
嘴舌	福州
舌子	长沙、娄底、萍乡
舌嫲	梅县
舌刁	于都

---

① 《现代汉语方言大词典·雷州方言词典》没有记录与普通话"舌头"相对应的方言说法，据《汉语方言地图集》（图062），雷州话也说"舌"。我们以"舌"作为雷州话的方言义位，下文在讨论方言相似度、历史承传等问题时，不再赘述。

续表

词位	方言点
舌头儿	成都
口舌	金华、温州、绩溪
赚头	武汉（舌头的委婉说法）
脷	广州、东莞
脷钱	柳州、南宁

《汉语方言地图集》（062）显示：事实上，全国方言中"舌头"义位的方言说法极为复杂多样，在此我们不再一一列出，福建省的闽语区还有以承传自古汉语的特征语素"㖞"构成"㖞舌"指称"舌头"的。

总之，舌头子场的普通话主导词位和方言词汇调查时设计的义位词形一致都是"舌头"，除北京话以外，此义位还见于42地方言中的官话、晋语、吴语、赣语、客家话共25地方言中，看来"舌头"的说法在全国还是相当普遍的。

2. 历时演变

黎川、建瓯和海口3地方言单音节的"舌"，卜辞中就有。①《诗·小雅·雨无正》："哀哉不能言，匪舌是出，维躬是瘁。"《素问·阴阳应象大论》："在窍为舌。"王冰注："舌，所以司辨五味也。"

存在于北京、官话14地（成都和柳州除外）、晋语两地、吴语6地（金华和温州除外）、南昌、萍乡、于都共26地方言的"舌头"（成都话还说"舌头儿"），较早用例见于晋干宝《搜神记》卷二："有天竺胡人来渡江南。其人有数术，能断舌复续……将断时，先以舌吐示宾客。然后刀截，血流覆地。乃取置器中，传以示人。视之，舌头半舌犹在。既而还取，含续之。坐有顷，坐人见舌则如故。"

湘语两地方言和萍乡话的"舌子"、梅县话的"舌嫲"、厦门话的"舌仔"、于都话的"舌刁"，都是用"舌"为主要语素加上不同后缀（"—子"、"—嫲"、"—仔"）或其他语素（于都话的"舌刁"）构成的词，成都话的"舌头儿"有两个后缀，这些方言说法疑为方言创新词。金华、温州和绩溪3地方言说"口舌"、福州话说"嘴舌"，还用"舌"与"嘴"或"口"组合成词，也疑为方言创新词。粤语广州和东莞两地方言用单音节的"脷"，柳州和南宁两地方言说"脷钱"，武汉话还有

---

① 徐朝华：《上古汉语词汇史》，商务印书馆2003年版，第25页。

"赚头"这一说法，都是方言创新。

3. 共时分布与历时演变间的关系

综上所述，除方言创新词和方言义位变异的情况，甲骨文中就有的"舌"仍保留在赣语黎川话、闽语建瓯话和海口话中；存在于全国绝大多数方言中的"舌头"，晋代就有。普通话的主导词位"舌头"的历史层次是在中古。

《汉语方言地图集》（062）显示：从共时分布看，"舌头"虽然方言分布广泛，但是吴语以南地区只有赣语南昌话和萍乡话、客家方言于都话三地方言说"舌头"，这一说法在远江方言中未见；吴语金华话和温州话、徽语绩溪话三地方言都说"口舌"，"口舌"主要分布在浙江省的东南部；湘语两地方言和赣语萍乡话都说"舌子"，"舌子"主要分布在湖南省（西北部和东南部的少数方言点除外），它可能是湘语的特征词；"舌仔"的说法存在于闽语厦门话和海口话两地方言中；"喙舌"主要分布在福建省的东部和北部及台湾地区的台北和台中；粤语两地方言说"脷"，这种说法主要存在于广东省（东部和北部除外）；柳州和南宁两地方言的"脷钱"，这一说法主要分布在广西壮族自治区（东北部除外）；除这些方言避讳说法外，"舌头"及"舌"作为单音节词或语素构成的词，在方言中的分布非常广泛。《汉语方言地图集》（062）显示："舌"的方言分布集中在三个地区：一是浙江西南经福建西北、到江西中部，二是广东省东南沿海地区和台湾西南部，三是海南省的绝大部分地区，这些地区保留了"舌头"最古老的说法。

（六）牙齿

1. 共时分布

《同义词词林》和《简明汉语义类词典》中收录的汉语中表示"牙齿"的同义词有：牙、牙齿、齿、牙板儿。《现汉》没有收录"牙板儿"，根据《现汉》普通话的通称是"牙齿"。方言词汇调查时设计的义位是"牙"。

北京话情况：《汉语方言词汇》记录有"牙"这一说法，与方言词汇调查时设计的义位是一致的；《普通话基础方言基本词汇集》中收录了与普通话相似的"牙（齿）"这一说法。《北京方言词典》没有记录。

42地方言及北京话中与普通话"牙齿"相对应的方言说法，请参阅表1-9。从表1-9看，单音节词"牙"存在于21地方言及北京话中。单音节的"齿"存在于福州和海口两地方言，双音节的"牙齿"也是存在于21地方言及北京话中。《同义词词林》和《简明汉语义类词典》中收录的"牙板儿"的说法 42 地①方言中均未见。从 42 地方言看，即便"牙齿"是普通话的通称，但单音节词"牙"分布的方言点数目与其相当。

表 1-9   牙齿

词位	方言点
牙	北京、哈尔滨、牟平、济南、徐州、洛阳、万荣、西安、西宁、银川、乌鲁木齐、成都、扬州、南京、太原、忻州、温州、南昌、东莞、南宁、福州、雷州
齿	福州、海口
牙齿	北京、武汉、成都、贵阳、柳州、南京、丹阳、上海、崇明、杭州、金华、温州、绩溪、长沙、娄底、南昌、黎川、萍乡、梅县、于都、南宁、建瓯
牙子	扬州、苏州、上海、宁波
牙巴	成都
喙齿	厦门
柴吊子	武汉（牙齿的旧时称呼，来源于江湖隐语）

"牙"和"齿"在古汉语中本是有分工的，但在现代汉语中，"牙"取得了主导地位，全国多数方言中都是以"牙"为单音节词或主要语素构成词或合称为"牙齿"来指称这一人体咀嚼器官的。"齿"在一些方言中只作为语素，如成都话的"齿龈"（也说"牙床"，"齿龈"是较文的说法）和"智齿"（也说"尽头牙"是位于口腔最里面的牙齿，"智齿"是较文的说法），杭州话的"犬齿"（有说"犬牙"的，是牙齿的一种，上下颌各有两枚，在门齿的两侧）；但是在闽语的福州话和海口话可以用单音节词"齿"来指称牙齿；闽语厦门话里"齿"也是主要语素，很多在普通话中由"牙"作语素构成的词，在厦门、海口和雷州 3 地方言却是由语素"齿"构成，如厦门话："喙齿"指牙齿，"喙齿根"指牙关，"齿骹"、"齿头"和"齿根"都是牙齿的下部、牙根，"齿仁"和"齿岸"指齿龈，"奶齿"指乳齿、奶牙，还有"前层（齿）"、"后层（齿）"、"蛀齿"、"假齿"和"落齿"等词，当然厦门话里也有以"牙"为语素构成的词，这些牙齿的特称词确实是指位置在前的牙："□ [gian²¹] 牙"、"暴牙"和"暴齿"都是指龅牙，"猪哥牙"和"虎

① 《广州方言词典》未收这一词位。据调查，广州方言与普通话"牙齿"相对应的词位是"牙"、"牙齿"。

喙牙"指虎牙,"牙槽头"指牙关;海口话"齿牙龈"指牙床,"颜槽"指牙床、齿龈,"面前齿"指门牙,"颜槽齿"指臼齿,位置在前的门牙也以"齿"为语素,但也有以"牙"为语素构成的词:"狗牙"指狗的牙齿或犬齿,"食虫牙"指患龋齿病的牙;雷州话有以"牙"为语素构成的词,如:"勃牙"指龅牙,但是以"齿"为语素的词更多些,并不遵循"前牙后齿"的古汉语用法:"齿母"指臼齿,"齿龈根"指牙关,甚至牙刷都称"齿帚"。可见,在闽语的一些方言,"齿"作为单音节词或语素,与普通话和其他方言中"牙"作为单音节词或语素的地位相当。

总之,普通话的通称是"牙齿",《普通话基础方言基本词汇集》中收录了北京话的这一说法,西南官话、江淮官话的南京话及吴语(除苏州和宁波外)、徽语绩溪话、湘语、赣语、客家方言、南宁平话、闽语建瓯话等21地地处南方的方言中[①]也有这一说法。方言词汇调查时设计的义位是"牙",《汉语方言词汇》记录北京话有"牙"这一说法,这种说法还存在于官话方言、晋语、吴语、赣语、粤语、平话南宁、闽方言的共21地方言中。

2. 历时演变

卜辞中有"齿"没有"牙"。"齿"即今天的牙齿。商代不分门牙、臼齿,统称为"齿"。[②] 但是,一般认为古代"齿"本指门牙。只存在于福州和海口两地方言里单音节的"齿",可能是保留了商代的意义。

据王凤阳:先秦至唐宋"牙"和"齿"还有区别,后来混同,"牙齿"成为一个概念了。[③] 但从上面列举的文献来看,可能先秦至汉代就有"牙"、"齿"在各有分工的情况下,又在某些时候泛指牙齿的例子。

存在于官话方言的哈尔滨、牟平、济南、徐州、洛阳、万荣、西安、成都、银川、西宁、乌鲁木齐、扬州、南京,晋语两地,吴语的温州,赣语的南昌,粤语的东莞,平话南宁,闽方言的福州和雷州共21地方言及北京话中的"牙"本指口腔中位置在后的大牙、臼齿。古时,当唇者称齿,在辅车之后者称牙。《诗·召南·行露》:"谁谓鼠无牙?何以穿我墉?"朱熹《诗集传》:"牙,牡齿也。"《左传·隐公五年》:"皮革、齿牙、骨角、毛羽,不登于器。"孔颖达疏:"颔上大齿谓之为牙。"唐韩愈

---

① 本书谈到的"南方方言、南方方言点、地处南方的方言、地处南方的方言点"等说法中的南方,都是指地理上的南方,即中国传统上的秦岭、淮河以南的地区。

② 徐朝华:《上古汉语词汇史》,商务印书馆2003年版,第26页。

③ 王凤阳:《古辞辨》,吉林文史出版社1993年版,第120页。

《与崔群书》：“左车第二牙，无故动摇脱去。”“牙”又是牙齿的通称。史存直先生说：“‘牙’和‘齿’的区别大约是泛称与特称的区别。”①《楚辞·大招》：“靥辅奇牙，宜笑嘕只。”蒋骥注：“奇牙，美齿也。”这一义位保留至现代汉语。据龙丹博士研究：唐宋时期“牙”和“齿”之间已进入激烈竞争阶段，两词在文献中的使用频率大体相当。元代开始“牙”在本语义场的优势逐渐体现出来，“牙”在文献中的使用率明显高于“齿”。单用时“牙”已基本完成对“齿”的替代。②

存在于西南官话武汉、成都、贵阳和柳州4地、江淮官话的南京及吴语（除苏州和宁波外）的丹阳、上海、崇明、杭州、金华、温州6地，徽语绩溪，湘方言长沙和娄底两地，赣方言南昌、黎川和萍乡3地，客家方言梅县和于都两地，平话南宁、闽语建瓯等21地方言及北京话中的“牙齿”，较早文献用例见于汉魏，既用于动物也用于人。焦赣《焦氏易林》卷三：“遁虽颠复起，不毁牙齿。”东汉安世高译《佛说罪业应报教化地狱经》：“第二十复有众生。其形甚鬼身体黑如漆。两目复青。头颊俱堆疱面平鼻。两目黄赤牙齿疏缺。”唐代以后多用于人：林楚翘《天下传孝十二时》：“隅中已，耶娘渐觉无牙齿。起坐力弱须人扶，饮食吃得些些子。”（《全唐词》）五代王定保《唐摭言》卷十二引杜甫《莫相疑行》：“男儿生无所成头皓白，牙齿欲落真可惜，忆献三赋蓬莱宫，自怪一日声辉赫。”唐郑处海《明皇杂录》卷下：“因于御前拔去鬓发，击落牙齿，流血溢口。”由此我们暂且把“牙齿”的历史层次定位在中古，“牙齿”的历史层次是在汉魏。

成都话的“牙巴”，扬州、苏州、上海、宁波4地方言的“牙子”，厦门话的“喙齿”，武汉话的“柴吊子”，都没有找到文献用例，疑为方言创新词。

此外，不少专家指出：“牙”是一个外来词，是随同从华南输入象牙而借自南亚语（Austorasiatic）的一个词；但黄树先先生认为“证据不足，还要再讨论”③。

的确，如果“牙”真是一个随着华南输入象牙而来的外来词，我们有很多疑问：它如何在长期的历史发展中由指“象牙”到指称“人的牙齿”，并且战胜了汉语本有的“齿”，成为能与后起的双音节义位“牙齿”

①　史存直：《汉语史纲要》，中华书局2008年版，第425页。

②　龙丹：《魏晋核心词研究》，博士学位论文，华中科技大学，2008年，第25页。

③　黄树先：《汉语身体词探索》，华中科技大学出版社2012年版，第199页。

相并存一个义位？还有为什么今天它主要分布于远离华南的北方话中？这些都确实值得进一步研究。

3. 共时分布与历时演变间的关系

综上所述，除方言创新义位和方言义位变异的情况外，仍保留在闽语两地方言中的"齿"是保留了商代的用法；始于先秦的本指门牙，有时也泛指牙齿的"牙"，至今还广泛存在于北方和南方的多地方言中；汉魏开始用于人的"牙齿"存在于除粤语外的地处南方的很多方言中（包括西南官话和江淮官话的某些方言）。这说明，汉语方言牙齿义场的义位一直比较稳定，至少自汉魏至今没有多大的变化。

值得研究的是：普通话的通称"牙齿"，从方言共时分布看，北方方言少见，却见于除粤语外的地处南方的很多方言中（包括西南官话和江淮官话的某些方言）；而北方方言却几乎都是用方言词汇调查时设计的单音节义位"牙"；从文献看似乎北方话中"牙"的历史层次比普通话和南方一些方言中"牙齿"的历史层次要早些。

还有，虽然厦门话以"喙齿"、海口话以"齿"指称牙齿，但在表示不同位置"牙齿"的特称词中，厦门话和海口话仍有以"牙"为语素构成的词，说明很多方言中在"牙齿"这一泛称词上"牙"或"牙齿"对"齿"的替换是比较彻底的。

第三节　颈部义场

一　颈/脖子

（一）共时分布

《同义词词林》和《简明汉语义类词典》收录的汉语中表示"颈部"的词有：颈、头颈〈方〉、颈项、脖子、脖、脖儿、脰〈书〉、领、脖颈儿〈口〉、脖颈子、脖梗儿、脖梗子、项，共 13 个词。这其中，"头颈"具有方言色彩，"脰"具有书面语色彩，"脖颈儿"具有口语色彩，我们不把这 3 个词用作与方言词对比的普通话词。而且，《同义词词林》和《简明汉语义类词典》收录的这些词中，"脖颈儿、脖颈子、脖梗儿、脖梗子、项"等表示"颈后部分"；只有"颈、头颈〈方〉、颈项、脖子、脖、脖儿、脰〈书〉、领"8 个词可以表示"整个颈部"。《同义词词林》和《简明汉语义类词典》收录的 13 个词中，"脖儿"、"脖颈子""脖梗

子"3个词未被《现汉》收录。《现汉》对"项"、"胆"等义位的释义
存在"脖子"和"颈"并用的情况,我们权衡后认为:普通话颈部子场
的主导词位是"脖子"和"颈","脖子"口语色彩浓些,"颈"书面语
色彩浓一点。方言词汇调查设计的义位是"颈"。

　　北京话情况:《汉语方言词汇》和《普通话基础方言基本词汇集》都
记录有"脖子"这一说法,《汉语方言词汇》还记录有"脖颈子"的说
法,《北京方言词典》没有记录。

　　42地方言及北京话中与普通话"颈/脖子"相对应的方言说法,请参
阅表1-10。

表1-10　　　　　　　　　　　　　颈/脖子

词位	方言点
项	福州
胆	建瓯、雷州、海口
脖子	北京、哈尔滨、牟平、济南、洛阳、万荣、银川、南京、太原、忻州、杭州
脖颈子	北京、牟平(脖子后部)、徐州
脖项	万荣、西安
颈项	成都、扬州
脖颈	贵阳
颈脖	柳州
脖板	西宁
脖脖	西宁
颈	南昌、黎川、于都、广州、东莞、南宁
颈根	长沙、贵阳(颈后部)
颈亢	扬州
颈子	武汉、成都、南京
颈框	武汉
颈梗	丹阳
颈牯	萍乡
颈筋	梅县
颈骨	崇明
颈臂	东莞

续表

词位	方言点
颔颈	厦门
胵颈	杭州、绩溪
扣 [k'i$^{35\mid53}$] 颈	绩溪
头颈	苏州、上海、宁波、温州
头颈骨	上海、宁波
颈脖子	柳州
胵骨	福州
胵蒂	海口（常用）
头蒂	雷州
仲仲 [tœyŋ^{55} tœyŋ^{55}]	建瓯
脖（了）颈子 = □ [kə^{55}] 了□ [pəŋ^{35}] 子①	徐州

从表 1 – 10 看，42 地方言表示颈部的义位情况十分复杂②。"颈"作为单音节词分布于赣语的南昌和黎川，客家方言于都，粤语的广州和东莞两地，平话南宁共 6 地方言；"颈"作为单音节语素主要分布于西南官话和吴语两个方言区，以及其他方言区的个别方言点，共 20 地方言中（徐州说"脖颈子"，武汉说"颈框"和"颈子"，成都说"颈子"和"颈项"，贵阳说"脖颈"，柳州说"颈脖"，扬州说"颈项"和"颈亢"，南京说"颈子"，丹阳说"颈梗"，苏州说"头颈"，上海、宁波说"头颈"和"头颈骨"，崇明说"颈骨"，杭州说"胵颈"，温州说"头颈"，绩溪说"胵颈"和"扣颈"，长沙说"颈根"，萍乡说"颈牯"，梅县说"颈筋"，东莞说"颈臂"，厦门说"颔颈"）。"脖子"的说法存在于北京话，官话哈尔滨、牟平、济南、洛阳、万荣、银川、南京 7 地方言，晋语太原和忻州两地方言，吴语杭州话共 11 地方言中。"胵"存在于闽语 3 地方言，"脖颈子"见于北京话、牟平话和徐州话，但牟平话中是指"脖子后部"，"项"存在于福州一地。

----

① 从音变的角度看，徐州话的"□ [kə^{55}] 了□ [pəŋ^{35}] 子"是"脖拉梗子"的换位。

② 《现代汉语方言大词典》分地本，没有记录乌鲁木齐、金华、娄底三地与普通话"脖子/颈"相对应的方言说法，《汉语方言地图集》（图 63）显示：乌鲁木齐话说"脖子"、金华话说"项颈"，娄底没有被列为调查点，但双峰说"颈壳"；本书 42 地方言说法主要依据《汉语方言大词典》，故此三地方言没有参与"脖子/颈"义位的讨论。下文在讨论方言相似度、历史承传等问题时，不再赘述。

  《同义词词林》和《简明汉语义类词典》收录的"脖"、"脖儿"、"领"、"脖颈儿"、"脖梗儿"和"脖梗子"等说法 42 地方言中均未见。

  除表 1－10 中显示的除建瓯话的"仲仲［tœyŋ⁵⁵ tœyŋ⁵⁵］"、雷州话的"头蒂"等少数词位外，依据《现代汉语方言大词典》42 地分卷本的记录，再参考《汉语方言地图集》（图 63）、《普通话基础方言基本词汇集》、《福建县市方言志 12 种》等方言材料，我们归纳出：全国很多方言都是以"脰"、"领"、"颈"、"项"、"脖"为单音节词或以它们为单音节语素构成的词语来指称"颈/脖子"，有的方言还用这几个语素中的两个组合成复合词指称"颈/脖子"。

  《汉语方言地图集》（图 63）显示："脰"及其作语素构成的词主要分布在福建省的东部和北部、海南省、广东省南部雷州半岛地区，即主要在闽语区。据龙丹博士：指称人体颈部，"福建莆田、建瓯、浦城石陂、顺昌洋墩（闽语）称为'脰'，浙江苍南金乡（吴语）为'脰颈'，这些都是古语词在现代方言中的遗存。"① 参考《福建县市方言志 12 种》②，以"脰"为语素的还有：仙游话的"脰口［ly⁵⁴］"、沙县话的"脰总"、建阳话和崇安话的"脰"、浦城话的"脰胫"。除仙游话属于蒲仙方言、沙县话属于闽中方言外，其他三地话都属于闽北方言。除闽语区，42 地方言中的吴方言杭州话、徽语绩溪话还说"脰颈"，看来"脰"主要存在于吴语和徽语的个别方言以及闽语的某些方言。

  "领"作语素构成的词主要分布在福建省南部、广东省东部、海南省和台湾省大部分地区，即也是主要分布于闽语区。参考《福建县市方言志 12 种》③，以"领"为语素的有：厦门话的"领颈"、晋江话的"领规"。闽语区由于受其西部的客赣方言、北部吴语的影响而呈现出多种说法共存的现象。

  42 地方言中，"项"作为单音节词或语素分布于官话方言的万荣、西安、成都、扬州及闽方言的福州共 5 地方言中。根据《普通话基础方言基本词汇集》，以"颈"和"项"为主要语素构成指称颈部的词语还有成都话和扬州话的"颈项"。

  从 42 地方言看，"颈"作语素的词语分布最广，基本上分布于除官话区的北部和闽语个别方言点外的大多数方言点。参考《福建县市方言

---

① 龙丹：《魏晋核心词研究》，博士学位论文，华中科技大学，2008 年，第 83 页。

② 李如龙：《福建县市方言志 12 种》，福建教育出版社 2001 年版。

③ 同上。

志 12 种》①，福建有些方言也有用"颈"作语素构词的情况，如明溪话和建宁话说"颈"、将乐话说"颈骨"。除晋江话外，其他 3 地方言都位于赣方言区或闽西方言与客赣方言的交接地带。《汉语方言地图集》（图63）显示："颈"作为单音节词，主要集中分布在两个区域：一是安徽南部、湖北东部、江西北部和福建西部这一区域，二是集中分布在广东（东北部少数方言点除外）和广西两省的绝大部分地区。李如龙先生说："'脖子'说'头颈'（北吴）、'项颈'（浙中），苏南尚有'颈颈'、'颈骨'、'颈根'的说法，都是以'颈'为词根的双音词。吴语外区少用。"②"颈"作为主要语素构成的指称"颈"的词语主要分布在南方——从江苏南部、经安徽南部、陕西南部到四川省的南部及东部地区，但这其中还夹杂着浙江省中部（从北到南）的"项颈"的集中分布地。中国西北部的某些方言也存在以"颈"为语素构词的现象，如"板颈"见于青海的乐都和涅源、新疆的焉耆和阿克苏 4 地方言。

42 地方言中，除 11 地方言有"脖子"的说法外，以"脖"为单音节语素构成指称颈部的词语存在于除乌鲁木齐、武汉、成都、扬州 3 地外的所有 12 地官话方言和晋语两地、吴语杭州共 15 地方言中（如西宁话的"脖板"和"脖脖"），"脖"即主要存在于北方各地方言（当然杭州也有"脖子"的说法）。根据《普通话基础方言基本词汇集》，普通话基础方言中也有一些方言没有单音节词"脖"或不以"脖"作语素构词的，但这些方言点几乎都属于西南官话区、江淮官话区或徽语区等方言区；以"脖"和"项"为主要语素构成指称颈部的词语有万荣话和西安话的"脖项"；以"颈"和"脖"为主要语素构成指称颈部的词语的有北京话、牟平话和徐州话的"脖颈子"、徐州话的"脖了颈子"、贵阳话的"脖颈"、柳州话的"颈脖"。《汉语方言地图集》（图63）显示：在中国北方的方言主要以"脖"为语素构词，自江苏北部、安徽北部，经河南、湖北北部、陕西（南部少数地区除外）这一带地区的以西以北，基本上是中国北方各省，即官话区和晋语区都是以"脖"为主要语素构成指称"颈"的词语。这其中"脖子"的说法分布最广，"脖颈/脖颈子"在河北省北部的张北和阳原、山西西北的偏关和岢岚、陕西的清涧、内蒙古的呼和浩特、包头、鄂尔多斯和阿拉善左 4 地算是较为集中分布，此外还有

① 李如龙：《福建县市方言志 12 种》，福建教育出版社 2001 年版。
② 李如龙：《汉语方言的地理语言学研究大有可为——喜读〈汉语方言地图集〉》，《方言》2009 年第 2 期，第 117—125 页。

江苏省的泗洪和安徽省的淮南有这种说法；"脖项"分布在陕西中部往西到甘肃兰州这一地区的部分方言中，"脖项子"见于甘肃的张掖、高台和嘉峪关三地方言。

结合语素来看，42 地方言中"颈"的分布范围最广，且其中除牟平、银川两地外，其他方言点都处于地理上的中国南方；"脖"作为语素除见于杭州话外、几乎是都分布于官话方言，这些官话方言中只有南京、贵阳和柳州地处南方。但这与《汉语方言地图集》颈（063 图）显示的情况有些不同，《汉语方言地图集》（063 图）显示"脖子"这一说法及以"脖"为语素构成指称颈部的词，这两种情况的方言分布最广。

除上述的方言说法，《汉语方言地图集》（图 63）显示："疙拉嘣子"等说法在山东西南、安徽北部和河南东部的清丰这一小部分地区分布较为集中。

此外，42 地方言中对"颈"的不同位置有不同的说法。指称脖子前部的有：金华话和绩溪话的"喉咙头"，梅县话的"颏下"，厦门话的"颔胿"；指称脖子后部的有：牟平话的"脖子后"和"脖颈子"，济南话的"脖儿梗"，贵阳话的"颈根"，银川话的"板颈"，萍乡话的"后颈牯"，梅县话的"颈背"，海口话的"后枕脖"，雷话州的"头蒂弓"；对脖子根部的指称有：南京话的"颈根子"；梅县话还称颈的侧面部分为"颈板"。

总之，普通话颈部子场的主导词位"脖子"除北京话外，还存在于官话方言、晋语和吴语杭州话共 10 地方言中；"颈"既是普通话颈部子场的主导词位，也是方言词汇调查设计的义位，其作为单音节词或语素分布于 42 地方言中除晋语和闽语外的 24 地方言中，基本上分布于除官话区北部、晋语和闽语外的大多数方言点，但北京话语料没有此说法的记录。

（二）历时演变①

古汉语表示"颈/脖子"的词曾有"领"、"颈"、"项"、"亢"等，它们并非处于同一个历史层次。据《古辞辨》②："领"是最早指称脖子

---

① 对颈部语义场义位的历时演变，已有多篇论著。王毅力等（《"颈"语义场的历时演变》，《宁夏大学学报》2009 年第 6 期）、方云云（《近代汉语"脖子语义场"主导词的历时演变》，《安徽农业大学学报》2010 年第 1 期）、龙丹（《魏晋核心词"颈"语义场研究》，《云梦学刊》2007 年第 3 期）等多人撰文或对其自先秦至现代的演变或对其某一断代的情况进行了研究；其中有很多观点值得借鉴和参考。

② 王凤阳：《古辞辨》，吉林文史出版社 1993 年版，第 121—122 页。

的；"项"和"颈"表示脖子都是后起的，是通过比喻方法后造的词。"领"、"项"和"颈"在指称脖子上有个大体的分工：除"领"指脖子外，"项"主要指脖子的后部，"颈"则主要指脖子的前部。战国之前，表示脖子主要用"领"，战国时期开始到西汉，"颈"取代了"领"的地位，成为脖子的通称；从中古时期开始到宋、金时期，"项"的用例很多，与"颈"一起成为表示脖子的主要成员。元代新成员"脖"的加入，使此词汇场发生巨大变化，在共同语中，"脖（子）"取代了"颈"，"颈"和"项"逐渐不单独用了；"脖项"、"脖子"在元代到清代成为表示脖子的主要词语。①

今天，从北京话和42地方言看，"领"无论是作为单音节词还是单音节语素，都不见于指称颈部的方言词语了，但据《汉语方言地图集》颈（063图）显示：江西石城还有"颈领"的说法、福建寿宁和柘荣两地还有"胫领"的说法；"颈"和"项"还可以以单音节词或单音节语素的形式存在于这几地方言指称颈部的词中。

赣语南昌和黎川两地、客家方言于都、粤语广州和东莞两地、南宁平话共6地方言中的单音节词"颈"，指头部与躯干连接的部分，先秦就已存在。《左传·定公十四年》："使罪人三行，属剑于颈。"《公羊传·宣公六年》："遂刎颈而死。"

福州话的"项"，本指颈的后部，亦泛指颈。先秦文献就有用例：《左传·成公十六年》："王召养由基，与之两矢，使射吕锜，中项，伏弢。"宋王谠《唐语林·补遗二》："元和中，有老卒推倒《平淮西碑》，官司针其项。"元尚仲贤《单鞭夺槊》第二折："据理来饶你不得，看俺哥哥面上，你且寄头在项。"

闽语建瓯、海口、雷州3地方言的"脰"在古代为方言词②，《释名·释形体》："咽，青徐谓之脰。"先秦文献中的用例有：《左传·襄公十八年》："射殖绰，中肩，两矢夹脰。"杨伯峻注："脰音豆，颈项。"《史记·田单列传》："遂经其颈于树枝，自奋绝脰而死。"王毅力等认为："脰"西汉以后趋于消失，基本上退出了"颈"语义场。③现在杭州、绩溪、闽语4地（厦门除外）共6地方言，加上前面提到的闽语区其他方

---

① 李慧贤：《汉语人体部位词语历史演变研究》，博士学位论文，北京大学，2007年，第82页。

② 王凤阳：《古辞辨》，吉林文史出版社1993年版，第122页。

③ 王毅力等：《"颈"语义场的历时演变》，《宁夏大学学报》2009年第6期。

言、个别吴方言还保留以"脰"为单音节词或语素的情况，这比古代"脰"的地理分布位置南移了。客家方言梅县话的"颏下"指"颈的前部"，据温昌衍教授：颏，"古代汉语词。《玉篇·页部》：'颏，颐下。''颐下'就是脖子前面部分。近代汉语沿用。清·许槤《洗冤录详议·尸格·附领颏辨》：'颏者，结喉两旁肉之虚软处。'《广韵》平声哈韵户来切，又古亥切。音未全合，或有变异。"①

还有，杭州和绩溪两地方言说"脰颈"。宋括山一庵释《历代编年释氏通鉴》（卷之五·南北朝）："帝大惊问曰。朕寿几何。志不答。以手指脰及颈而出（指脰颈者。喉颈也。）"

成都和扬州两地方言说"颈项"。宋孔平仲《和常父望吴亭》："游龙出鬐鬣，怒马轩颈项。"宋吴处厚《青箱杂记》卷一："然公风骨清峭，颈项微结喉，有僧相之，皆谓其寒薄，独一善相者目之曰：'公名位俱极，但禄气不丰耳。'"《医宗金鉴·刺灸心法要诀·周身名位骨度》"颈项"注："颈项者，颈之茎也。又曰颈者，茎之侧也；项者，茎之后也，俗名脖项。"

李慧贤博士说："脖"在元代开始有了脖子义。"脖"表示脖子在产生之初是一个不自由的语素，不能单独成词，总要和别的语素相结合，如脖项、脖子、脖颈。这几个词中最早出现的是"脖项"，宋元之交的话本中已经出现。② 我们查到的文献用例稍晚。

西安和万荣两地方言说"脖项"。较早文献用例有元杨显之《酷寒亭》第三折："孩儿每缩着脖项，拄着下颏，耸着肩窝。"

北京话及哈尔滨、牟平、济南、洛阳、万荣、银川、南京7地官话方言，晋语两地方言，吴语杭州话共11地方言的"脖子"，较早文献用例见于元关汉卿《单刀会》第三折："青龙偃月刀，九九八十一斤，脖子里着一下，那里寻黄文来？"《红楼梦》第三六回："今儿做的工夫大了，脖子低的怪酸。"

西南官话武汉和成都、江淮官话南京共3地方言说"颈子"。文献用例有《二刻拍案惊奇》卷十四："将着刀背放在颈子上，捺了一捺，却不下手。"《警世通言》卷三十五："在腰间解下八尺长的汗巾，打成结儿，

---

① 温昌衍：《客家方言的特征词》，载《汉语方言特征词研究》，厦门大学出版社2001年版，第226页。

② 李慧贤：《汉语人体部位词语历史演变研究》，博士学位论文，北京大学，2007年，第78页。

悬于梁上，要把颈子套进结去。"

吴语区的苏州、上海、宁波、温州 4 地方言说"头颈"。文献用例如《封神演义》第三十八回："那妖怪……便将双手只到旗根底下，把头颈子挣的老长的，也拔不起来。"

柳州话说"颈脖"。也说"颈脖子"。明《明珠缘》第二十六回："他既诈了我们几千两银子去，又要来拿人，刘爷可是他拿得去的！叫他把颈脖子洗洗，来领刀去罢。"

长沙话说"颈根"。文献用例如清《野叟曝言》第四十七回："一个麻脸少年，便涨红了颈根道：'李老先生、元继老之诗，真是李杜复生；我等之诗，乃粪之渣而屁之壳也！'"又第一百回："戴秃拍着颈根，大喜大笑道：'梦里也不想有这一日！'"

贵阳话说"脖颈"、徐州话说"脖颈子"、"脖了颈子"，牟平表示"脖子后部"称"脖颈子"。文献用例如《儿女英雄传》第十六回："（邓九公）及至听到后来，渐渐儿的把个脖颈低了下去，默默无言，只瞧着那杯残酒发怔。"《儿女英雄传》第三一回："这样冷天，依我说，你莫如搁下这把剑，倒带上条领子儿，也省得风吹了脖颈儿。"

济南表示"脖子后部"说"脖儿梗"，"脖梗"亦称"脖儿梗"，亦称"脖梗子"，指称"颈项"，较早的用例见于《老残游记》。

西宁话的"脖板"和"脖脖"，武汉话的"颈框"，丹阳话的"颈梗"，崇明话的"颈骨"，绩溪话的"扣［k'i$^{35|53}$］颈"，萍乡话的"颈牯"，梅县话的"颈筋"，东莞话的"颈臂"，福州话的"胿骨"，海口话的"胿蒂"，建瓯话的"仲仲［tœyŋ^{55} tœyŋ^{55}］"，厦门话的"颔颈"，雷州话的"头蒂"，及上海和宁波两地方言的"头颈骨"，徐州话的"□［kə^{55}］了□［pəŋ^{35}］子"，都没有找到文献用例，疑为方言创新词。

古汉语中还有一个指称人颈部的"亢"，《说文》："人颈也"，今天"亢"还保留在属于客家话的湖南耒阳话中；扬州话的"颈亢"是以承传自古汉语的两个语素构成。厦门话的"颔胿（指脖子前部）"和"颔颈"中的"颔"现代汉语里指"下巴"，疑因"下巴"与"颈"位置接近，"部位比较近的词语，是容易转换的"。[①]

（三）共时分布与历时演变间的关系

综上所述，除方言创新词和方言义位变异的情况外，方言中表示颈部的词其古汉语来源情况极其复杂。

---

① 黄树先：《汉语身体词探索》，华中科技大学出版社 2012 年版，第 238 页。

　　先秦①最早的颈部语义场的主导词是"领"，今天在 42 地方言中已经没有以"领"指称颈部的了，"领"在战国以后到西汉就逐渐被"颈"替换，在东汉及魏晋以后逐渐退出该语义场②；在先秦至宋金以前还可以泛指脖子的"项"，只见于福州一地③；先秦就已经存在，并且在汉代以后替代"领"成为颈部语义场主导词的"颈"④，只存在于赣、客、粤方言区和平话等某些南方方言里；但是"颈"作为单音节语素还存在于银川、西南官话 4 地，江淮官话两地及吴方言（金华除外）7 地，徽语的绩溪、湘方言的长沙、赣方言 3 地，客家方言两地、粤方言两地和南宁平话的共 20 地方言中。上古本为方言词的"脰"，仍保留在闽语 3 地方言里，比较《释名》提到的"青徐"，其今天的地理分布比古代南移了很多。两个以上音节的词，按其文献用例时间：杭州和绩溪两地方言的"脰颈"、成都和扬州两地方言的"颈项"，都见于宋代的文献；北京话、官话、晋语和杭州话共 11 地方言的"脖子"，在元杂剧中始见；西安和万荣两地方言的"脖项"，也始见于元杂剧；西南官话和江淮官话 3 地方言的"颈子"、吴语 4 地方言的"头颈"、柳州话的"颈脖"，都见于明代文献；长沙话的"颈根"、贵阳话的"脖颈"、济南表示"脖子后部"的"脖儿梗"，较早的用例都是见于清代。可见，汉语颈部语义场，从先秦到宋代以前都比较稳定，很多方言词的较早用例都是见于宋代以后，元代出现"脖子"一词后，以"脖"为语素构成的词就出现了，"脖"作为语素除见于杭州话外，只分布于官话方言和晋语，而没有传入其他南方方言中，甚至西南官话的武汉话和成都话都没有以"脖"作语素构词指称颈部。

　　至于"脖"为何在南方只单见于杭州话，方云云的观点与我们不谋而合，愿提出，与大家商榷："至迟在南宋以前'脖'已经在口语中使用了，只是还没在书面语上反映出来，随着使用范围的扩大加上元代杂剧这种通俗文学形式的出现，'脖'才在元代的书面语中得以显现。"⑤

---

① 领作为颈部语义场的主导词，李慧贤认为是《诗经》时期（见李慧贤《汉语人体部位词语历史演变研究》，博士学位论文，北京大学，2007 年，第 75 页），方云云认为是春秋时期（见方云云《"脖"的源流考》，《现代语文》2007 年第 6 期。）

② 根据李慧贤论文叙述，自己总结的结论。见李慧贤《汉语人体部位词语历史演变研究》，博士学位论文，北京大学，2007 年，第 75 页。

③ 同上书，第 75—78 页。

④ 方云云认为：从战国起直到宋金该语义场都由"颈"和"项"共同主导。

⑤ 方云云：《近代汉语"脖子语义场"主导词的历时演变》，《安徽农业大学学报》2010 年第 1 期。

　　此外，对于始见于元代文献、明清后即在北方官话区逐步代替"颈"和"项"成为语义场的主导词的"脖子"的来源，专家们有不同的观点：郑张尚芳先生有"襮"音变说①；黄树先先生认为："脖"来自表示肩膀的"髆"，因"肩"和"颈"两个部位比较近，"部位比较近的词语，是容易转换的"②；王毅力等认为"脖"是当时大都（今北京）方言词③；方云云认为是受某北方方言影响④；盛益民认为来自突厥语、借自北方阿尔泰语⑤。确实突厥语和今天维吾尔语的"脖子"的读音都是〔bo－〕⑥，从语音上可以看出其间的联系。"脖"的来源的确值得研究，但这不是本书研究的重点。

第四节　躯干义场

一　肩膀

（一）共时分布

　　《同义词词林》反映汉语中表示"肩"的词有肩、肩膀、肩胛、肩头、髆〈书〉。依照《现汉》释义，"肩胛"医学上指肩膀的后部，"肩头"在指称肩膀时带有方言色彩，"髆"带有书面语色彩。根据《现汉》"肩"的释义⑦，我们认为普通话的代表性词位是"肩膀"。方言词汇调查时设计的义位也是"肩膀"。

　　《汉语方言词汇》和《普通话基础方言基本词汇集》记录北京话有"肩膀儿"这一说法；《北京方言词典》没有记录。

　　从表1－11可以看出义位"肩膀"在42地方言中的方言说法的情

---

① 郑张尚芳：《汉语方言异常读音的分层及滞古层分析》，载何大安主编《南北是非：汉语方言的差异与变化》，台湾"中央研究院"语言学研究所筹备处，2003年。

② 黄树先：《汉语身体词探索》，华中科技大学出版社2012年版，第238页。

③ 王毅力等：《"颈"语义场的历时演变》，《宁夏大学学报》2009年第6期。

④ 方云云：《"脖"的源流考》，《现代语文》2007年第6期。

⑤ 盛益民：《论"脖"的来源》，《语言研究》2010年第3期。

⑥ 钟雪君：《维吾尔语人体词研究》，硕士学位论文，新疆大学，2009年。

⑦ 虽然：《现汉》第1209页"人的身体"的图示中，对身体这一部位的图示是"肩"，但《现汉》是用"肩膀"去解释"肩"、"肩胛"等词语的；据此我们认为普通话的代表性词位是"肩膀"。

况。单音节的"肩"只见于于都和海口两地方言；普通话的代表性词位和方言词汇调查时设计的义位词形—致都是"肩膀"，从 42 地方言词典的记录看，这种说法存在于济南、洛阳、西宁及西南官话 4 地，江淮官话两地共 9 地官话方言，晋语两地方言，吴语丹阳和杭州两地方言，赣语南昌话共 14 地方言中，而这些方言点多数在南方；"肩胛"存在于吴语的丹阳、上海、宁波三地方言和湘语的长沙话共 4 地方言中；"肩头"存在于官话方言的哈尔滨话、吴语金华话、徽语绩溪话、赣语黎川话、客家方言梅县话、粤语东莞话，以及闽语福州话、厦门话、雷州话、海口话 4 地闽方言，共 10 地方言中。《同义词词林》收录的"髆" 42 地方言均未见，可能是因为"髆"具有书面语色彩，而方言的使用语域一般为口语的缘故；但广州话有"膊"。从 42 地方言看，"肩膀"的方言分布最广，其次是"肩头"，但说"肩头"① 的方言点除哈尔滨外都地处南方，且除在闽语中分布比较集中外，在其他方言中的分布都较为分散。

表 1 - 11　　　　　　　　　　　　　　　肩膀

词位	方言点
膊	广州
胛	雷州、海口
肩	于都、海口
肩膀	济南、洛阳、西宁、武汉、成都（较文的说法）、贵阳、柳州、扬州、南京、太原（年轻人说）、忻州、丹阳、杭州、南昌
肩头	哈尔滨、金华、绩溪（多说）、黎川、梅县、东莞、福州、厦门、雷州、海口
肩胛	丹阳、上海、宁波、长沙
肩架	苏州
肩家 = 肩茄	崇明
肩膊	萍乡
胛骨	万荣
胛子	银川
胛头	雷州、海口
膀子	牟平、成都、太原、忻州

① 这里仅就 42 地方言来讨论；此外，根据《河北方言词汇编》，唐山市的一些地方也用"肩头"指称"肩膀"。

续表

词位	方言点
髈髈（儿）	成都
攀肩	娄底
膊头	广州、南宁
肩膀儿	北京、哈尔滨
肩膀子	牟平、徐州、乌鲁木齐
肩膀头	南京、建瓯
肩头儿	哈尔滨
肩胛头	宁波、温州、厦门
膀臂头	洛阳
胳膊斗	绩溪
肩膀头儿	徐州、洛阳
肩膀拐子	扬州
肩忙头儿	洛阳
肩圪末头	金华
胛骨头儿	西安

在 42 地方言中，这四个语素中"肩"的分布最广，从北到南都有；虽然建瓯话有"肩膀头"的说法，杭州话和南昌话说"肩膀"可能是受普通话的影响，以"膀"为语素构成的词语还没有在南方方言大面积的分布；"胛"的分布很分散，"膊"分布区域较小，42 地方言中只见于粤语广州话、受粤语影响的南宁平话，另外还有赣语的萍乡话。根据其他方言资料，徽语休黟片（据《徽州方言》）和双峰（据《汉语方言词汇》）有"肩膊"的说法，阳江（据《汉语方言词汇》）有"膊头"的说法，石家庄话（据《河北方言词汇编》）说"肩膊头儿"，除石家庄外，其他方言点都处于湘、赣方言区。

北京话和哈尔滨话都说"肩膀儿"。

（二）历时演变

于都和海口两地方言单音节的"肩"，先秦就已存在。《左传·桓公五年》："祝聃射王中肩，王亦能军。"上古至元代，它是指称"肩膀"的主要词位，现代汉语中仍可以用。①

海口和雷州两地方言的"胛"，《玉篇·肉部》："胛，背胛。"较早用例见《后汉书·张宗传》："宗夜将锐士入城袭赤眉，中矛贯胛。"李贤注："胛，背上两膊闲。"《新唐书·回鹘传下·骨利干》："又北度海则昼长夜短，日入烹羊胛，熟，东方已明，盖近日出处也。"

丹阳、上海、宁波、长沙4地方言说"肩胛"。"肩胛"亦作"肩甲"。《说文·骨部》"髆，肩甲也。"清段玉裁注："单呼曰肩，絫呼曰肩甲。甲之言盖也，肩盖乎众体也。今俗云肩甲者，古语也。"《黄帝内经素问·气交变大论篇第六十九》："甚则胸中痛，胁支满胁痛，膺背肩胛间痛，两臂内痛。"《灵枢经·经筋》："手太阳之筋……其支者，后走腋后廉，上绕肩胛，循颈出走太阳之前，结于耳后完骨。"《元典章·礼部三·丧礼》："内于若有亲眷孩儿每做和尚合带的孝呵，交肩甲上挂白财帛者。"

广州话说单音节的"膊"。东汉有用例，但并非用于人：《论衡》卷二十四："子路问孔子曰：'猪肩羊膊，可以得兆，……何必以蓍龟？'"（《卜筮篇》第七十一）《王梵志诗》："世间日月明，皎皎照众生。贵者乘车马，贱者膊担行。"唐载孚《广异记》："见丞夫人对镜理妆，偏袒一膊。"可见，这一唐代用例可以用于人了。

萍乡话的"肩膊"，唐代有用例：《朝野金载》卷二："后月余日，毅入，见鬼持弓矢随希望后，适登阶，鬼引弓射中肩膊间。"唐刘肃《大唐新语》卷十二："兄弟窃相语，遂号哭攀缘，相咬肩膊，良久不解，但言曰：'蛮夷不识孝义，恶妻儿离间，以至是。'"（《劝励》第二十六）李慧贤博士认为：在早期医籍中已经出现。② 李慧贤博士和我们考察到的文献用例，都比《汉语大词典》的文献用例时间要早。

存在于哈尔滨、金华、绩溪、黎川、梅县、东莞、福州、厦门、海口和雷州共10地方言（除哈尔滨话外都是地处南方的方言）的"肩头"，唐代有用例：唐薛逢《邻相反行》："面上笑添今日喜，肩头薪续厨中烟。"《五灯会元》卷八："饶君便有擎山力，未免肩头有担胝。"

存在于济南、洛阳、武汉、成都、贵阳、柳州、西宁、扬州、南京9地官话方言，晋语两地，吴方言丹阳和杭州，赣方言南昌共14地方言的

---

① 李慧贤：《汉语人体部位词语历史演变研究》，博士学位论文，北京大学，2007年，第111页。

② 同上书，第108页。

"肩膀"，元曲中有用例。刘庭信《寨儿令·戒嫖荡》："假若你便铜脊梁，者莫你是铁肩膀，也擦磨成风月担儿疮。"（隋树森《全元散曲》）《杜牧之诗酒扬州梦》第四折："我做了强项令肩膀硬，今日个完成，将这个俊娇娥手内擎。"《朴通事》下："手柱枪的，三尺宽肩膀，灯盏也似两双眼，直挺挺的立地，山也似不动惮。"

官话牟平和成都、晋语两地共4地方言的"膀子"，较早用例见《水浒传》第四回："智深把皂直裰褪膊下来，把两只袖子缠在腰里，露出脊背上花绣来，搯着两个膀子上山来。"

南京和建瓯两地方言的"肩膀头"，徐州和洛阳两地方言的"肩膀头儿"，扬州话的"肩膀拐子"，金华话的"肩圪末头"，洛阳话的"膀臂头"，成都话的"膀膀（儿）"，银川话的"胛子"，海口和雷州两地方言的"胛头"，万荣话的"胛骨"，西安话的"胛骨头儿"，宁波、温州和厦门3地方言的"肩胛头"，苏州话的"肩架"，崇明话的"肩家"和"肩茄"，娄底话的"攀肩"，广州和南宁两地方言的"膊头"，绩溪话的"胳膊斗"都暂时没有找到文献用例，疑是方言创新词。

指称"肩膀"：洛阳话的"肩忙头儿"、开封话的"肩抹头"[1]，都疑为"肩膀头"的变音。[2] 崇明话的"肩家"和"肩茄"是否记录的是"肩胛"的音，值得研究。

（三）共时分布与历时演变间的关系

综上所述，除方言创新义位外，42地方言中指称"肩膀"的词其历时来源从先秦至明代都有：先秦就已存在的"肩"，只见于于都和海口两地方言；4地南方方言的"肩胛"，《说文》中有解释；海口和雷州两地闽方言的"胛"，南朝《后汉书》中有用例；"膊"，唐代文献用例用于人，广州话的"膊"、广州话和南宁平话的"膊头"，其历史层次都可能是唐代以前[3]；萍乡话的"肩膊"、存在于哈尔滨及9地南方方言的"肩头"，较早文献用例都见于唐代；存在于官话方言9地及晋语两地、吴语两地、赣方言南昌共14地方言的"肩膀"，较早用例见于元曲，但从杭州话的情况推测，"肩膀"有可能是南宋就开始在北方话中出现；官话和

---

① 刘冬冰：《开封方言记略》，《方言》1997年第4期。

② "肩膀"一词，前一个语素的鼻音韵尾将后一个语素的双唇塞音同化为双唇鼻音。

③ 据李慧贤，"膊（髆）"在上古和中古时期往往不单用，和"肩"同义连用为"肩膊"，近代汉语时期的文献中可以单用。见李慧贤《汉语人体部位词语历史演变研究》，博士学位论文，北京大学，2007年，第108—110页。

晋语4地方言的"膀子",较早用例见于明代《水浒传》。普通话的代表性词位"肩膀"的历史层次应该是近代。

唐代以前的文献中能见到的词位,几乎都是见于吴语及其以南的方言中;元代以后的文献中能见到的"肩膀"、"膀子",几乎都分布于官话和晋语,吴语区的丹阳因与官话区邻接,其方言受官话影响是可以理解的;如果"肩膀"是南宋就开始在北方话中出现的话,就可以解释杭州话里为什么也有"肩膀"这一说法了;但南昌话也说"肩膀",这很值得研究。

二　胸

（一）共时分布

胸部因为靠近心脏,所以对整个胸腔外部（不包括胸腔）不同的部位存在着"胸、胸脯、胸膛、胸口、心口"等不同的指称,加上"怀",指称胸部的词就显得比较复杂。

《同义词词林》收录的汉语中表示"胸"的词有胸、胸脯、脯、胸口、胸脯子。普通话胸部子场的主导词位是"胸"。《现汉》对"胸脯"的释义是:"指胸部","胸口"的释义是:"指胸骨下端周围的部分",可见两者所指的范围实际上不甚相同。指称胸部的词,《现汉》还收录了"胸怀"、"胸膛",《现汉》没有收录"胸脯子"。方言词汇调查时设计的义位是"胸脯"。

北京话的情况:《汉语方言词汇》记录有"胸脯儿"、"心脯儿"和"胸脯子"三种说法, 《普通话基础方言基本词汇集》记录有"胸脯（子）"一种说法,《北京方言词典》没有记录。

从表1-12可以看出义位"胸"在42地方言中的方言说法的情况。单音节的"胸"只见于太原、于都和福州3地方言;"胸脯"的说法见于北京话及徐州、万荣、成都、贵阳、柳州、南京官话方言区6地,吴方言区丹阳、苏州、上海、崇明、宁波、温州6地,徽语的绩溪,湘方言的娄底,赣方言的萍乡,南宁平话共17地方言中;"胸口"的说法只见于柳州话;"胸脯子"的说法见于北京话和哈尔滨、牟平、洛阳、扬州这4地官话方言;"脯"在42地方言中均未见。

总之,普通话胸部子场的主导词位"胸"这一说法只见于42地方言中的3地;方言词汇调查时设计的义位"胸脯"见于17地方言,由此看来,"胸脯"的说法比"胸"分布要广。

表 1-12　　　　　　　　　　　　　胸

词位	方言点
胸	太原、于都、福州
怀	洛阳、万荣、西安、扬州、温州
胸脯	北京、徐州、万荣、成都、贵阳、柳州、南京、丹阳、苏州、上海、崇明、宁波、温州、绩溪、娄底、萍乡、南宁
胸膛	济南、西安、建瓯
胸口	柳州
胸前	武汉、梅县
胸旁	苏州
胸部	上海
胸头	建瓯、厦门
胸坎	厦门
胸膈	雷州
胸格	海口
胸程	海口
乳符—［ pɐu¹¹ ］	雷州
脯子	太原、忻州
脯前	黎川
心脯	于都
心口	东莞
心肝	福州
怀怀	丹阳
怀里	武汉
腔子	西宁、银川、乌鲁木齐
腔腔	西宁
胸脯儿	北京、哈尔滨
胸脯子	北京、哈尔滨、牟平、洛阳、扬州
胸口头	杭州
胸门口	长沙
心脯儿	北京
心头孔	金华
心肝丼	温州

（二）历时演变

见于太原、于都和福州 3 地方言的"胸"，先秦就有《周礼·考工记》："以胸鸣者。"据李慧贤博士研究：从上古到中古、唐宋以前，"胸"单用是表示胸部的主要成员。①

济南、西安和建瓯 3 地方言的"胸膛"，《汉语大词典》的用例是元代李文蔚《燕青博鱼》第三折："满鼻凹清风，拍胸膛爽气。"

见于北京话，官话的徐州、万荣、成都、贵阳、柳州、南京 6 地方言，吴方言（杭州话和金华话除外）6 地，徽语的绩溪，湘语的娄底，赣语的萍乡，南宁平话共 17 地方言的"胸脯"，《汉语大词典》的用例是明代贾仲名《金安寿》第三折："据情理难容忍，论所为忒狠毒，忍不住我怒气夯胸脯。"李慧贤博士考察"胸脯"在元代文献中已经出现。②

只见于柳州话的"胸口"，本指胸骨下端周围的部分；《儒林外史》第三回："众邻居一齐上前，替他抹胸口，捶背心。"

晋语两地方言的"脯子"，《汉语大词典》的用例是明代《水浒传》第九回："只见那个教师入来，歪戴着一顶头巾，挺着胸脯子，来到后堂。"

存在于北京话和哈尔滨、牟平、洛阳和扬州 4 地官话方言中的"胸脯子"，李慧贤博士说："在明代及其以后的文献中可以见到。"③

见于汉代文献的"胸臆"，《汉语大词典》："胸部；躯干的一部分"。并引汉焦赣《易林·屯之旅》："双兔俱飞，欲归稻食，经涉崔泽，为矢所射，伤我胸臆。"42 地方言均未见。据《现代汉语词典》（第 6 版），在现代汉语普通话中它"指心里的话或想法"，用于"直抒~/倾吐~"等搭配。

（三）共时分布与历时演变间的关系

综上所述，除方言创新词外，"胸"是先秦就存在的，"胸膛"、"胸脯"、"胸脯子"、"胸口"、"脯子"这些说法，都是在近代元明清时期的文献中能见到的；"胸膛"、"胸脯"的说法不仅仅见于北方方言，南方个别方言，甚至闽语建瓯话中也有。先秦文献就有的"胸"见于晋语太原话，而较早文献用例是在元代的"胸膛"竟然见于闽语建瓯话，这表明

---

① 李慧贤：《汉语人体部位词语历史演变研究》，博士学位论文，北京大学，2007 年，第 97 页。

② 同上书，第 95 页。

③ 同上书，第 97 页。

汉语中指称胸部的词其共时分布和历时演变的复杂性。

三　乳房

（一）共时分布

《同义词词林》收录的汉语中表示"乳房"的词有乳房、乳、奶〈方〉、奶子〈方〉；《现汉》（第 5 版）对"奶"、"奶子"的标注也为〈方〉。普通话乳房子场的主导词位是"乳房"，"乳"在普通话中一般不单用，而是作为构词语素使用，并且其意义不仅限于"乳房"一项；"奶"或"奶子"具有方言色彩。方言词汇调查时设计的义位是"乳房"。

北京话情况：《汉语方言词汇》、《北京方言词典》、《普通话基础方言基本词汇集》三部书中都记录有"咂儿"这一说法，《汉语方言词汇》和《北京方言词典》还记录有"咂咂儿"和"妈妈"两种说法，《北京方言词典》还有"奶脬子"、"奶膀子"等说法，《普通话基础方言基本词汇集》还记录有"乳房"这一说法。

42 地方言及北京话中与普通话"乳房"相对应的方言说法，请参考表 1-13。根据 42 地方言词典[1]及《汉语方言地图集》（076 图）等已有的方言材料，总结全国多地方言指称乳房的词语，基本上可以归为以"乳"、"奶"、"妈"、"羍"、"朧"五种语素构词的类型及其他型，共六类。

表 1-13　　　　　　　　　　乳房

词位	方言点
乳［nin²¹³］	东莞（"乳"是训读字＝妳［nai¹³］）
妳［nai¹³］	东莞
奶	济南、洛阳、万荣、武汉、贵阳（用得较少）、柳州（当地俗字也写作"肕"）、太原、忻州、上海、崇明、金华、温州、绩溪、长沙、南昌、黎川、萍乡、于都、广州、厦门、海口

---

[1]　《现代汉语方言大词典》42 地分卷本中没有娄底和雷州两地指称"乳房"的方言说法。《汉语方言地图集》（076 图）显示：雷州话和广州话一样，说"羍"；娄底没有被《汉语方言地图集》列为调查方言点，但《汉语方言地图集》（076 图）显示：双峰话说"奶婆"或"奶奶婆"。罗昕如《湘方言词汇研究》（湖南师范大学出版社 2006 年版，第 220 页）也显示：娄底话说"奶婆"。我们即认为此两地方言指称乳房的方言说法分别为"羍"、"奶婆"。下文在讨论方言相似度、历史承传等问题时，不再赘述。

续表

词位	方言点
妈	武汉
乳房	北京、西宁
乳脯	雷州（指干扁的乳房）
乳磅	雷州（指丰满的乳房）
妈妈	北京、济南、徐州、武汉
妈妈儿	洛阳
妈儿妈儿	哈尔滨（多指哺乳期的）
奶子	哈尔滨、牟平、乌鲁木齐、扬州、南京（新派指乳房）、长沙
奶儿	南京
奶奶	成都、忻州、丹阳、苏州、上海、崇明（小儿语，既指乳房，也指奶汁）、宁波、杭州、温州、福州
奶头	西安、西宁（俗称）、上海
奶姑	梅县
奶仔	厦门
奶旁	金华（乳房及其周围部分）
奶窠	金华（特指哺乳的乳房）
奶脯	宁波、绩溪
奶奶脯	宁波
奶膟子	北京、西安（乳房除开乳头的肥大部分）
奶膀子	北京、哈尔滨
奶胖子	哈尔滨
奶牛（牛）	忻州
奶奶头	上海
奶唧唧	长沙
奶儿奶儿	金华
面怀	南京（乳房的婉称）
唧唧	长沙（对儿童用语）
咪咪［mi^{55} mi^{55}］	贵阳
包子	成都（谑称，年轻人多说）
高高［$kɔ^{44}$ ·kɔ］	银川 乌鲁木齐
咂儿	北京、哈尔滨
咂咂儿	北京、哈尔滨
牛牛［$ȵiɯ^{24\|21}$ $ȵiɯ^{24\|53}$］	西宁（对小儿称呼乳房）
𡚸［nin^{55}］	广州（俗字）
□［me^{21}］	南宁
腵［$naiŋ^{33}$］	建瓯（乳房，包括乳头）
腵脬＝腵座	建瓯（乳房不包括乳头那部分）

以"乳"为单音节词或语素构成的词语的情况有：单音节的"乳"只见于东莞一地；"乳房"除见于北京话和西宁话外，在官话方言区还有不少方言存在"乳房"这一说法，根据《普通话基础方言基本词汇集》中93地方言的记录：只有"乳房"一种说法的方言点有沧州、离石两地，兼有"乳房"说法的方言点有邯郸、张家口、阳原、赤峰、黑河、齐齐哈尔、哈尔滨、佳木斯、白城、长春、通化、沈阳、丹东、锦州、商丘、原阳、白河、汉中、西安、南充、昆明、柳州、襄樊、天门、武汉、红安、阜阳、扬州28地，另外敦煌话以"乳头"指称乳房；据《山东省志·方言志》记录：济宁指称乳房的多种说法中有"乳房"这一说法，单县只有"乳房"一种说法，两地均属于中原官话区；从以上材料分析，"乳房"这一说法主要分布于东北、冀鲁、中原、西南、江淮几个官话区的一些方言点和客家方言区、闽语区的个别方言点；雷州有"乳脯"和"乳磅"的说法；据《广州话、客家话、潮汕话与普通话对照词典》，客家方言有说"乳姑"的。

以"奶"为单音节词或语素构成的词语的情况有：根据42地方言词典，单音节的"奶"见于21地方言，东莞的"嫲"应该也是这一义位，《汉语方言地图集》（076图）显示除东北三省、青海省和新疆维吾尔自治区共五省区外，全国各地都有，哪怕是零星分布；"奶子"的说法见于42地方言中的哈尔滨、牟平、乌鲁木齐、扬州、南京（新派指乳房）5地官话方言和湘语的长沙共6地方言，《汉语方言地图集》（076图）显示这种方言说法分布极为广泛，可以见于：内蒙古的赤峰，黑龙江的哈尔滨、勃利、漠河，吉林省的安图和集安，辽宁省的清原、瓦房店和大连，山东的东部（蓬莱除外），江苏省的北部及中部，江西省的高安、南康和信丰，湖南省的长沙、株洲、湘潭县附近，云南的文山等地方言；"奶奶"见于西南官话的成都话，晋语忻州话，吴语丹阳、苏州、上海、崇明、宁波、杭州、温州7地方言和闽语福州话共10地方言中，《汉语方言地图集》（076图）显示"奶奶"指称乳房尤以江苏南部、浙江和江西东北部为其集中分布；"奶头"见于中原官话的西安话、西宁话和吴语的上海话，《汉语方言地图集》（076图）显示其集中分布是在河南南部、向西经山西、陕西南部直到甘肃、青海和新疆的多地方言点，其中新疆的多数汉语方言点都有此说法，另外"奶头"这一说法还散见于：内蒙古相去甚远的通辽和包头、黑龙江的富锋、吉林的东辽和靖宇、辽宁的辽阳县和岫岩、湖北省的郧县、云南的保山等地；吴语宁波话和徽语绩溪话说"奶脯"，北京话和西安话说"奶脬子"，北京话和哈尔滨话说"奶膀子"。只见于一地方言的说法有：南京话的"奶儿"（《汉语方言地图集》（076 图）显示这种说法还分布在浙江安徽南部黄山附近、江西北部景德镇、浙江中部和西部的个别方言点），梅县话的"奶姑"，厦门话的"奶仔"，金华话的"奶旁"、"奶窠"和"奶儿奶儿"，宁波话的"奶奶脯"，哈尔滨话的"奶胖子"（《汉语方言地图集》（076 图）显示"奶胖子"这一说法分布很分散，还见于内蒙古的扎兰屯、黑龙江的齐齐哈尔、吉林的双辽、安徽东部的个别方言点以及江西的黎川等地），忻州话的"奶牛（牛）"，上海话的"奶奶头"，长沙话的"奶唧唧"。看来，单音节词"奶"的方言分布最广，其次是存在于 10 地方言中的"奶奶"。参考其他方言材料及《汉语方言地图集》（076 图），可以知道：单音节词"奶"以及以"奶"为语素构成的词全国分布十分广；除"奶"、"奶奶"、"奶子"、"奶头"、"奶儿"外，《汉语方言地图集》（076 图）显示还有"奶妇"、"奶婆/奶奶婆"、"奶匏/奶奶匏"、"奶房"、"奶包/奶泡"、"奶珠"、"奶根"等多种方言说法。

　　以"妈"为单音节词或语素构成的词语的情况有：42 地方言中，武汉话有单音词"妈"，《汉语方言地图集》（076 图）显示这一说法还见于安徽西北部、河南东南部和湖北东北部的小片地区；以"妈"为语素构成的词主要分布在官话区，42 地中的济南、徐州、武汉三地及北京都说"妈妈"（指乳房），《汉语方言地图集》（076 图）显示：这一说法主要分布在辽宁省的西南部、河北省、山东省的西部、河南省的东北部、山西省的南部、江苏省的东南部、安徽省的东北部少数地区；"妈儿"主要分布在河南省的大部、安徽省的西北部、湖北省的大部分地区及广西壮族自治区的少数地区；"妈妈儿"42 地方言中见于洛阳话；"妈儿妈儿"42 地方言中见于哈尔滨话；《汉语方言地图集》（076 图）显示还有"妈妈奶"、"妈奶子"、"妈子"、"妈头"、"妈头子"等方言说法。

　　以"脴"为单音节词或语素构成词语的情况有："脴"主要分布在闽东、粤东及粤大部地区、台湾省、雷州半岛地区及海南省，即主要分布于闽语区，建瓯话有"脴"、"脴脬"、"脴座"等说法。

　　"𡃩"① 是粤方言的特征词或特征语素，《现代汉语方言大词典》指出广州话（俗字）说单音节的"𡃩"；参考《汉语方言地图集》（076图），以"𡃩"为语素构成的方言词语有"𡃩"、"𡃩牯"、"𡃩公"、"𡃩

---

① 《汉语方言地图集》（076 图）将《现代汉语方言大词典》中记录的闽方言的"脴"和粤方言的"𡃩"归并为"𡃩"。

房”、“羣堂”、“羣包”、“羣脯”、“羣汁”、“羣帕”等，这些方言词语主要分布在福建、广东、江西、广西、海南以及台湾等省。

其他类型有：

“咪咪［mi mi］”及与其语音相似的说法除见于42地中的贵阳方言外，《汉语方言地图集》（076图）显示：不少官话方言都有此说法，主要集中在河北南部、河南北部，山东南部、安徽西部的个别地区，甚至在西南官话区的四川、重庆、湖北、贵州等省的个别地区也说。据说徐州、开封也说。①

“咂儿”、“咂咂”、“咂咂儿”这样的说法，据42地方言词典和上述三部词典记录见于哈尔滨话和北京话，根据《汉语方言地图集》（076图）显示：主要分布在黑龙江省的呼玛、孙吴、伊春、海伦、佳木斯、延寿、牡丹江7地和吉林省的四城、松原、长春、吉林、桦甸5地，辽宁省的彰武、沈阳、宽甸三地，河北省的围场、丰宁两地；远在南方的湖南省的常德、桃源、沅陵三地也有这样的说法。

此外，还有“汁”、“汁儿”、“汁汁”等方言说法。

从42地方言看，成都话有“包子”的说法，“高高”见于银川话和乌鲁木齐话，“□［me^{21}］”见于南宁话。

另据《汉语方言地图集》（076图）显示：“□［$pɛ^{35}$］”等见于云南的某些方言，“□［$nɛu^{35}$］／□［$nɛu^{55}$］”见于云南南部；当然还有其他一些方言说法。

总之，普通话乳房子场的主导词位和方言词汇调查时设计的义位词形一致都是“乳房”，《普通话基础方言基本词汇集》记录北京话有这一说法，此外西宁话有这种说法；从42地方言词典看，单音节的“奶”是方言分布最广的说法，存在于官话区多地方言点，且在距官话遥远的客家方言区和闽语区某些方言点也有分布；“奶”型词语分布地域最广；“妈”型词语分布地域是在官话，但是还是集中于冀鲁、中原、西南三个官话区。“高高［$kɔ^{44}$·kɔ］”只见于兰银官话，可能是兰银官话的特征词。

（二）历时演变

研究“乳房”语义场的历时演变，一是要理清这一语义场中各义位的演变更替；二是要弄清“乳”、“奶”这两个语素之间的关系。

东莞话的“乳”先秦就有，《山海经·海外西经》：“刑天与帝至此争

---

① 见吴继光《徐州方言词汇订补（一）》（《方言》1996年第3期）和刘冬冰《开封方言记略》（《方言》1997年第4期）。

神，帝断其首，葬之常羊之山，乃以乳为目，以脐为口，操干戚以舞。"雷州话的"乳脯"和"乳磅"是以"乳"为主要语素构成的词。

黄树先先生认为："汉语'乳'是个古老的词语"[1]，可以一些亲属语言进行比较。

西宁话的"乳房"，见于北魏贾思勰《齐民要术·养羊》："牛产三日……以脚二七徧蹴乳房，然后解放。""乳房"的历史层次不会晚于北魏。

存在于官话方言的济南、洛阳、万荣、武汉、贵阳、柳州6地，晋语两地，吴语的上海、崇明、金华和温州4地，徽语的绩溪，湘语的长沙，赣语3地，客家方言的于都，粤方言的广州，闽方言的厦门和海口等21地方言中的"奶"（东莞话作"妳"，《广韵》奴蟹切，上蟹，娘），古字为"嬭"，"嬭"也作"妳"，《玉篇》："乳也"，即乳房。南京话说"奶儿"。较早文献用例见于宋《五灯会元》卷二十："三个老婆六只奶金刚背上烂如泥。"《全宋词》："眉如削、手如春笋。奶儿甘甜腰儿细、脚儿去紧。"

据黄树先引郭沫若："'奶'早期作'乃'，像人侧立，胸部有乳房突出。是则乃盖'奶'之初文矣。'奶'固俗字，然此等字非外来语，且当与民族而俱来。今知'乃'即'奶'之象形，则其字古矣[2]。（郭沫若《器铭考释·壴卣释文》，载《郭沫若全集·考古编》五，第648—649页。）"

如果真是如此，"奶"指称"乳房"虽然在中古至近代汉语文献中才有用例，但其真正历史层次应该也很早。黄树先先生就指出："请注意汉语的普通词语'奶'不见于早期文献，……'奶'的声符'乃'在上古虽属ɨ部，但是'奶'的上古音还是拟作ɨj比较恰当，因为直到这两个上古韵母都合流作-əj以后才有'奶'字出现。可以这样假设……'奶'可能是与此没有语源关系的民间土语，后来这个词取得胜利，很迟才出现在书面语言（Bodman，1980/1995：199—200）。这样的推测，还有待进一步的探究。"[3]而这个来自民间土语的"奶""汇入全民词汇后，表现出强大的生命力，成功实现口语中对'乳'的替换。"[4] 以"乳"为语素

① 黄树先：《汉语身体词探索》，华中科技大学出版社2012年版，第253页。

② 同上。

③ 同上书，第254页。

④ 龙丹：《魏晋核心词研究》，博士学位论文，华中科技大学，2008年，第90页。

的"乳房"仍保留在书面语中。

存在于官话区哈尔滨、牟平、乌鲁木齐、扬州、南京5地和湘语的长沙共6地方言中的"奶子",《汉语大词典》有"乳房"这一义项。元关汉卿《五侯宴》第一折:"他将有乳食的奶子与他孩儿吃,却将那无乳的奶子与俺孩儿吃。"

存在于官话方言的成都、晋语的忻州、吴方言的7地(金华除外)、闽方言的福州共10地方言中的"奶奶",古为"嬭嬭",亦作"妳妳",《汉语大词典》中就有"乳房"这一义项。元李行道《灰阑记》第二折:"则见他白松松两只料袋也似的大妳妳,必定是养儿子的。"金华话的"奶儿奶儿"是两个语素都加后缀"儿"的结果;上海话的"奶奶头",宁波话的"奶奶脯",都是"奶奶"再加上不同后缀或其他语素构成。

北京话和哈尔滨话说"奶膀子","奶膀"近代汉语有用例,元《东南纪文》:"梨皮黄褐色,肉黑如墨,质如酥,味甘而香,大如奶膀,亦奇种也。"哈尔滨话还说"奶胖子","奶胖",《醒世姻缘传》第四三回:"晁夫人见两个丫头凸了一个大屁股,高了两个大奶胖,好生气恼。"哈尔滨话的"奶膀子"和"奶胖子"虽然与其词形相近的说法分别见于元代和清代的文献,但疑为此两个词只是语音有差别而采用不同的语素记音的结果。

西安、西宁、上海3地方言说"奶头"。我们检索到"奶头"的较早用例是元高则诚《灯草和尚》第二回:"我恐娘要洗手,来拿手巾,不想被小和尚钻入袖里,舔得奶头怪痒。"但此处的"奶头"疑为"乳头",并非指整个乳房。但此3地方言的"奶头"是以部分代整体指称整个乳房,是发生了方言义位变异。

哈尔滨话说"咂儿"、"咂咂儿",北京话也有类似的说法。《儿女英雄传》第三九回:"叫两个孩子分着吃他两个咂儿。"《白雪遗音·马头调·偷情》:"冰冷的手儿,将奴的咂咂摸。"

哈尔滨的"妈儿妈儿"、武汉的"妈"、洛阳的"妈妈儿"都是指称乳房;"妈妈"在北京、济南、徐州、武汉4地方言里指"乳房",在济南和徐州两地方言里兼指"母亲"和"乳房"(武汉指称乳房的"妈妈"和指称母亲的"妈妈"声调不同),但《汉语大词典》和《汉语大字典》都没有收"妈"或"妈妈"的这一义项,应该联系古汉语文献做进一步的研究。

广州话的"𡄹"〔nin⁵⁵〕,是方言俗字。建瓯话的"脧"〔naiŋ³³〕,疑也为方言俗字。

忻州话的"奶牛"、"奶牛牛",宁波和绩溪两地方言的"奶脯",金华话的"奶窠",梅县话的"奶姑",厦门话的"奶仔",长沙话的"奶唧唧",都没有找到文献用例,可能是以"奶"为主要语素、与其他语素或后缀构成的方言创新词。成都话的"包子",贵阳话的"咪咪 [mi⁵⁵ mi⁵⁵]",银川和乌鲁木齐两地方言的"高高 [kɔ⁴⁴·kɔ]",长沙话的"唧唧",西宁话的"牛牛 [ȵiɯ²⁴ǀ²¹ ȵiɯ²⁴ǀ⁵³]",南宁平话的"□" [me²¹],都可能是方言创新词。①

（三）共时分布与历时演变间的关系

可见,除方言创新词外,东莞话的"乳"先秦就有;西宁话的"乳房",见于北魏文献;存在于21地方言中的"奶",《广韵》中有;"奶子"、"奶奶"、"奶膀子"、"奶头",其文献用例都是在元代;哈尔滨话的"奶胖子"、"咂儿"、"咂咂儿"的用例都是见于明清小说。可见,以魏晋后出现的"奶"及以"奶"为语素构成的指称"乳房"的词,全国分布最广。

指称乳房的"乳"和"奶"在语音上是有联系的,据王力先生:"'乳奶日泥准双声,鱼之旁转。今人谓乳房为奶,乳汁亦为奶。''奶'是'乳'的音转。"②

构成指称乳房的词语的词或语素中,不仅是"乳"和"奶"在语音上有关系,多数语素的声母都是鼻音 [n -] 或 [m -],前者如"奶"、广州话的"𡚸" [nin⁵⁵]、建瓯话的"脨" [naiŋ³³]、西宁话的"牛牛 [ȵiɯ²⁴ǀ²¹ ȵiɯ²⁴ǀ⁵³]" 也可以考虑,并且联系"藏语 nu、缅语 no -"③ 来思考,汉语的"乳"和"奶"的历史层次应该很古老;后者如"妈"、南宁平话的"□" [me²¹]、贵阳话的"咪咪 [mi⁵⁵ mi⁵⁵]" 也可以考虑。

龙丹博士说:"'乳'双音化为'乳房、乳汁'后在书面语中仍广泛使用,而'奶'在口语中已经替代了'乳',尤其在方言中更明显。……这种替代应是出于避讳的需要,在语言交际中,与生殖有关的词常常是避

---

① 万献初先生认为:方言中指称"乳房"的语素"乳、奶、嬭（妳）、脨、𡚸"等及音节"牛、咪"等,源头不在义在音,这些字都是日母、娘母、泥母字,"娘日归泥",上古都读 n -,n - 与 m - 是近似的鼻音,这种音有"柔、软"的语音形象和听觉,这才是"奶"的源。万先生的观点很有启发性,值得思考和今后进一步研究。

② 王力:《同源字典》,商务印书馆1982年版,第157页。

③ 金理新:《从核心词看汉语和藏语缅语的亲疏关系》,《民族语文》2001年第6期。

讳的重要对象。"①

汉语方言中指称"乳房"的方言词语如此纷繁复杂，除从语音的发展演变角度思考外，因避讳的需要而造词也是一个重要的原因。"奶"和"妈"都可以是母亲称谓，"咂儿"、"咂咂"、"咂咂儿"中的"咂"《现汉》释义为："用嘴唇吸"②，"唧唧"可能是模仿孩子吮吸乳房的声音，"汁"、"汁儿"、"汁汁"等可能源于乳房分泌"乳汁"，这些词的造词理据可以归为"相关联想"；"包子"、"包包"、"高高"等都可以联系其形状，"牛牛〔ȵiɯ²⁴⁰²¹ ȵiɯ²⁴⁰⁵³〕"也可能是联想到"奶牛"提供"乳汁"，这些词的造词理据可以归为"相似联想"。

对汉语方言指称乳房的词语的研究，还应该与亲属语言比较，如前面提到的藏语和缅语，"汉语'妈'，不少方言都是指乳房，一般读去声。可以跟苗语＊mja 比较"。③

四 背

（一）共时分布

《同义词词林》收录的汉语中表示"脊背"的词有：背、背脊、脊背、脊梁，等等。根据《现汉》，普通话背部子场的主导词位是"背"。方言词汇调查时设计的义位是"脊背"。

北京话的情况：《汉语方言词汇》记录有"（后）脊梁"的说法，《普通话基础方言基本词汇集》记录的是"脊梁"，《北京方言词典》没有记录。

北京话及 42 地方言中与普通话义位"背"相对应的方言词情况，请参见表 1 - 14。从 42 地方言记录看，单音节词"背"见于东北官话的哈尔滨话，武汉、成都、贵阳、柳州全部 4 地西南官话的方言，吴语崇明话，徽语绩溪话，湘语娄底话，赣语萍乡话，客家方言梅县话和于都话的共 11 地方言中；"背脊"主要存在于吴语的上海、宁波、杭州、金华 4 地方言，徽语绩溪话，湘语长沙话，赣语南昌、黎川、萍乡全部 3 地方言，粤语广州话，南宁平话，闽语建瓯话共 12 地南方方言中；"脊背"的说法主要存在于中原官话的万荣、西安、西宁 3 地方言，兰银官话的乌鲁木齐话，江淮官话的扬州话和南京话，晋语的太原话和忻州话的共 8 地

---

① 龙丹：《魏晋核心词研究》，博士学位论文，华中科技大学，2008 年，第 90 页。

② 《现代汉语词典》（第 6 版），第 1616 页。

③ 黄树先：《汉语身体词探索》，华中科技大学出版社 2012 年版，第 257 页。

方言中；"脊梁"的说法主要见于 8 地官话方言和北京话。

表 1 - 14　　　　　　　　　　　　　　背

词位	方言点
背	哈尔滨、武汉、成都、贵阳、柳州、崇明、绩溪、娄底、萍乡、梅县、于都
㭴	福州、建瓯
背脊	上海、宁波、杭州、金华、绩溪、长沙、南昌、黎川、萍乡、广州、南宁、建瓯
脊背	万荣、西安、西宁、乌鲁木齐、扬州、南京、太原、忻州
背心	武汉、苏州
后背	哈尔滨、丹阳、娄底
背皮	娄底（用于有贬义的场合）
背背	成都、丹阳
干背	西宁
背肌	崇明
背囊	梅县
背花	广州（旧时指后背、脊梁）
背脢	广州、南宁
背晦	东莞
脊梁	北京、哈尔滨、牟平、济南、洛阳、银川、乌鲁木齐、柳州、扬州
巴脊	厦门
胛脊	厦门、雷州、海口
胛脊板	雷州
后脊梁	北京、哈尔滨
脊背心	南京、太原
背脊心	宁波
背脊登＝背脊胴	宁波
背脊身＝背骶身 ＝后半身	温州
背脊骨	上海
脊梁盖子	牟平（略含贬义）
脊梁杆子	牟平
（后）脊梁股	徐州
（后）筋股 $[\text{tɕie}^{213} \mid 2\text{k}^\text{h}\text{u}^{\circ35}]$	徐州
脊骨	福州
背脊	建瓯

　　方言分布最广的是"背脊"，但只在南方地区（包括西南官话和江淮官话等方言区）；其次是"背"，全国多地方言都有；"脊背"主要分布在官话区和晋语；"脊梁"主要见于官话的哈尔滨、牟平、济南、洛阳、银川、乌鲁木齐、柳州、扬州8地方言和北京话中。

　　"脊背"和"背脊"这一对"同素异序"的词位的分布是以吴方言、徽语等为分界线的，吴方言、徽语及其以南地区说"背脊"，官话方言和晋语说"脊背"。"骿"作为词或语素存在于闽北和闽东。

　　总之，从42地方言看，普通话背部子场的主导词位"背"见于官话方言的哈尔滨话和西南官话、吴语崇明话、徽语绩溪话、湘语娄底话、赣语萍乡话、客家方言共11地方言；方言词汇调查时设计的义位"脊背"主要存在于官话和晋语的8地方言；方言分布最广的是"背脊"，但主要存在于南方12地方言；此外"脊梁"除北京话说外，主要见于8地官话方言。

（二）历时演变

　　见于11地方言，指称背部的"背"，周朝时出现；春秋战国时期新增加了"脊（背中间的骨肉）"[1]。表示背部的主要成员在上古和中古时期都是"背"。[2] 今天全国多地方言都能见到以"背"为单音节词或为单音节语素构成的词。

　　根据《古辞辨》[3]：背，《说文》"脊也"。许慎用"脊"解"背"用的是"脊"的扩大了的用法；"背"指躯干中与胸、腹相对的部分，是指背部整体。"脊"指的是自颈至臀贯穿背部的脊椎骨，是"背"的主体，躯干的支撑部分，是现代说的"脊梁骨"。建瓯话以"骿"指背部；"骿"，《集韵》青韵滂丁切，"肋骨"，由指肋骨变指背部，值得研究。

　　见于南方12地，但方言分布最广的"背脊"，《汉语大词典》引《朱子语类》卷七十："……便是阴去蹑他阳背脊后处。"可见"背脊"这个说法出现在近代汉语。李慧贤博士认为《汉语大词典》的用例晚了些，

①　冯凌宇：《汉语人体词汇研究》，中国广播电视出版社2008年版，第12—14页。
②　李慧贤：《汉语人体部位词语历史演变研究》，博士学位论文，北京大学，2007年，第102页。
③　王凤阳：《古辞辨》，吉林文史出版社1993年版，第124—125页。

最早用例可见于南北朝时期的译经中。①

　　主要分布在北京话和官话区共 9 地方言的"脊梁"，《汉语大词典》引元关汉卿《拜月亭》第一折："你心里把褐衲袄脊梁上披，强似着紫朝衣。"

　　主要分布在官话区和晋语两地共 8 地方言的"脊背"，《汉语大词典》引《水浒传》第四二回："……李逵赶上，就势一脚，踏住脊背，手起大斧却待要砍。"据李慧贤博士考察："脊背"上古就有文献用例，上古和中古时期的用例都不多，在近代汉语中较为常见，成为表示背部的主要成员。②

　　哈尔滨、丹阳、娄底三地方言说"后背"。据李慧贤博士考察，"后背"在清代的文献中有用例。③

　　（三）共时分布与历时演变间的关系

　　总之，普通话背部子场的主导词位"背"周代即出现，现在仍以单音节词或语素的形式存在于全国多地方言中，这说明背部语义场的稳定性和全国的一致性；见于宋代文献的"背脊"，方言分布最广，但只存在于一些南方方言中；主要分布在官话区的"脊梁"，见于元代文献；主要分布在官话区和晋语的"脊背"，上古文献就有用例。可见，全国多地方言都承传了上古的义位，很多南方方言保留了宋代及以前的义位；元代以后产生的义位，只在北方方言中存在。

五　腰

　　（一）共时分布

　　《同义词词林》收录的汉语中表示"腰"的词有腰、腰眼、腰杆子、腰杆儿、腰板儿。根据《现汉》，"腰板儿"指"人的腰和背"，"腰眼"指的并非是整个腰部。普通话腰部子场的主导词位是"腰"。方言词汇调查时设计的义位也是"腰"。

　　《汉语方言词汇》、《北京方言词典》、《普通话基础方言基本词汇集》均未记录北京话指称这一身体部位的说法。

　　42 地方言中表示"腰"的方言词情况，请参考表 1 - 15。从 42 地方

---

① 李慧贤：《汉语人体部位词语历史演变研究》，博士学位论文，北京大学，2007 年，第 99 页。

② 同上书，第 101 页。

③ 同上书，第 100 页。

言看，单音节的"腰"存在于38地方言中；除雷州话的"□［kʻai²¹］"外，其他方言说法也是以"腰"为单音节语素构词而成，如：成都话和贵阳话的"腰杆"、丹阳话的"腰胯"、崇明话的"腰眼"、宁波话的"腰缚"、金华话的"腰盘"、温州话的"腰部"、长沙话的"腰子"、娄底话的"腰筒公"、梅县话的"腰骨"、于都话的"腰牿"、忻州话的"腰窝儿"、徐州话的"半拉儿腰（儿）"；指称"背后的腰部"，哈尔滨话说"后腰"，西安话说"后腰子"。《同义词词林》收录的"腰杆子、腰杆儿、腰板儿"的说法42地方言中均未见。

表 1-15　　　　　　　　　　　　　　　　　腰

词位	方言点
腰	哈尔滨、牟平、济南、徐州、洛阳、万荣、西安、西宁、银川、乌鲁木齐、武汉、成都、柳州、扬州、南京、太原、忻州、丹阳、苏州、上海、崇明、杭州、金华、温州、绩溪、长沙、南昌、黎川、萍乡、梅县、于都、广州、东莞、南宁、福州、建瓯、厦门、海口
□［kʻai²¹］	雷州
腰杆	成都、贵阳
腰胯	丹阳
腰眼	崇明
腰缚	宁波
腰盘	金华
腰部	温州
腰子	长沙
腰板	娄底
腰骨	梅县
腰牿	于都
腰筒公	娄底
腰眼头	丹阳
腰窝儿	忻州
半拉儿腰（儿）	徐州
后腰（指背后的腰部）	哈尔滨
后腰子（指背后的腰部）	西安

总之，普通话腰部子场的主导词位和方言词汇调查时设计的义位词形一致都是"腰"，从42地方言词典看，单音节词"腰"存在于38地方言

中，方言分布极广，方言一致性很强。

（二）历时演变

从 42 各地方言词典看：单音节的"腰"存在于除贵阳、宁波、娄底、雷州外的 38 各地方言中，《说文》："要，身中也。"据冯凌宇研究，"腰"本作"要"，春秋战国时出现，《墨子·兼爱》："昔者，楚灵王好士细要，故灵王之臣，皆以一饭为节。"①

丹阳话的"腰胯"，《汉语大词典》引元李行道《灰阑记》第三折："我这里挺一挺耸着肩胛，摆一摆摩着腰胯。"

崇明话的"腰眼"，《汉语大词典》的释义：腰后胯骨上面脊椎骨两侧的部位。《红楼梦》第九九回："薛蟠因张三不肯换酒，醉后拉着张三右手，先殴腰眼一拳。"

娄底话的"腰板"，《汉语大词典》释义：指人的腰和背，多就姿势而言，亦借指体格。《儿女英雄传》第三一回："她走起来大半是扬着个脸儿，振着个胸脯儿，挺着个腰板儿走。"

成都话和贵阳话的"腰杆"，《汉语大词典》引周立波《第一夜》："我站起来正想伸一伸腰杆，铁门打开了。"

梅县话的"腰骨"，《汉语大词典》的释义：腰部的脊骨。《医宗金鉴·刺灸心法要诀·周身名位骨度》："腰骨。"原注："腰骨者，即脊骨十四椎下，十五、十六椎间，尻上之骨也。"梅县话以与腰部位置相关的指称腰部脊骨的词来指称整个腰部，这是方言义位变异。

温州话的"腰部"，疑为是受普通话的影响产生的短语。

宁波话的"腰缚"、金华话的"腰盘"、娄底话的"腰筒公"、于都话的"腰牯"、忻州话的"腰窝儿"，都疑为方言创新词。

与长沙话"腰子"词形相同的词在现代汉语普通话和大多数方言中都是指称肾脏。

（三）共时分布与历时演变间的关系

综上所述，除方言创新词和方言义位变异外，春秋战国时出现的"要"，字形改变后为"腰"，存在于全国绝大多数的方言里，显示出了汉语方言词的悠久承传性和稳固性；丹阳话的"腰胯"见于元代文献，崇明话的"腰眼"和娄底话的"腰板"都是见于清代小说，成都话和贵阳话的"腰杆"，用例见于现代汉语。是否明清小说中的"腰眼"、"腰板"本来就为方言词？值得研究。

---

① 冯凌宇：《汉语人体词汇研究》，中国广播电视出版社 2008 年版，第 14—15 页。

六　肚子

（一）共时分布

《同义词词林》收录的汉语中表示"腹部"的词有腹、肚子、肚皮、肚。根据《现汉》释义，普通话腹部子场的通称词是"肚子"，"肚"在普通话中单用的情况较少，"腹"较少用于口语，"肚皮"具有方言陪义色彩。方言词汇调查时设计的义位是"肚子"，普通话腹部子场的通称词和方言词汇调查设计的义位词形一致都是"肚子"。

《汉语方言词汇》和《普通话基础方言基本词汇集》记录的北京话的说法都为"肚子"，《北京方言词典》没有记录。

42 地方言中表示"肚子"的方言词情况，请参考表 1 - 16。从 42 地方言看①，单音节的"腹"只存在于闽语的建瓯和厦门两地方言中，单音节的"肚"存在于吴语金华话、徽语绩溪话、赣语黎川话、客家方言梅县话、南宁平话、闽语福州话和海口话共 7 地南方方言里，"肚子"存在于北京话和除贵阳话外的 15 地官话方言中、晋语太原话、湘语长沙话和娄底话、赣语南昌话和萍乡话共 21 地方言中，"肚皮"存在于哈尔滨、徐州、贵阳 3 地官话方言，晋语忻州话，吴语 7 地方言（温州话除外），湘语长沙话，赣语南昌话和萍乡话共 14 地方言里。看来，"肚子"的方言分布最广，但主要是存在于官话方言及中部方言或者说近江方言中；"肚皮"次之，也是主要分布于官话方言区及中部的近江方言区。

表 1 - 16　　　　　　　　　　　　　肚子

词位	方言点
腹	建瓯、厦门
肚	金华、绩溪、黎川、梅县、南宁、福州、海口
肚子	北京、哈尔滨、牟平、济南、徐州、洛阳、万荣、西安、西宁、银川、乌鲁木齐、武汉、成都、柳州、扬州、南京、太原、长沙、娄底、南昌、萍乡
肚皮	哈尔滨、徐州、贵阳、忻州、丹阳、苏州、上海、崇明、宁波、杭州、金华、长沙、南昌、萍乡

---

① 《现代汉语方言大词典》分地本没有温州、东莞、雷州三地方言与普通话"肚子"义位相对应的方言说法，广州话也没有这一义位的方言普通说法；《汉语方言地图集》（069 图）显示：温州、广州、雷州三地方言都说"肚"，东莞话说"屎肚"。下文在讨论方言相似度、历史承传等问题时，不再赘述。

续表

词位	方言点
肚里	丹阳
肚仔	黎川
肚笥	梅县
屎肚	于都
肚煲	广州（指小儿的肚子）
肚胿	海口
肚屎	海口（口语里指人的肚子，多含戏谑的意思）
腹老	福州
腹肚	厦门
米柜	广州（玩笑话，指肚子、胃）

　　《汉语方言地图集》（069 图）显示："腹"及其为语素构成的词主要分布在浙江省西南部、福建省（西南少数方言点除外）、台湾的大部分地区，即主要分布在闽语区；单音节的"肚"主要有两个集中分布地域：一是北方的山西省的大部分方言点和河北西北部的一些方言点，二是在南方并不连续地分布在浙江省的南部、安徽省的南部、江西省的大部分方言点、湖北南部的少数方言点、广东省东部沿海和西部、海南省全部方言点和广西壮族自治区的大部分方言点；"肚子"分布在长江以北的绝大部分方言点，长江以南还见于湖北省、湖南省（东南部少数方言点除外）、江西西北部和云南全省这一区域的方言点；"肚皮"这一说法主要分布在江苏省的南部、浙江省的北部、四川省的部分地区、贵州省的大部分地区；与上面我们谈到的 42 地方言的情形基本一致。

　　（二）历时演变

　　存在于闽语建瓯和厦门两地方言的"腹"，卜辞中就有。① 《易·说卦》："干为首，坤为腹。"唐韩愈《孟东野失子》诗："鱼子满母腹，一一欲谁怜。"直到宋代，"腹"一直是此语义场的主导词。②

　　存在于金华、绩溪、黎川、梅县、南宁、福州和海口等南方 7 地方言里的"肚"，较早语料见于《初学记》卷十九引汉刘向《列女传·齐钟离

---

① 徐朝华：《上古汉语词汇史》，商务印书馆 2003 年版，第 26 页。

② 李慧贤：《汉语人体部位词语历史演变研究》，博士学位论文，北京大学，2007 年，第 102 页。

春》："凹头深目，长肚大节。"李慧贤博士认为"肚"在唐代出现。①

据龙丹博士：南北朝时期，表腹或胃义项的"肚"仍处于劣势。宋元时期"肚"和"腹"竞争激烈，直到明代"肚"的使用频率才明显高于"腹"，"肚"替代"腹"不会晚于明代。② 但李慧贤认为："肚"在宋代取代了"腹"。③ 参考两位博士的观点，我们暂且将"肚"定为中古，因为现在可以查阅的文献基本上是古汉语共同语的书面语记录，古方言、口语的材料极少，而且一个词语从出现到最后替换别的词语，这个过程是要经历很长时间的；一个词在替换别的词语之前，一定得先在民众的口语中被广泛使用。

14 地方言里的"肚皮"指称"腹部；肚子"的较早文献用例是在唐五代，《汉语大词典》引《敦煌变文·不知名变文》："儿觅富贵百千般，不道前生恶业牵，盖得肚皮脊背露，脚根有袜指头串。"

存在于北京话和除贵阳话外的 15 地官话方言、晋语的太原、湘语的长沙和娄底、赣方言的南昌和萍乡共 21 地方言中的"肚子"，见于《西游记》第七三回："只见那七个敞开怀，腆着雪白肚子。"

龙丹博士认为"大约在宋代时，出现'肚子'这一双音形式，主要是指作为食物的动物胃，明代使用广泛。"④ 而李慧贤博士认为：元代出现了"肚子"，"肚子"在元代杂剧中始见，并逐渐取代单音的"肚"，在明代成为表示腹部的主要成员⑤，两位学者提出的"肚子"的出现时间都比《汉语大词典》引用的《西游记》的时间要早。总之，"肚子"的历史层次应该是近代汉语。

另外，厦门话的"腹肚"，我们没有查到文献用例，但《汉语大词典》收录了"肚腹"，较早用例是《水浒传》第一二〇回："宋江自饮御酒之后，觉道肚腹疼痛，心中疑惑，想被下药在酒里。"这是同义语素构词、语素顺序不同造成的。

梅县话的"肚笥"，暂没有查到文献用例，但"笥"，《集韵》去声

① 李慧贤：《汉语人体部位词语历史演变研究》，博士学位论文，北京大学，2007 年，第 102 页。

② 龙丹：《魏晋核心词研究》，博士学位论文，华中科技大学，2008 年，第 96 页。

③ 李慧贤：《汉语人体部位词语历史演变研究》，博士学位论文，北京大学，2007 年，第 102 页。

④ 龙丹：《魏晋核心词研究》，博士学位论文，华中科技大学，2008 年，第 96 页。

⑤ 李慧贤：《汉语人体部位词语历史演变研究》，博士学位论文，北京大学，2007 年，第 106 页。

志韵相吏切,《说文》:"饭及衣之器也"。海口话的"肚胵",暂没有查到文献用例,但"脐胵"是大腹,腹肥貌,"胵"[kui55](海口音[kui³³])《广韵》古携切,平齐,见。梅县话的"肚筒"和海口的"肚胵"疑都是方言采用古汉语语素重新构词、自我创新的结果。

福州话的"腹老"、厦门话的"腹肚"、丹阳话的"肚里"、黎川话的"肚仔"、梅县话的"肚筒"、于都话的"屎肚"、海口话的"肚屎"和"肚胵",都暂时没有找到文献用例,疑为方言创新词。

此外,指称肚脐的词:

黎川话的"肚膌眼"指肚脐眼;"膌"《广韵·支韵》疾移切,"人子肠名",即小肠;肚脐眼与小肠位置有关。

萍乡话的"脖子眼"指肚脐,也叫"肚丝眼";济南话"脖脐(眼儿)"指肚脐眼。"脖",《广韵·没韵》蒲没切,"肤脐";萍乡话和济南话用以"脖"为语素的词指称肚脐,是保留元代以前汉语的说法。

广州话的"小膁"指(人)腹部两侧(在肋骨之下),软肋。"膁",《广韵·忝韵》苦簟切,"腰左右虚肉处",广州话是保留古汉语的意义和说法。

(三)共时分布与历时演变间的关系

综上所述,除方言创新词外,只有闽语建瓯话和厦门话保存了甲骨文就有的"腹",闽语福州话的"腹老"是以"腹"为语素构成的;存在于南方7地方言里的"肚"见于汉代文献,我们暂且认为它的历史层次是中古;"肚皮"见于晚唐五代文献;"肚子"出现较晚,历史层次应是近代。可见,闽语两地方言保存的义位就文献看是最古老的,南方7地方言保留了汉代的义位;而出现在近代汉语的"肚皮"和"肚子"存在于官话、晋语和中部受官话影响的吴语、湘语、赣语这些近江方言中,没有传到闽语、粤语、客家方言、平话这些远江方言中。

普通话腹部子场的通称词"肚子"的历史层次是近代。从共时分布看,闽语建瓯话和厦门话历史层次最古老;以"肚皮"指称"腹部;肚子"的14地方言里只有4地地处北方;近代汉语才出现的"肚子"则主要分布于北方方言中。从腹部语义场的方言词的分布看,从北往南,其历史层次是越来越古老。

七 臀/屁股

(一)共时分布

《同义词词林》收录的汉语中表示"屁股"的词有臀、屁股、窟臀、腚、尻、屄、屄子。根据《现汉》释义:"屁股"带有口语色彩,"窟臀"

在《现汉》中未见，"腚"和"尻"、"尻子"都具有方言色彩，"尻"是"古书上指屁股"，《现汉》还收录了具有方言色彩的"屁股蛋儿"和"屁股蛋子"；《现汉》"人的身体"的图示中，对身体这一部位的图示是"臀"。方言词汇调查时设计的义位是"屁股"。

《汉语方言词汇》、《北京方言词典》和《普通话基础方言基本词汇集》记录的北京话的说法都是"屁股"，《北京方言词典》还收录了一个"腚"，著者指出："一般少用，只用在一些顺口溜或歌谣里。"

表 1-17 显示的是 42 地方言及北京话中与普通话"臀"相对应的方言说法。从 42 地方言词的情况看，单音节词"臀"只存在于温州话里，单音节词"腚"存在于北京话和官话区 4 地方言，各地方言虽然都没有单音节词"尻"的说法，但以"尻"为语素的词却可以见于某些方言：成都话的"尻子"和"尻墩子"、厦门话和雷州话的"尻川"、海口话的"尻脽"、雷州话的"尻川斗"指女人的臀部，等等；双音节的"屁股"的说法在全国比较流行，存在于共约 26 地方言中，"尻子"存在于晋语两地，"窟臀"、"尻"、"屁股蛋儿"和"屁股蛋子"的说法 42 地均未见。

表 1-17 臀/屁股

词位	方言点
臀	温州
腚	北京（一般少用）、哈尔滨、牟平、济南、徐州
屁股	北京、哈尔滨、牟平、济南、徐州、洛阳、武汉、成都、贵阳、柳州、扬州、南京、太原、丹阳、苏州、上海、宁波、杭州、金华、绩溪、长沙、娄底、南昌、黎川、萍乡、南宁
屁眼	崇明、宁波
屁儿	成都（较粗俗的说法）
股川	福州
尻子	太原（年轻人也说"屁股"）、忻州
尻子	成都
尻川	厦门、雷州
尻脽	海口
屎窟	梅县、于都、东莞
屎朏	广州
啰柚	广州（屁股的俗称）
䐈顿	建瓯
腚呱	济南（常用于被打或摔倒的场合）
沟子	万荣、西安、银川、乌鲁木齐、成都

续表

词位	方言点
沟〔kɯ⁴⁴〕蛋	西宁
沟子蛋	万荣
沟墩子	成都
腚槌儿	哈尔滨
腚槌子	哈尔滨
腚沟子	牟平
腚半子＝腚帮子	徐州
尻墩子	成都
尻川斗	雷州（指女人的臀部）
髀股臀＝股臀髀	温州
屎窟臀	黎川
股川髀	福州
屁股臀	南宁
屁股丫丫	贵阳（儿语，屁股）
腚帮儿帮儿	徐州（儿童用语）

综观 42 地方言，表示臀部的词在分布上有区域特征："屁股"的说法在全国比较通行，但中原官话的万荣、西安、西宁 3 地方言和兰银官话、晋语的忻州话、客家方言、粤方言、闽方言中都没有此说法，也可以说中国的西北、东南地区较少有"屁股"的说法；"腚"只见于北京话和官话方言的哈尔滨话、牟平话、济南话和徐州话等北方地区的方言；官话的成都、西安、银川、乌鲁木齐和万荣 5 地方言说"沟子"，这其中除成都外，都位于中国的西北地区；晋语两地说"屄子"；"屎×"的说法见于客家方言、粤方言和赣方言的黎川话。

《汉语方言地图集》（070 图）显示："股川"的说法主要分布在福建省东部，"尻川"的说法主要分布在海南，这两种说法都是主要分布于闽语区；"屎窟"的说法主要分布于广西壮族自治区的东部、广东省（东部除外）、福建省的西部、江西省的东部和南部地区，即主要分布于客赣方言区和粤、闽语少数方言点。

总之，普通话指称这一人体部位的说法是"臀"，从 42 地方言看，"臀"只见于温州话；方言词汇调查时设计的义位是"屁股"，北京话的说法也是"屁股"，"屁股"的说法在全国比较通行，见于 26 地方言中，但中国的西北、东南地区较少有"屁股"的说法；"腚"存在于官话东北部的 4 地方言中。

（二）历时演变

据李慧贤博士研究：表示臀部，上古和中古汉语时期主要有"尻"、"臀"，近代汉语时期主要用"臀"，在元明时期，又出现了口语性很强的词语"屁股"，沿用至今。①

"臀"，先秦就有：《易·夬》："臀无肤，其行次且。"42 地方言中只有温州一地说。

存在于除西安、西宁、万荣和兰银官话外的整个官话方言 11 地、晋语的太原、吴方言（崇明和温州除外）、徽语绩溪、湘方言、赣方言和南宁平话、北京话共 26 地方言中的"屁股"，《汉语大词典》引《红楼梦》第三九回："……再睡的日头晒着屁股再来。"

北京话和哈尔滨、牟平、济南和徐州 4 地官话方言的"腚"，指臀部，《汉语大词典》标注其为方言词，引清蒲松龄《聊斋志异·仙人岛》："狗腚响唰巴。"据李慧贤博士研究："腚"主要出现在《聊斋志异》、《聊斋俚曲集》和《醒世姻缘传》中，……所以可以说，"腚"是清代在山东方言中产生的新词。②

周立波《暴风骤雨》第一部三："最小的一个光腚的孩子，被一块石头绊住，摔倒在道上，哇哇地哭了。"

有些方言词中的某个语素保留了古汉语的意义：

太原话又称"屁股"为"屎子"；"屎"，《集韵·屋韵》都木切，"《博雅》：臀也"。

广州话的"屎朏"指屁股。朏，《玉篇·肉部》："朏，臀也。"

雷州话的"尻川"指臀部；"尻"，《说文》："月隼也。"即臀。段玉裁注："尻，今俗云沟子是也。月隼，今俗云屁股是也。析言是二，统言是一。"雷州和广州两地方言是保留古汉语的词形和意义。

依据上文所引段玉裁的注释，清代已有"沟子"的说法，但因我们掌握的文献资料不足，暂时不知道此义位出现的具体年代，但我们查阅了《汉语方言地图集·词汇卷》（图 070）发现："沟子"这一说法存在于山西西南的万荣和临猗两地、陕西省除东北部外的大部分地区、宁夏东部和北部的部分地区、甘肃的大部分地区、青海东部、新疆东部和北部的部分地区、四川省的东部和北部地区；这些省除以上的地区说"沟子"、陕西

① 李慧贤：《汉语人体部位词语历史演变研究》，博士学位论文，北京大学，2007 年，第 120 页。

② 同上书，第 119 页。

北部部分地区说"屎子"或"屎蛋"外，其他地方说"沟蛋"或"狗蛋子"。可能，"沟子"是西北大部分地区及四川东部、北部的方言特征词，而"屎子"可能是晋语的特征词。

（三）共时分布与历时演变间的关系

综上所述，先秦就有的"臀"却只见于温州一地方言；存在于大多数方言中的"屁股"，其文献用例却比较晚①，见于《红楼梦》；本就是方言词的"腚"，只存在于官话 4 地方言里，文献用例为清代。另外，雷州话的"尻川"的"尻"见于汉代的《说文》，太原话"屎子"的"屎"，广州话的"屎胐"的"胐"，都见于中古文献。

这样全国大多数方言的词位的历史层次都是在近代。

第五节　四肢义场

一　上肢子场

（一）胳膊

1. 共时分布

《同义词词林》收录的汉语中表示"胳臂"的词有胳臂、胳膊、臂、臂膀、膀子、膀臂〈方〉、臂膊〈方〉、膊。"臂"、"膊"在普通话中作单音词用的情况较少，"膀臂"和"臂膊"都有方言色彩；从《现汉》释义看，人体此部位义场的普通话主导性词位是"胳膊"。方言词汇调查时设计的义位也是"胳膊"。

北京话的情况：《汉语方言词汇》收录有两种说法："胳臂"、"胳膊"，《普通话基础方言基本词汇集》中记录北京话的说法是"胳膊"，《北京方言词典》没有记录。

表 1-18 显示的是北京话和 42 地方言中指称"胳膊"的方言词的情况。

表 1-18	胳膊
词位	方言点
胳膊	北京、哈尔滨、牟平、济南、徐州、洛阳、万荣、西安、西宁、银川、太原、忻州、绩溪

① 李慧贤博士认为："屁股"，元明清时期表示身体臀部。见李慧贤《汉语人体部位词语历史演变研究》，第 119 页。

续表

词位	方言点
胳臂	北京、乌鲁木齐
胳膀	武汉
膀子	徐州、洛阳、乌鲁木齐（通俗的说法）、武汉、扬州、南京
手杆	成都、贵阳
手膀	柳州、宁波、建瓯
手臂	丹阳、金华、梅县、福州
手骨	宁波、于都、厦门
手梗	萍乡、梅县
手瓜	东莞、南宁
手肚	南宁
手腿	福州（胳膊，特指上臂）、海口
手栱	厦门
臂膊	苏州
臂巴	上海、崇明
摘膊［tsaʔ³ pɔʔ³］	黎川
手臂巴	上海
手臂瓜	东莞、南宁
手箍郎	丹阳
手膀子	成都、贵阳、扬州、南京
手肢肚	温州
手孤拐	绩溪
手㰍子	长沙、娄底、萍乡（粗壮的胳膊）
膀条子	扬州
胛股子	南昌
手膀膀儿	成都
鲇鱼膀子	长沙

　　从表 1-18 显示的 42 地方言情况看①，指称胳膊，没有单音节的方言词；"胳臂"只见于北京话和乌鲁木齐话；"胳膊"见于北京，官话区哈尔滨、牟平、济南、徐州、洛阳、万荣、西安、西宁、银川 9 地；晋语两地，徽语绩溪共 13 地方言；"膀子"见于徐州、洛阳、乌鲁木齐、武汉、扬州、南京 6 地官话方言；"臂膊"只见于苏州话；《同义词词林》

_____

① 《杭州方言词典》没有记录这一人体部位的方言说法，我们调查了本地人，多人指出：杭州话说"臂膀"。但我们根据《杭州方言词典》记录：杭州话有说"上手髈"、"小手髈"的，可见"手髈"指整条胳膊。周志锋《宁波方言的词汇特点》（《宁波大学学报》2010 年第 1 期）记录杭州方言说"手膀"。"手膀"和"手髈"只是记录方言义位时用字有差异，同音字的选择不同。下文在讨论相关问题时，我们以"手髈"作为杭州话的词位，不再赘述。

收录的"臂"、"臂膀"、"膀臂"、"膊"等说法42地方言均未见。看来，与普通话相似的"胳膊"的说法也主要见于北方方言中，其他的说法都只分散于个别方言中。

从42地方言看，指称义位"胳膊"，以"手"为主要语素构成的方言词语存在于西南官话（武汉话除外）和江淮官话、吴语5地、徽语绩溪话、湘语、赣语萍乡话、客家话、粤语两地话①、南宁平话和闽语4地方言（雷州话无调查结果）。可以说："长江以南各方言及赣语、吴语和个别官话的'手'都是指称包括手臂和手在内的整个上肢。"

总之，人体此部位义场的普通话主导性词位和方言词汇调查时设计的义位词形一致都是"胳膊"，北京话也有这一说法。

2. 历时演变

"臂"，先秦就有：《左传·襄公十四年》："公孙丁授公辔而射之，贯臂。"唐韩愈《汴泗交流赠张仆射》诗："侧身转臂着马腹，霹雳应手神珠驰。"现代42地方言没有用单音节词"臂"指称"胳膊"的了。

丹阳、金华、梅县、福州4地方言的"手臂"，魏文帝《典论·自叙》："宿闻展善有手臂，晓五兵，又称其能空手入白刃，余与论剑良久。"（《全三国文》）五代王定保《唐摭言》卷十三《矛盾》"措大吃酒点盐，下人吃酒点鲊，只见手臂着襕，未见口唇开袴！"

苏州话的"臂膊"，唐路德延《小儿诗》："臂膊肥如瓠，肌肤软胜绵。"李慧贤博士考察："臂膊"最早见于西汉扬雄的《太玄》，但上古只有这一个文献用例。②

见于13地方言的"胳膊"，较早文献用例见于宋苏轼《苏轼集》卷八十六《碑十首·峻灵王庙碑》："自徐闻渡海，历琼至儋，又西至昌化县西北二十里，有山秀峙海上，石峰巉然若巨人冠帽西南向而坐者，俚人谓之山胳膊。"《清平山堂话本·柳耆卿诗酒玩江楼记》："看着迎儿生得：短胳膊，琵琶腿。劈得柴，打得水。"

存在于6地官话方言的"膀子"，较早文献用例见于《水浒传》第四回："智深把皂直裰褪膊下来，把两只袖子缠在腰里，露出脊背上花绣来，扇着两个膀子上山来。"

---

① 《广州方言词典》没有指称人体这一部位的方言说法的记录。根据《汉语方言词汇》（第196页），广州话说"手臂"。下文在讨论相关问题时，我们以"手臂"作为广州话的词位，不再赘述。

② 李慧贤：《汉语人体部位词语历史演变研究》，博士学位论文，北京大学，2007年，第139页。

北京话和乌鲁木齐话的"胳臂"，较早文献用例见于清张杰鑫《三侠剑》第三回："金龙闻听，自己将胳臂向后一背，说道：'捆吧。'"

黎川话的"摘一膊"，上海话和崇明话的"臂巴"，粤语东莞话和南宁平话的"手臂瓜"，上海话的"手臂巴"，柳州、宁波、建瓯3地方言的"手膀"（杭州话这一人体部位的说法也可以是"手膀"），武汉话的"胳膀"，成都、贵阳、扬州、南京4地方言的"手膀子"，扬州话的"膀条子"，成都话的"手膀膀儿"，长沙话的"鲇鱼膀子"，成都话和贵阳话的"手杆"，宁波话、于都话、厦门话的"手骨"，萍乡话和梅县话的"手梗"，东莞话和南宁平话的"手瓜"，南宁平话的"手肚"，福州话和海口话的"手腿"，厦门话的"手栱"，丹阳话的"手箍郎"，温州话的"手肢肚"，绩溪话的"手孤拐"，长沙、娄底、萍乡3地方言的"手欐子"，南昌话的"胛股子"，这些方言词都暂时没有找到文献用例，疑是方言创新词。

元代文献中的"圪膊"①，不见于现今的42地方言，我们怀疑此义位本来就可能来自当时的方言，留待今后进一步探讨。

据李慧贤博士研究：上古汉语前期表示胳膊主要用"肱"，从战国时期开始"臂"单用成了表示胳膊的主要成员，"胳膊"在唐代出现（《汉语大词典》的用例是宋代），宋元以后的文献中，"臂"单用逐渐减少，"胳膊"成了表示人体上肢的主要成员，至今。②

3. 共时分布与历时演变之间的关系

综上所述，除方言创新词外，42地方言未见以上古汉语前期表示胳膊的"肱"和先秦就有的"臂"作为单音节词指称"胳膊"的；以"臂"为主要语素的有上海话和崇明话的"臂巴"，保留了较古的语素；存在于丹阳、金华、梅县、福州等南方4地方言的"手臂"，魏代有文献用例；苏州话的"臂膊"，较早文献用例是唐代，按周志锋：上海、苏州和嘉兴三地也都有"臂膊"的说法③，这可能是这一带地区的方言特征词；李慧贤博士提出唐代出现的"胳膊"存在于官话和晋语两地、但徽语绩溪话也说，方言分布并不广；"膀子"和"胳臂"都是见于明清小说，它们今天也只是见于官话；西南官话、江淮官话及南方多地方言是以

① 魏巍：《元代汉语词汇史新词研究》，硕士学位论文，山东大学，2010年，第5页。
② 李慧贤：《汉语人体部位词语历史演变研究》，博士学位论文，北京大学，2007年，第147页。
③ 周志锋：《宁波方言的词汇特点》，《宁波大学学报》2010年第1期。

"手"为语素构词指称普通话的"胳膊"这一人体部位。

也据周志锋：杭州、绍兴和宁波一样都有"手膀"的说法①，这也可能是这一小片地区的方言特征词。

如果依照李慧贤博士的观点，普通话"胳膊"的历史层次是在中古。

（二）手

1. 共时分布

《同义词词林》收录的汉语中表示"手"的词有手、手爪、手爪子，等等。《现汉》没有收录"手爪"和"手爪子"；普通话手部子场的主导词位是"手"。方言词汇调查时没有设计"手"这个义位。也许是考虑到义位"手"，古今南北差别不大的缘故，因而42地方言词典中有多地没有人体这一部位的方言词记录。

《汉语方言词汇》记录北京话的说法是"手"；《北京方言词典》和《普通话基础方言基本词汇集》都没有记录。

42地方言词典中只有32地记录有"手"的方言说法。32地方言和北京话指称"手"的方言说法的情况，可以参考表1－19。从表1－19看，除成都、银川、西宁、扬州、丹阳、苏州、长沙、建瓯和雷州共9地方言没有"手"义位的明显调查结果、徐州说"手爪子"、哈尔滨和贵阳没有"手"的普通说法的记录外，其他30地方言及北京话都说单音节的"手"；各地都没有"手爪"的说法，只有徐州有"手爪子"的说法。看来，"手"义位的方言一致性极强。

表1－19

词位	方言点
手	北京、牟平、济南、洛阳、万荣、西安、乌鲁木齐、武汉、柳州（指上肢）、南京、太原、忻州、上海（整个上肢）、崇明、宁波、杭州、金华（臂和手的通称）、温州（指人的上肢，包括胳膊在内）、绩溪（臂和手的统称）、娄底、南昌（手，也指整个上肢）、黎川（手，也指整个上肢）、萍乡（身体的上肢及手）、梅县、于都、广州、东莞、南宁、福州、厦门、海口（手，也指上肢）
爪子	武汉（谑称或蔑称人的手）
手爪子	徐州
手爪爪	贵阳（儿语，手）
五齿挠子	哈尔滨（指手，含诙谐意）
五齿钉耙＝五爪金龙	扬州（手的戏称）

---

① 周志锋：《宁波方言的词汇特点》，《宁波大学学报》2010年第1期。

需要说明的是，42 地中分别属于西南官话的柳州话，吴语的上海话、金华话和温州话，徽语的绩溪话，赣语的三地方言以及闽语海口话，这 9 地地处南方的方言中表示"上肢"的词与普通话表示"手"的词在词形上一致。《汉语方言地图集》（068 图）显示：手、脚以长江为界，江北除赣语、吴语和个别官话外都不包括手臂、腿，江南除个别沿江官话和少数徽语、吴语外，都是手含胳膊、脚含腿。① 可见，同形义位"手"、"脚"以长江为界，意义在南北方言存在着差异；除赣语、吴语和个别官话外的长江以北的大部分方言中的"手"即与普通话的"手"所指部位一致，赣语、吴语和个别官话及长江以南的大部分方言的"手"都是指称包括手臂和手在内的整个上肢；同样，除赣语、吴语和个别官话外的长江以北大部分方言的"脚"即与普通话的"脚"所指部位一致，赣语、吴语和个别官话及长江以南的大部分方言的"脚"都是指称包括腿和脚在内的整个下肢。

2. 共时分布与历时演变之间的关系②

"手"，据徐朝华：卜辞中未出现，估计商代当有此词。③ 冯凌宇博士认为是周代新增的词。④《说文·手部》："手，拳也。"段玉裁注："今人舒之为手，卷之为拳，其实一也。"《诗·邶风·简兮》："左手执钥，右手秉翟。"先秦出现的"手"一直沿用至今，42 地方言中的 30 地及北京话中都有"手"的说法，可见汉语方言历史承传的稳固性和方言一致性。

龙丹博士认为：魏晋时期"手"又可指整个上肢。⑤ "手"指称整个上肢的现象现在仍存在于 42 方言中的分别属于西南官话、吴语、徽语、赣语和闽语的 9 地地处南方的方言中，并且以长江为界，这些南方方言还保留了魏晋时期"手"的意义。

贵阳的"手爪爪"（儿语，手），是方言创新词。

表 1－20 显示的是 42 地方言中"上肢"词位的差异情况，从中可以看出同词形的"手"在不同方言中的意义差异。

---

① 李如龙：《汉语方言的地理语言学研究大有可为——喜读〈汉语方言地图集〉》，《方言》2009 年第 2 期，第 117—125 页。

② 因为义位"手"从商代出现到今天在汉语共同语中词形和词义都无变化，而且多数方言中都使用和普通话词形一致的"手"单独研究"手"的历时演变，内容很少。因此，这里合并第二、三项内容，直接研究这一义位的"共时分布与历时演变之间的关系"。

③ 徐朝华：《上古汉语词汇史》，商务印书馆 2003 年版，第 26 页。

④ 冯凌宇：《汉语人体词汇研究》，中国广播电视出版社 2008 年版，第 12 页。

⑤ 龙丹：《魏晋核心词研究》，博士学位论文，华中科技大学，2008 年，第 73 页。

表1-20　　　　　　　　*42 地方言"上肢"词位差异表

		上肢		
普通话		胳膊		手
		上臂	前臂	
闽语	福州	手腿/手臂		手
		手腿	手臂	
	建瓯	手髈		?
	厦门	手桄/手骨		手
		手股	手下节	
	雷州	?		?
	海口	手		
		手腿		手
		手生		
粤语	广州	手臂①		手
		手瓜		
	东莞	手臂瓜/手瓜		手
		手臂瓜/手瓜		
南宁平话		手（臂）瓜/手肚		手
		上手瓜/大手瓜	手臂/细手瓜	
客家话	梅县	手臂/手梗		手
		上臂/上□	下臂	
	于都	手骨		手

①　《广州方言词典》没有指称人体这一部位的方言说法的记录。根据《汉语方言词汇》（第196页），广州话说"手臂"。我们以"手臂"作为广州话这一人体部位的词位。表1-20中显示的各方言指称"上臂""前臂"的方言词，因为不属于核心人体词，所以前文没有专门设计表格，也没有专门撰文讨论。此外列出，仅为说明问题。谨此说明。

续表

普通话		上肢		
		胳膊		手
赣语	黎川	手		
		摘一膊		手
	萍乡	手		
		手梗		手
	南昌	手		
		胛股子		手
徽语	绩溪	手		
		胳膊/手孤拐		手
湘语	长沙	手欄子/鲇鱼膀子		?
			手梗子	
	娄底	手欄子		手
吴语	温州	手/手手		
		手肢肚		手
	金华	手		
		手臂		手
	宁波	手膀/手骨		手
	杭州	手髁		手
		上手髁	小手髁	
	上海	手		
		臂巴/手臂巴		手
	崇明	臂巴		手
	苏州	臂膊		?
		大臂膊	小臂膊	
	丹阳	手臂/手箍郎		?

普通话			上肢		手
			胳膊		手
官话	江淮	南京	膀子/手膀子		手
			大膀子	小膀子	
		扬州	手膀子/膀子/膀条子		?
			大膀子	小膀子	
	西南	武汉	胳膊/膀子		手
		成都	手杆/手膀子/手膀膀儿		?
		贵阳	手杆/手膀子		?
		柳州	手		手
			手膀		
	中原	徐州	胳膊/膀子		手爪子
		洛阳	胳膊/膀子		手
		万荣	胳膊		手
			大胳膊		
		西安	胳膊		手
		西宁	胳膊		?
	兰银	银川	胳膊		?
		乌鲁木齐	胳臂/膀子		手
	冀鲁	济南	胳膊		手
	胶辽	牟平	胳膊		手
	东北	哈尔滨	胳膊		五齿挠子

续表

普通话		上肢		
		胳膊		手
晋语	太原	胳膊		手
	忻州	胳膊		手
		大胳膊	小胳膊	

二　下肢子场

（一）腿①

1. 共时分布

《同义词词林》收录的汉语中表示"腿"的词只有"腿"。普通话腿部子场的主导词位是"腿"。对方言词汇的调查时设计的义位是"腿（整条腿）"。

《汉语方言词汇》和《普通话基础方言基本词汇集》记录的北京话的说法是"腿"，《北京方言词典》没有记录。

42 地方言及北京话中指称普通话义位"腿"的方言词的情况，可以参考表 1 - 21。从表 1 - 21 看，方言中表示"腿"的词，单音节的有：存在于北京话，官话方言（武汉除外），晋语，吴方言丹阳、上海和崇明，南宁平话共 22 地方言的"腿"；存在于吴方言苏州话和崇明话的"髈"；存在于吴方言丹阳、上海、宁波、金华 4 地方言，徽语绩溪语，赣语 3 地方言，客家方言梅县话，粤语两地方言以及南宁平话共 12 地方言的"脚"。存在于闽方言的福州、海口（海口的"脚"应该为"骹"，见《海口方言词典》解释）和雷州 3 地方言的"骹"；存在于粤方言广州话的"髀"。两个音节的词有：武汉话的"腿子"和"胯子"、贵阳话的"脚杆"、宁波话的"脚骨"、温州话"脚脚"和"脚儿"、上海话和杭州话的"脚髈"、福州话和建瓯话的"骹腿"、厦门话的"骹骨"、海口话的"脚亮"（应该为"骹亮"，我们统一写为"骹亮"，以与闽语其他方言统一起来）；成都话的"腿腿儿"儿化后是两个音节。三个音节的词

---

① 对于汉语义位"腿"、"脚"的详细研究，可见拙文《汉语义位"腿""脚"比较研究》，《南开语言学刊》2011 年第 2 期（《人大报刊复印资料》2012 年第 6 期全文转载）。

有：乌鲁木齐话的"腿腿子"、丹阳话的"脚箍郎"、长沙话的"腿欄子"、娄底话的"脚欄子"、南昌话的"脚股子"，等等。

表1–21 腿

词位	方言点
骹	福州、雷州、海口
髀	苏州、崇明
脾	广州
腿	北京、哈尔滨、牟平、济南、徐州、洛阳、万荣、西安、西宁、银川、乌鲁木齐、成都、贵阳、柳州、扬州、南京、太原、忻州、丹阳、上海、崇明、南宁
脚	丹阳、上海、宁波、金华、绩溪、南昌、黎川、萍乡、梅县、东莞、广州、南宁
脚杆	贵阳（较地道的说法）
脚髀	上海、杭州
脚骨	宁波
脚脚	温州
脚儿	温州
骹亮	海口（人腿，含诙谐意）
腿子	武汉
胯子	武汉
骹腿	福州、建瓯
骹骨	厦门
腿腿儿	成都（较小的腿）
腿腿子	乌鲁木齐（含讥讽意）
腿欄子	长沙
脚欄子	娄底
脚箍郎	丹阳
脚股子	南昌

　　表示腿部的方言词语，"腿"和"脚"的分界线的北端可能是从吴方言区开始的，吴方言区指称腿部既有用"腿"又有用"脚"作为单音节词或作为语素构词的，再加上可以用"髀"，吴语中表示腿部的词语就十分复杂了。

　　与《现代汉语方言大词典》中记录的5地闽方言情况有差异的是，台湾闽南话却是以"腿"指称腿部，其发音也与普通话相似。

　　总之，普通话腿部子场的主导词位和方言词汇调查时设计的义位词形一致都是"腿"，北京话的说法也是"腿"，官话方言、晋语、吴方言、南宁平话共21地方言中也存在"腿"的说法。看来，"腿"的方言分布最广。

2. 指称"腿"的各词位的历时演变

在指称人体"用来支持身体和行走的部分"即普通话的"腿"这一人体部位方面，42地方言及北京话存在以"骹"、"脚"、"腿"、"髀"、"髈"、"胯"为单音节词或为构词语素构成其他词语的情况，下面我们将逐一对它们进行分析。

（1）骹

从42地方言看，闽语在"踝下"和"整条腿"义位上都用"骹"。"骹"本义是小腿。《尔雅·释畜》："四骹皆白，驓。"郭璞注："骹，膝下也。"《说文·骨部》："骹，胫也。"段玉裁注："胫，厀下也。凡物之胫皆曰骹。"《文选·潘安仁〈射雉赋〉》："奋劲骹以角槎，瞵悍目以旁睐。"徐爰注："骹，胫也。"贾思勰《齐民要术·养鸡》引《广志》曰："鸡有胡髯、五指、金骹、反翅之种。大者蜀，小者荆。白鸡金骹者，鸣美。"龙丹博士研究：魏晋时期，指称小腿的"骹"等词语就使用减少，逐渐成为古语词。[1]

"骹"又指胫骨近脚细的部位，相当于"踝"。《周礼·冬官考工记》："参分其股围……"郑玄注引汉郑司农云："人胫近足者细于股，谓之骹。羊胫细者亦为骹。"

"骹"又指"脚"。宋金盈之《新编醉翁谈录》卷六《禅林丛录》："因礼拜顿悟伸骹，悔和尚几成弹指。"于"骹"下自注："音敲，脚也。"宋梅尧臣《潘歙州话庐山》："坐石浸两骹，炎肤起芒粟。"宋苏轼《次韵袁公济谢弓椒诗》："河鱼溃腹空号楚，汗水流骹始信吴。"自注："《吴真君服椒法》云：'半年脚心汗如水。'"（《苏轼诗集》）

现代闽语中，"骹"不但指"脚"，意义发生变异，还指"整条腿"；但其本义"小腿"和"胫骨近脚细的部位"两个义位却没有保留下来。"骹"这一词位在其他方言区和普通话中没有保留。

在"整条腿"义位上，建瓯话说"骹腿"，福州话除说"骹"外，还说"骹腿"，厦门话也说"骹骨"，海口话也说"脚亮"（应该为"骹亮"）；都是方言创新词。

（2）脚

属于平话的南宁方言，属于粤语的广州、东莞方言，属于客家话的梅

---

① 龙丹：《魏晋核心词研究》，博士学位论文，华中科技大学，2008年，第69页。

州方言，属于赣语的黎川、萍乡、南昌 3 地方言，属于吴语的金华、温州、宁波、上海、丹阳等方言，在"踝下"和"整条腿"义位上都用"脚"或以"脚"作语素构成的词。

在"小腿"义位上，先秦多用"胫"。《说文·肉部》："胫，胻也。"段玉裁注："厀下踝上曰胫。"《尚书·泰誓下》："斫朝涉之胫，剖圣人之心。"《论语·宪问》："以杖叩其胫。""胫"这一词位在古代汉语中普遍使用，在现代汉语普通话中只作为语素用于少量词中，在方言中也很少保留。

先秦也说"腳"，亦作"脚"，《广韵·药韵》以"脚"为"腳"的俗体。现代汉语中，普通话用"脚"，方言多用"腳"。"脚"有"小腿"义。《说文·肉部》"腳，胫也"，"脚"是"胫"的别名。《释名·释形体》："脚，却也，以其坐时却在后也。"古时席地而坐，坐时小腿后折，叠于大腿之下，所以把"却"在后面的小腿称"脚"。[①]《吕氏春秋》："陈悲相股脚。"《黄帝内经素问·水热穴论》："三阴之所交结于脚也。"

在"踝下"义位上，现代汉语用"脚"，古代汉语多用"足"。西汉以后"脚"开始指"踝下"。"脚"的这一意义，我们将在后面讨论。

"脚"还指"整条腿"，如《韩非子》："马前不得进，后不得退，遂避而逸，因下抽刀而刜其脚。"（《外储说右下》第三十五）汪维辉先生认为东汉至隋末"脚"除一部分用例指"小腿"外，大部分指"整条腿"[②]。龙丹博士认为：魏晋时期下肢语义场中"足、脚"可指称整个下肢；"脚"主要泛指整个下肢或小腿，用于"脚掌"义的例子有限；在泛指整个下肢义上魏晋时期"脚"有取代"足"的趋势。[③]

在"整条腿"义位上，"脚"在唐代口语中仍在使用，如王梵志诗："吾无呼唤处，饱吃常展脚。""来去不相知，展脚阳坡卧。""他家人定卧，日西展脚睡。""窟里长展脚，将知我是谁?""两脚行衣架，步步入阿鼻。"

中古时期，"脚"表示与普通话"腿"、"小腿"和"脚"相对应的义位并存。

（3）腿

今天官话方言和晋语在"整条腿"义位上用"腿"，与"踝下"所

---

① 王凤阳：《古辞辨》，吉林文史出版社 1993 年版，第 127 页。

② 汪维辉：《东汉—隋常用词演变研究》，南京大学出版社 2000 年版，第 43—47 页。

③ 龙丹：《魏晋核心词研究》，博士学位论文，华中科技大学，2008 年，第 63—65 页。

用词位"脚"分工明确。

"腿"，《正字通·肉部》："胫股后肉也，俗称股大腿，腓小腿。"《广韵·贿韵》显示"腿"较早用例见于魏晋。龙丹认为：新词"腿"在六朝文献中始见，后代它又逐渐替代了"小腿"及"大腿"两个子义场的成员。[①]《肘后备急方》："治肾气虚衰，腰脊疼痛，或当风卧湿，为冷所中，不速治，流入腿膝，为偏枯。"（《治卒患腰胁痛诸方》第三十二）六朝至唐代，随着"脚"在"踝下"义位上的专义化，"腿"使用渐多，以补"脚"在"下肢"义位上的逐渐缺失。但是唐代以前较少见，唐代开始用例渐多。如：

胡得珠，纳腿肉中，还西国。僧寻闻奏，则天敕求此胡，数日得之。使者问珠所在，胡云："以吞入腹。"使者欲刳其腹，胡不得已，于腿中取出。（戴孚《广异记·青泥珠》）

象胆，随四时在四腿，春在前左，夏在前右，如龟无定体也。（唐段成式《酉阳杂俎》卷十六《广动植》之一）

李慧贤博士提出：宋元以降，"腿"普遍见于文献。[②]宋代"腿"就已是常用词了，而且与"脚"分工明确，"整条腿"义位上，用"腿"而不用"脚"。《大宋宣和遗事》中"腿"出现两次，如：

急点手下巡兵二百余人……腿系着粗布行缠，身穿着鸦青衲袄。（《亨集·宣和五年》）

一人觑时，认得是平章高俅，急忙跪在地上，唬得两腿不摇而自动。（《亨集·宣和五年》）

而《大宋宣和遗事》中"脚"出现 3 次，均指"踝下"，如：

徽宗闻言大喜，即时易了衣服……脚下穿一双乌靴，引高俅、杨戬私离禁阙。（《亨集》）

在"整条腿"义位上，《清平山堂话本》中"腿"出现 9 次，举例如下：

短胳膊，琵琶腿。劈得柴，打得水。（《简帖和尚公案传奇》）

潘松听得，两腿不摇身自动："却是怎生奈何？"（《洛阳三怪记》）

李贵使一打隔，杨官人棒待落，却不打头，入一步则半步一棒，望小腿上打着，李贵叫一声，辟然倒地。（《杨温拦路虎传》）

---

① 龙丹：《魏晋核心词研究》，博士学位论文，华中科技大学，2008 年，第 69 页。

② 李慧贤：《汉语人体部位词语历史演变研究》，博士学位论文，北京大学，2007 年，第 161 页。

而"脚"出现36次，35例指"踝下"，1例用于"山脚"，而没有指"整条腿"的用例，举例如下：

方才朦胧睡着，梦见归去，到咸阳县家中，见当直王吉在门前，一壁脱下草鞋洗脚。（《柳耆卿诗酒玩江楼记》）

牡丹依言，将张如春剪发齐眉，赤脚，把一付水桶。（《陈巡检梅岭失妻记》）

说明在"整条腿"义位上，宋元时期完成了"腿"对"脚"的替换。

在"整条腿"义位上，"腿"对"脚"的替换与"脚"对"足"的替换是相对应的。随着唐代"脚"在"踝下"义位上的专义化，晚唐五代至宋"脚"完成了对"足"的替换，同时或稍晚在"整条腿"义位上"腿"完成了对"脚"的替换。

汉语方言义位"腿"、"脚"的代表性词位的区域类型特征与其历时层次和源流特征在一定程度上有对应关系。词位"腿"的产生及"脚"由同时指称"大腿"、"小腿"和"踝下"到专指"踝下"均发生在北方。所以官话方言、晋语及受官话方言影响的一些南方方言"腿"、"脚"分工明确，而粤、客、赣、湘、吴等方言在指称与普通话相对应的"脚"和"腿"时只用"脚"不用"腿"，保留了"脚"在中古时期的用法。①

（4）髀、骻、胯

"骻"、"髀"、"胯"的本义都指"大腿"。

在"整条腿"义位上，吴方言苏州话说"骻"，崇明话说"腿"也说"骻"，宁波话指称与普通话"大腿"、"小腿"相对应的义位用"大脚骻"、"小脚骻"，杭州、上海两地方言还用"脚骻"指称与普通话相对应的"腿"；骻，《玉篇·骨部》浦朗切，"股也"；《广韵·荡韵》匹朗切，"髀，吴人云骻"；《详校篇海·骨部》："骻，髀也，股也。"从今天方言情况看，"骻"作为单音节词或语素，依然存在于除金华和温州两地外的整个吴语区。

"髀"，《说文·骨部》："髀，股也。"段玉裁注："……股外曰髀。"其在古汉语中的主要意义有两个：一是指"大腿骨"，如《礼记·祭统》："……骨有贵贱，殷人贵髀，周人贵肩。"二是指股部，大腿，如《礼记·深衣》："带，下毋压髀。"现今粤语广州话还以"髀"称腿；于都话

---

① 万献初先生认为："腿"、"脚"从肉从"退、却"，"退"与"却"同义；"散"从"交"，腿交叉是其义源。万先生的观点很有启发性，值得思考和今后进一步研究。

用"大脚髀"、广州话和东莞话用"大髀"指称大腿。

武汉话还说"胯子"，宜昌话也以"胯"指称"腿"。[①]"胯"，《说文·肉部》："胯，股也。"段玉裁注："合两股言曰胯"，而今天"胯"在普通话中的意义是"腰的两侧和大腿之间的部分"（《现汉》）。今天在粤方言、吴方言和武汉话中，这三个词位发生变异，意义都比古代扩大了，都可以指整条腿，而大腿则分别称"大髀"、"大髋、大脚髀、大髋髀"、"大胯"。

在"整条腿"义位上，贵州方言也说"脚杆"，宁波方言也说"脚骨"，温州方言也说"脚脚"和"脚儿"，上海和杭州方言也说"脚髈"，丹阳方言也说"脚箍郎"，娄底方言也说"脚欐子"，南昌方言也说"脚股子"，疑为是以"脚"为语素且保存"脚"的古义的方言创新词。

在"整条腿"义位上，武汉话还说"腿子"，乌鲁木齐话还说"腿腿子"，长沙话还说"腿欐子"，都是以"腿"为语素的方言创新词。

3. 共时分布与历时演变之间的关系

综上所述，除方言创新词外，汉语南方方言中指称"整条腿"的义位与指称"踝下"的义位常有纠结：最早在卜辞中出现的"足"就是同时指腿和脚，但"足"这一义位在 42 地方言中已经不存在；先秦就有的"骹"，只见于闽语，但在指"整条腿"的这一意义上也不能算是义位承传；同是出现于先秦的"脚"，从出现至汉代其主要意义都是指"小腿"，但是"脚"在东汉至隋末也可以指称"整条腿"，现在一些南方方言（包括西南官话的某些方言），甚至属于官话方言的中原官话秦陇片的宁夏固原话，[②] 还保留此意义和用法，其历史层次可以说是中古；较早见于魏晋的"腿"在晚唐五代至宋或以后，用来指"整条腿"：以"腿"为单音节词或为主要语素构成的词主要存在于官话方言、晋语以及受北方话影响较大的吴语、湘语的某些方言，但在南宁平话中也存在，其历史层次可以说是近代；见于汉代文献的"髀"和"胯"、见于魏晋文献的"髈"，其本义都是指大腿，现代在某些方言中词义扩大指称整条腿，"髈"还是保存在吴语中，"髀"保留在粤语和受粤语影响的客家方言的某些次方言中。看来，指称"整条腿"，闽语保留了最古老的历史层次，某些南方方言保留了"脚"在中古以前的用法；中古以后用于指称"整条腿"的"腿"主要存在于官话、晋语和受北方话影响较大的吴语、湘语的某些方

① 王作新：《宜昌方言词汇的地方色彩简识》，《三峡大学学报》2013 年第 6 期。

② 马军丽：《固原方言词汇特点探析》，《连云港师范高等专科学校学报》2012 年第 3 期。

言里，但也在南宁平话里存在。

可见，指称普通话"腿"这一人体部位的方言词的共时分布与历时演变是有关系的，从南往北，其历史层次依次由上古到中古、再到近代。

（二）膝盖

1. 共时分布

《同义词词林》收录的汉语中表示"膝盖"的同义词有：膝、膝盖、磕膝盖儿、波棱盖。普通话膝部子场的通称词是"膝盖"，"膝"在普通话中很少单用。方言词汇调查时设计的义位是"膝盖"。《现汉》没有收录"磕膝盖儿"和"波棱盖"，可能这些都是方言说法，北京话就有类似的说法。

北京话的情况：《汉语方言词汇》记录有："膊楞盖儿"、"胳楞瓣儿"、"磕膝盖儿"三种说法，《北京方言词典》记录有"胳棱瓣儿"和"胳肋拜儿"两种说法，《普通话基础方言基本词汇集》记录有"磕膝盖儿"和"波棱盖儿"两种说法；可见，指称"膝盖"，北京话都有多种说法，当然，如果从语音方面分析的话，这些不同的说法是由于音变造成的。

《同义词词林》收录的词位中，单音节词"膝"42方言均未见，"膝盖"分布于徐州、成都、东莞3地方言中，"磕膝盖儿"和"波棱盖"42地方言未见。

从表1–22显示的42地方言中对于普通话"膝盖"这一义位的方言说法的情况看，表示"膝盖"的词在全国各地方言往往有不同的叫法，很少有多个方言点一致的说法，就是与普通话一致的"膝盖"也只见于3地方言。

表1–22　　　　　　　　　　　　　　膝盖

词位	方言点
膝盖	徐州、成都（较文的说法）、东莞
克膝	武汉［k'ɣ213	21 ·çi］、南昌［k'iɛt5 ·çit］
圪膝	忻州
膝头	梅县、于都、广州、南宁
散污	雷州
拱子	武汉
脚趺	海口
脚趺脐	海口

续表

词位	方言点
脚膝盖	柳州
脚馒头	苏州、上海
脚䯒头	宁波
脚膝䯒	金华
脚胐头	温州
脚膝	金华
脚膝头	绩溪
脚弯里	萍乡（膝部）
骹腹头	福州、建瓯（膝盖，有时也指大腿）
骹头跌	厦门
骹头污	雷州
波萝盖	柳州、东莞
波楞盖	牟平
波勒盖	济南
波拉盖	济南
波里盖 [pə$^{44°}$·li kɛ^{13}]	银川
咳膝盖	西安
圪膝盖	万荣
波膝盖	西宁
膝子盖	万荣
克膝头	武汉 [k'ɣ213 ǀ 21 ·çi t'ou213]、贵阳 [k'e31 çi31 ǀ 55 t'ou31]
髂膝骨	长沙
膝头骨	长沙
膝头牯	娄底
膝头盖	南宁
膝头尖	南宁
磕膝头	南京
圪地跪	太原
圪替 [t'i^{53}] 跪	忻州
圪膝盖	万荣、太原（年轻人多说）、忻州
膝盘头	丹阳
膝头盘	丹阳
膝头牯	娄底、萍乡
膝头哥	广州
脚馒头	上海、崇明

续表

词位	方言点
膝窠头	杭州
屑[ɕiɛʔ³]头公	黎川
胳拉瓣儿	济南
膊楞盖儿/波棱盖儿	北京
胳楞瓣儿/胳棱瓣儿	北京
胳肋拜儿	北京
圪老拜儿	洛阳
不老盖儿	洛阳
胳娄拜子	徐州
磕膝盖儿	北京
波膝盖儿	乌鲁木齐
簸棱盖儿	哈尔滨
簸勒盖儿	哈尔滨
克[k'e²¹]膝头儿	成都
波罗[po¹¹·lo]盖子	扬州（膝盖的旧称）
胳记[·tɕi]头子	扬州
膝头牯弯里	萍乡

　　总之，普通话膝部子场的通称词和方言词汇调查时设计的义位词形一致都是"膝盖"，这一说法的方言分布并不广，北京话没有这一说法。

　　2. 历时演变

　　李慧贤博士研究：在表示膝盖的这几个词中，从上古到唐宋时期，主要成员是"膝"，从元代开始，"膝盖"逐渐取代"膝"，沿用至今。①

　　单音节的"膝"见于《礼记·檀弓下》："今之君子，进人若将加诸膝，退人若将坠诸渊。"但单音节词"膝"42方言均未见。

　　徐州、成都、东莞3地方言的"膝盖"，唐李亢《独异志》卷上："御史曰：'贼在汝右膝盖下。'彝遂揭阶砖，自击其膝盖。"龙丹说："现代汉语常说的'膝盖'，《汉语大词典》所引最早用例为明代，徐时仪先

————————

① 李慧贤：《汉语人体部位词语历史演变研究》，博士学位论文，北京大学，2007年，第166页。

生指出唐代就有用例。"① 我们查到的较早文献用例也是唐代。

梅县、于都、广州、南宁 4 地南方方言的"膝头"，清李渔《十二楼·萃雅楼》第一回："见他走到面前，恨不得把膝头做了交椅，搂在怀中说话。"清《狄公案》第二七回："前面有两个圆洞，里面接好的碗底，将徐德泰的两个膝头直对在那碗底上跪下，脚尖在地脚根朝上。"

绩溪话的"脚膝头"，李渔《十二楼·拂云楼》第五回："男子汉的脚膝头，只好跪上两次，若跪到第三次，就不值钱了。"

上海和崇明两地方言的"膝馒头"，《海上花列传》第二一回："难为仔两个膝馒头末，就晚歇也无啥。"

厦门话说"骸头跌"，海口话说"脚跌脐"或"脚跌"，其中"跌"同"跗"，《广韵》甫无切，"足上也"。《汉语大词典》解释："同'跗'，脚背。"从《汉语大词典》的释义看不出厦门、海口两地方言为什么用指称"脚背"的"跌"为语素构词去指称"膝盖"。

李慧贤博士考察："肐膝"指膝盖，也作"胳膝"，最早见于元代文献，明代文献沿用，也作"骱膝盖"、"胳膝盖"、"嗑膝盖"、"克膝盖"等，"肐膝"、"胳膝盖"等作为圪头词保留在晋方言中。② 董绍克先生的"古代汉语千词表"③ 中就有"胳膝"，今天晋语忻州话说"圪膝"，武汉和南昌两地方言的"克膝"与此相近，这可能是对古汉语的传承；另外，西安话的"咳膝盖"、万荣的"圪膝盖"也都是明代文献用例在现代汉语中的保留；武汉和贵阳两地方言的"克膝头"、南京话的"磕膝头"、成都话的"克膝头儿"、扬州话的"胳记头子"，都可以看作在保留古汉语词语基础上的方言创新。

那些找不到文献来源的方言词语，又可能分为以下几种情况。

一是保留古代的词语，以及在保留古代词语的基础上的自我创新。如：董绍克先生的"古代汉语千词表"④ 中的"骹"至今还保留在闽语中；雷州话的"骹污"和"骹头污"，福州和建瓯两地方言的"骹腹头"，也可以看作以保留的古汉语词作语素构成的方言词；"髂"同

---

① 龙丹：《魏晋核心词研究》，博士学位论文，华中科技大学，2008 年，第 66 页。

② 李慧贤：《汉语人体部位词语历史演变研究》，博士学位论文，北京大学，2007 年，第 165 页。

③ 见董绍克等《汉语方言词汇比较研究》，商务印书馆 2013 年版，第 226—227 页。

④ 同上。

"骱"古代有"人骨"一义①，宁波话的"脚骱头"、杭州话的"膝窠头"、长沙话的"髂膝骨"，都可以看成承传这一古词语为语素构成的方言词。

二是以方言特征语素参与构成方言词。如：忻州话的"圪替跪"和"圪膝"、太原话的"圪地跪"、万荣话和晋语两地方言的"圪膝盖"，都是以"圪"这一晋语特有的前缀语素构成的方言词；娄底和萍乡两地方言的"膝头牯"、萍乡话的"膝头牯弯里"，都是以存在于赣、湘、客等方言中的后缀"牯"构成的方言词语；粤方言中有后缀"哥"，广州话的"膝头哥"就是以这一后缀构成的词。

三是来源于借词。王笑舒提出大连方言的"波喽盖"来自满语②，晁瑞进一步指出《醒世姻缘传》中指"膝盖"的"跛罗盖子"是"一个满汉合璧词。前两个音节，来源于满语'buhi'，名词'大腿内侧、膝'义，'盖'是汉语固有的词。类似于我们今天的译词如'吉普车'等"。③由此，我们大胆推断：牟平话的"波楞盖"，济南话的"波勒盖"和"波拉盖"，柳州和东莞两地方言的"波萝盖"，银川话的"波里盖"，哈尔滨话的"簸棱盖儿"和"簸勒盖儿"，洛阳话的"不老盖儿"，乌鲁木齐话的"波膝盖儿"，扬州话的"波罗盖子"，实际上都可能是来自满语的满汉合璧词，只不过是其在不同方言的语音变化差异而造成记录这一义位的方言用字不同而已。

四是"换位音变引起的方言词差异"。董绍克先生研究："膝盖"，山东方言有两种说法。莱阳方言说成"波拉盖（儿）"，三个音节的声母依次是［p－l－k］；而菏泽方言则说成'胳拉拜儿'，三个音节的声母依次是［k－l－p］，这两种说法中间音节相同（也有的只是韵母稍异），一三两个音节的韵母相同，只是一三两个音节的声母互相调换了位置，从而形成了方言词差异"。④受其启发，我们认为：济南话的"胳拉瓣儿"、徐州话的"胳娄拜子"、洛阳话的"圪老拜儿"，实际上都是"换位音变引起的方言词差异"。

柳州话的"脚膝盖"，万荣话的"膝子盖"，丹阳话的"膝盘头"和"膝头盘"，苏州和上海两地方言的"脚馒头"，温州话的"脚胅头"，长

---

①　见《汉语大字典》第 1836 页。

②　王笑舒：《大连方言词汇研究》，硕士学位论文，广西师范学院，2010 年，第 10 页。

③　晁瑞：《〈醒世姻缘传〉方言词研究》，博士学位论文，南京师范大学，2006 年，第 64 页。

④　董绍克：《论汉语方言词汇的构词差异》，《山东师范大学学报》2002 年第 1 期。

沙话的"膝头骨"，黎川话的"屑—头公"，萍乡话的"脚弯里"，南宁平话的"膝头盖"和"膝头尖"，这些方言词都暂时找不到文献例证，疑为方言创新词，但这些方言词都由"脚"、"膝"为语素构成；武汉话的"拱子"的造词理据大概是源自"膝盖"能"弯曲成弧形"①。

3. 共时分布与历时演变之间的关系

综上所述，各地方言中指称"膝盖"的方言词的一致性并不强，因为许多方言都使用了方言创新词；使用承传自古代文献的词位的方言比较少，"膝盖"的文献用例见于唐代，今天只见于地理上相隔甚远的3地方言；"膝头"、"脚膝"、"脚膝头"、"膝馒头"的文献用例都是见于清代，现在存在于一些南方方言中；其实，说"膝盖"的成都话也属于地理上的南方方言；"膝头"、"脚膝"、"脚膝头"、"膝馒头"疑为本是方言词，只是从明清小说中才查阅到。

（三）脚

1. 共时分布

《同义词词林》和《简明汉语义类词典》中收录的汉语中表示"脚"的词有脚、脚丫子、脚鸭子、足、趾，等等。普通话足部的代表性词位是"脚"，"足"在普通话中一般用于书面语或作为构词素使用；"趾"在现代汉语中多数情况下指"脚趾"。根据《现汉》释义："脚丫子"和"脚鸭子"是异形词，都具有方言色彩。方言词汇调查时设计的义位是"脚"。

北京话情况：《汉语方言词汇》记录有两种说法："脚"和"脚（巴）丫子"，《北京方言词典》记录有"脚步丫儿"和"脚巴鸭儿"两种说法，《普通话基础方言基本词汇集》也记录了两种说法："脚（丫儿）"和"脚（步）丫子"。

总之，普通话足部子场的代表性词位和方言词汇调查时设计的义位词形一致都是"脚"，《汉语方言词汇》记录北京话有这一说法，42 地方言中有 35 地方言中有"脚"这一说法。

需要说明的是，西南官话的柳州话，吴语的丹阳话、上海话、宁波话和金华话，徽语的绩溪话，赣语的 3 地方言，客家方言梅县话粤语 2 地方言以及南宁平话共 13 地方言中的"脚"，加上闽语福州、建瓯、海口和雷州 4 地方言的"骹"，都是既指称"整个下肢"又指称普通话的"脚"。

---

① 据《现代汉语词典》（第 6 版）第 456 页的释义，"拱"的一个动词义就是"肢体弯曲成弧形"。

　　表1–23显示的是42地方言及北京话指称"踝下"这一人体部位的方言词语的情况。

表1–23　　　　　　　　　　　　　　　脚

词位	方言点
骹	福州（下肢）、建瓯（脚和腿）、厦门、雷州（脚和腿）、海口（下肢）
骹板	雷州
脚	北京、哈尔滨、牟平、济南、洛阳、万荣、西安、西宁、银川、乌鲁木齐、武汉、成都、贵阳、柳州（腿和脚）、扬州、南京、忻州、丹阳（整个下肢）、苏州、上海（整个下肢）、崇明、宁波（脚和腿）、杭州、金华（脚和腿）、温州、绩溪（腿和脚的统称）、长沙、娄底、南昌（既指脚，也指整条腿）、黎川（整个下肢）、萍乡（腿和脚）、梅县（整个下肢）、于都、广州（脚和腿）、东莞（整条腿）、南宁（下肢，腿和脚）
脚板	成都、柳州
脚巴	南京（俗称人的脚）
脚脚	成都、温州
脚骨	宁波
脚儿	温州
脚头	丹阳（指脚，多指动作而言）
脚丫子（脚鸭子）	北京、哈尔滨、济南（口语）、徐州、洛阳、乌鲁木齐
脚丫儿（脚鸭儿）	北京、哈尔滨
脚片子	哈尔滨、乌鲁木齐（脚的通俗说法）
脚巴子	徐州
脚爪爪	成都（人的脚；贬义）
脚板儿	成都
脚板子	太原、忻州
脚巴丫子	北京
脚步丫子	北京
脚步丫儿	北京
脚巴鸭儿	北京
脚丫巴子	徐州
脚泥螺＝脚末泥螺	宁波
（小）脚巴儿巴儿	徐州（称小孩的脚，含喜爱意味）
□□［paɛ²⁴·paɛ］子脚＝□□［paɛ²⁴·paɛ］儿脚	西安（小孩儿的脚，含有喜爱意）
一块二	武汉（脚的谑称）
七手八	南宁（歇后语，指脚）

2. 义位"脚"各种词位的历时演变

（1）骹

从 42 地方言看，闽语多地方言在"踝下"和"整条腿"义位上都用"骹"。"骹"本义是小腿，《说文》中就有。今天"骹"在闽语多地方言中不但指"脚"，意义发生变异，还指"整条腿"；当然从上文提出的文献用例：宋苏轼《次韵袁公济谢弓椒诗》中可以看出，"骹"又可以指"脚"。但见于闽语多地方言中的"骹"并非与普通话的义位"脚"对应，所以不能简单地认为闽语中的"骹"是承传自宋代。

（2）脚

在"踝下"义位上，现代汉语用"脚"，古代汉语多用"足"。卜辞中就有"足"，从甲骨文字形看，"足"指人的腿和脚。[①]《说文·足部》："足，人之足也，在下。"《韩非子·初见秦》："闻战，顿足徒裼，犯白刃……"《韩非子·外储说》："先自度其足而置之其坐。"在"踝下"义位上，先秦到中古时期"足"一直是足部义场的主导词位。

王丽丽认为"脚"有"足"义始于上古末期，上古"脚"的核心义是"小腿"，与"胫"所指相同。中古以后，"脚"的核心义才转指胫以下的部分，与上古狭义的"足"同义。[②]

张雪梅认为"脚"指"踝下"义出现于西汉[③]，《黄帝内经素问》中有 3 例"脚"指"踝下"，如："甚则肌肉痿，足痿不收，行善瘛，脚下痛"（卷二十），"脾病者，身重善肌肉痿，足不收，行善瘛，脚下痛"（卷七），"烦冤足痿清厥，脚下痛，甚则跗肿"（卷二十）。东汉安世高译《佛说罪业应报教化地狱经》："脚跛手拘不能操涉。""头脚星散悬於高格称量而卖。"魏晋南北朝时期使用就较多了，如《齐民要术》中"踝下"义位上"脚"用于人的有 6 例（仅举 3 例），如：

凡瓜所以早烂者，皆由脚蹑及摘时不慎翻动其蔓故也。（《种瓜》第十四）

先燥晒，欲种时，布子于坚地，一升子与一掬湿土和之，以脚蹉令破作两段。（《种胡荽》第二十四）

于木槽中下水，脚踏十遍，净淘，水清乃止。（《种红花蓝花栀子》

---

① 徐朝华：《上古汉语词汇史》，商务印书馆 2003 年版，第 26 页。

② 王丽丽：《汉语"足"类人体词的历史演变研究》，硕士学位论文，内蒙古大学，2011 年，第 6 页。

③ 张雪梅：《"脚"有"足"义始于西汉中期》，《古汉语研究》2007 年第 2 期。

第五十二)

黄树先先生认为：" '脚'当指'足'讲，其时间可以提前到先秦晚期。"①

龙丹博士认为：魏晋时期下肢语义场中"足、脚"可指称整个下肢；"脚"主要泛指整个下肢或小腿，用于"脚掌"义的例子有限。②

汪维辉认为在"踝下"义位上"脚"对"足"的替换在六朝完成；并提出了"脚"替换"足"的"两阶段"论，第一阶段，东汉魏晋南北朝时期，"脚"泛指人体及动物下肢的用法空前发展，取代相应的文言词"足"；第二阶段，"脚"再缩小范围专指脚掌，其"小腿"义则由"腿"来指称，这是唐以后的事。③ 但是"踝下"义位上，魏晋南北朝时期"脚"的用例不如"足"多，如《佛国记》中"脚"出现 3 次，而"足"出现 17 次；《齐民要术》中"脚"出现 6 次，而"足"则出现 16 次。到了唐代"脚"的"踝下"义就已是"脚"的凸显义位。黄金贵认为"脚"大量用于指"踝下"是在唐代。④ 据李云云对《朝野佥载》、《敦煌变文集》、《入唐求法巡礼行记》、《大唐新语》、《玄怪录》、《祖堂集》6 部作品的统计，"脚"的"踝下"义在"脚"的 3 个义位中占 83.2%。⑤ 而在王梵志诗中，"踝下"义位上已用"脚"不用"足"，如"露头赤脚走，不容得着鞋"。据此可以推测，在"踝下"义位上，"脚"对"足"的替换先于唐代已开始。"脚"基本上取代"足"而成为该语义场中的主导词位，大概在晚唐至宋。据李云云对《禅林僧报》、《五灯会元》、《朱子语类》、《清平山堂话本》及元杂剧等 5 种著作的统计，在"踝下"义位上，"脚"、"足"之比为 2.2∶1。⑥ 在"踝下"义位上，宋元话本中"足"出现 13 次，而"脚"用了 36 次。在元杂剧中，"足"共出现 40 次，而在《庞涓夜走马陵道》中出现 26 次，其中 21 次出现在"刖足"中，这已经是历史词在书面语中的残留了。

李慧贤博士认为"足"指称足部这种绝对优势在三国时开始受到"脚"的挑战，"足"、"脚"并行了很长时间，"脚"是在晚唐时期，代

---

① 黄树先：《汉语核心词探索》，华中师范大学出版社 2010 年版，第 145 页。

② 龙丹：《魏晋核心词研究》，博士学位论文，华中科技大学，2008 年，第 63—64 页。

③ 汪维辉：《东汉—隋常用词演变研究》，南京大学出版社 2000 年版，第 56 页。

④ 黄金贵：《古代文化词义集类辨考》，上海教育出版社 1995 年版，第 555 页。

⑤ 李云云：《汉语下肢语义场的历史演变》，硕士学位论文，烟台师范学院，2005 年，第 28 页。

⑥ 同上书，第 31 页。

替了"足"的优势地位，保持至今。① 时间比汪维辉先生提出的晚。

42 地方言中有 35 地方言中有"脚"这一说法，但其中有 13 地方言的"脚"的义域与普通话"脚"的义域不一致，指"整个下肢"，至少与魏晋时期"脚"的意义相当。

在"踝下"义位上，南京话还说"脚巴"，宁波话还说"脚骨"、"脚泥螺"和"脚末泥螺"，成都话和温州话还说"脚脚"，温州话还说"脚儿"，北京话和哈尔滨话还说"脚丫儿"，北京、哈尔滨、济南、徐州、洛阳、乌鲁木齐 6 地方言还说"脚丫子"，徐州话说"脚巴子"和"脚丫巴子"，哈尔滨话和乌鲁木齐话还说"脚片子"，成都话还说"脚爪爪"，这都是方言创新词。

3. 共时分布与历时演变之间的关系

表示"踝下"这一义位上，只有闽语用先秦承传下来的"骹"；而全国绝大多数方言都用六朝以来逐渐替换"足"的"脚"；可见汉语方言中承传自古汉语义位的稳定性。

另外，从语音方面看，属于西南官话的柳州话的"脚"读 [kio31]，赣语黎川话的"脚"读 [kiɔʔ3]，客家方言梅县话的"脚"读 [kiok1]，粤语广州话的"脚"读 [kœk33]，东莞话的"脚"读 [kø35]，南宁平话的"脚"读 [kiɛk3]，闽语福州话的"骹"读 [k'a55]，建瓯话的"骹"读 [k'au54]，厦门话的"骹"读 [k'a55]，雷州话的"骹"读 [k'a24]（海口话的"脚"读 [xa24]，特殊）；另外，台湾话的"骹"读 [k'a55]②，百色话的"脚"读 [kiək]③；无论其词形是"脚"还是"骹"，这些词方言的声母都是舌根音 [k] 或 [k']，与其他方言中的舌面音声母 [tɕ] 有别。如果联系其他民族语言，可以考虑是汉藏语的底层、抑或是民族语言接触的结果。（关于语言接触等，将在第五章和第四节专门讨论。）

表 1–24 显示的是 42 地方言中"下肢"词位的差异情况，从中可以看出同词形的"脚"在不同方言中的意义差异。

---

① 李慧贤：《汉语人体部位词语历史演变研究》，博士学位论文，北京大学，2007 年，第 179 页。

② 张振兴：《台湾闽南方言记略》，福建人民出版社 1983 年版。

③ 李锦芳：《粤语西渐及与壮侗语接触的过程》，载《第七届国际粤方言研讨会论文集》，商务印书馆 2000 年版，第 71 页。

表 1－24　　　　　　　＊42 地方言下肢"腿"、"脚"词位差异表

普通话		下肢		
		腿		脚
		大腿	小腿	脚
闽语	厦门	骹骨		骹
			小腿骨①骹（后）肚	
	福州	骹		
		骹/骹腿		骹
		骹腿	骹腿团	
	建瓯	骹		
		骹/骹腿		骹
		骹腹头/大腿	骹腹臁　　骹腹仔	
	雷州	骹		骹/骹板
		骹		
		骹腿	骹杖	
	海口	骹		
		骹/骹亮		骹
		（大）骹腿/大腿	细（骹）腿/孥（骹）腿	
粤语	广州	脚		
		脚｜髀		脚
		髀/大髀	脚瓜	
	东莞	脚		
		脚		
		大髀	脚棍　　脚龙肚	脚
		大腿	脚梗/脚桿	
南宁平话		脚		
		腿/脚		脚
		大腿	细腿	
客家话	梅县	脚		
		脚		
		大脚臂	脚梗	脚
			脚下□ sioŋ31	
	于都	脚		
				脚
		大脚髀	小腿	

① 表1－24显示的各方言指称"大腿"、"小腿"的方言词，因为不属于核心人体词，所以前文没有专门设计表格，也没有专门撰文讨论。有些方言还对小腿前、后的不同部位分别给予不同的名称。此处列出，仅为说明问题。谨此说明。

续表

普通话		下肢			
		腿			脚
		大腿	小腿		
赣语	黎川	脚			脚
		脚			
		大腿	小腿		
	萍乡	脚			脚
		脚			
		大腿/大腿橛子	盐膊肚	当面骨	
	南昌	脚			脚
		脚/脚股子			
		大腿	小腿		
徽语	绩溪	脚			脚
		脚			
		大腿	脚孤拐/脚段拐		
湘语	长沙	腿橛子			脚
		大腿橛子/脚橛子	脚橛子		
	娄底	脚橛子			脚
		大脚橛子	细脚橛子		
吴语	温州	脚脚/脚儿			脚/脚脚/脚儿
		脚腿/脚肚髈	脚肚		
	金华	脚			脚
		脚			
		大腿	脚筒骨		
	宁波	脚			脚/脚骨/脚泥螺/脚末泥螺
		脚/脚骨			
		大脚髈	小脚髈		
	杭州	脚髈			脚
		大脚髈	小脚髈		

续表

大类	小类	方言点	下肢 腿（大腿）	小腿	脚
普通话			大腿	小腿	脚
吴语		上海	脚		
			脚/脚髈/腿		脚
			大髈/大脚髈/大腿	小髈/小脚髈/小腿	
		崇明	腿/髈		脚
			大腿/大髈	小髈/小腿	
		苏州	髈		脚
			大髈	小髈	
		丹阳	脚		
			脚/腿/脚箍郎		脚/脚头
			大腿/大髈髈	小腿/小髈髈	
官话	江淮	南京	腿		脚/脚巴
			大腿	小腿	
		扬州	腿		脚
			大腿	小腿	
	西南	武汉	胯子/腿子		脚
			大胯	小腿（子）	
		成都	腿/腿腿儿		脚/脚脚/脚爪爪/脚板（儿）
			大腿	小腿	
		贵阳	腿/脚杆		脚
			大罢一腿	连二杆	
		柳州	脚		
			脚/腿		脚/脚板
			大腿	脚梗/脚杆	

续表

普通话			下肢		
			腿		脚
			大腿	小腿	
官话	中原	徐州	腿		脚丫子/脚巴子/脚丫巴子
			大腿	？	
		洛阳	腿		脚/脚丫子
			大腿	小腿	
		万荣	腿		脚
			大腿	小腿	
		西安	腿		脚
			大腿	小腿	
		西宁	腿		脚
			大腿	小腿	
	兰银	银川	腿		脚
			腿		
			大腿	乾腿子/乾腿棒子	
		乌鲁木齐	腿/腿腿子		脚/脚丫子/脚片子
			大腿	小腿	
	冀鲁	济南	腿		脚/脚丫子
			大腿	小腿/小腿儿	
	胶辽	牟平	腿		脚
			大腿	小腿/骬腿	
	东北	哈尔滨	腿		脚/脚丫子/脚丫儿/脚片子
			大腿	小腿	

续表

		下肢		
普通话		腿		脚
		大腿	小腿	
晋语	太原	腿		脚板子
		大腿	小腿	
		大腿	小腿	
	忻州	腿		脚（板子）
		大腿	小腿	

第六节　毛发义场

一　头发

（一）共时分布

《同义词词林》收录的汉语中表示"头发"的词有发、头发。普通话头发子场的主导词位是"头发"，"发"在普通话中一般不单用，而是作为一个构词语素使用；"毛"在普通话中一般不用于人。方言词汇调查时设计的义位是"头发"。

《汉语方言词汇》和《普通话基础方言基本词汇集》记录北京话的说法是"头发"，《北京方言词典》没有记录。

从表1－25看，单音节的"发"42地方言均未见，双音节的"头发"的说法存在于整个官话方言区16地①、晋语两地、吴方言区（崇明除外）7地、徽语绩溪、湘方言的长沙、赣方言区3地、客家方言的于都、粤方言的广州、南宁平话、闽方言的福州等33地方言中；可见，"头发"的说法全国最通行。方言中表示"头发"的词，只有梅县话和建瓯话说单音节词"毛"，双音节词仍是主要的。

---

① 《成都方言词典》没有收录与普通话"头发"相对应的方言说法，根据《汉语方言词汇》，我们认为成都话与普通话相对应的词位是"头发"。下文讨论相关问题时，不再赘述。

表 1 - 25　　　　　　　　　　　　头发

词位	方言点
毛	梅县、建瓯
头发	北京、哈尔滨、牟平、济南、徐州、洛阳、万荣、西安、西宁、银川、乌鲁木齐、武汉、贵阳、柳州、扬州、南京、太原、忻州、丹阳、苏州、上海、宁波、杭州、金华、温州、绩溪、长沙、南昌、黎川、萍乡、于都、广州、南宁、福州
头丝	娄底
头毛	丹阳（旧说法）、崇明、宁波、绩溪、东莞、建瓯、厦门、雷州、海口
毛儿	徐州（戏谑的说法）
头发丝	丹阳
斋毛子	娄底（詈辞）
头那毛	梅县

　　总之，普通话头发子场的主导词位和方言词汇调查时设计的义位词形一致都是"头发"，北京话也有这一说法，这一说法还存在于北京话和 42 地方言中的 33 地方言中。

（二）历时演变

　　梅县和建瓯两地方言的"毛"，上古汉语就存在，特指须发。《周礼·秋官·司仪》："王燕则诸侯毛。"郑玄注："谓以须发坐也。朝事尊尊，上爵；燕则亲亲，上齿。"《汉书·东方朔传》："口无毛，声謷謷。"《百喻经·以梨打破头喻》："昔有愚人，头上无毛。"据龙丹博士研究：魏晋时期的文献中"毛"指人的头发的用例就很少了，而且一般用于老者。①

　　存在于 9 地南方方言中的"头毛"，《太平广记》卷二四八引隋侯白《启颜录·李荣》："身长三尺半，头毛犹未生。"元郝经《听角行》："汉家有客北海北，节毛落尽头毛白。"

　　存在于北京话及 33 地方言中的"头发"，《神异经·东荒经》②："东荒山中有大石室，东王公居焉，长一丈，头发皓白。"唐贾岛《山中道士》诗："头发梳千下，休粮带瘦容。"据龙丹研究：魏晋时期的文献中就有"头发"这一搭配形式。

---

① 龙丹：《魏晋核心词研究》，博士学位论文，华中科技大学，2008 年，第 55 页。

② 有材料显示，此书为东方朔所作；但史书没有记载。请教研究古文献的老师，得到的答案是：一般认为此书可能作于汉代。

　　娄底话和湖南桂阳敖泉土话方言都说的"头丝"①，丹阳话说的"头发丝"，娄底话说的"斋毛子"，梅县话说的"头那毛"，这些方言词暂时找不到文献例证，疑为方言创新词。

　　魏晋文献中就有"须发、发须、毛发、发毛、鬓发、发鬓、发爪、爪发、髭发、发肤、眉发"② 等搭配形式，在42地方言词典中均无记录。但现代汉语普通话中还保留有"须发（胡须和头发）"这一义位，但一般用于"须发皆白③/须发早白"这样的说法。"发须"和"须发"这一对同素反序词在竞争中，"须发"取得了优势地位而在语言发展历程中最终也成为了胜利者④；"须发"优势地位的取得同样遵循同素反序词选择淘汰过程中语音上的"调序决定性"原则。⑤

　　（三）共时分布与历时演变之间的关系

　　综上所述，除方言创新词外，梅县和建瓯两地方言的"毛"，上古汉语就存在；存在于全国绝大多数方言中的"头发"，约出现在汉代，一直沿用至今；存在于9地南方方言的"头毛"，较早用例见于隋代。可见，汉语多数方言头发义场的义位自隋代起就比较稳固，其历史承传的稳定性和方言一致性都很强。

二　胡子

　　（一）共时分布

　　《同义词词林》收录的汉语中表示"胡子"的词有胡子、胡须、髭须、髭髯、髯、须。普通话胡须子场的通称是"胡子"，"髯"、"须"在普通话中一般用于书面语或作为构词语素使用。根据《现汉》释义，"髭"指"嘴上边的胡子"，《现汉》中没有收录"髭须"、"髭髯"。方言词汇调查时设计的义位是"胡子"。

　　北京话情况：《汉语方言词汇》和《普通话基础方言基本词汇集》都记录有"胡子"这一说法，《普通话基础方言基本词汇集》还记录有"胡须"的说法，《北京方言词典》没有记录。

　　从表1－26可以看出42地方言中"胡子"的方言说法的情况："胡

①　范峻军：《湖南桂阳敖泉土话方言词汇》，《方言》2004年第4期。

②　龙丹：《魏晋核心词研究》，博士学位论文，华中科技大学，2008年，第56页。

③　见《现代汉语词典》（第6版），第1468页。

④　龙丹：《魏晋核心词研究》，博士学位论文，华中科技大学，2008年，第57页。

⑤　龙丹引自董志翘《〈入唐求法巡礼行记〉词汇研究》，中国社会科学出版社2000年版，第185页。

子"的说法存在于整个官话方言 16 地，晋语的忻州，吴语丹阳、苏州、上海、崇明、杭州①5 地，徽语绩溪，湘语两地，赣语黎川和萍乡，客家方言于都，南宁平话共 29 地方言中，北京话也有此说法；"胡须"的说法见于北京话，以及柳州、上海、金华、温州、绩溪、南昌、粤语两地、闽语建瓯 9 地地处南方的方言中；②"须"存在于萍乡、梅县、广州、南宁、福州、厦门、海口 7 地地处南方的方言③，即远江方言中；"髯"在东莞话指"长在两腮的胡子"，"髭须"和"髭髯"的说法 42 地方言均未见。

表 1-26 胡子

词位	方言点
须	萍乡、梅县、广州、南宁、福州、厦门、海口
胡	金华、东莞
胡子	北京、哈尔滨、牟平、济南、徐州、洛阳、万荣、西安、西宁、银川、乌鲁木齐、武汉、成都、贵阳、柳州、扬州、南京、忻州、丹阳、苏州、上海、崇明、杭州、绩溪、长沙、娄底、黎川、萍乡、于都、南宁
胡须	北京、柳州、上海、金华、温州、绩溪、南昌、广州、东莞、南宁（较长的胡子）、建瓯
胡腮	忻州
胡苏	上海
牙须	宁波
须姑	梅县
喙须	厦门
胡茬茬	太原

方言中指称"胡子"的词语其主要语素有"胡"、"须"。方言中其他指称"胡子"的词语有：只存在于吴语金华话和粤语东莞话的"胡"，忻州话的"胡腮"，上海话的"胡苏"，宁波话的"牙须"，梅

---

① 《杭州方言词典》没有这一人体义位的方言说法的记录，我们根据《杭州方言词典》的记载，对不同类的"胡子"有说"山羊胡子"、"八字胡子"、"颧腮胡子"的，我们认为：杭州话胡子的统称是"胡子"。下文讨论相关问题时，不再赘述。

② "胡须"在南宁话中指"较长的胡子"，意义与其他 10 地方言比存在差异。

③ 《雷州方言词典》没有这一人体义位的方言说法的记录，《海南方言研究》（陈波：《海南方言研究》，海南出版社 2008 年版，第 139 页）记录雷州话说"须"。下文在讨论方言相似度、历史承传等问题时，不再赘述。

县话的"须姑"，厦门话的"喙须"，太原话的"胡苴苴"。看来，与普通话一致的"胡子"的说法方言分布最广，其次是"胡须"，但"须"和"胡须"的说法都存在于吴语以南的南方地区（柳州属于西南官话）。

总之，普通话胡须子场的通称和方言词汇调查时设计的义位词形一致都是"胡子"，北京话也有这一说法，这一说法的方言分布最广。

（二）历时演变

存在于7地南方方言中的"须"，后多作"鬚"，先秦就有：《易·贲》："六二：贲其须。"《说文》："须，面毛也。"王弼注："须之为物，上附者也。"孔颖达疏："须，是上须（附）于面。"

存在于吴语金华话和粤语东莞话的"胡"，南朝梁元帝《金楼子·箴戒》："帝纣垂胡，长尺四寸，手格猛兽。"宋苏轼《送乔仝寄贺君》诗之一："尔来八十胸垂胡，上山如飞眩人扶。"

存在于北京话和9地南方方言的"胡须"见于北宋《新五代史·杂传五·氏叔琮》："叔琮选壮士二人深目而胡须者，牧马襄陵道旁，晋人以为晋兵。"

存在于29地方言的"胡子"，王国维《西胡续考》："自唐以来皆呼多须或深目高鼻者为胡或胡子，此二语至今犹存，世人呼须及多须之人皆曰胡子。俗又制'鬚'字以代之。"《汉语大词典》收录的表示"嘴周围和连鬓角长的毛"这一义位是"鬚子"，并引清洪升《长生殿·驿备》："女人的鬚子，那里有生在嘴上的。"

忻州话说"胡腮"，上海话说"胡苏"，宁波话说"牙须"，梅县话说"须姑"，厦门话说"喙须"，太原话说"胡苴苴"，这些方言词的来源暂不清楚，疑为方言创新词。

（三）共时分布与历时演变之间的关系

综上所述，除方言创新词外，最早见于文献的是"须"，今天只分布于赣、客、粤、闽、平话中的7地南方方言中；见于南朝文献的"胡"，只存在于吴语金华话和粤语东莞话中；官话柳州话及吴、徽、赣、粤、闽中某些方言中的"胡须"，见于北宋文献；存在于全国绝大多数方言中的"胡子"，文献用例是清代。

结合共时分布看历时演变，从南往北，时间层次依次为：从上古、中古到近代。

三　眉毛

（一）共时分布

《同义词词林》和《简明汉语义类词典》中收录的汉语中表示"眉毛"的词语有眉、眉毛、眼眉〈方〉。根据《现汉》释义，普通话的主导词位是"眉毛"，"眉"作为一个单音节词在普通话中较少使用，"眼眉"具有方言陪义色彩。方言词汇调查时设计的义位是"眉毛"。

由表 1－27 可以看出 42 地方言"眉毛"的方言说法的情况。42 地方言中，单音节的"眉"只见于济南、万荣和福州 3 地方言；"眉毛"的说法分布最广，存在于官话 14 地（牟平和万荣除外），晋语两地，吴语 6 地（宁波和温州除外），徽语绩溪，湘语两地，赣语 3 地，客家方言的于都，闽语的福州、建瓯和海口共 32 地方言中；"眼眉"的说法存在于官话的哈尔滨、牟平、济南，粤语的广州和东莞，平话南宁共 6 地方言中。"眼眉毛"的说法存在于柳州、宁波、娄底、东莞、南宁 5 地方言中，于都话说"眉毛牯"，"目眉"的说法仅见于闽语厦门、海口和雷州 3 地方言，"目眉毛"的说法也仅见于梅县话和厦门话；此外，丹阳话说"眼皮毛"、温州话说"眼黧毛"。①

表 1－27　　　　　　　　　　　　　　眉毛

词位	方言点
眉	济南、万荣、福州
眉毛	哈尔滨、济南、徐州、洛阳、西安、西宁、银川、乌鲁木齐、武汉、成都、贵阳、柳州、扬州、南京、太原、忻州、丹阳、苏州、上海、崇明、杭州、金华、绩溪、长沙、娄底、南昌、黎川、萍乡、于都、福州、建瓯、海口
眼眉	哈尔滨、牟平、济南、广州、东莞、南宁
目眉	厦门、雷州、海口
目眉毛	厦门、梅县
眼眉毛	柳州、宁波、娄底、东莞、南宁
眼皮毛	丹阳

---

① 叶晓锋（见叶晓锋《汉藏语中的"眉毛"》，《民族语文》2009 年第 6 期）认为温州方言的"眼黧毛"的本字应该写作"眼履毛"，也就是"眼眉毛"的意思；而且叶先生认为："眼眉毛"在汉语南方方言中是很常见的。而据 42 地方言的记录，"眼眉毛"只见于南方的 5 地方言中。

词位	方言点
眼鬃毛	温州
眉毛牯	于都

表示"眉毛"的词语都以"眉"为主要语素，另外"眼"或"目"是必不可少的语素，有时"毛"也是主要语素。但是，没有"眼毛"、"目毛"的说法，因为"眼毛"、"目毛"在一些方言里指的是"睫毛"。看来，与普通话一致的"眉毛"的说法在全国绝大多数方言中都有；"眼眉"和"眼眉毛"的说法也只有几地方言中存在，其他方言说法各自分散于个别方言中。"目眉"和"目眉毛"主要通行于闽语区，这与闽语以"目"指称眼睛有关；另外梅县话也说"目眉毛"。

（二）历时演变

存在于济南、万荣和福州3地方言中的"眉"，先秦就有，《谷梁传·文公十一年》："叔孙得臣，最善射者也。射其目，身横九亩，断其首而载之，眉见于轼。"汉傅毅《舞赋》："眉连娟以增绕兮，目流睇而横波。"

存在于全国32地方言的"眉毛"，较早文献用例见于《旧唐书》，《旧唐书·酷吏传下·毛若虚》："毛若虚，绛州太平人也。眉毛覆于眼，其性残忍。"可以推测，中古以后这一词位已经出现。

"眼眉"、"目眉"、"目眉毛"、"眼眉毛"、"眼皮毛"、"眼鬃毛"、"眉毛牯"，这些方言词的来源暂不清楚，疑为方言创新词。

（三）共时分布与历时演变之间的关系

综上所述，除方言创新词外，最早见于文献的是"眉"，今天只零散见于3地方言中；见于晚唐文献的"眉毛"，存在于全国绝大多数方言中。

可见，"眉毛"义位自近代以来一直比较稳定。

梅县话"眼睛"说"眼"或"眼珠"，但"眉毛"说"目眉毛"，保留古汉语语素"目"，这也许可以用王士元先生的"词汇扩散理论"来解释。①

---

① "词汇扩散理论"（可以参考王士元《词汇扩散的动态描写》，《语言研究》1991 年第 1 期）本是用来解释语音的演变，我们这里用于解释词汇演变的现象，算是我们对王先生理论的新理解，是否合适，还希望与各位专家商榷。

本章小结

通过对汉语25个核心人体词词形的历时演变与共时分布的比较，可以发现一些问题。

一　从历时角度

（1）25个核心人体义位，无论是普通话还是各地方言的说法都有承传自古代的词位。各方言的人体词大都源自古代，或保持古汉语词形，或以古汉语单音节词为语素构成新词；方言变异和方言创新也与古汉语词位有密切关系。这更进一步证明了汉语各方言都对古汉语有承传关系，且相互间有密切的亲缘关系。

（2）25个人体核心词的普通话义位，全部能在历史文献中找到与现代汉语词形、词义相同的形式，承传自上古的有身体、头、胸、背、腰、臀、手，共7个；承传自中古的有脸、眼睛、耳朵、舌头、牙齿、乳房、胳膊、膝盖、脚，共9个；承传自近代汉语的有鼻子、嘴、肩膀、肚子、腿、胡子、眉毛，共7个；"头发"的历史层次是上古到中古之间，"颈/脖子"义位的历史层次分别在上古和近代。这样看来，25个人体义位中承传自中古以前的占绝大多数，这进一步证明汉语核心人体词的历史传承性；但从另一个角度看，传承自中古和近代汉语的义位也是占多数，所以现代汉语与中古、近代汉语也有相承关系。

（3）汉语各方言的核心人体语义场中，不少子场一直比较稳定，各地方言的变化比较小。如：方言牙齿义场的义位一直比较稳定，至少自汉魏至今没有多大的变化；42地方言中的29地方言的手部子场自先秦以来一直比较稳定，少有变化；背部子场、腰部子场也自上古以来比较稳定；头发义场的义位自隋代起就比较稳固；眉毛义位自近代以来一直比较稳定。可见汉语方言的久远历史传承性和稳固性及方言一致性都比较强。

（4）上古本为方言词的"胭"，仍保留在闽语3地方言里，比较《释名》提到的"青徐"，其今天的地理分布比古代南移了很多；或是移民所致，值得研究。

（5）一些古代人体词，不仅在普通话口语中没有被保留，甚至其方言替换也是比较彻底的。如：指称头的"首"、指称脚的"足"，无论是作为单音节词还是作为单音节语素，在全国绝大多数方言中已经被替换。还有，很多方言中在"牙齿"这一泛称词上"牙"或"牙齿"对"齿"的替换是比较彻底的。

二 从共时角度

（1）全国很多方言中都存在与普通话通称词或主导词位相似的说法，如25个人体义位中的"身体、头、脸、眼睛、耳朵、鼻子、嘴、舌头、牙齿、颈、腰、肚子、手、腿、脚、头发、胡子、眉毛"等18个义位的全国差异较小，与普通话词形一致的方言词语的方言分布都超过20地方言，可见汉语核心人体词语的方言间共性还是比较强的。

（2）25个义位的普通话说法与方言调查时设计的说法相同的有17个，这17个中的多数也是方言分布比较广的，这可以从另一个角度说明与普通话相似的说法在方言中有较广泛的分布。

（3）但是，25个义位中有8个，其普通话的说法和方言调查时设计义位的词形不同，这其中普通话的"眼睛"、"背"比方言调查设计的义位"眼"、"脊背"的方言分布要广，但普通话的"胸"、"臀"比方言调查设计的义位"胸脯"、"屁股"的方言分布要窄，普通话的"牙齿"和方言调查设计的"牙"的方言分布数量一样；普通话"臀"和"脖子"的说法，普通话与方言调查设计的义位相同的"乳房"、"膝盖"和"胳膊"的说法方言分布都极窄，原因值得研究。

（4）25个人体义位中，约19个义位的北京话说法与普通话相同，这从某种角度证明了北京话作为普通话基础方言其词汇与普通话的词汇相似性比较大；但也有5个义位的北京话说法与普通话的说法不同，其中"胸脯"和"屁股"的说法却与方言调查时设计的义位说法相同；与上面第三条相联系，我们认为更接近口语的"胸脯"和"屁股"，方言分布也广些。

（5）42地方言中表示"耳朵、舌头、腰、手、头发、胡子"等的词全国差异较小，但是表示"颈/脖子"、"乳房"、"膝盖"等的词却全国差异很大。这其中的原因又有所不同："颈/脖子"这一义位的古今替换、演变很频繁、复杂，全国各地方言在承传古汉语不同时期的词位、方言词语变异、方言词语创新方面各自有自己的特点，因而造成这一义位的方言说法的一致性不强；"乳房"的方言复杂性，还应该考虑避讳这一因素；"膝盖"的方言复杂性，或许是因为人体词中那些指称位置比较凸显的人体部位、作用比较重要的人体器官的词，其方言一致性较强，反之则方言差异性较大。

（6）从上文分语义场的研究可以看出，有些被《同义词词林》和《简明汉语义类词典》收录的词，42地方言中却未见，有的甚至在《现汉》中也未被收录，这些词有的只是保留于书面语中的历史词，有的是某地的方言词，但也还有其他情况值得研究。还有一些被《现汉》、《同义词词林》和《简明汉语义类词典》等收录的人体词，其方言分布却极窄，不仅在作为普通话基础方言的北方话中不多见，甚至在北京话中也有一些人体词的说法不仅与普通话不一致，而且与方言调查时所设计的义位词形也不同，如北京话中指称"肩膀、乳房、背、膝盖"等的词；某些人体词在官话中不常见，但在吴语中却比较普遍。对此，专家们已有论述："除了官话方言，吴方言对通语的影响是最深的。"[①] 虽然改革开放后，粤语对普通话的影响是所有非官话方言中最强的，但属于方言基本词汇的人体词近期内少有或没有新词出现，与时代的联系并不密切，所以普通话人体词除官话外受吴语而非粤语影响较深是可以理解的。

（7）人体词的方言间语音差异可以造成记录方言人体词的用字的不同，特别是"以字记音"而造成的方言词语书写形式的差异是造成方言人体词一致性不明显的重要原因，看来方言研究中考本字确实极为重要，而且任重而道远。

（8）柳州话属于西南官话，但由此方言的人体词情况看，尤其是与普通话同词形的"手（指整个上肢）"和"脚（指整个下肢）"等义位与普通话意义差异的情况看，这个方言的人体词情况更接近与它相邻的一些南方方言。柳州话的情况可以印证：地理上相邻的方言间的相互影响，可能是方言趋同的一个原因。

三　共时分布与历时演变之间的关系

从共时分布与历时演变之间的关系看：人体词的共时差异与历时演变是有关系的。

（1）一般认为，汉语南方方言，即近江、特别是远江方言保留更多的古汉语成分，有些较早文献用例见于近代汉语的词位保留在北方方言中，而没有传入南方方言。42 地核心人体词的共时和历时比较研究结果，进一步证实了这一观点。分语义场的研究结果，如：头部义场，产生于近代的"脑袋"、"脑袋瓜"、"脑袋瓜儿"和"脑袋瓜子"等说法，只是存在于北方方言、吴语杭州话和丹阳话这样受官话影响的方言里，并未在南方方言中普遍传播开来。颈部义场，"脖子"和语素"脖"甚至在官话的

---

① 李如龙：《词汇系统在竞争中发展》，载《词汇学理论与应用》，商务印书馆 2006 年版，第 38—55 页。

某些方言中都不见，更没有进入除杭州话外的其他南方方言。肩膀子场，唐代以前的文献中能见到的义位，其分布地域几乎都是在吴语及其以南的方言中，元代以后的文献中能见到的"肩膀"、"膀子"，几乎都分布于官话、晋语和吴语丹阳话这样容易受官话影响的方言里。背部子场，很多南方方言保留了宋代及以前的义位，元代以后产生的义位只是在北方方言中存在。腹部子场，出现在近代汉语的"肚皮"和"肚子"存在于官话、晋语和中部受官话影响的吴语、湘语、赣语这些近江方言中，没有传到闽语、粤语、客家方言、平话这些远江方言中。下肢义场，词位"腿"的产生及"脚"由同时指称"大腿"、"小腿"和"踝下"到专指"踝下"的历史演变均发生在北方；所以指称"整条腿"，闽语保留了最古老的历史层次，粤、客、赣、湘、吴等方言在指称与普通话相对应的"脚"和"腿"时只用"脚"不用"腿"，保留了"脚"在中古以前的用法；中古以后用于指称"整条腿"的"腿"主要存在于官话、晋语和受北方话影响较大的吴语、湘语的某些方言里；官话方言、晋语及受官话方言影响的一些南方方言"腿"、"脚"分工明确。

（2）从鼻子、肚子、腿和胡子4个子场的共时分布和历时演变关系看，从南往北——从闽方言到吴语、再到北方话，方言词位的历史层次是越来越晚近，方言历史层次正是上古、中古、近代。

（3）以上两条，似乎证明了一般常识性认识：北方方言词汇系统的历史层次比南方方言词汇系统的历史层次要晚近；但实际情况非常复杂，也有相反的例证，如：从文献看似乎多地北方话中用于指称牙齿的"牙"的历史层次比普通话和南方一些方言中指称牙齿的"牙齿"的历史层次要早些。

有些人体词的不同方言分布，可以作为方言分区的一种参考，因为这些人体词的共时分布的差异正是以某些或某一方言区为界的，如：面部子场词位的差异是以吴语为界，吴语及其以南地区方言（杭州话、长沙话、南昌话除外）中保留甲骨文既有的"面"或以"面"为语素构词来指称面部，吴语以北方言以唐代开始指称"整个面部"的"脸"或以"脸"为语素构词来指称面部；另外，"脊背"和"背脊"这一对语素顺序相反的词的分布是以吴语、徽语等为分界线的，吴语、徽语及其以南地区说"背脊"，官话方言和晋语说"脊背"。

（4）人体词的历时演变和共时方言差异也与汉藏语的共同成分在现今汉语方言的不同承传情况、不同语言间的接触而产生的借词是否在方言中有保留等原因有关；因此如果要对汉语人体词的共时差异和历时演变有更深入的研究，还应该联系汉藏语系演变的历史以及历史上汉语与其他语言的接触历史来研究。如：指称头部，北方多地方言的词位与蒙古借词有关，梅县的"头那"被认为是客家话和壮侗语的合璧词；"波喽盖"来自满语，因此北方多地方言指称"膝盖"方言说法也可能借自满语；从语音方面看，南方多地方言与普通话"脚"相对应的方言义位的声母都是舌根音［k］或［k'］，与其他方言中的舌面音声母［tɕ］有别。如果联系其他民族语言，可以考虑是汉藏语的底层，抑或是民族语言接触的结果。

（5）梅县话"眼睛"说"眼"或"眼珠"，但"眉毛"说"目眉毛"，保留古汉语语素"目"，这也许可以用王士元先生的"词汇扩散理论"来解释。

四　进一步研究的问题

另外，研究中我们还发现了一些值得进一步研究的问题，在此提出来，以备我们今后进一步研究或引起专家们的重视：

（1）较早文献用例见于元代的"身子"竟然出现于远离官话和晋语的广州话里，是"异地同变"的结果，还是元代以前"身子"已经存在于北方方言口语中，随移民南下？实在是值得研究；

（2）梅县话"身儿"的儿化说法，是否客家南迁时既已存在？也值得研究。

（3）对杭州等地方言的研究，引发我们的猜测：文献用例是近代汉语的"脑袋瓜"、"脸"、"肩膀"、"脖子"等，出现在远离北方话的杭州方言中，是否这些词在南宋时期的口语就有了，这样才可能随着南宋北方人的南迁传入丹阳话和杭州话，只是我们掌握的文献中的记录（书面语）晚于实际语言的发展罢了？

（4）见于近代汉语文献中的"膝头"、"脚膝"、"脚膝头"、"膝馒头"，却在地处南方的方言中存在，丹阳话的"腰胯"见于元代文献，崇明话的"腰眼"和娄底话的"腰板"都是见于清代小说，成都话和贵阳话的"腰杆"，用例见于现代汉语。疑其本是方言词，只是因为文献记载的缺失而使得较早文献用例始见于明清小说？值得研究。

（5）一般认为，指称同一人体器官部位，南方方言的说法要比北方方言的历史层次早，但从文献记录看南方方言的说法却有可能比普通话或某些北方方言的说法的历史层次要晚，值得提出并研究。如：从文献记录看似乎北方话中"牙"的历史层次比普通话和南方一些方言中的"牙齿"

的历史层次要早些；这更显示了汉语共时差异和历时演变关系的复杂性。较早文献用例见于明清的"嘴巴"，主要存在于吴语部分方言和湘语部分方言这些中部、近江方言中，赣语部分方言也说历史层次如此晚近的"嘴巴"，这其中的原因，很值得研究。较早文献用例是在元代的"胸膛"竟然见于闽语建瓯话，这表明汉语中指称胸部的词其共时分布和历时演变的复杂性。

赣语南昌话中有不少人体词的说法与同方言区的黎川和萍乡的说法不同，更接近北方话，如：南昌话也说"脸"、"肩膀"，这很值得研究。

（6）西南官话和湘语这两个相邻的方言区内（除地理上相距较远的柳州话）都存在"脑壳"这一说法，可以考虑是方言间的相互影响；但北方某些方言中也说"脑壳"，可能其本来就是方言词，也可能是"异地同变"的结果。

（7）一些源自古代方言的人体词，其分布地域较文献中记录的古代方言向南移了，这应该联系移民史等因素加以研究。

第二章　汉语核心人体词共时差异类型比较

由上文可以看出，指称同一人体器官部位，各方言意义相对应的词的词形复杂多样，存在着差异。语素数目不同、主要语素的差异、有无词缀及使用不同的词缀，等等，都是造成人体词词形的方言间差异的原因。因此对汉语方言核心人体词的共时比较，首先应作词形的差异比较。

关于词形比较，李如龙先生指出："表示同样概念的语词，是单音的或多音的，若是多音词，其结构关系及语素的顺序有无差异，这就是词形的比较……语缀在不同方言或有或无、或多或少，各不相同。……重叠式在不同方言里也多有区别。……由于造词法（命名法）的不同，同样的事物或概念在不同的方言可能使用不同的语素和结构，造成不同的词形，这也是十分常见的现象。"①

本章，我们将从语素数目、内部构造、语素顺序、主要语素、派生形式、重叠形式等方面考察汉语各方言核心人体词的方言共时差异情况。

第一节　汉语核心人体词结构类型的差异与方言分布

联系不同的义位及其方言分布，对汉语方言核心人体词结构类型的差异作分析，还未见到前期成果；本节我们先从语素数目、内部构造等方面探讨汉语核心人体词的方言间共时差异情况。

一般认为汉语词汇以双音节为主，这是就普通话来看；那些语素数目超过两个的方言人体词，称它们为词还是为短语，实在不好确定；为了方便论述，我们暂时称它们为方言人体词语。

---

① 李如龙：《汉语词汇学论集》，厦门大学出版社 2011 年版，第 141 页。

一　语素数目的差异与方言分布

（一）不同义位间的差异

25 个核心人体义位中，除了"肚子"外，都存在三个及三个以上语素构成的多音节词；从义位角度看，三个及三个以上语素构成的方言人体词语，有以下几个特点：

1. 就 42 地方言看，25 个核心人体义位中，指称"手、耳、舌、头发、胡子"等的词全国差异较小，"舌头"、"胡子"、"牙齿"三个义位只有一地的方言说法超过三个语素；但"头"、"乳房"、"屁股"、"脚""膝盖"等几个义位的方言间说法却差异比较大；尤其是指称"膝盖"的方言词语全国差异很大，全国各地往往有不同的叫法，很少有多个方言点一致的说法。

2. 汉语各方言人体语词从单个语素到四个，甚至五个语素的都有①，如：指称"背"：牟平话说"脊梁盖子"和"脊梁杆子"，徐州话说"后脊梁股"；指称"头"：哈尔滨话的"脑袋瓜儿"，哈尔滨话、牟平话和济南话的"脑袋瓜子"；指称"肩膀"：扬州话的"肩膀拐子"，徐州话和洛阳话的"肩膀头儿"，洛阳话的"肩忙头儿"，西安话"胛骨头儿"，等等，这些都是四个语素的词。徐州话指称"腰"的"半拉儿腰（儿）"可以是四个或五个语素，徐州话指称"臀"的"腚帮儿帮儿"和称"小孩的脚"的"（小）脚巴儿巴儿"也是五个语素构成的。这些多语素的人体词语不是单单存在于北方地区的方言中，中部的吴、湘、赣等方言中的某些方言人体义位也存在四个，甚至五个语素的语词，如：指称"头"：苏州话和宁波话的"六斤四两"、崇明话的"头爿壳落"、宁波话的"骷颅头甏"和"骷颅头瓶"，指称"眼睛"：崇明话的"眼睛乌子"、绩溪话的"眼乌珠子"，金华话指称肩膀的"肩圪末头"，长沙话指称"臀"的"屁股臀子"和指称"肩膀"的"鲇鱼膀子"，宁波话指称"脚"的"脚末泥螺"，这些都是四个语素构成的；萍乡话指称"膝盖"的"膝头牯弯里"由五个语素构成。单纯说南方方言词语比北方方言的音节简单似乎流于简单化，闽、粤、客等方言的人体词音节相对简单，但也有三个语素的，如：广州话、东莞话和南宁平话中指称"脸蛋儿"的"面珠墩"，雷州话指称"脖子后部"的"头蒂弓"，福州话指称"臀"的"股

---

①　为求简便，我们暂且认为人体语词语的组成成分也与语素相当，有关的问题可以留待今后再研究。

川髀"，东莞话和南宁平话指称"胳膊"的"手臂瓜"，梅县话指称"头发"的"头那毛"，指称"膝盖"：于都话、广州话和南宁平话的"膝头盖"，广州话的"膝头哥"，广州话和东莞话的"波罗（萝）盖"，福州话和建瓯话的"骹腹头"，厦门话的"骹头趺"，雷州话的"骹头污"，海口话的"脚趺脐"。有的方言中表示人体同一器官部位的词有多个同义词，且语素数目相差很大，如：指称"头"，哈尔滨话、牟平话和济南话既有单音节的"头"，又有四个语素的"脑袋瓜子"；指称"腰"，徐州话既有单音节的"腰"，又有可以是四个或五个语素的"半拉儿腰（儿）"；指称"臀"，徐州话既有单音节的"腚"，又有五个语素构成的"腚帮儿帮儿"。

3. 不少三个以上语素构成的方言人体词语，都具有陪义色彩或语用特征。陪义色彩一般为：含贬义、含喜爱义、含厌恶口气、含诙谐意、含讽刺意、带有不敬的色彩，等等；语用范围涉及：通俗说法、隐称、俗称、谑称，或多用于儿童、妇女，等等；来源范围包括：歇后语、隐语、儿童用语、詈词，等等。[①]

（二）方言分布

据第一章的表格显示统计，拥有三个及三个以上语素的方言人体词语的方言分布情况：

1. 北京话与42地方言全部都存在三个及三个以上语素构成的方言人体词语。

2. 拥有10个以上多语素词的方言有：哈尔滨（30）[②]、北京（20）、徐州（18）、宁波（13）、成都（12），牟平、济南、丹阳、温州四地方言都拥有10个。

3、银川、梅县、于都、广州4地方言只有一个多语素人体词语。

4. 从地域分布看，官话和晋语中多语素人体词语普遍比南方言多些；近江方言（吴语、湘语）的平均数普遍要比远江方言（赣语、客家话、粤语、闽语等）多些。

5. 从历史层次看，这些多语素的方言词语，除极个别见于明清时期文献外，都暂时没有找到其文献用例，疑为方言创新词。[③]

---

① 限于篇幅，对汉语方言人体词不同附加色彩义、方言人体词同义说法等方面的研究，我们将另撰一部专著，也即将出版。

② 括号内是方言词位数量，包括同一义位的各种同义说法。手工统计，难免有疏漏。

③ 关于"方言创新词"，将在第四章第一节讨论。

总之，与普通话人体主导词都为单音节或双音节不同的是：对于多个人体部位，无论北方方言还是南方方言，汉语各方言人体词语从单音节到四个甚至五个音节的都有，有的方言中表示人体同一器官部位的词语有多个同义词，且语素数目相差很大；单纯说南方方言词语比北方方言的音节简单的话似乎流于简单化，闽、粤、客家等方言的人体词的音节相对简单，但也有三个语素的词语。

二　内部构造差异

表示人体器官部位的方言词语，除了派生词外，复合词中主要是偏正式和联合式两种，其中又以偏正式的为多，对此杨端志先生早有论述："在汉语词汇的联合、偏正等六大结构中，也不是平衡的。偏正结构，尤其是定中式偏正结构，构词能力最强，构词数量最多。其次是联合结构。"[1] "这是因为，任何一个词素都可以以它的语义特点去修饰与它有关系的另一个词素，任何一个词素都可以以它特有的意义去修饰一个与之相关的词素，造词灵活，语义丰富。"[2]

汉语核心人体词历时演变中其内部构造在不同历史时期内的变化与汉语复音化的进程的关系，也很值得研究。（由于方言人体词极为复杂、加之方言历史材料的不足，对于方言人体词内部构造的演变情况，我们暂且不讨论。）

第二节　汉语核心人体词语素的共时差异比较

一　语素顺序的差异

汉语方言人体词的语素顺序会因为方言、内部结构关系的不同而不同。单纯说：意义相对应的人体词，某些南方方言中的词的语素顺序与普通话或北方方言的正好相反，似乎太流于简单化；实际上，细分析起来就很复杂。下面两类情况都可以找到例子。

（一）与普通话相对应义位的语素顺序不同

指称"颈"的词语的语素顺序：济南的"脖儿梗"与《现汉》中收

---

① 杨端志：《汉语的词义探析》，山东大学出版社 2002 年版，第 171—172 页。

② 同上书，第 173—174 页。

录的"脖梗儿"不同。

（二）方言间语素顺序相反

方言与方言之间也会有对应义位的语素顺序正好相反的现象，如：指称"头"，丹阳话的"脑头"与福州话的"头脑"语素顺序相反；指称颈部，贵阳的"脖颈"，柳州的"颈脖"语素顺序相反；指称"肚子"，于都的"屎肚"与海口的"肚屎"语素顺序正好相反。

语素顺序相反现象甚至会成为成片方言之间的对立，如"脊背"和"背脊"这一对语素顺序颠倒的义位的分布是以吴方言为分界线的，吴方言及其以南地区的多地方言说"背脊"，官话方言和晋语的多地方言说"脊背"。

二　主要语素的差异类型

汉语各方言核心人体词词形的差异主要表现在构词的主要语素的方言间差异，分析起来，又存在各种不同情况。

（一）对同义语素的选择不同

由于历史上不同时期出现的单音节人体词如今保存在不同方言中，因而不同方言会使用不同的语素来构成自己的方言人体词，这会造成表示同一器官部位的人体词的方言间差异；如：不同方言选择"身"或"体"、以"头"或"脑"这些同义语素中的哪个为主要语素构成核心人体词，其词形表现自然不一样；如：指称"腿"的词很复杂，是因为不同方言对"腿"、"脚"、"骹"、"髀"、"髈"等语素的选择不同。

但是这些同义语素并非都是同时存在于一地方言中，可供方言区人们作出选择，这取决于不同方言的词汇系统的历史层次；如：指称"颈"，是使用先秦就有的"颈"，还是使用近代汉语出现的"脖"作为语素，就造成了"脖子"与"颈子"两个方言词的主要语素有差别。

（二）在普通话中被替换的古汉语词在某些方言中仍保留为单音节语素并参与构词

闽方言用"目"或以"目"为语素构成的词指称眼睛，用"喙"或以"喙"为语素构成的词指称嘴，闽语的福州话和厦门话以"腹"为语素构词指称肚子，粤语广州话、受粤语影响的南宁平话和赣语的萍乡话以"膊"为语素构词指称肩膀；普通话中很多由"牙"作语素构成的词语，在闽语厦门、海口和雷州三地方言中却是由语素"齿"代替。

（三）方言独特承传、自我创新的语素参与构词

某些方言区人们用此方言独特承传、自我新创的或具有方言特征的语

素构成有方言特色的人体词。如："骹"作语素构成指称腿和膝盖的词主要见于闽语区，建瓯话中的"脼"［naiŋ33］作为语素构成"脼脬"和"脼座"指称乳房（不包括乳头那部分）。

（四）用表示相邻人体部位的语素来构词

因为词义的模糊性使人们可能用表示相邻人体部位的语素来构词；如：把"脚腕子"看作属于"腿部"还是"脚部"的不同，哈尔滨话说"脚脖儿"，洛阳话说"腿脖儿"。

（五）以字记音

记录方言词的书写形式的不同也可能是造成人体词方言间差异的一个重要原因，"中国历史悠久，地域广大，方言复杂，汉字表同一音意常有几种可能，所以一个词在不同时代、不同地域、不同方言区、不同社团，有可能用不同的汉字来写"①。

核心词中的"膝盖"、非核心词中的"额头、太阳穴、腋窝、肘、脚腕子、脚踝"等义位的方言差异很大②，差异原因之一是主要语素的复杂多样。

第三节　方言核心人体词的派生形式的共时差异

表示同一人体部位器官的词的方言差异，有时只是因为所用词缀的不同。而这种差异可能形成不同的方言区域特征。（语素差异与方言分类、分区的关系，后面将有专门章节讨论。）

词缀也是语素，核心人体词在不同方言的词缀使用差异，也可能造成人体词词形的共时差异；但从另一个角度看，使用词缀构成派生词而非使用实义语素构成复合词，也可以看作词构成方式的不同。

一　词缀形式

（一）前缀

从 42 地方言词典对人体词的记录来看，未见使用普通话中的"老"、

---

① 长召其、张志毅：《异形词是词位的无值变体》，《语言文字应用》2003 年第 3 期。

② 因这些词中不少不属于核心身体词，因而没有列表说明其方言说法，但从我们已经建立的涉及 100 多个义位的人体词语料库看，这些义位的方言说法还是差异很大的，各地都有自己独特的说法，个别义位很难找到多地，甚至两地相同的说法。

"阿"、"第"、"初"等前缀来构成人体词语的，但洛阳、万荣和晋语太原与忻州两地共4地方言中语素"圪"的位置和意义很特别。如：洛阳话指称"腋窝儿"的"圪老知儿"和"圪知窝"、指称膝盖的"圪老拜儿"，万荣话和晋语两地方言的"圪膝盖"（膝盖），晋语太原话的"圪都"（拳头）和"圪地跪"（膝盖），忻州话的"圪督子"（拳头）、"圪替跪"（膝盖）和"圪膝"（膝盖）[①]。以上这些方言人体词中，"圪"都在第一个音节，并且没有什么具体意义。

根据洛阳话、万荣话和晋语两地方言中语素"圪"的位置和意义，我们认为它可能是一个前缀语素。对此，《洛阳方言词典》和《万荣方言词典》没有注明；《太原方言词典》指出，"圪，前缀，可以构成名词、动词，形容词、量词和象声词"；《忻州方言词典》指出，"圪，前缀，只起表音作用，本身没有具体意义，可以构成名词、动词、形容词、量词、象声词和四字格成语"。可以说，存在于中原官话的洛阳话和万荣话及晋语两地方言的"圪"是可以构成名词的前缀。

另据陈庆延《晋语特征词说略》，"脸圪腮"（腮帮子）中的"圪"是中缀。[②]

（二）后缀

从42地方言词典对人体词的记录来看，方言中有使用一般性名词后缀"子"、"儿"、"头"构成的人体词的。但有些方言中的人体词还使用其他一些后缀形式。这里仅就"子"、"儿"、"头"以外的、出现在方言人体词中的后缀进行举例说明。

1. 巴

任学良在《汉语造词法》中指出："巴"是名词词缀，如嘴巴、下巴。[③] 哈尔滨、徐州、洛阳、武汉、成都、贵阳、柳州、南京、上海、崇明、宁波、杭州、长沙、南昌、萍乡共15地方言的"嘴巴"，成都话的"牙巴"，哈尔滨、牟平、武汉、南京、娄底和丹阳6地方言的"嘴巴子"，长沙话和娄底话的"腮巴子"，成都话的"嘴巴儿"，徐州话称小孩的脚的"（小）脚巴儿巴儿"、徐州话的"脚巴子"和"脚丫巴子"，南京话的"脚巴"，这些方言词中的"巴"的意义已经虚化，可以算是

---

① 陈庆延：《晋语特征词说略》，载李如龙主编《汉语方言特征词研究》，厦门大学出版社2001年版，第89页。

② 同上书，第90页。

③ 任学良：《汉语造词法》，中国社会科学出版社1981年版，第79页。

词缀。

2. 仔

"仔"在赣语黎川话、粤语广州话、闽语等一些南方方言中分布比较广泛。如：黎川话的"嘴仔"、"肚仔"中的"仔"是名词词尾，相当于北京话的子尾（《黎川方言词典》中已注明）；广州话有"耳仔"的说法（《广州方言词典》已注明："仔，名词后缀，表示小称"）；建瓯话的"酒窟仔"（酒窝）、"耳仔"中的"仔"，在建瓯话中也是后缀（《建瓯方言词典》未注明）；厦门话的"酒窟仔"（酒窝）、"耳仔"、"鼻仔"、"舌仔"、"奶仔"（乳房）中的"仔"，在厦门方言中是名词词尾，表示"小"（《厦门方言词典》中已注明）；雷州话的"壳升仔"（后脑勺儿）中的"仔"是表事物名词的词缀，且"表示小称或昵称"（《雷州方言词典》中已注明）。

3. 牯

"牯"存在于湘语娄底话、赣语萍乡话、客家方言于都话中。如：娄底话的"手口［ts'a³⁵］牯"（胳膊肘儿）、"槌头牯"（拳头）、"膝头牯"（膝盖）的"牯"是名词后缀（《娄底方言词典》已注明）；于都话的"腰牯"、"眉毛牯"中的"牯"也是后缀（《于都方言词典》未注明）；萍乡话的"颈牯"（颈）、"胁牯"（腋窝）、"膝头牯"（膝盖）、"槌头牯"（拳头）的"牯"是名词后缀（《萍乡方言词典》已注明："名词后缀，名词指物体，表示呈团状、疙瘩状等"）。

4. 公

娄底话的"腰筒公"（腰）和"脚臀公"（脚跟）中的"公"（《娄底方言词典》未注明），梅县话的"耳公"中的"公"（《梅县方言词典》未注明），赣方言（萍乡除外）和客家方言的"鼻公"（《南昌方言词典》、《于都方言词典》未注明），黎川话"斗争公"和"屑—头公"（《黎川方言词典》未注明）的最后一个语素"公"是词缀。据温昌衍《客家方言的特征词》："在客家方言中，'公'作为构词成分，本指'雄性禽类'，后虚化。不表雄性而表'大'（如：手指公——大拇指）、表突出（如：鼻公、耳公）……"①

5. 哥

广州话的"膝头哥"（膝盖）、粤语两地方言的"鼻哥"的后一个语素"哥"也是词缀（《广州方言词典》和《东莞方言词典》都未注明）。

---

① 李如龙主编：《汉语方言特征词研究》，厦门大学出版社 2001 年版，第 214 页。

6. 姑[①]

梅县话的"奶姑"（乳房）和"须姑"（胡子）的后一个语素"姑"也属于词缀（《梅县方言词典》未注明）。

7. 嫲

梅县话"舌嫲"的最后一个语素"嫲"是词缀（《梅县方言词典》未注明）。据温昌衍《客家方言的特征词》：嫲，"有时用作'内藏不外露'、'凹下'的物体名称的后缀，例如：舌嫲……（按：人的'舌头'是不外露的，不张嘴时看不见，就是张嘴时也只能见到它的前端，故称说时可以'嫲'。与舌头相比，人的耳朵、鼻子是明显突出的，故称说时不加'嫲'，而加'公'，说成'耳公'、'鼻公'）"[②]。

8. 团

福州话的"耳团"（耳朵）、"骹腿团"（小腿）中的"团"也是后缀（《福州方言词典》已经注明）。

9. 母

闽方言"拳母"和"拳头母"中的"母"，也是后缀。（《福州方言词典》中注明"母，后缀，用在某些名词后面，表示某一种人"；《厦门方言词典》中注明"母，强调事物和性质的程度，放在某些形容词和名词之后"。）

（三）位置在中间的虚语素

名词后缀"子"、"儿"、"头"、"巴"在普通话里是处于词的末尾，但这几个虚语素在某些方言人体词中，其位置并非在词尾，而是处于词的中间。

1. 子

哈尔滨和洛阳两地方言的"踝子骨"（踝骨），牟平和徐州两地方言的"眼子毛"（睫毛），济南话的"块子骨"（踝骨），徐州话的"身子骨儿"和"踝子疙瘩"（脚踝），这些方言人体词中的"子"，扬州话的"孤拐子子"（脚踝）中前一个"子"，西安话称小孩儿的脚的"□□〔paẽ²⁴·paẽ〕子脚"、宁波话"手睁子头"（胳膊肘儿）和"脚睁子头"（脚腕）中的"子"。

---

① 我们怀疑，梅县方言的这个"姑"，与前面提到的存在于湘语娄底话、赣语萍乡话、客家方言于都话中的"姑"，是用字的不同。

② 李如龙主编：《汉语方言特征词研究》，厦门大学出版社2001年版，第213—214页。

2. 儿

哈尔滨话的"妈儿妈儿"（乳房）、济南话的"脖儿梗"、徐州话的"半拉儿腰（儿）"（腰）及称小孩的脚的"（小）脚巴儿巴儿"、西安话称小孩儿的脚的"□□〔paɛ²⁴·paɛ〕儿脚"、太原话的"奔儿颅"（额头）、金华话的"奶儿奶儿"（乳房）、温州话的"眼儿珠"、梅县话的"梅儿罍"（太阳穴）。

3. 头

丹阳话的"膝头盘"，长沙话的"拳头骨"和"膝头骨"，娄底和萍乡两地方言的"槌头牯"（拳头）和"膝头牯"，于都话的"拳头牯"，东莞话的"拳头鼓"，南宁平话的"膝头盖"和"膝头尖"，闽语福州和厦门两地方言的"拳头母"，厦门话的"骹头跌"（膝盖），雷州话的"骹头污"（膝盖），这些词中的"头"是否已经虚化为词缀，还值得研究。

4. 巴

徐州话的"脚巴子"和"脚丫巴子"中的"巴"。

此外，还有一个"了"，其在普通话中一般是处于动词的后面，表示动作或事件的结束，而徐州话中"脖了颈子"和"□〔kə⁵⁵〕了□〔pəŋ³⁵〕子"中的"了"，却处于词中的位置，我们认为这个"了"只是记录音节，与普通话的助词"了"没有关系。

二　区域分布

因为人体词只是方言名词中的一小部分，有些存在于某些方言中的词缀并没有在人体词中见到。我们仅就方言人体词中出现的词缀及其方言分布情况，作一个简单总结。

（一）方言人体词中后缀"子"、"儿"、"头"的方言分布①

某些方言人体词中使用的、与普通话形式相同的一般性名词后缀有"子"、"儿"、"头"等。从42地方言看："头"的分布范围最广，除湘语长沙话外，41地方言均有含有词缀"头"的人体词（但在有的方言人体词中，其位置并不一定在词尾，而且其虚化程度似乎在各方言、不同人体词中并不平衡）；"子"使用频率最高、虚化程度也很高，但分布区域却居第二，分布于除吴语金华和温州、客家方言的梅县、粤语东莞、闽语5地外的所有33地方言中；"儿"分布于除银川、西南官话的武汉、贵阳、柳州外的12个官话方言点，晋语两地，吴语的金华、杭州和温州3

① 含有后缀"子"、"儿"、"头"的方言人体词不再一一举例，请参见前面的表格和叙述。

地，赣语的黎川和萍乡，客家方言的梅县等 20 地方言中。可见就人体词来说："头"遍布全国；"子"不见于闽语区；"儿"较少见于南方地区（即传统上认为的地理上的秦岭和淮河以南地区）。

（二）其他词缀的方言分布情况

方言人体词中出现的其他词缀的分布情况是：前缀"圪"存在于晋语两地方言和与晋语地理上接近的万荣和洛阳两地方言，另外联系其他方言材料，如：《山西方言调查研究报告》①、《普通话基础方言基本词汇集·词汇卷》、《大同方言志》② 记录山西、陕西、内蒙古等地，即今天的晋语区及其周围都有使用语素"圪"的；后缀"巴"，分布在除西宁外的全部官话方言 15 地、晋语太原、吴语 5 地（苏州、金华和温州三地方言未见）、湘语两地、赣语两地（黎川除外）共 25 地方言中；后缀"仔"，在赣语黎川话、粤语广州话、闽语建瓯话、厦门话及雷州话等一些南方方言中存在，《福建县市方言志 12 种》记录地处闽南的晋江话、地处闽中的沙县话也说"耳仔"，将乐话有"目珠仔"（眼珠）、"手指仔"（小指）的说法，泰宁话有"□［hai³³］仔"（乳房）、"腹仔"（肚脐）这样的说法，即"仔"主要见于赣语、粤语和闽语的一些方言点；"牯"存在于湘语的娄底话、赣语的萍乡话和客家方言于都话等地方言中，《汉语方言词汇》记录长沙话和双峰话中也有词缀"牯"存在；"公"存在于湘方言娄底话、赣方言（萍乡除外）和客家方言中，温昌衍《客家方言》显示客家话的 7 个方言点：梅县、平远、蕉岭、兴宁、五华、大埔、丰顺都说"耳公"、"鼻公"，《客赣方言调查报告》显示多数方言点有"鼻公"的说法；"母"存在于闽方言的一些方言点；"哥"只见于粤方言；"姑"和"嫲"都只见于客家方言，温昌衍《客家方言》显示客家话的 7 个方言点：梅县、平远、蕉岭、兴宁、五华、大埔、丰顺都说"舌嫲"、"乳姑"，《广州话、客家话、潮汕话与普通话对照词典》记录客家方言说"乳姑"；"囝"见于福州话，《福建县市方言志 12 种》记录仙游话也说"耳囝"，即"囝"分布于闽语的个别方言点。

除前缀"圪"，42 地方言人体词中其他虚语素的方言分布如表 2 - 1 所示（＋表示存在）。

仅就方言核心人体词一类词，从 42 地方言看，词缀数目最多的方言都有 5 个词缀（加上前缀"圪"）：如洛阳、万荣、太原、娄底、黎川、

① 温端政：《山西方言调查研究报告》，山西高校联合出版社 1993 年版，第 247—251 页。

② 马文忠等著：《大同方言志》，语文出版社 1986 年版。

萍乡、梅县7地方言；词缀数目最少的只有两个词缀：如苏州、金华、温州、绩溪、长沙、东莞、南宁、建瓯、雷州、海口10地方言；其他方言点的词缀数目都在3—4个之间；从方言区（片）看，平均词缀数目最少的是徽语绩溪话、南宁平话和闽语；官话方言一般都有3—4个词缀，而且很整齐，基本上是集中在"头"、"子"、"儿"和"巴"中的3—4个；吴方言都有"头"，但"子"、"儿"和"巴"有的方言有，有的没有。

表 2 - 1　　　　　　　　　　词缀的方言分布

方	言		头	子	儿	巴	仔	牯	公	哥	姑	嫲	囝	母
官话方言	东北	哈尔滨	+	+	+	+								
	胶辽	牟平	+	+	+	+								
	冀鲁	济南	+	+	+	+								
	中原	徐州	+	+	+	+								
		洛阳	+	+	+	+								
		万荣	+	+	+	+								
		西安	+	+	+	+								
		西宁	+	+	+	+								
	兰银	银川	+	+		+								
		乌鲁木齐	+	+	+	+								
	西南	武汉	+	+		+								
		成都	+	+	+	+								
		贵阳	+	+		+								
		柳州	+	+		+								
	江淮	扬州	+	+	+	+								
		南京	+	+	+	+								
晋语		太原	+	+		+								
		忻州	+	+	+									
吴语		丹阳	+	+		+								
		苏州	+	+										
		上海	+	+		+								
		崇明	+	+		+								
		宁波	+	+		+								
		杭州	+	+	+	+								
		金华	+			+								
		温州	+			+								

续表

方言		头	子	儿	巴	仔	牯	公	哥	姑	嬷	囝	母
徽语	绩溪	+	+										
湘语	长沙		+		+								
湘语	娄底	+	+		+		+	+					
赣语	南昌	+	+		+			+					
赣语	黎川	+	+	+			+	+					
赣语	萍乡	+	+	+			+						
客家话	梅县	+		+				+		+	+		
客家话	于都	+	+				+	+					
粤语	广州	+	+				+			+			
粤语	东莞	+								+			
平话	南宁	+	+										
闽语	福州	+										+	+
闽语	建瓯	+				+							
闽语	厦门	+				+							+
闽语	雷州	+				+							
闽语	海口	+											+

三　方言人体词中词缀使用的一些特点

(一)　可以同时使用两个词缀

如果表示儿化的"儿"也算后缀的话，有的方言人体词中不止出现一个词缀。①同时具有前缀和后缀的：洛阳话的"圪老知儿"和"圪老拜儿"、晋语忻州话的"圪督子"。②同时具有"头"和"子"(语素顺序暂不细究)的：徐州话的"额头子"、徐州话和扬州话的"嘴头子"、宁波话的"手口子头"(胳膊肘儿)和"脚口子头"(脚腕)、万荣的"槌头子"、西安的"捶头子"。③同时具有"头"和"儿"(语素顺序暂不细究)的：哈尔滨的"肩头儿"、徐州和洛阳的"肩膀头儿"、洛阳"肩忙头儿"、西安"胛骨头儿"、西安的"捶头儿"。④同时具有"儿"和"子"(语素顺序暂不细究)：徐州的"身子骨儿"。⑤以"巴"与"子"、"儿"或"头"三个中的一个结合构成派生词：哈尔滨、牟平、武汉、南京、娄底和丹阳6地方言的"嘴巴子"，长沙话和娄底话的"腮

巴子"，成都话的"嘴巴儿"，徐州话称小孩的脚的"（小）脚巴儿巴
儿"，徐州话的"脚巴子"和"脚丫巴子"。⑥其他，如：徐州话的"脖
了颈子"和"□〔kə⁵⁵〕了□〔pəŋ³⁵〕子"、哈尔滨话的"妈儿妈儿"、
金华话的"奶儿奶儿"、娄底话和萍乡话的"槌头牯"和"膝头牯"，于
都话的"拳头牯"、闽语福州话和厦门话的"拳头母"、徐州话的"半拉
儿腰儿"等词中都不止使用一个词缀，当然有的是同一个词缀在同一个
词中被使用了两次。

（二）位置不一定在词尾

"子"、"儿"、"头"、"巴"这些在普通话中一般是作后缀的词缀，
在方言中的位置不一定在词尾。（上文已经列举，此处不再赘述。）

有的学者认为，汉语，特别是普通话中没有中缀。那些并非位于词的
末尾的虚语素，只是为了记录音节，还是真的是中缀成分？这还需结合各
方言中人体词以外的其他词进行进一步研究。

（三）可以重叠

扬州话的"孤拐子子"中的后缀"子"重叠使用。

四　与普通话书写形式一致的方言词缀的意义差异

上文提到的某些出现在方言人体词中的词缀，其意义也有特别之处，
如福州话"母"作名词后缀，是"表示某一种人"，与人体词似乎无关，
但福州话"拳母"和"拳头母"中的"母"，是没有具体意义的后缀，
并不"表示某一种人"；"公"、"母"在普通话和多数方言中可以表示性
别，"哥"、"嫲"、"姑"在一些方言中可以表示亲属称谓，这些语素在
粤方言，还有特别是以梅县为代表的客家方言中作人体词的词缀时，并不
表示性别和亲属关系。对这一现象，有学者已指出："'公'除指男性或
雄性动物外，还可以泛指……身体器官……例如：鼻公、耳公，……
'嫲'有时不指女性也不指雌性动物，用于小动物、某些植物、器官、器
物。例如：舌嫲……"①"梅县和香港郊区客语有一个共同特点，就是用
'公、婆、嬷、哥'等带性别的词，作为相当于'儿、子'的词缀，由此
形成的词汇是没有性别的。例如鼻公（鼻子）、鸦婆（鹰）、蛇哥
（蛇）等。"②

---

① 侯精一主编：《现代汉语方言概论》，上海教育出版社 2002 年版，第 167—168 页。

② 刘镇发、李如龙：《汉语方言学在语言学上的意义》，《深圳大学学报》2003 年第 4 期，第
104—109 页。

"了"在普通话中是动词的形尾，徐州话"脖了颈子"和"□〔kə⁵⁵〕了□〔pəŋ³⁵〕子"中的"了"，可能只是记录音节。

上文提到的一些方言中的词缀，如"仔"、"囝"等可以表示小称，"'表小指爱'的语法意义，在普通话用的是'儿化'的形式，对整个现代汉语来说，还可以是儿尾、子尾、囝尾，变韵（'子变韵'或'鼻化变韵'）以及变调等形式"①。可见，表示同一种语法意义，各方言可以有自己的独特方式。

第四节　汉语方言核心人体词重叠构词形式的共时差异

我们暂且以字母 A、B 和 C 分别代表各个音节，分析方言人体词中语素的重叠构词形式，并将它们与普通话的相应形式进行比较，分析方言与普通话的异同及各方言的共性与差异情况（括号内是方言人体词的普通话意义）。

一　语素重叠的形式

普通话名词重叠构词的形式很少，有 AA 式（如：妈妈、爸爸）、AABB 式（如：坑坑洼洼、星星点点）等少数几种形式。方言人体词中的重叠构词的形式比普通话丰富。

AA 式：济南、徐州、武汉 3 地方言的"妈妈"（乳房），西宁话的"脖脖"（颈）、"腔腔"（胸脯）和"牛牛"（乳房），银川话和乌鲁木齐话的"高高"（乳房），成都话和温州话的"脚脚"（脚），成都话的"膀膀"（肩膀），贵阳话的"咪咪"（乳房）、"锤锤"和"坨坨"（拳头），官话方言成都、晋语忻州、吴方言 7 地（金华除外）、闽方言福州共 10 地方言的"奶奶"（乳房），丹阳话的"怀怀"（胸脯）和"背背"（脊背），温州话的"嘴嘴"（嘴）和"脚脚"（腿），长沙话的"唧唧"（乳房），娄底话的"龛龛"和"□□〔mi³⁵·mi〕"（嘴），绩溪话的"囟囟"（囟门），福州话的"耳耳"（耳朵），建瓯话的"仲仲"（颈）。

AAB 式：上海话的"奶奶头"（乳房）、宁波话的"奶奶脯"（乳

---

① 李如龙：《论汉语方言的比较研究》，载《汉语方言的比较研究》，商务印书馆2001年版，第9页。

房）。

ABB 式：银川话的"脚孤孤"（踝），成都话的"手腕腕"（手腕子）、"脚弯弯"（脚腕子）、"脚爪爪"（脚）和"后啄啄"（后脑勺），贵阳话的"手颈颈"（手腕子）、"手爪爪"（手）、"皮坨坨"（拳头）、"脚拐拐"（脚腕子），太原话的"笑窝窝"（酒窝）和"胡茬茬"（胡子），忻州话的"奶牛牛"（乳房），丹阳话的"酒塘塘"（酒窝）、"手弯弯"（手腕子）、"大髂髂"（大腿）和"小髂髂"（小腿），长沙话的"奶唧唧"（乳房）。

ABCC 式：西宁话的"心口窝窝"（胸脯），成都话的"脑壳顶顶"（头顶），贵阳话的"屁股丫丫"（臀），扬州话的"孤拐子子"（踝），丹阳话的"酒吸塘塘"（酒窝）和"手臂弯弯"（肘），宁波话的"老酒窨窨"（酒窝）。

AABC 式：银川话的"孤孤踝子"（踝）。

"AA 子"式：乌鲁木齐话的"腿腿子"（腿）。

"AA 儿"式：北京话和哈尔滨话的"哑哑儿"（乳房），洛阳话的"妈妈儿"（乳房），成都话的"膀膀儿"（肩膀）和"腿腿儿"（较小的腿）。

"A 儿 A 儿"式：哈尔滨话的"妈儿妈儿"（乳房），金华话的"奶儿奶儿"（乳房）。

"ABB 儿"式：成都话的"酒窝窝儿"（酒窝）和"手膀膀儿"（胳膊）。

"AB 儿 B 儿"式：徐州话的"腚帮儿帮儿"（臀）。

可见，方言人体词的重叠构词形式比普通话多，有全部语素重叠的 AA 式，还有部分语素重叠的 ABB、AAB、AABC 和 ABCC 式；还有与词缀结合形成的其他形式，如："AA 子"式、"AA 儿"式、"A 儿 A 儿"式、"ABB 儿"式和"AB 儿 B 儿"式。

从各方言中有重叠构词形式的人体词的数量看，AA 式最多，其次是 ABB 式，再次是 ABCC 式；AABC 式、"AA 子"式和"AB 儿 B 儿"式都各自只有一个例子。

二　地域分布情况

从核心人体义位看，并非所有 42 地方言都有人体词的重叠构词形式，只有官话方言的哈尔滨、济南、徐州、洛阳、西宁、武汉、成都、贵阳，兰银官话两地及扬州，晋语两地，吴语全部 8 地，徽语绩溪，湘语，闽语的福州和建瓯两地共 26 地方言有相关的记录；这其中又以成都话的人体词重叠形式最多，其次是贵阳话和丹阳话。① 而官话方言区的牟平、万荣、西安、柳州和南京 5 地，赣方言，客家方言，粤方言，南宁平话，以及闽方言的厦门、雷州和海口等地方言都没有核心人体词重叠形式的记录。

三　可重叠的成分

除了实义语素可以重叠外，只是表示音节的虚语素也可以重叠，如长沙话的"奶唧唧"中的"唧"；甚至词缀也可以重叠，如扬州话的"孤拐子子"中的后缀"子"。

四　小结

42 地方言核心人体词未见有使用"老"、"阿"、"第"、"初"为前缀的，洛阳、万荣和晋语太原、忻州两地这 4 地方言中有前缀语素"圪"；42 地方言核心人体词有使用虚语素"子"、"儿"、"头"、"巴"的，但这 4 个虚语素既可以作后缀又可以出现在词中间的位置上；还有它们中的两个有时可能在词中同时出现，扬州话的"孤拐子子"的"子"还重叠使用，这都显示出核心人体词中方言与普通话词形相同的虚语素的不同特点。普通话没有而见于南方的一个或几个方言区（点）的其他虚语素有：主要见于赣语、粤语和闽语一些方言点的"仔"，见于湘语、赣语、客家话三个方言区中一些方言的"牯"和"公"，见于闽语一些方言的"母"，主要见于粤语的"哥"，见于客家方言的"姑"和"嫲"，见于福州话的"囝"；这些虚语素与普通话和其他方言中词形相同的实义词或语素在意义和用法上都显示出很大差异。

此外，就 42 地方言核心人体词的后缀来说："头"遍布全国，"子"不见于闽语区，近代汉语出现的"儿"在南方可见于吴语、赣语两方言区的某些方言和客家梅县话。

---

① 这与西南官话以及西北官话中名词重叠的语法特点有关，以后如果有机会，应该给予深入研究。

第五节　方言核心人体词与普通话核心人体词的相似度

用计量的方法研究汉语、汉语方言，已经有多位专家作过探索。1988年郑锦全就发表了研究方言亲疏关系的文章①，随后马希文又撰文提出了新的计算方法②，继续在此方面进行研究的有王士元与沈钟伟③、游汝杰、张树铮、杨鼎夫、夏应存、杨蓓、陈海伦、邓晓华、沈榕秋、薛才德、林素娥、苏宪萍等专家，有的仅从理论上、多数还从实践上自方言语音或方言词汇入手，对方言间相似度、相关性、可懂度、方言分区，甚至是民族语言与汉语方言间的相关问题进行了有益的探索④，取得了一些成绩。

这些专家几乎都是使用函数计算的方法，进行计量研究；这样的研究专业性很强，一般人不容易马上领会和学习他们的方法。

方言人体词语只是汉语各方言基本词汇中的一小部分，想通过一地方言人体词语的情况全面了解该方言的词汇情况是不可能的。既然本书的研究涉及的是人体词语，所以这里我们先尝试单就方言人体词语测算一下方言间人体词语的相似度问题。需要说明的是，计算方言人体词语的相似度，应该包括两个方面：一是各方言与普通话意义相对应的人体词语的相似度，二是方言之间意义相对应的人体词语的相似度。

限于精力和篇幅，我们暂且只作简单处理，计算范围只限于25个核心人体义位，只计算方言与普通话间相对应的人体词语相似度，方言间的相似度因为情况极其复杂，而且还需考虑其他很多相关的问题，暂不研究。

我们知道，方言词语同样存在大量的同义词和近义词关系，在讨论核心人体词的各方言点间词汇相似度的问题时，我们将按照词性一致（都是人体名词）、词的基本义一致（暂不考虑其附加义）的标准，选择词位进行比较。

因为词是由语素组合而成的，计算时我们也考虑语素情况；计算各方言与普通话相似度时，只要某地方言中对于同一人体器官部位的多种同义

---

① 郑锦全：《汉语方言亲疏关系的计量研究》，《中国语文》1988 年第 2 期。

② 马希文：《比较方言学中的计算方法》，《中国语文》1989 年第 5 期。

③ 王士元、沈钟伟：《方言关系的计量表述》，《中国语文》1992 年第 2 期。

④ 限于篇幅，后面几位专家的文章就不一一介绍了。

说法中的一个与普通话的说法（或普通话同义聚合中的一种说法）一致，其分值就算作1（方言中多种同义说法中只要有一种说法与普通话一致，就算其分值为1）；与普通话说法不一致的，如果其主要语素与普通话的一致，其分值就算作0.5；与普通话完全不同的分值设为0。这样算下来，分数最高的，我们且认为其与普通话的相似度应该是比较高的。

很容易看出，我们的计算方法与上述专家们的计算方法不同。用这种方法，不能算是方言计量研究的方法，我们只是想寻找一种简单明了的方法来说明问题，充其量只是一种定量表述法，尝试用一种能一目了然的方式将方言人体词语与普通话主导或通称词的相似程度表述出来。

再次需要说明的是：这里主要着眼人体词的词形，暂不考虑其语音及其他方面的异同。我们清楚地知道单靠词汇，特别是属于基本词汇中的一小部分的人体词语，并且只考虑外在的形式（词形、语素）而不考虑语音和语法（构词）等其他方面因素的话，不可能对方言与普通话之间的相似度问题有全面、准确的认识，我们这里只是想做一个初步的实验。

下面是我们用这种方法得出来的数值，我们依据这些数值，讨论方言人体词语与普通话人体词的相似度问题。

一　官话方言

哈尔滨：1（身体）+1（头）+1（脸）+1（眼睛）+1（耳朵）+1（鼻子）+1（嘴）+1（舌头）+0.5（牙）+1（脖子）[①]　+0.5（肩膀儿）[②]　+0.5（胸脯儿/胸脯子[③]）+0（奶子）+1（背）+1（腰）+1（肚子）+1（屁股）+1（胳膊）+?[④]　+1（腿）+0（簸棱盖儿/

[①] 根据《现代汉语词典》的释义，我们认定普通话颈部子场的主导词位是"脖子"和"颈"，所以如果某方言指称"颈"的方言词为"脖子"或"颈"中的任一个，其相似度数字我们都认定为1，如果以"颈"或"脖"作语素的，其数字认定为0.5，因"颈脖"和"脖颈"都与普通话相应义位的词形不符，所以都认定其数字为0.5。

[②] 普通话的主导词位是"肩膀"，哈尔滨的"肩膀儿"比普通话的多一个后缀语素，这种情况实在不好处理，暂且将此定为0.5，后面再碰到类似情况也按此处理，不再说明。

[③] 我们认定这一人体部位的普通话主导词位是"胸"，但因对胸部不同部位的指称存在差异，加之"胸脯"这一词位在南北方言中的分布比较广，我们在计算时权且将词位"胸"和"胸脯"的数字都认定为1；其他方言说法都按照"胸"为主要语素进行推理、计算。是否妥当，期待与专家商榷。

[④] "?"表示方言词典中无法查到这一义位的方言说法。下文同。

簸勒盖儿)①　+1（脚）+1（头发）+1（胡子）+1（眉毛）=20.5/
24②=85.4%

牟平：1（身体）+1（头）+1（脸）+0.5（眼）+1（耳朵）+1
（鼻子）+1（嘴）+1（舌头）+0.5（牙）+1（脖子）+0.5（肩膀
子）+0.5（胸脯子）+0（奶子）+0（脊梁）+1（腰）+1（肚子）
+1（屁股）+1（胳膊）+1（手）+1（腿）+0（波楞盖）+1（脚）
+1（头发）+1（胡子）+0.5（眼眉）=19.5/25=78%

济南：1（身体）+1（头）+1（脸）+0.5（眼）+1（耳朵）+1
（鼻子）+1（嘴）+1（舌头）+0.5（牙）+1（脖子）+1（肩膀）
+1（胸脯）+0（奶）+0（脊梁）+1（腰）+1（肚子）+1（屁股）
+1（胳膊）+1（手）+1（腿）+0（波勒盖/波拉盖）+1（脚）+1
（头发）+1（胡子）+1（眉毛）=21/25=84%

徐州：0.5（身子）+1（头）+1（脸）+1（眼睛）+1（耳朵）
+1（鼻子）+1（嘴）+1（舌头）+0.5（牙）+0.5（脖（了）颈
子）+0.5（肩膀子）+1（胸脯）+0（妈妈）+0（脊梁股）+1（腰）
+1（肚子）+1（屁股）+1（胳膊）+0.5（手爪子）+1（腿）+1
（胳娄拜子/膝盖）+0.5（脚丫子）+1（头发）+1（胡子）+1（眉
毛）=20/25=80%

洛阳：1（身体）+1（头）+1（脸）+0.5（眼）+0.5（耳道）
+1（鼻子）+1（嘴）+1（舌头）+0.5（牙）+1（脖子）+1（肩
膀）+0.5（胸脯子）+0（奶）+0（脊梁）+1（腰）+1（肚子）+1
（屁股）+1（胳膊）+1（手）+1（腿）+0（圪老拜儿/不老盖儿）+
1（脚）+1（头发）+1（胡子）+1（眉毛）=20/25=80%

万荣：0.5（身上）+0（等脑）+1（脸）+0.5（眼窝）+1（耳
朵）+0.5（鼻疙瘩）+1（嘴）+1（舌头）+0.5（牙）+1（脖子）
+0（胛骨）+1（胸脯）+0（奶）+0.5（脊背）+1（腰）+1（肚
子）+0（沟子）+1（胳膊）+1（手）+1（腿）+0.5（圪膝盖/膝子
盖）+1（脚）+1（头发）+1（胡子）+0.5（眉）=18/25=72%

---

① 对于"膝盖"这一义位，我们认定"膝"为主要语素，只有含有语素"膝"的义位才进入
计算，不管另一个语素"盖"。

② 42 地方言词典中没有调查结果的不参与计算，如哈尔滨有 24 个义位有调查结果，即 20.5/
24=85%；但如果我们能从其他方言材料中找到这一缺失义位的方言说法，也可以将此义位
补充进计算。但我们会标注说明。

西安：0.5（身/身子）+1（头）+1（脸）+1（眼睛）+1（耳朵）+1（鼻子）+1（嘴）+1（舌头）+0.5（牙）+0.5（脖项）+0（脾骨头儿）+0.5（胸腔）+0（奶头）+0.5（脊背）+1（腰）+1（肚子）+0（沟子）+1（胳膊）+1（手）+1（腿）+0.5（咳膝盖）+1（脚）+1（头发）+1（胡子）+1（眉毛）=19/25=76%

西宁：0.5（身子）+1（头）+1（脸）+1（眼睛）+1（耳朵）+1（鼻子）+1（嘴）+1（舌头）+0.5（牙）+0.5（脖板）+1（肩膀）+0（腔子/腔腔）+1（乳房）+0.5（脊背）+1（腰）+1（肚子）+0（沟蛋）+1（胳膊）+?+1（腿）+0.5（波膝盖）+1（脚）+1（头发）+1（胡子）+1（眉毛）=19.5/24=81.3%

银川：1（身体）+1（头）+1（脸）+1（眼睛）+1（耳朵）+1（鼻子）+1（嘴）+1（舌头）+0.5（牙）+1（脖子）+0（脾子）+0（腔子）+0（高高）+0（脊梁）+1（腰）+1（肚子）+0（沟子）+1（胳膊）+?+1（腿）+0（波里盖）+1（脚）+1（头发）+1（胡子）+1（眉毛）=17.5/24=72.9%

乌鲁木齐：1（身体）+1（头）+1（脸）+1（眼睛）+1（耳朵）+1（鼻子）+1（嘴）+1（舌头）+0.5（牙）+1（脖子）+0.5（肩膀子）+0（腔子）+0（奶子）+0.5（脊背）+1（腰）+1（肚子）+0（沟子）+0.5（胳臂/膀子）+1（手）+1（腿）+0.5（波膝盖儿）+1（脚）+1（头发）+1（胡子）+1（眉毛）=19.5/25=78%

武汉：0.5（身子）+1（头）+1（脸）+1（眼睛）+0（耳洞）+1（鼻子）+1（嘴）+1（舌头）+1（牙齿）+0.5（颈子）+1（肩膀）+0.5（胸前）+0（妈妈）+1（背）+1（腰）+1（肚子）+1（屁股）+0.5（胳膊）+1（手）+0.5（胯子/腿子）+0.5（克膝（头））+1（脚）+1（头发）+1（胡子）+1（眉毛）=20/25=80%

成都：1（身体）+0（脑壳）+1（脸）+1（眼睛）+1（耳朵）+1（鼻子）+0.5（嘴巴）+1（舌头儿）+1（牙齿）+0.5（颈子）+1（肩膀）+1（胸脯）+0（奶奶）+1（背）+1（腰）+1（肚子）+1（屁股）+0（手杆）+?+1（腿）+1（膝盖/克膝头儿）+1（脚）+1（头发）+1（胡子）+1（眉毛）=20/24=83.3%

贵阳：1（身体）+0（脑壳）+1（脸）+1（眼睛）+1（耳朵）+1（鼻子）+0.5（嘴巴）+1（舌头）+1（牙齿）+0.5（脖颈）+1（肩膀）+1（胸脯）+0（奶）+1（背）+0.5（腰杆）+0.5（肚皮）

+1（屁股）　+0（手杆）　+?　+1（腿）　+0.5（克膝头）　+1（脚）　+1（头发）　+1（胡子）　+1（眉毛）　=18.5/24=77%

柳州：0.5（身子）　+0.5（头壳）　+1（脸）　+1（眼睛）　+1（耳朵）　+1（鼻子）　+0.5（嘴巴）　+0（胹钱）　+1（牙齿）　+0.5（颈脖）　+1（肩膀）　+1（胸脯）　+0（奶）　+1（背）　+1（腰）　+1（肚子）　+1（屁股）　+0（手膀）　+1（手）　+1（腿）　+0.5（脚膝盖）　+0（脚）　+1（头发）　+1（胡子）　+1（眉毛）　=18.5/25=74%

扬州：0.5（身/身子）　+1（头）　+1（脸）　+0.5（眼）　+0（耳头）　+1（鼻子）　+1（嘴）　+1（舌头）　+0.5（牙子）　+0.5（颈亢/颈项）　+0.5（肩膀拐子）　+0.5（胸脯子）　+0（奶子）　+0.5（脊背）　+1（腰）　+1（肚子）　+1（屁股）　+0（膀子）　+?　+1（腿）　+0（波胳记头子）　+1（脚）　+1（头发）　+1（胡子）　+1（眉毛）　=16.5/24=68.8%

南京：1（身体）　+1（头）　+1（脸）　+1（眼睛）　+1（耳朵）　+1（鼻子）　+1（嘴）　+1（舌头）　+1（牙齿）　+1（脖子）　+1（肩膀）　+1（胸脯）　+0（奶儿）　+0.5（脊背）　+1（腰）　+1（肚子）　+1（屁股）　+0（膀子）　+1（手）　+1（腿）　+0.5（磕膝头）　+1（脚）　+1（头发）　+1（胡子）　+1（眉毛）　=22/25=88%

二　晋语

太原：1（身体）　+0（得脑）　+1（脸）　+1（眼睛）　+1（耳朵）　+1（鼻子）　+1（嘴）　+1（舌头）　+0.5（牙）　+1（脖子）　+1（肩膀）　+1（胸）　+0（奶）　+0.5（脊背）　+1（腰）　+1（肚子）　+1（屁股）　+1（胳膊）　+1（手）　+1（腿）　+0（圪地跪）　+0.5（脚板子）　+1（头发）　+0.5（胡苁苁）　+1（眉毛）　=20/25=80%

忻州：0.5（身子）　+0（□老）　+1（脸）　+0.5（眼）　+1（耳朵）　+1（鼻子）　+1（嘴）　+1（舌头）　+0.5（牙）　+1（脖子）　+1（肩膀）　+0（脯子）　+0（奶）　+0.5（脊背）　+1（腰）　+0.5（肚皮）　+0（子）　+1（胳膊）　+1（手）　+1（腿）　+0.5（圪替跪/圪膝（盖））　+0.5（脚板子）　+1（头发）　+1（胡子）　+1（眉毛）　=17.5/25=70%

三　吴语

丹阳：1（身体）　+1（头）　+0（面）　+1（眼睛）　+1（耳朵）　+

0.5（鼻头）＋1（嘴）＋1（舌头）＋1（牙齿）＋0.5（颈梗）＋1（肩膀）＋1（胸脯）＋0（奶奶）＋0.5（背背）＋1（腰）＋0.5（肚皮）＋1（屁股）＋0（手臂）＋?＋1（腿）＋0.5（膝盘头/膝头盘）＋1（脚）＋1（头发）＋1（胡子）＋0（眼皮毛）＝17.5/24＝72.9%

苏州：1（身体）＋0.5（骷郎头）＋0（面）＋1（眼睛）＋0.5（耳朵管/耳）＋0.5（鼻头）＋1（嘴）＋1（舌头）＋0.5（牙子）＋0.5（头颈）＋0.5（肩架）＋1（胸脯）＋0（奶奶）＋0.5（背心）＋1（腰）＋0.5（肚皮）＋1（屁股）＋0.5（臂膊）＋?＋0（髋）＋0（脚馒头）＋1（脚）＋1（头发）＋1（胡子）＋1（眉毛）＝15.5/24＝64.6%

上海：1（身体）＋1（头）＋0（面孔）＋1（眼睛）＋1（耳朵）＋0.5（鼻头）＋0.5（嘴巴）＋1（舌头）＋1（牙齿）＋0.5（头颈）＋0.5（肩胛）＋1（胸脯）＋0（奶奶）＋0.5（背脊）＋1（腰）＋0.5（肚皮）＋1（屁股）＋0（臂巴）＋1（手）＋0（脚髋）＋0.5（脚馒头/膝馒头）＋1（脚）＋1（头发）＋1（胡子）＋1（眉毛）＝17.5/25＝70%

崇明：1（身体）＋1（头）＋0（面）＋1（眼睛）＋1（耳朵）＋0.5（鼻头）＋0.5（嘴巴）＋1（舌头）＋1（牙齿）＋0.5（颈骨）＋0.5（肩家）＋1（胸脯）＋0（奶奶）＋1（背）＋1（腰）＋0.5（肚皮）＋0（屁眼）＋0（臂巴）＋1（手）＋1（腿/髋）＋0.5（膝馒头）＋1（脚）＋0（头毛）[①]＋1（胡子）＋1（眉毛）＝17/25＝68%

宁波：1（身体）＋1（头）＋0（面孔）＋1（眼睛）＋1（耳朵）＋0.5（鼻头管）＋0.5（嘴巴）＋1（舌头）＋0.5（牙子）＋0.5（头颈骨）＋0.5（肩胛头）＋1（胸脯）＋0（奶奶）＋0.5（背脊）＋0.5（腰缚）＋0.5（肚皮）＋1（屁股）＋0（手膀）＋1（手）＋0（脚）＋0（脚舸头）＋1（脚）＋1（头毛/头发）＋0（牙须）＋0.5（眼眉毛）＝14.5/25＝58%

杭州：1（身体）＋1（头）＋1（脸）＋1（眼睛）＋1（耳朵）＋1（鼻子）＋0.5（嘴巴）＋1（舌头）＋1（牙齿）＋1（脖子）＋1（肩膀）＋0.5（胸口头）＋0（奶奶）＋0.5（背脊）＋1（腰）＋0.5（肚皮）＋0（手髋）＋1（手）＋0（脚髋）＋0.5（膝窠头）＋1（脚）＋1

---

① 对于"头发"这一义位，我们认定"发"为主要语素，只有含有语素"发"的义位才进入计算，不管另一个语素"头"。

（头发）＋1（胡子）＋1（眉毛）＝18.5/25＝74％

金华：0.5（身）＋1（头）＋0（面）＋1（眼睛）＋1（耳朵）＋0.5（鼻头）＋0（口）＋0.5（口舌）＋1（牙齿）＋0.5（项颈）＋0.5（肩头）＋0（心头孔）＋0（奶）＋0.5（背脊）＋1（腰）＋0.5（肚皮）＋1（屁股）＋0（手臂）＋1（手）＋0（脚）＋0.5（脚膝舠）＋0（脚）＋1（头发）＋0.5（胡/胡须）＋1（眉毛）＝13.5/25＝54％

温州：1（身体）＋1（头）＋0（面）＋0.5（眼灵珠）＋1（耳朵）＋0.5（鼻头）＋1（嘴）＋0.5（口舌）＋1（牙齿）＋0.5（头颈）＋0.5（肩胛头）＋1（胸脯）＋0（奶奶）＋0.5（背脊身）＋1（腰）＋0.5（肚）＋1（臀）＋0（手肢肚）＋？＋0（脚脚/脚儿）＋0（脚胐头）＋1（脚）＋1（头发）＋0.5（胡须）＋0（眼鬣毛）＝14/24＝58％

四　徽语

绩溪：1（身体）＋1（头）＋0（面）＋1（眼睛）＋1（耳朵）＋0.5（鼻孔）＋1（嘴）＋0.5（口舌）＋1（牙齿）＋0.5（扣颈/胫颈）＋0.5（肩头）＋1（胸脯）＋0（奶）＋1（背）＋1（腰）＋0.5（肚）＋1（屁股）＋1（胳膊）＋1（手）＋0（脚）＋0.5（脚膝头）＋1（脚）＋1（头毛/头发）＋1（胡子）＋1（眉毛）＝19/25＝76％

五　湘语

长沙：0.5（身子）＋0（脑壳）＋1（脸）＋1（眼睛）＋1（耳朵）＋1（鼻子）＋0.5（嘴巴）＋0.5（舌子）＋1（牙齿）＋0.5（颈根）＋0.5（肩胛）＋0.5（胸门口）＋0（奶子）＋0.5（背脊）＋1（腰）＋1（肚子）＋1（屁股）＋0（手橢子）＋？＋0.5（腿橢子）＋0.5（髂膝骨/膝头骨）＋1（脚）＋1（头发）＋1（胡子）＋1（眉毛）＝16.5/24＝68.8％

娄底：0.5（体子）＋0（脑壳）＋0（面）＋0.5（眼）＋1（耳朵）＋0.5（鼻头）＋1（嘴）＋0.5（舌子）＋1（牙齿）＋？＋0.5（攀肩）＋1（胸脯）＋0（奶婆）＋1（背）＋0.5（腰板）＋1（肚子）＋1（屁股）＋0（手橢子）＋1（手）＋0（脚橢子）＋0.5（膝头牯）＋1（脚）＋0（头丝）＋1（胡子）＋1（眉毛）＝14.5/24＝60.4％

六 赣语

南昌：? +1（头）+1（脸）+1（眼睛）+1（耳朵）+1（鼻子）+1（嘴）+1（舌头）+1（牙齿）+1（颈）+1（肩膀）+0.5（胸门前①）+0（奶）+0.5（背脊）+1（腰）+1（肚子）+1（屁股）+0（胂股子）+1（手）+1（腿②）+0.5（克膝）+0（脚③）+1（头发）+0.5（胡须）+1（眉毛）=19/24=79.2%

黎川：1（身体）+0（脑）+0（面）+1（眼睛）+1（耳朵）+0.5（鼻公）+0.5（嘴巴）+0.5（舌）+1（牙齿）+1（颈）+0.5（肩头）+0（脯前）+0（奶）+0.5（背脊）+1（腰）+0.5（肚）+1（屁股）+0.5（摘膊）+1（手）+0（脚）+0（屑头公）+0（脚）+1（头发）+1（胡子）+1（眉毛）=14.5/25=58%

萍乡：0.5（体子）+0（脑壳）+0（面）+0.5（眼）+1（耳朵）+1（鼻子）+1（嘴）+1（舌头）+1（牙齿）+0.5（颈牯）+0.5（肩膊）+1（胸脯）+0（奶）+1（背）+1（腰）+1（肚子）+1（屁股）+0（手櫊子）+1（手）+0（脚）+0.5（膝头牯）+0（脚）+1（头发）+1（胡子）+1（眉毛）=16.5/25=66%

七 客家方言

梅县：1（身体）+0.5（头那）+0（面）+0.5（眼）+0.5（耳公）+0.5（鼻公）+1（嘴）+0.5（舌嫲）+1（牙齿）+0.5（颈筋）+0.5（肩头）+0.5（胸前）+0（奶姑）+1（背）+1（腰）+0.5（肚）+0（屎窟）+0（手臂）+1（手）+0（脚）+0.5（膝头）+0（脚④）+0（头那毛）+0（须）+0.5（目眉毛）=11.5/25=46%

于都：1（身体）+1（头）+0（面盘）+1（眼睛）+1（耳朵）

---

① 《南昌方言词典》没有这一人体部位的方言说法的记录，刘纶鑫的《客赣方言比较研究》（第684页）记录南昌话对这一人体部位的指称是"胸门前"。

② 《南昌方言词典》没有这一人体部位的方言说法的记录，但南昌方言说"大腿"、"小腿"，据此，我们推测南昌方言与普通话"腿"相对应的方言说法为"腿"。

③ 《现代汉语方言大词典》42地分卷本，与普通话词形相同的"脚"在南昌、黎川、萍乡、梅县、广州、东莞、柳州、南宁8地指的是"下肢"即"腿和脚"；兼考虑词形和词义，我们暂且将这8地方言的"脚"定为与普通话不同的0。但南昌、广州、柳州和南宁4地方言中，我们认为还有与普通话义位"腿"相对应的方言词位。以下不再赘述。

④ 梅县的"脚"是指整个下肢，与普通话的"脚"意义不同，故暂且定为0。

+1（鼻子）+0.5（嘴角）+1（舌头）+1（牙齿）+1（颈）+0.5（肩）+1（胸）+0（奶）+1（背）+1（腰）+0.5（屎肚）+0（屎窟）+0（手骨）+1（手）+0.5（膝头）+1（脚）+1（头发）+1（胡子）+1（眉毛）= 18/24 = 75%

八　粤语

广州：0.5（身子）+1（头）+0（面）+0.5（眼）+0.5（耳）+0.5（鼻）+1（嘴）+0（腒）+1（牙齿）+1（颈）+0（膊）+1（胸①）+0（奶）+0.5（背脊）+1（腰）+0.5（肚）+0（屎胐）+0（手臂）+1（手）+0（髀）+0.5（膝头）+0（脚）+1（头发）+0.5（胡须）+0.5（眼眉）= 12.5/25 = 50%

东莞：1（身体）+1（头）+0（面）+0.5（眼）+0.5（耳吉）+0.5（鼻哥）+0（口）+0（腒）+0.5（牙）+1（颈）+0.5（肩头）+0（心口）+0.5（乳）+0.5（背晦）+1（腰）+0.5（屎肚）+0（屎窟）+0（手臂瓜）+1（手）+0（脚）+1（膝盖/波萝盖）+（脚）+0（头毛）+0.5（胡）+0.5（眼眉）= 11/25 = 44%

九　南宁平话

0.5（身）+1（头）+0（面）+0.5（眼）+1（耳朵）+1（鼻子）+0（口）+0（腒钱）+1（牙齿）+1（颈）+0（膊头）+1（胸脯）+0（□）+0.5（背脊）+1（腰）+0.5（肚）+1（屁股）+0（手瓜）+1（手）+1（腿）+0.5（膝头盖）+0（脚）+1（头发）+1（须/胡子）+0.5（眼眉）= 15/25 = 60%

十　闽语

福州：1（身体）+1（头）+0（面）+0（目）+0.5（耳）+0.5（鼻）+1（嘴）+0.5（嘴舌）+0.5（牙/齿）+0（腿骨）+0.5（肩头）+1（胸）+0（奶奶）+0（髇）+1（腰）+0（腹老）+0（股川）+0（手臂）+1（手）+0（骹）+0（骹腹头）+0（骹）+1（头发）+0（须）+1（眉毛）= 10.5/25 = 42%

建瓯：0.5（身）+1（头）+0（面）+0（目睭）+0.5（耳）+

---

① 《广州方言词典》未收录这一词位。据调查，广州方言与普通话"胸"相对应的说法是"胸"。

0.5（鼻）+0（喙）+0.5（舌）+1（牙齿）+0（脞）+0.5（肩膀头）+0.5（胸头）+0（脓）+0.5（背脊）+1（腰）+0（腹+0（膣顿）+0（手膀）+？+0.5（骹腿）+0（骹腹头）+0（骹）+0（头毛）+0.5（胡须）+1（眉毛）=8.5/24=35.4%

厦门：0.5（身）+0.5（头壳）+0（面）+0（目）+0.5（耳）+0.5（鼻）+0（喙口）+0.5（舌仔）+0.5（喙齿）+0.5（额颈）+0.5（肩头）+0.5（胸坎/胸头）+0（奶）+0（胛脊）+1（腰）+0（腹）+0（尻川）+0（手柈）+1（手）+0（骹骨）+0（骹头跌）+0（骹）+0（头毛）+0（喙须）+0.5（目眉）=7/25=28%

雷州：0.5（身躯）+1（头）+0（面）+0（目）+0.5（耳）+0.5（鼻）+0（喙）+0.5（舌）+0.5（牙）+0（脞/头蒂）+0.5（肩头）+0.5（胸膈）+0（乳磅）+0（胛脊）+0（□）+0.5（肚）+0（尻川）+？+？+0（骹）+0（骹头污）+0（骹）+0（头毛）+0（须）+0.5（目眉）=5.5/23=24%

海口：1（身体）+0.5（头壳）+0（面）+0（目）+0.5（耳）+0.5（鼻）+0（喙）+0.5（舌）+0.5（齿）+0（脞）+0.5（肩头）+0.5（胸格/胸程）+0（奶）+0（胛脊）+1（腰）+0.5（肚）+0（尻脏）+0（手腿）+1（手）+0（骹）+0（脚跌脐）+0（骹）+0（头毛）+0（须）+1（眉毛）=8/25=32%

为清楚明了，我们将计算结果列入表2－2（为简便，不标注方言区划，哈尔滨简称为哈市，乌鲁木齐简称为乌市。表内的百分比按降序排列）。

表2－2　　　　　　　方言人体词与普通话的相似率

南京	88%	武汉	80%	绩溪	76%	忻州	70%	娄底	60.4%	梅县	46%
哈市	85.4%	太原	80%	于都	75%	上海	70%	南宁	60%	东莞	44%
济南	84%	南昌	79%	柳州	74%	扬州	68.8%	黎川	58%	福州	42%
成都	83.3%	乌市	78%	杭州	74%	长沙	68.8%	温州	58%	建瓯	35.4%
西宁	81.3%	牟平	78%	银川	72.9%	崇明	68%	宁波	58%	海口	32%
徐州	80%	贵阳	77%	丹阳	72.9%	萍乡	66%	金华	54%	厦门	28%
洛阳	80%	西安	76%	万荣	72%	苏州	64.6%	广州	50%	雷州	24%

从上面的计算结果看，官话方言与普通话的核心人体词的相似度普遍比较高，南京话竟达到88%，是42地中相似度最高的，整个官话方言中

除扬州话外，与普通话的相似度都达到72%以上。官话区内部也不平衡，北方地区中属于东北官话的哈尔滨话、属于冀鲁官话的济南话、中原官话（万荣话、西安话、银川话、柳州话特殊，与普通话的相似度相对较低）、属于西南官话的武汉话和成都话等与普通话的相似度都较高，都达到80%以上，但西南官话的内部也不平衡，柳州话与普通话的相似率竟然不如非官话的南昌、绩溪和于都等方言；属于胶辽官话的牟平话、属于中原官话的万荣话、兰银官话、属于西南官话的贵阳和柳州两地方言，这些方言与普通话的相似度在官话方言中比较低，江淮官话内部很不均衡，南京话的相似度高达88%，在官话中与普通话相似度最低的扬州话却只有68.8%。官话方言以外，单点方言与普通话相似度最高的是太原话，高达80%，最低的是雷州话，只有24%。从一区方言看，不考虑徽语（因其只有一地的方言的材料），官话以外方言与普通话平均相似度最高的是晋语，达75%；平均相似度最低的是闽语，平均只有30%左右。一般来说，从北向南，与普通话的相似度是逐渐减低的，这只是普遍趋势，但实际情况很复杂，就人体词语来说：徽语的代表绩溪话、湘语和赣语与普通话的相似度并不比吴语低，南昌话和杭州话比较高，南昌话与普通话的相似度竟然为79%；客家方言于都话竟比官话方言中的银川、万荣和扬州等地方言与普通话的相似度还要高；很多方言区内部也很不平衡，同属客家话，于都话与普通话的相似度竟高达75%，比梅县话高了29个百分点。

这说明，单就人体词语一类词来说，各方言及各方言内部的发展也是不平衡的，如果是受普通话影响的话，一般从北到南影响结果逐渐减弱；各方言区内部方言比较的话，一般经济文化比较发达的地方或经济文化中心地的方言比较接近普通话，但事实并非如我们谈到的这两条那么简单，如国际大都市的上海话与普通话的相似度只有70%，甚至在吴语中都不是最高的。

我们尝试用学者们以往的研究结果讨论核心人体词的方言与普通话相似度的情况。

第一，官话方言人体词与普通话的相似度，地处官话区东北、东部和中部的东北官话、胶辽官话、冀鲁官话、中原官话和西南官话的一些方言要比地处西部的兰银官话、西南官话南部地区的方言一般要高，因为那些与普通话接近度高的方言点地处官话方言的中心地区或东部，在地理上据北方话的中心，其周围还是官话区，不容易受到其他非官话方言的影响。第二，南京、南昌、杭州等地的方言人体词语与普通话的相似度高，这是因为，南京曾一度作为明代的都城，杭州作为南宋的都城，南昌是江西省省会和经济重地，其受北方话影响的程度比与它们同处一个方言区的其他方言都要高。第三，西宁话比起同处官话西部的西安话、兰银官话其人体词语的说法更接近普通话的，原因是西宁是个移民组成的城市，"人口来源相当复杂。大致说来，河南、山东、四川、陕西、江苏、浙江来的为多，还有辽宁等地人，随着人口的增加，普通话逐步推广"[①]。普通话的推广，加之移民们选择更容易沟通交流的普通话，使西宁话与普通话的接近率更高了。第四，万荣话，本身属于中原官话，但又与晋语区相邻，有可能受到晋语的影响，加之自身的演变、创新，其人体词与普通话的相似度竟然比晋语太原话都低。第五，闽语，由于地理上远离北方普通话的基础方言区，加之交通阻隔，使闽语区在较少受到外来影响的情况下发展自己的特点，整个闽语区各点方言人体词与普通话的人体词的相似度与其他各区比是最低的。

以上谈到的情况，与学者们以往的研究结果是否相符合，可以用已有的研究成果进行验证。"不同方言或语言之间所保留下来的同源百分比的多少也可以用来说明方言或语言之间的接近性的程度。"[②] 徐通锵先生在《历史语言学》中利用斯瓦迪士的百词表进行测算，得出汉语七大方言中的同源百分比[③]，其中北京话和厦门话（闽）之间的基本词根语素的保留率是56%，最低；其他从高到低的情况是：北京话和长沙话（湘）之间的基本词根语素的保留率是79%，北京话和南昌话（赣）之间的基本词根语素的保留率是76%，北京话和广州话（粤）之间的基本词根语素的保留率是74%，北京话和苏州话（吴）之间的基本词根语素的保留率是73%，北京话和梅县话之间的基本词根语素的保留率是69%。这虽然是用来计算方言分化年代的，但我们计算的此六地方言人体词与普通话人体词相似度的百分比与徐先生的保留率的百分比排序不同，由高到低依次为：南昌（75%）、长沙（68.8%）、苏州（64.6%）、广州（48%）、梅县（46%）、厦门（28%），但最低的还是厦门话，这说明厦门话和北京话之间无论是基本词根的保留还是核心人体词的说法都是差别最大的；南昌话、长沙话与普通话的同源百分比、人体词的相似度都排在前两名；长沙话与北方话的相似，袁家骅先生早已指出："湘语的基本词汇和北方话

---

① 张成材编：《西宁方言词典·引论》，载《西宁方言词典》，江苏教育出版社1994年版，第4—5页。

② 徐通锵：《历史语言学》，商务印书馆1996年版，第425页。

③ 同上书，第422页。

大致相同，词语特殊的是少数。特别是受北方话影响较大的长沙等城市，词汇上的区别就更小了。"① 但南昌话与普通话在核心人体词的比较中相似率比较高，却很值得研究。

以上的比较只是就主要的 25 个核心人体词进行比较，也许扩大到更多的人体词，甚至是整个基本词汇，情况可能有所不同。

本章小结

本章我们从语素情况、派生形式、重叠构词类型等几个方面比较了汉语核心人体词的方言共时差异情况；最后，计算了核心人体词的普通话与方言间相似度。

语素数目、语素顺序、主要语素的选择等方面的不同，都可能造成汉语核心人体词的方言间共时差异。

汉语方言核心人体词的派生形式一节，我们从词缀形式、各词缀的区域分布、方言人体词词缀使用的一些特点、与普通话语素书写形式一致的方言词缀的意义差异共 4 个方面进行了分析。

通过对重叠构词类型的比较，我们发现重叠形式、可重叠的成分等方面，某些方言的核心人体词都存在一些独特的方言特点。

核心人体词的普通话与方言间相似度的计算结果显示出方言区之间的差异和方言内部的不平衡，这种结果是否可以用来作为研究方言间共性和差异的参考，还需继续探讨；但我们把计算结果与徐通锵先生在《历史语言学》中得出的汉语七大方言中的同源百分比——基本词根语素的保留率相比较，发现其中既有相互印证之处，又有耐人思考的不同。

---

① 袁家骅：《汉语方言概要》，文字改革出版社 1983 年版，第 121 页。

第三章 汉语核心人体词的共时共性与差异原因

本章我们将对汉语核心人体词的共时共性和差异的类型及原因进行讨论。无论是共性和差异的原因，都可以涉及历史源流和认知等方面的原因；为了对语言内部各要素的相互影响对词形差异的影响有一个更清楚的认识，我们将专门设计一节讨论词形与词音、词义的关系；无论是讨论共性原因还是差异原因，认知影响都可能是其中的一个原因，我们引入了认知编码理论，尝试解释相关问题。最后一节将讨论方言人体词的进行式演变，虽然有材料显示这些演变发生在某些方言的内部，造成了某些方言内部表示同一人体器官部位的词产生了新、老派等方面的差异，但这些差异也可能引起方言之间的差异性或相似性的增强或减弱，可以在此先做一个尝试性研究。

第一节 共时共性与差异类型总结

从上文的分语义场义位的讨论看，方言人体词的词形在语素数目、主要语素和词缀的使用等方面，既存在共性，又有不少差异。比较的目的不仅在于发现差别，更在于寻找并尝试解释造成差别的原因。

一 共性及其类型总结

汉语各方言都是从远古汉语发展演变而来的，或是受到不同时期古汉语共同语的影响，是同一语言的地方分支和变体，所以存在共性。

从词形和构成词的主要语素情况看，有些人体义位在各地方言中的说法相差不大，如42地方言中表示"耳朵、舌头、腰、手、头发、胡子"等的词全国差异就比较小；有些人体词虽然从表面上看各地方言差异较大，如表示"鼻子"、"牙齿"等的词，但仔细分析起来，其中的主要语素和构词情况的一致性还是比较强的。

从词缀情况看，虽然南方某些方言有自己独特的词缀，但"子"和"头"在全国的广泛分布说明了人体词构成所使用的词缀也有共性。

语素数目虽然有差异，但各方言的核心人体词大都遵守汉语的习惯，以单音词或双音节词为主，多音节词只占少数。

语素顺序差异的例子，在各方言核心人体词中更是少见。

二　差异类型总结

（一）语素的差异

使用不同的语素或语素数目的差异都会造成人体词词形的方言差异，各方言人体词语素的差异既有主要语素的差异，又有词缀语素的不同。造成主要语素差异的原因也很复杂。

1. 语素数目导致音节差异

从前一章对词形和构成词的语素情况的分析看，方言人体词语素数目有时差别较大，表示同一人体器官部位的方言词从单语素词到多语素词都有，这是造成核心人体词方言差异的一个原因。

2. 主要语素的差异

前一章已经谈到各方言人体词的差异的原因之一是为主要语素的复杂多样。不同方言地区人民在同义语素中选用哪一个来构词的情况不同，方言承传古汉语语素不同，不同方言的方言创新，记录方言词的书写形式不同，都是造成方言人体词差异的一个原因；此处不再赘述。

3. 词缀语素的差异

从上一章对词缀的分析看，某些方言还有一些自己特有的词缀，虽然这些词缀中有的成员的虚化程度还不强，仍保留一些实在意义；但这些特殊语素的使用，也使方言人体词的差异增加了。

（二）构词形式或语素组合顺序的差异

表示同一人体器官部位的词在各方言间的差异，有时只是因为语素顺序和所用词缀的不同，如：指称背部的词有"脊背"和"背脊"这两种语序相反的说法；指称头：哈尔滨话的"脑袋瓜儿"，哈尔滨、牟平和济南3地方言的"脑袋瓜子"，丹阳话和杭州话的"脑袋瓜"，差别只在于后缀不同或有无后缀。而这种种差异又可能形成不同的方言区域特征。从重叠形式看，某些方言还有一些与普通话不同的形式。

第二节　共性与差异原因分析

一　共性原因

汉语方言人体词无论从词形、构词的主要语素、词缀和结构关系来看，都有很多共性。"方言特征的趋同，一是来自源流关系的，一是来自渗透关系的……所谓渗透关系是方言之间的相互影响……"① 我们认为，汉语人体词存在方言共性的主要原因有以下几点。

（一）从源流关系看，汉语各方言有共同的历史基础

汉语诸方言都是从古汉语发展演变而来的，或是受到不同时期汉语共同语的影响，因而有共同的历史基础，因此有共同点是不足为奇的，这是历史源流关系造成的。而且，人体词是常用词、基本词，自然具有稳固性；有些词，如"耳、齿、舌、身"等在甲骨文中就已经有了，今天这些词还是以单音节词或者是以单音节语素的形式保留在各方言中，并且这些词从古至今，各方言与共同语间的形式和意义的差别都不大；共同的历史基础使一些人体词的方言相似性比较明显。

（二）从承传关系看，汉语各方言在历史上一直都受不同时期的共同语或强势方言的影响

从历时方面看，汉语各方言在历史上一直都受不同时期的共同语或强势方言的影响，因而有些核心人体义位呈现出全国范围内的各方言间在形式和意义方面的趋同。

从共时方面看，新中国成立后推广普通话运动、教育的普及和提高，还有电视、广播等以普通话为媒介的传播媒体的普及，使方言受普通话影响的深度和广度不断加强，方言尤其是方言词汇受到普通话的影响日益明显，很多方言中的人体同义词里出现了与普通话相近或相同的说法。此外某些方言中新派或年轻人的说法，也明显看出是受普通话的影响；受共同语或强势方言的影响更增加了一些方言人体词的相似性。只见于西宁一地与普通话相同的"乳房"的说法、温州与普通话相同的"臀"的说法，这不能不让人联想到：这些方言说法的产生反映了方言受普通话影响的

---

① 李如龙：《论汉语方言的比较研究》（代序），载《汉语方言的比较研究》，商务印书馆2001年版，第1—29页。

事实。

（三）从渗透关系看，相邻地区方言间的相互影响也可能造成人体词在某一区域内的趋同

有些方言词不只在一个方言区存在，而是出现在相邻的几个方言区，这种现象是方言间渗透关系造成的，即相邻方言间的影响是造成方言趋同性的另一个原因。

从专家们以往的研究看出，方言间关系比较密切的有徽语和吴语、客家方言与赣语、客家方言与粤语、平话与粤语，等等；这些方言间的密切关系除因移民原因所致外，也存在方言渗透关系。对此，专家们已有研究："赣方言同其他姊妹方言有特殊往来，而受北方话（特别是下江官话）的影响最深。南昌话有些词似与吴方言接近。有些词同湘方言接近。有些词是与吴、湘方言都相同的。"① 从上文对方言人体词词形的分析看，赣语南昌话确实能看出在一定程度上受到了北方话的影响，如用"脸"而不是如其周围的方言用"面"指称"脸"，使用与普通话代表性词位相同的"肩膀"而与同方言区的黎川话和萍乡话不同。"由于客家话和其他方言区混处一起，所以很少客家话特有的词汇……从基本词汇看，客家和闽、粤关系紧密，在某种程度上，客家是连接闽、粤的纽带。客家受北方话、中部方言影响很大，……客家话和北方话表面上的相似，有些人（特别是台湾）就以为客家话和北方话关系密切。这种看法根据不足。客家话与北方话的关系，没有和广东话来得密切。"② 前文对人体词词形的分析可以证实：客家方言、南宁平话都分别与粤方言有相同或相似的之处，如：指称"腿部"及其各部分的词中，"髀"作为语素只存在于 42地方言中的粤语两地方言和客家方言于都话里；粤语两地方言以"脷"指称舌头，南宁平话和柳州话称"脷钱"；指称"脸蛋儿"，粤语两地方言和南宁平话都说"面珠墩"；指称背部，粤语广州话和南宁平话都说"背脢"。

"方言之间不但有'异地传承'和'异地同变'，还会有相互间的相互影响、相互借用。"③ 这也可以用来解释某些人体词的方言间相似关系。

---

① 袁家骅：《汉语方言概要》（第 2 版），文字改革出版社 1983 年版，第 139—140 页。

② ［美］罗杰瑞：《汉语概说》，语文出版社 1995 年版，第 199 页。

③ 李如龙：《论汉语方言特征词》，载《汉语方言的比较研究》，商务印书馆 2001 年版，第107—137 页。

（四）相同的认知基础而造成编码①形式的相似

不同方言区的人们因为对同一事物产生相同的认知理念，会在造词，更可能在比喻造词时采用相同或相似的语言成分进行描摹。如对于"八字胡"，很多方言鉴于其形状与"八"相似，采用比喻造词法，指称它的词中都用语素"八"，如哈尔滨、西安、西宁、温州4地方言的"八字胡儿"，哈尔滨话的"八撇胡儿"，牟平话的"八字儿胡子"，济南等14地方言的"八字胡"，徐州话的"八嘴胡儿"和"八嘴胡子"，洛阳话的"八字儿胡"，成都话的"八嘴儿胡"，贵阳话的"八二胡"，乌鲁木齐话的"八叉胡儿"，扬州等9地方言的"八字胡子"，宁波话的"八字牙须"，萍乡、梅县、南宁3地方言的"八字须"，萍乡话的"八须胡子"，建瓯话的"八撇"，等等。

许多方言人体词源自类比、比喻所造的词。如：徐州话称手腕外侧突起的骨头为"手踝骨"，着眼于其与脚踝骨相似（徐州脚踝骨就是称"脚踝骨"）；贵阳话称手腕为"手颈颈"、绩溪话说"手颈"，大概是着眼于"手腕"（连接胳膊和手）的作用跟"颈"（连接头与躯干）相似。很多地方都有指称"手腕上突出的骨头"的词，柳州话称"手眼（珠）"，梅县、广州、东莞、南宁4地方言称"手眼"，都认为它形似人的"眼（珠）"，这说明不同方言区人们在比喻造词相似点的认知方面的一致性。

各方言中指称"络腮胡子"的说法有很多是比喻性描写：哈尔滨话的"连毛胡子"，牟平、太原、忻州、崇明4地方言的"连鬓胡子"，洛阳和金华两地方言的"连面胡"，西安话的"串脸胡"，武汉话的"兜嘴胡子"，成都话的"络耳胡"和"𪢮脸胡"，银川话的"圆脸胡"，乌鲁木齐话的"全脸胡儿"，扬州、南京、长沙3地方言的"兜腮胡子"，金华话的"两面胡"，长沙话的"扇脸胡子"，娄底话的"斗笠襻胡子"，南昌话的"连边胡子"，萍乡话的"连面胡子"，于都话的"连喉胡"和"隔面胡捞"。

不少方言中指称"下巴须"的词也有因其像山羊下巴上的须而造出的比喻性说法的例子：成都、乌鲁木齐、扬州、南京、太原、丹阳、杭州7地方言的"山羊胡子"，成都话的"山羊胡胡儿"，贵阳、柳州、银川3地方言的"山羊胡"，上海话的"山羊胡须"，宁波话称"山羊牙须"，

---

① 因"编码"、"编码度"与词义有密切关系，为了更好地说明汉语方言间因"编码"和"编码度"的差异而造成的方言词汇差异，我们将在另一部"关于人体词词义"的论著里详细讨论这一问题，此处只是简单地举例说明。

娄底话的"羊须胡子"，南宁话称"羊胡子"。

当人们认识到不同的人体部位在形状或功能上有相似之处后，人们在对这些部位进行编码指称时，就会在语素使用或编码方式上进行类比，使指称这些器官部位的词彼此间有相似之处。人类的认知如果发现了不同事物间的相似之处，总会用语言表达出来。如上述的对不同式样胡子的指称，大多来自比喻，而用比喻、类比的方式造的人体词又具有形象性、好理解的特点。

二　差异原因

汉语各方言人体词复杂多样，从词形方面看，语素数目不同、主要语素的差异、有无词缀及使用不同的词缀、语序差异、重叠构词的形式和成分的不同等，都是造成差异的原因。当然，除上述原因外，认知与编码等方面的差异、演变不同步等，也会造成方言间人体词共时表现形式的差异。这些原因既可能是历时的原因，又可能是共时的原因造成的，此外认知的影响也可以造成人体词的方言间差异，语言内部各要素的相互影响等也是形成人体词方言间差异的一个重要原因。鉴于语言内部、外部原因和共时、历时原因都比较复杂，我们暂且从历时演变、认知影响和语言内部各要素的相互影响三个方面来讨论；并且为突出语言内部词形与词音、词义的相互影响，我们将单设一节来讨论。

（一）历时演变

1. 承传、变异、创新等情况都有可能不同

"对不同方言来说，承传词、变异词、创新词、借用词等，各类方言词所占的比重是很不相同的。"① 因而各方言词汇系统就存在差异。对于各方言的核心人体词来说，也存在承传、变异、创新等不同情况，这三种词在各方言的人体词系统中的比例差异，是造成方言间人体词差异的一种原因。（各方言人体义位的承传、变异、创新的情况，将在第四章进行讨论。）

2. 演变不同步

用中的活语言总是在不停地发展演变中，汉语方言也不例外。汉语方言人体词差异的原因之一是各地方言演变不同步造成的。而这种演变的不同步又有各种表现，其中主要有以下几种。

---

① 李如龙：《汉语方言学》，高等教育出版社 2001 年版，第 125 页。

（1）保留古汉语的成分的历史层次及比例不同

汉语诸方言都是从古汉语发展演变来的，有共同的历史基础。各方言之间或多或少的都有承传自古汉语的成分，有些在古汉语普遍使用的义位，如：目、面、口、颈、腹、脚（表示"整个下肢"或普通话的"腿"），如今还在某些方言中保留着。而且各方言保留的古汉语的成分的历史层次及比例也不相同：有的方言保存上古的义位，有的保存的是中古产生的义位，有的是产生于近代的义位；有些方言保存古汉语的义位多些，有的却比较少。

（2）受共同语和强势方言影响程度不同

受共同语或强势方言影响的程度不同，也是方言人体词差异的一个原因。受影响深的方言，与同方言区的其他方言比较，其词汇系统往往显示有明显的差异。如：分别属于湘语和赣语的长沙话、南昌话，它们的方言人体词已经与同处湘语的娄底话、赣语的黎川话和萍乡话的有很大不同了，明显看出是受普通话或北方话的影响较大。"湘语的基本词汇和北方话大致相同，词语特殊的是少数。特别是受北方话影响较大的长沙等城市，词汇上的区别就更小了。"① "湘语的词汇，从总的来看，已经北方化了。……从《湖南方言调查报告》看，湘语正在逐渐失去其原有的非北方话的特点。有的方言跑得快一些，有的慢一些，多数当然是中间状态。……"② 受普通话或北方话的影响不同而造成的方言人体词的差异可以看成是方言演变的不同步。

同处闽语区，福州话的某些人体词也显示与闽语其他方言的人体词有差别，似乎更接近普通话。长沙、南昌和福州分别是湖南、江西和福建三省的省府，是此三省的经济文化中心。"在不同的方言之间，由于社会环境的不同，受普通话语音影响的程度也不同。一般来说，大城市由于1. 文化娱乐活动更丰富，2. 常住人口中外地人较多，3. 流动的外地人口多，4. 文化程度相对较高等原因，说普通话的人比较多，方言受普通话语言的影响就更多；而偏僻的农村由于与上相反的原因，受普通话语音的影响就比较小。就一般情况来说，文化的发达程度、人口的流动频度与普通话语音的影响是成正比的。"③ 这虽然说的是现代普通话对方言语音的影响，但方言词汇受普通话影响的社会因素也与此相近。

---

① 袁家骅：《汉语方言概要》（第2版），文字改革出版社1983年版，第121页。

② ［美］罗杰瑞：《汉语概说》，语文出版社1995年版，第182—183页。

③ 张树铮：《试论普通话对方言语音的影响》，《语言文字应用》1995年第4期。

3. 方言自我创新词或新语素的使用

方言间人体词的差异还可能是有的方言使用自我创造的新词或是使用自我创造的新语素构词的缘故。这种方言创新在多地方言中存在。前者如西安话指称"头"的"朣"［sɑ²⁴］，后者如建瓯话指称"乳房"的"脓"［naiŋ³³］（乳房，包括乳头）作为语素可以构成"脓脖"、"脓座（乳房不包括乳头那部分）"等词。罗杰瑞就用方言创新解释了闽语与其他方言的差异："闽语中，既有古代汉语的很多遗迹，又有很多限于这个地方的创新，由于交通不便，孤立独处，因此闽语的内部分歧也很大，尽管如此，闽语仍是最具特点的一组方言。"① 这既可以解释闽语中的一些人体词与共同语差别较大的原因，又可以用于解释某些方言中自创的人体词与普通话的差异。又如，某些方言中对于同一人体器官部位，发明了许多戏谑的说法、藏词说法、詈辞，等等；这些形式的存在，显示了方言人体词的丰富性，更增加了人体词的方言间差异。

4. 造词法和构词法不同

"为了表达某一个具体的概念时，不同时期和不同地域则往往采取不同的造词法造出新词。造词法不同是许多后起的方言词的差异的重要方面。"② 如成都年轻人发明的称乳房的戏谑的说法为"包子"，这既是方言创新的表现，又是当地年轻人独特比喻造词的例子。

构词法的不同，还表现在对于同一人体器官部位，甲方言可能构成偏正式词，乙方言可能构成联合式，甚至可能以派生词去指称，而派生词构词法中，词缀的异同、词缀位置等的差异，也是造成方言人体词差异的一个原因；还有，重叠构词形式在方言间也存在差异。

（二）认知的影响

1. 认知基础或造词理据不同

比喻造词，各地人民的认知相似点可能不同，如：鉴于"踝骨"的形状，于都话的"梅花子"认为它状如梅花；柳州、梅县、粤语两地、南宁平话 5 地南方方言的"脚眼"，福州话和雷州话的"骹目"，海口话的"脚目"，于都话的"螺丝眼"，福州话的"骹牛目"，建瓯话的"骹目核"，海口话的"脚目骨"，都是认为它状如"眼/目"（福州甚至认为它像"牛目"）；徐州话的"踝子疙瘩"和西安话的"核桃疙瘩（子）"则认为它像"疙瘩"；武汉、崇明、黎川、萍乡 4 地南方方言的"螺蛳

---

① ［美］罗杰瑞:《汉语概说》，语文出版社 1995 年版，第 200 页。

② 李如龙:《汉语方言学》，高等教育出版社 2001 年版，第 104 页。

骨"则是认为它状如"螺蛳"。

2. 编码情况不同

对于同一人体器官部位，不同方言地区的人们选用什么语素，采用何种构词方式，用何种语序，编成什么样的语码，也许都有差异；而编码情况的差异也是方言差异性的重要原因。

用来编制不同语码的手段很多，除主要语素的不同外，词缀的有无、词缀的异同、词序的差异等手段，都可能被采用。

上文提到不同方言区的人们因为对同一事物产生相同的认知理念，可能在指称同一人体器官部位时所编制的语码相似；但是，编码情况不同又是汉语各方言人体词的差异原因之一。

"从客观现象到语码要经过人对现实的感知和认知形成物象与物性，物象或物性与音象结合形成义位，义位与音节结合才能形成语码。从感知、认知到物象与物性的形成过程中，人的认知差异导致物象和物性的差异，如语义特征的取舍不同，操不同语言的人由于所处的环境不同和思维方式的差异，哪些语义特征对它们是重要或不重要的，有它们自己的取舍标准。"① 这种种原因都可能造成编码的差异，但认知在其中所起的作用是不可忽视的。如：南方多地方言以"肚皮"指称"肚子"，这是以腹部外表这一部分指称整体，而在北方方言却没有这一编码；客家话两地方言和粤语东莞话以"屎窟"指称"臀"，这是认识到这一人体部位与排泄有关……此类例子太多了。可以说，不仅是人体词，其他很多词语的方言间差异的一个重要原因就是因认知理念的差异而造成操不同方言的人们在造词时编码不同。

总之，从各方言人体词的编码度和编码情况来看，共性和差异并存，其中的原因是多方面的。

第三节　核心人体词词形与词音、词义相互间的关系

不同方言内部语音、词汇、语法各要素之间的相互影响也是形成核心人体词词形方言差异的一种重要原因。词汇系统内部又有词音、词形和词义三个方面，词音与语言的语音有关；词形是属于书面语系统，前面交代过：我们研究的是书写记录在词典等材料中的方言词，因而词形的共时差

---

① 解海江：《汉语编码度研究》，博士学位论文，厦门大学，2004 年，第 258 页。

异是本书研究的重点。因词音或词义的影响而造成方言核心人体词的词形的表现形式的不同，这方面的研究虽有，但成果不多且不成系统。

一　方言语音的差异引起词形的方言间差异

因方言语音的差异引起方言人体词词形的差异这类情况的确存在，而且又分几种情况：

一是因不同方言记录相似的词音而又选择不同的语素，由此造成方言人体词表现形式即词形的差异，如：指称"肩膀"，苏州话的"肩架"、崇明话的"肩家"和"肩茄"疑与吴语其他方言的"肩胛"为同一个词；指称"背"，广州话的"背脢"〔pui³³ mui²¹〕和南宁平话的"背脢"〔pui⁵⁵ mui²¹〕中的"脢"，疑与东莞话的"背晦"〔pɐi³² mui²¹〕的"晦"实为一个语素；这样的例子很多。

二是《现代汉语方言大词典》42分地本中，记录有些方言词的书面形式并非其本字，可能只是"以字记音"，由于记录方言词的用字不同，从而表现为人体词的共时方言差异。

三是对于外来词，不用方言采用不同的汉字来记录其外语语音。如：指称头，借自蒙古语，洛阳话的"低脑"、太原话的"得脑"、万荣话的"等〔tei²⁴〕脑"、忻州话的"□老〔təʔ² lɔ³¹³〕"、开封话的"滴脑〔ti²⁴ nau⁵⁵〕"、定襄话的"得老〔təʔ² lɔu²¹⁴〕"，以及至今活跃在河南多地方言中的指称"头"的"的（堤）脑"①，我们怀疑本是同一个义位，只是因为语音在不同地区的演变不同因而造成的"以字记音"的结果使同一个义位书写形式出现方言差异。又如：指称膝盖，借自满语，大连方言的"波喽盖"、牟平话的"波楞盖"、济南话的"波勒盖"和"波拉盖"、柳州和东莞两地方言的"波萝盖"、银川话的"波里盖"、哈尔滨话的"簸棱盖儿"和"簸勒盖儿"、洛阳话的"不老盖儿"、乌鲁木齐话的"波膝盖儿"、扬州话的"波罗盖子"，只不过是其在不同方言的语音变化差异而造成记录这一义位的方言用字不同而已。

四是"换位音变引起的方言词差异"。董绍克先生研究："膝盖"，山东方言有两种说法。莱阳方言说成"波拉盖（儿）"，三个音节的声母依次是〔p－l－k〕；而菏泽方言则说成"胳拉拜儿"，三个音节的声母依次是〔k－l－p〕，这两种说法中间音节相同（也有的只是韵母稍异），第一和第三两个音节的韵母相同，只是第一和第三两个音节的声母互相调换

---

①　王珂：《清代河南地方志方言材料研究》，硕士学位论文，河南大学，2013年，第45页。

了位置，从而形成了方言词差异。[①] 受其启发，我们认为：济南话的"胳拉瓣儿"、徐州话的"胳娄拜子"、洛阳话的"圪老拜儿"，实际上都是"换位音变引起的方言词差异"。从音变的角度看，徐州话的"□［kə⁵⁵］了□［pəŋ³⁵］子"也是"脖拉梗子"的换位，洛阳话的"肩忙头儿"疑为"肩膀头儿"的变音。

五是一些看似不同的语素，它们之间在语音直至语义上有渊源关系，这些语素被不同方言选择来构词，就会有不同的方言词词形的表现形式。如前面提到：方言中指称"乳房"的语素"乳、奶、嫲（妳）、胧、軰"等及音节"牛、咪"等，源头不在义在音，这些字都是日母、娘母、泥母字，"娘日归泥"，上古都读 n－，n－与 m－是近似的鼻音，因为语音在各方言的不同变化，而使各方言对这些语素的选择不同。这种情况最值得今后进一步研究。

二 词义影响下的词形差异分析

（一）编码差异

前面已经谈过，对于同一人体器官部位，不同方言的人们可能会选用不同的语素、采用不同的语素组合方式编制成不同的语码来称说，指称同一人体器官部位的各方言的不同说法就是因为被编制成的不同语码，其中的差异即为方言人体词的编码差异。编码度差异即是对同一个语义场内部各个义位编码数目多少的差异，"从语义场理论看，所谓编码度就是语义场切分的精细程度"[②]。对同一人体器官部位的编码差异即是指称同一人体器官部位的词在不同方言中的词形差异，这可以反映方言人体词的构词、造词等方面的差异；这些构词或造词方面的差异，重要的原因之一是各地人们对于同一事物、概念的认知的不同。对不同的方言来说，考察对同一概念的编码在各个方言中的异同，可以反映方言的共性和差异程度。

（二）语义场切分细度——编码度差异

"不同语言系统对相对应的事物、事件、经验或状态编码时对语义特征的提取是不同的，对语义特征的提取愈精细、具体，语义场提供义位的数目愈多，描述相关经验的精细程度愈高，则编码度愈高；编码时提取的语义特征愈概括、抽象，语义场内划分出的义位数目愈少，描述相关经验的精细程度愈低，则编码度愈低。反之，不同语言系统对相对应的事物、

---

① 董绍克：《论汉语方言词汇的构词差异》，《山东师范大学学报》2002 年第 1 期。
② 解海江：《汉语编码度研究》，博士学位论文，厦门大学，2004 年，第 4 页。

事件、经验或状态进行编码时，在具体的语义场中，编码度愈高的语言对语义特征的提取愈精细、具体，编码度低的语言对语义特征的提取愈概括、抽象。"① 编码度的高低也是方言人体词词形差异的原因。

对于相同的人体语义场，不同方言对其切分的细度不同，因而同一义位在各方言就存在词位数目、构词形式的不同，因而对这些人体部位的指称也不同；或是词形相同但意义有差异；其中最有代表性的是各地方言对于整个上肢（包括普通话所说的上肢、胳膊、手）、整个下肢（包括普通话所说的下肢、腿、大腿、小腿、脚）的语义切分细度不同。对这种现象已有专家注意到："广州话和普通话有些词表面看来很相似，但仔细比较，指称的概念范围大小并不相同。广州话的'手'和'脚'，指整个上肢和下肢，也可以指手掌和脚掌。普通话的'手'和'脚'是上肢和下肢的一部分，概念范围比广州话的小。"② "客家话的'脚'字也包括腿而言，这跟吴语相同，跟北京话不同。"③

不仅仅是广州话和客家话，指称上肢、下肢这两个身体部位，各地方言提供的词位数目不同；提供词位数目多的称为编码度高，反之称为编码度低。

1. 上肢（包括胳膊、手）

属于西南官话的柳州，吴语的上海、金华和温州，徽语绩溪，赣语3地和闽语海口这9地南方方言中表示"上肢"的词与普通话表示"手"的词在词形上相似，即"手"包括普通话的"胳膊"和"手"，普通话需要上肢、胳膊、手3个语码指称的人体部位，在这9地只需一个语码；其编码度比普通话和多数方言要低。普通话和多数方言中，表示左臂和左手一般使用不同的词，柳州话和萍乡话的"左手"除像普通话一样指"左边的手"外，还指"左边的上肢"，编码度比普通话低。普通话表示右手和右胳膊、右边上肢时使用不同的词，而南昌话"右手"指右边的胳膊或手，萍乡话"右手"除指右边的手外还指"右边的上肢"，这两地方言的右边上肢语义场的切分细度即编码度都比普通话要低；普通话指右脚和右手使用不同的词，雷州话"□［ŋuai¹¹］蹄"指右脚，有时也指右手，比普通话编码度要低。

---

① 解海江：《汉语编码度研究》，博士学位论文，厦门大学，2004年，第259页。

② 卢兴翘：《广州话与普通话词汇的差异类型》，载《词汇学理论与实践》，商务印书馆2001年版，第170—185页。

③ 侯精一主编：《现代汉语方言概论》，上海教育出版社2002年版，第166页。

2. 下肢（包括腿、大腿、小腿、脚）

梅县话的"上□［sioŋ³¹］"指手臂或大腿的上段，上肢和下肢编码一致；柳州、丹阳、上海、宁波、金华、绩溪、南昌、黎川、萍乡、广州、福州、建瓯、海口、雷州14地南方方言中与普通话"腿"相对应的义位与普通话表示"脚"的义位形式一致，即这些方言中的"脚"（闽语用"骹"）还包括整个下肢，或者还包括腿；宁波话"脚骨"除指"脚"外还指"腿（整条）"和"胫骨"；说明这些方言在指称与普通话"下肢、腿、脚"等相对应的身体部位时，其编码度比普通话和大多数北方方言要低。

总之，语义场切分细度不同，编码度也不一样，这反映了各方言对于同一人体部位器官语义场的语义特征的提取精细程度和对语义特征的概括、抽象能力的差别；有时同一语言的不同方言间差异很大，却可能在跨语言，甚至是没有亲属关系的语言比较中发现相似之处，如"以上肢分割为例。英语区分 hand 和 arm，汉语亦同样区分出'手、臂'。但北美帕帕果语用 nowi、藏语用［lak¹² pa⁵⁴］一词来指说整个上肢，而不予以细分"。① 中国南方的一些方言也如北美帕帕果语、藏语一样，用一个词来指说整个上肢；与北美帕帕果语的相似关系很难从文化、源流等方面进行解释，与藏语有相同之处却值得研究。但从另一个角度看，不同语言，甚至是毫无亲属关系的语言间却可能在编码度方面有相似之处，只可能是：操不同语言的人们编制语码时对语义的提取和认识存在相似的巧合。

而核心人体词都是那些指称位置和作用比较重要、凸显的，且比较外在的人体器官部位，因而汉语核心人体词的方言差异就比较小，如果转到其他人体词，其方言差异就可能比较大。

第四节　核心人体词的方言进行式演变

某些方言内部对于同一人体义位存在不同的词位，这些不同的词位可能是因为新派与老派、年轻人和老年人、城市与郊区对于同一人体器官部位有不同的说法，还有的是新旧说法的不同，另有文、俗说法的差异；有的方言内部的人体同义词间还存在使用频率的差异。这些或许都是方言正在进行中的演变。这些演变虽然发生在某些方言内部，但这些演变可能造

---

① 马清华：《语义的多维研究》，语文出版社 2006 年版，第 320 页。

成汉语核心人体词的方言间趋同或差异的增强或减弱。

一　方言中城乡、新老派差异中显示的词位演变情况

（一）新旧说法的差异

有些方言中指称同一人体义位，存在新、旧说法并存的情况。如：武汉话的"身体"的现今说法是"身子"，旧时也称"身命"；柳州话"身子"是"身体"的老说法，新的说法是与普通话一致的"身体"。徐州话"头直"是较老说法，现在多说"头顶"，与普通话相近；徐州话的"枣木"指脑袋是较老说法。徐州话有"鼻子"和"鼻主"两种说法，"鼻主"是旧的说法，"鼻子"的说法与普通话一致。徐州话称颈后凹处为"争嘴窝子"是较老说法，现在多说"后脑窝儿"、"后脑窝子"。徐州话"牙子"指"刘海儿"，较老的说法是"箍"。雷州话"鬃"是旧时指女人的发髻。

（二）不同年龄使用者的说法存在差异

对于人体的同一器官部位，不同年龄的人的说法不同，或对同词形义位的用法不同：如：银川话有"身体"和"体子"两种说法，现在中年以下的人都说与普通话一致的"身体"。成都话指称头，老年人和农村人多说"脑壳"。柳州话的"嘴"兼类为动量词，"指动作或活动的次数"，这是近年流行在青年中的用法。太原话有"肩膀"和"膀子"两种说法，年轻人说"肩膀"，显示出变化的趋势。太原话有"屁股"和"屎子"两种说法，年轻人也说"屁股"。贵阳话指称拳头有"皮坨（坨）"、"坨坨"、"锤头"、"锤锤"、"坨坨"等多种说法，青年人还说"皮坨（坨）"。太原话"右手"和"正手"都表示右手，年轻人多说与普通话一致的"右手"。太原话称大腿根说"腿旮儿"或"大腿根儿"，年轻人说"大腿根儿"。崇明话表示大腿的词有"大腿"和"大髀"两种说法，"大髀"只用于老人口语中。崇明话指称小腿有"小髀"、"小腿"和"脚孤郎"三种说法，"小髀"是老年人的说法，今年轻人已不用。太原话有"鬓虎儿"和"太阳穴"两种说法，年轻人说与普通话一致的"太阳穴"。成都话称"乳房"有"奶奶"和"包子"两种说法，"包子"为谑称，年轻人多说。可见，除个别情况外，年轻人的说法一般与普通话相同或相近。

（三）城乡说法的差异

福州话有"颧骨"和"□九"［kie$^{33|35}$ kau^{33}］两种说法，而"□九"为郊区的说法。西安话称人或动物的视觉器官为"眼睛"，郊区多说"眼

窝"。

(四)其他一些差异

成都话"肩膀"有"肩膀"、"膀膀(儿)"和"膀子"三种说法，其中与普通话一致的"肩膀"是较文的说法。绩溪话"肩膀"可以说"胳膊斗"，但多说"肩头"，"肩头"与普通话的"肩膀"的主要语素一致。福州话"右手"有"大边手"和"掏箸手"两种说法，"掏箸手"为俗称，一般说"大边手"。在武汉、银川、乌鲁木齐、万荣、丹阳、杭州、金华、娄底、梅县、广州、东莞、南宁、福州13地方言中，同时有"嘴/嘴巴"等和"口"的说法，"口"或许已经退到熟语中，或许正处于与"嘴"竞争而此消彼长的状态中，这也可能是这些地区正在经历着的演变。有些方言人体词显示出与普通话较大的差别，保留着更浓的方言色彩：贵阳话指称腿说"脚杆"，也说"腿"，较地道的说"脚杆"，方言特色更浓。

从上文谈到的情况可以看出：新说法、新派说法、年轻人的说法或城市的说法一般与普通话接近，反之旧的说法、老派的说法、老年人的说法、郊区的说法一般与普通话差别较大，反映了地道的方言特色。但也有例外情况，如：柳州的"嘴"兼类为动量词，"指动作或活动的次数"，这是近年流行在青年中的用法；成都的"包子"为谑称，年轻人多说；这两种说法或用法普通话未见，可能是年轻人为求新、求异而创造的新说法、新用法，因为语言中存在着"喜新厌旧的心理强势"[①]。

人体词的词形在很多方言中正在经历着发展、变化。如上所述，这种变化表现在新派与老派之间、城市与乡村之间在所指相同时使用的词形不同。除了年轻人的一些戏谑的说法外，一般来说新派比老派、城市比郊区或乡村更容易接受与普通话相同或相近的说法。"年长的本地话纯熟稳固，年轻的易受外地话影响。前者往往保持当地的本色，后者常露出演变的趋势。"[②]"许多方言内部分为老派和新派，青年人或包括部分中年人为新派，这些新派的语言特点正代表着方言的发展方向。"[③] 对这种差异的研究，可以揭示方言发展、演变的方向。

[①] 解海江、张志毅：《汉语面部语义场历史演变——兼论汉语词汇史研究方法论的转折》，《古汉语研究》1993年第4期。

[②] 李荣：《方言词典说略》，《中国语文》1992年第5期。

[③] 张树铮：《现代汉语方言音系简化的趋势与推广普通话》，《语言文字应用》1994年第1期。

二　普通话与方言中语素组合形式显示的词位演变情况

（一）"脸"、"面"为语素构成词语的共时分布与历史演变

虽然以吴方言为界，存在着北"脸"、南"面"的局面，吴语及其以南方言指称"脸"用"面"（杭州除外）或以"面"为语素构成的词，但是吴方言作为分界地，苏州、上海、宁波、温州等地方言中也出现了以"脸"为主要语素构成的词与以"面"为主要语素构成的词共存的局面，如苏州话还有"瓜子脸"、"鹅蛋脸"和"太监脸"这样的词语；上海话也有"削骨脸"、"夜壶脸"这样的词语；宁波话称"脸"为"面孔"，但是还有"长丫脸"、"瓜子脸"、"鹅蛋脸"、"削骨脸"等说法；温州话既有"四方八面"、"观音面"、"人儿面"和"大头大面"等说法，又有"长条面脸儿"、"猴大脸"、"猪肚脸"、"哭脸"等说法。甚至位置稍偏南的徽语绩溪话、赣语黎川话、湘语新化话中也出现了类似情况，如：绩溪话称"脸"为"面"和"面嘴"，与"脸"相关的词语也都是以"面"为语素构成的，但还有"笑脸"一词；黎川话以"面"指称面部，但是还说"方脸"；新化方言"面"与"脸"的不自由替换："面"可以用于构成以下词语：面上红朵朵（脸上红扑扑的）、洗面（洗脸）、面盆（脸盆），"脸"可以用于构成以下词语：笑脸、瓜子脸、不要脸、脸不改色心不跳。[①] 以"脸"为语素构词也许是普通话或一省政治、经济中心地方言对这些地方方言影响的结果。而且，"脸"作为语素已经进入了这些以"面"或以"面"为语素构词指称普通话"脸"义位的地区，也许这是一种正在经历着的变化，"脸"作为语素已经渗透到这些方言的少数词语中，从无到有，此消彼长，今后的变化值得观察和研究。

但吴语以南地区的多数方言中，"面"不仅可以作为一个词，而且可以作为一个语素构成与面部有关的词，根本没有"脸"这个词或语素，如：普通话中有些以"脸"为语素的词在这些方言中变为以"面"为语素构成的词："面红"、"面色"、"瓜子面"、"鹅蛋面"，等等；这说明"面"在吴语以南的这些方言中的地位仍很稳固，未显出变化。

总之，在以"面"称普通话义位"脸"的吴语及其他少数中部地区的方言中，"脸"和"面"作为语素，各自发挥着不同的构词作用，说明"脸"虽然没能代替"面"，但已经在一些方言中的某些表示与脸部有关的词中出现，这反映出吴语区及中部近江方言区中的少数方言受北方话影

---

①　罗昕如：《湘方言词汇研究》，湖南师范大学出版社 2006 年版，第 281 页。

响，已经在一些词语中接受了北方话的成分，这种现象也反映了一种正在演变的趋势。

（二）构词及使用频率中显示的演变情况

上海话有"牙齿"和"牙子"两种说法，"牙子"少用；绩溪话有"肩头"和"胳膊斗"两种说法，多说"肩头"。以上这些同义词中，使用频率小的那个一般是与普通话差别比较大的说法。

西安话指称头部的"臚"在"头发、头皮、剃头"这些说法中不能替代"头"；济南话"身体"还指体格，"身子"只是指身体，如身体好不说"身子好"；南昌话的"眼"和"眼睛"都指眼睛，"眼"指眼睛，只用于下列一类句子里："老天有～哦，恶人遭到了报应！老天冒有～哦，好人郎—就活不长！"哈尔滨话有"手脖子"、"手脖儿"和"手腕子"等说法，不说"掰手脖子"，但可以说"掰手腕子"。以上这些方言同义词中，与普通话相似的说法一般适用范围比较广，与其他词搭配时受限制要少；反之，那些方言色彩比较浓的说法，使用范围狭窄且受限制较多。

本章小结

本章讨论了核心人体词的方言共性和差异类型、共性和差异原因。用编码差异、编码度差异、编码方式差异、语义区别下的编码差异、相似情况下的同形编码或比喻造词等解释了汉语核心人体词的共时差异原因。第三节还讨论了汉语方言人体词词形差异与语音和词义的关系，方言语音的差异引起方言人体词词形的差异的情况可能有：因不同方言记录相似的词音而又选择不同的语素，即"以字记音"而造成的记录方言词的用字不同，等等；词义影响词形：编码差异、语义场切分细度——编码度差异这些构词或造词方面的差异，重要的原因之一是各地人们对于同一事物、概念的认知的不同；但有时，同一语言内部各方言在对同一义位的语码编制时存在差异，而操不同语言的人们编制语码时对语义的提取和认识却存在相似的巧合。第四节讨论了核心人体词的方言进行式演变；核心人体词的方言进行式演变虽然发生在某些方言内部，但这些演变可能造成汉语核心人体词的方言间趋同或差异的增强或减弱，对这种差异的研究，可以揭示方言发展、演变的方向。

第四章　汉语核心人体词的历时演变类型及原因

　　语言与世界上的一切事物一样，一直处于变化发展中。纵观汉语史，人体词也发生了很多变化，"肢体的名称自然也很早就产生了。它也是属于基本词汇的，但是它的稳固性没有自然现象的名称的稳固性那么大。几千年沿用下来的只有'心'、'手'等很少的一些词"①。作为民族语言地方分支的汉语方言，从古至今不会没有变化，方言人体词也会发生很多变化，但因为记录各地方言历史情况的文献的缺乏等原因，单纯研究各地方言人体词的古今变化存在着极大的困难，我们这里只能联系古今共同语，从中考查汉语核心人体词的历时演变类型，并尝试探讨汉语核心人体词演变的原因。

第一节　汉语核心人体词的历史来源及演变类型

　　李如龙先生曾说过："要了解现代汉语的词汇特点，也一定要拿它和古代汉语词汇做比较。分清基本词汇中哪些是上古、中古、近代时期传承下来的，哪些是现代创新的，哪些是外族语言借用的，哪些是从方言吸收的。"② 本节以人体词为对象，尝试分析其历史来源及演变类型。

一　汉语核心人体词的历史来源类型

　　各方言人体词复杂多样，原因之一是其历史来源类型不同，这其中有承传、有变异、有创新、有借用等类型；即使是词形承传自古代，有时也

---

① 王力：《汉语史稿》，中华书局 1980 年版，第 496 页。
② 李如龙：《谈谈词汇的比较研究》，载《汉语词汇学论集》，厦门大学出版社 2011 年版，第 139 页。

不是音、义完全没用变化地沿用。从上文研究可以看出：对于每一个人体器官部位，指称它的方言词几乎都有变异词和方言创新词的存在。而且，方言人体词除承传自古汉语外，也有借自其他民族语言的。"我们可以把词汇的历时演变系统分为传承词、变异词、创新词和借用词。"① 根据上节的分析，人体词也可以分析为此四种类型。

（一）历史传承词

"传承词是前代语词的沿用。有些最基本的概念是从最古老的汉语直接继承下来的，不论是现代共同语或方言，基本义和主要引申义都没有重要变化。"② 就方言人体词来说，各方言、各人体义位都有承传自古代的词。但具体到每个人体义位、每一方言，其传承情况又有不同；甚至具体到汉语史的每个历史时期出现的人体词，其在方言中的被传承情况也不同。考察汉语人体词的历史传承情况，至少要从各人体义位、各方言、各个历史时期这三个角度进行分析。

（二）方言变异词

"所谓变异词是传承的古语词在词义上发生较大变异的词。"③ 我们这里所说的方言变异词，是指方言中那些能在古代文献中找到同形词位、但其意义却与古汉语文献中的那个同形词存在差异的词。

不同人体义位、不同方言中的人体词的变异情况、变异类型都存在差异。

1. 方言人体变异词所涉及的义位

从上文讨论的 25 个核心人体义位来看，大多数义位都存在方言变异词。这其中，指称"耳朵"、"手"、"头发"等的义位，从古至今，在汉语共同语、各方言中都少有变化，表现出承传的普遍性和稳固性，而这两个特性又可能是这几个义位少有方言变异的原因。

2. 方言人体变异词的地域分布

从上文讨论的 42 地方言中 25 个核心人体义位的情况看，方言变异词主要见于南方方言和中原官话的某些方言，而地理上同样处于南方的江淮官话和西南官话却较少见到方言人体变异词的存在。另外，官话中的牟平、徐州、洛阳等地方言和晋语两地方言也少有方言人体变异词。

---

① 李如龙：《论汉语词汇的多元系统》，载《汉语词汇学论集》，厦门大学出版社 2011 年版，第 11 页。

② 同上书，第 144 页。

③ 同上书，第 145 页。

（三）方言创新词

"所谓创新词是早先未曾有过的、某一时代某一语言根据交际的需要创造出来的语词。"① 我们此处所说的方言创新词，是指那些暂时在古文献中找不到与其意义和词形相同的词的方言人体词。方言人体词的创新情况也很复杂，但其中也有规律，值得进一步研究。

对于人体词方言创新所涉及的义位和地域分布，我们可以说：几乎是全部 25 个人体义位，除少数几个方言点外，都存在方言人体创新词；对于方言人体创新词的类型，我们将在"方言创新词的类型和区域特点"部分进行讨论。

（四）借用词

"所谓借用词，广义的包括共同语和方言的相互借用，狭义的专指向外族语言借用的。这是语言（方言）接触所造成的相互影响和渗透。"② 本书暂不讨论共同语和方言的借用，只讨论汉语方言中向外族语言借用的人体词。

1. 源自历史上的少数民族语言的底层词

汉族人民自古以来就有与少数民族接触的历史，今天南方一些方言中还保留着历史上民族接触而从百越等族语言借来的"底层词"，如：客家方言指称乳房的"□［nen⁵⁶］牯"，就是百越词，是底层词③；闽语中指称乳房、乳汁的"脧"，可能是百越底层词④；雷州（读［ŋaŋ¹¹］）、海口（读［ŋaŋ²¹］）两地方言指人的下巴颏的"□"，也是底层词⑤；广州话指较大而隆起的小肚子的"肚腩"的"腩"在汉语中找不到语源，应是少数民族语言的借用。⑥ 这会在本书的第六章设专节讨论。

---

① 李如龙：《谈谈词汇的比较研究》，载《汉语词汇学论集》，厦门大学出版社 2011 年版，第 145 页。

② 同上。

③ 温昌衍：《客家方言的特征词》，载《汉语方言特征词研究》，厦门大学出版社 2001 年版，第 235 页。其中声调中的数字 56，不是五度标调法的数字，是表示这个字的读音来自阴入和阳入，详见此文第 210 页的说明，下同。

④ 李如龙：《闽方言的特征词》，载《汉语方言特征词研究》，厦门大学出版社 2001 年版，第 309 页。

⑤ 钱奠香：《雷琼闽语特征词初探》，载《汉语方言特征词研究》，厦门大学出版社 2001 年版，第 387 页。

⑥ 张双庆：《粤语的特征词》，载《汉语方言特征词研究》，厦门大学出版社 2001 年版，第 398 页。

2. 音译自其他语言的外来词

指称头，刘艳平认为定襄话的"得老［tə?² lɔu²¹⁴］"是"借自蒙语的词"①，那么一些存在于河南和陕西某些方言、山西晋语中的指称人体"头"的一些义位也可能都是借自蒙古语；梅县话的"头那"，邓晓华先生认为是客家话和壮侗语的合璧词。②

王笑舒提出大连方言的"波喽盖"来自满语③，晃瑞进一步指出《醒世姻缘传》中指"膝盖"的"跛罗盖子"是"一个满汉合璧词。前两个音节，来源于满语'buhi'"。④ 由此，我们大胆推断：牟平话的"波楞盖"，济南话的"波勒盖"和"波拉盖"，柳州和东莞两地方言的"波萝盖"，银川话的"波里盖"，哈尔滨话的"簸棱盖儿"和"簸勒盖儿"，洛阳话的"不老盖儿"，乌鲁木齐话的"波膝盖儿"，扬州话的"波罗盖子"，实际上都可能是来自满语的满汉合璧词。

上海话的"番水"指脸，是英语 face 的译音，常用于说人长得美丑时。上海是国际化大都市，受英语的影响也不奇怪。

二　汉语核心人体词的历史演变类型

从上古到现代汉语普通话，汉语人体词无论是语音、词义和词形都发生了一些变化（限于篇幅，语音情况暂且不讨论）。从词汇学角度看，这其中既有词义的变化又有词形的变化。

（一）词形变化

汉语人体词的演变是极其复杂的，有多种情况，有的是词形发生了替换，有的是字形——书写形式的变化，或为新义造新字，还有的是现代汉语中的书写形式与古汉语中的是古今字关系，如春秋战国就有的"要"与现代汉语的"腰"。

限于作者水平，还不能将人体词的全部变化都分析得十分透彻。这里只能做一个尝试。

总结学者们以往的研究，大致可分为两种情形：一是词位发生替换（如：目→眼睛，口→嘴，面→脸，等等），有专家称这种情况为完全易

① 刘艳平：《定襄方言词汇与普通话词汇的比较——以日常生活用词为例》，《忻州师范学院学报》2010 年第 6 期。

② 邓晓华：《客家话跟苗瑶壮侗语的关系问题》，《民族语文》1999 年第 3 期。

③ 王笑舒：《大连方言词汇研究》，硕士学位论文，广西师范学院，2010 年，第 10 页。

④ 晃瑞：《〈醒世姻缘传〉方言词研究》，博士学位论文，南京师范大学，2006 年，第 64 页。

名；二是词根或部分语素相同，一般是由单音节词变为双音节词（如鼻→鼻子、舌→舌头、耳→耳朵、眉→眉毛、身→身体，等），有专家称这种情况为部分易名；也有双音节词更替后仍为双音节的（如颜色→脸色等）。"它们变成双音节词的方式主要有两种，一是加词缀'子、儿、头'，一是同义语素连用。""另外，人体词语的演变也可通过词形（主要是书写形式）的变化得到实现，有些人体词语是在原来书写形式的基础上通过增减部件进行变化的，如自→鼻、北→背、童→瞳、牟→眸、精→睛、要→腰、亦→腋、止→趾、须→鬚、觜→嘴等。它们有的是因本字久借不归后加形旁或声旁以示区别：如'自'。"① 而有的古今词形变化不大，如：背、手、肩，等等。

我们认为人体词由古汉语到现代汉语普通话和方言的变化，大致可以分为以下几种类型（以 42 地方言为例）：

第一类为词位替换。如首→头，在今天 42 地方言中都不存在以"首"表示头部的情况，在方言中也已经完全易名；目→眼睛，只有除建瓯话外的闽语用单音节的"目"来表示"眼睛"，闽方言区仍保留古汉语形式；口→嘴，只有吴语的金华话、粤语的东莞话和南宁平话只说单音节的"口"，还保留古汉语说法；面→脸，吴语的丹阳、崇明、金华、温州，徽语绩溪，湘语的娄底，赣语的黎川和萍乡，客家话梅县，粤语两地，平话南宁，闽语区（建瓯没有调查结果），还加上北方晋语太原话共17 地方言中还保留古汉语单音节"面"的说法；足→脚，各地方言都不存在单音节词"足"或以"足"为主要语素构成的词，已经完成了替换；"辅→面颊"各地方言均不存在以"辅"指称"面颊"的情况，已经完成了替换；领→脖子/颈项，各地方言均未见以"领"指称"脖子"、"颈项"的情况，已经完成了对这个义位的替换；踵→脚后跟：各地方言均未见以"踵"指称"脚后跟"的情况，已经完成了替换。

当然，某些古汉语词位已经在方言中被完全替换，但是它们依然可以保留在现代汉语普通话的书面语中，这是因为方言一般只是服务于口语，而普通话涉及的语体类型要比方言多得多。

第二类为部分易名，即词根或部分语素古今相同；这种情形普通话中也存在，但在 42 地方言中的情况却十分复杂。如：身→身体、体→身体，单音节词"体"只在福州和厦门两地方言存在，单音节的"身"广泛存在于 19 地方言中，东莞话"身"和"身体"可以两说；除南宁平话外，

---

① 冯凌宇：《汉语身体词语的演变特点》，《武汉大学学报》2006 年第 5 期。

各地方言都存在双音节的词位，"身体"的说法存在于27地方言中；看来，单音节的古汉语形式在全国很多方言中仍然存在，"身体"的说法并非在全部42地方言中存在，对于表示"身体"的词来说，双音节的情形是普遍的，但词形并非都是与普通话一致的"身体"。鼻→鼻子，闽方言及客家方言的于都话、粤方言的广州话、南宁平话都可以说单音节词"鼻"，有23地方言有与普通话相同的"鼻子"的说法；指称鼻子的词除闽语5地方言外都实现了复音化，但词形并非都是与普通话一致的"鼻子"。舌→舌头，全国只有黎川、建瓯和海口3地方言存在单音节词"舌"的说法，有26地方言有"舌头"的说法；指称"舌头"的词除黎川、广州、东莞、建瓯和海口5地方言外都实现了双音节化，但词形并非都是与普通话一致的"舌头"。牙→牙齿，齿→牙齿、单音节词"齿"存在于福州话和海口话，单音节词"牙"与双音节的"牙齿"在各地方言的使用范围相当，各存在于21地方言中；除厦门话说"喙齿"外，多地方言要么保留古汉语的"牙"或"齿"，要么演变为"牙齿"，当然也有两种说法都用的情况。耳→耳朵，单音节词"耳"只存在于官话方言的牟平话、吴语的苏州话、粤语的广州话、南宁平话、闽语的全部共9地方言中；双音节的"耳朵"广泛通行于全国30个方言点，只有官话方言的洛阳、武汉、扬州，客家方言的梅县、粤方言的东莞5地方言既不说"耳"，也不说"耳朵"，但其表示耳朵的义位也已经双音节化了；看来"耳朵"这一说法的覆盖面很广。发→头发：42地方言中都没有单音节"发"的说法，双音节"头发"的说法存在于32地方言中；看来"头发"对"发"的替换在大多数方言中都已完成。膝→膝盖，方言中表示"膝盖"的词没有单音节的形式，只有徐州、成都、东莞3地话说双音节的"膝盖"，看来无论是"膝"还是"膝盖"的说法在全国都不普遍。

第三类为汉语共同语中古今词形变化不大的词，但在方言中的情形未必如共同语。如"背"、"手"、"肩"等在古今共同语中词形和词义的变化都不大。"背"，在方言中的情况却十分复杂，还有的方言词甚至不用"背"作语素；绝大多数方言中还保留单音节"手"的说法；只有于都有单音节的"肩"的说法，除万荣、银川、娄底、广州4地方言外，其他方言都有以"肩"为主要语素构成的词；看来，共同语中变化不大的词在方言中却不一定不变。

不仅汉语方言和共同语存在不同，整个汉语发展也有不同于其他语言的特点。房德里耶斯曾说过："……例如我们看到，脚的名称在许多语言里没有变，但是相反地，手的名称却常被更换，它曾被表示钩子、钳子、羹匙等意思的词所代替。这是手的用途比脚多样化，特别是因为这些用途本身常常需要更新表达力。"① "表示手、脚的词在汉语史的情况却恰恰相反，'脚'经过了由'止'到'足'到'脚'的更替，而表示手的词，却非常稳定，从古到今都用'手'。"② 表示"手"和"脚"的词在汉语方言中也是前者稳固、后者被替换，这也许是汉语不同于西方某些语言的独特性的一种表现。

（二）与词形相关联的词义变化

有时词形、词义是相互联系、互为因果的。词义的变化常会引起词形的变化，而词形的变化又将变化了的意义用新的词形固定下来。

但对于人体词来说，词义、词形相联系、协同变化的例子不是很多，而且情况较为复杂。替换式变化中，"嘴"由指鸟兽的嘴到专指人的嘴，意义有变化，汉语共同语和多数方言也用"嘴"为单音节词或为语素构成词替换了古汉语中的"口"，词形也变了；"脚"由指称"小腿"转而指称人体"踝下"这一部位，"脚"的意义变了，汉语共同语和方言中表示"踝下"这一人体部位都不用"足"了，词形也变了。人体词的换位式变化情况不多，"如果 a、b 两个词产生的时间没有太大的差别，表义相同，但在前一个时代主要用 a，很少用 b；而在后一个时代主要用 b，很少用 a，即二者在同义聚合中的地位发生了交换。如'齿——牙'，如果二者在先秦确如《说文》段注所说都可用于统指，而且在统指时先秦主要用'齿'，后来主要用'牙'，那么二者的历时关系属于换位"。③ "牙"、"齿"由古代有分工到今天在汉语方言中用"牙"、"牙齿"或"齿"作为人体咀嚼器官的统称，"牙"、"齿"的意义变化了，词形并没有变化。"腰"的意义从古到今并没有变化，但词形变了，由"要"变为了"腰"。

这样，从共同语的角度看，从古至今，核心人体义位中只有"手"没有发生词形和意义的变化。

从各地方言的角度看，词义与词形的变化互为关系的例子还是有一些的。如果研究涉及词义的变化，应当详细讨论其中的各种关系，限于篇幅，此处仅作简单交代。

---

① ［法］房德里耶斯：《语言》，岑麒祥、叶蜚声译，商务印书馆 1992 年版，第 244 页。

② 李慧贤：《汉语身体部位词语历史演变研究》，博士学位论文，北京大学，2007 年，第 204 页。

③ 李宗江：《汉语常用词演变研究》，汉语大词典出版社 1999 年版，第 32 页。

第二节　汉语方言核心人体词历史来源及
演变类型的区域特点

　　方言核心人体词的四种来源类型中，借用词只有极少数的例子，大概是因为人体词不涉及外来的概念，不需要大量的借用外族词语；而其他三种历史来源类型的词在不同方言中表现出数量和类型的差异。这一节，将讨论核心人体义位的方言承传词、方言变异词和方言创新词各自的区域特点和在各方言中的比例；并从区域特点看人体词的方言特点，从三种历史来源的词在各方言中的比例讨论各方言人体义位的历史演变情况。

一　方言承传词的区域特点

　　（一）各方言对汉语史不同时期人体词位的承传情况及其数目比较

　　为了更清楚地说明各个方言在汉语史上不同时期人体词位的承传情况，我们先对 43 地方言中所有承传自上古、中古、近代三个时期的人体词的数目进行统计，并用统计数据进行分析。

　　计算方法说明：确定某方言某一词位承传自汉语史某一历史时期，这个承传必须是词形、词义都毫无变化的百分之百的承传，即用汉语史上某一人体词位为语素构成的方言变异词、方言创新词都不进入计算；如果一地方言对某一人体器官部位存在多种说法，这些说法又分别承传自不同的历史时期，就按这些说法的历史层次分别计算，如：哈尔滨话指称身体有"身子/身体/身板儿/身架儿"四种说法，其中"身体"承传自上古，"身子"承传自近代，就分别按其历史层次参与计算；如果一地方言指称人体同一器官部位的多个同义说法都承传自同一时代，就将这多个同义说法合并计算，承传数目为 1，如哈尔滨方言指称头部的"脑袋/脑袋瓜儿/脑袋瓜"三种说法同是承传自近代汉语，我们将其合并计算为 1。这样的设计只是为了简便，但是能否以一种更好的方式计算方言核心人体词对汉语史不同历史时期的承传情况，还值得研究。当然如果能确定方言中某一人体义位的多个同义词中哪个是主导词或使用频率最高的词，只用这类词进行计算的话，情况会更好些，可惜并非每一部方言词典都能将此类信息准确显示出来。希望同仁学者能帮助指明一种更合适的统计计算方式。

1. 官话方言

北京话①

（1）承传自上古 4 个：身体＋头＋牙＋头发

（2）承传自中古 8 个：脸＋眼睛＋耳朵＋嘴＋舌头＋牙齿＋乳房＋脚

（3）承传自近代 12 个：身子＋脑袋（瓜儿）＋鼻子＋脖子＋胸脯（子）＋嗉儿＋脊梁＋肚子＋屁股＋胳膊＋腿＋胡须/胡子

（共 24 个）

哈尔滨话

（1）承传自上古 7 个：身体＋头＋眼＋牙＋背＋腰＋头发

（2）承传自中古 7 个：脸＋眼睛＋耳朵＋嘴＋舌头＋肩头＋脚

（3）承传自近代 14 个：身子＋脑袋/脑袋瓜儿/脑袋瓜子＋鼻子＋嘴巴＋脖子＋胸脯子＋奶子/嗉儿＋脊梁＋肚皮/肚子＋腚/屁股＋胳膊＋腿＋胡子＋眉毛

（共 28 个）

牟平话

（1）承传自上古 8 个：身/身体＋头＋眼＋耳＋牙＋腰＋手＋头发

（2）承传自中古 5 个：脸＋耳朵＋嘴＋舌头＋脚

（3）承传自近代 13 个：身子＋脑袋瓜子＋鼻子＋脖子＋膀子＋胸脯子＋奶子＋脊梁＋肚子＋腚/屁股＋胳膊＋腿＋胡子

（共 26 个）

济南话

（1）承传自上古 8 个：身体＋头＋眼＋牙＋腰＋手＋头发＋眉

（2）承传自中古 5 个：脸＋耳朵＋嘴＋舌头＋脚

（3）承传自近代 14 个：身子＋脑袋/脑袋瓜子＋鼻子＋脖子＋肩膀＋胸膛＋奶＋脊梁＋肚子＋腚/屁股＋胳膊＋腿＋胡子＋眉毛

（共 27 个）

徐州话

（1）承传自上古 6 个：身体＋头＋眼＋牙＋腰＋头发

（2）承传自中古 6 个：脸＋眼睛＋耳朵＋嘴＋舌头＋膝盖

（3）承传自近代 10 个：身子＋鼻子＋嘴儿/嘴巴＋胸脯＋肚皮/肚

---

① 由于本书的北京话方言材料采用自三部书，各家记录的情况有时有差异；为计算简便，我们暂以《普通话基础方言基本词汇集》所记录的北京话人体义位的历史承传情况为依据。

子＋腔/屁股＋胳膊/膀子＋腿＋胡子＋眉毛

（共 22 个）

洛阳话

（1）承传自上古 7 个：身体＋头＋眼＋牙＋腰＋手＋头发

（2）承传自中古 4 个：脸＋嘴＋舌头＋脚

（3）承传自近代 14 个：身子＋鼻子＋嘴巴＋脖子＋肩膀＋胸脯子＋奶＋脊梁＋肚子＋屁股＋胳膊/膀子＋腿＋胡子＋眉毛

（共 25 个）

万荣话

（1）承传自上古 7 个：头＋口＋牙＋腰＋手＋头发＋眉

（2）承传自中古 6 个：身上＋脸＋耳朵＋嘴＋舌头＋脚

（3）承传自近代 8 个：脖子/脖项＋胸脯＋奶＋脊背＋肚子＋胳膊＋腿＋胡子

（共 21 个）

西安话

（1）承传自上古 6 个：身＋头＋牙＋腰＋手＋头发

（2）承传自中古 6 个：脸＋眼睛＋耳朵＋嘴＋舌头＋脚

（3）承传自近代 10 个：身子＋鼻子＋脖项＋胸膛＋脊背＋肚子＋胳膊＋腿＋胡子＋眉毛

（共 22 个）

西宁话

（1）承传自上古 4 个：头＋牙＋腰＋头发

（2）承传自中古 7 个：脸＋眼睛＋耳朵＋嘴＋舌头＋乳房＋脚

（3）承传自近代 10 个：身子＋脸脑＋鼻子＋肩膀＋脊背＋肚子＋胳膊＋腿＋胡子＋眉毛

（共 21 个）

（中原官话徐州、洛阳、万荣、西安、西宁 5 地方言的承传词平均数为 22.2 个；其中承传自上古的平均数为 6 个，承传自中古的平均数为 5.8 个，承传自近代的平均数为 10.4 个。）

银川话

（1）承传自上古 6 个：身/身体＋头＋口＋牙＋腰＋头发

（2）承传自中古 6 个：脸＋眼睛＋耳朵＋嘴＋舌头＋脚

（3）承传自近代 8 个：鼻子＋脖子＋脊梁＋肚子＋胳膊＋腿＋胡子＋眉毛

（共 20 个）

乌鲁木齐话

（1）承传自上古 8 个：身/身体 + 头 + 眼 + 口 + 牙 + 腰 + 手 + 头发

（2）承传自中古 6 个：脸 + 眼睛 + 耳朵 + 嘴 + 舌头 + 脚

（3）承传自近代 10 个：身子 + 鼻子 + 脖子 + 奶子 + 脊梁/脊背 + 肚子 + 膀子/胳臂 + 腿 + 胡子 + 眉毛

（共 24 个）

（兰银官话两地方言的承传词平均数为 22 个；其中承传自上古的平均数为 7 个，承传自中古的平均数为 6 个，承传自近代的平均数为 9 个。）

武汉话

（1）承传自上古 6 个：头 + 口 + 背 + 腰 + 手 + 头发

（2）承传自中古 6 个：脸 + 眼睛 + 嘴 + 舌头 + 牙齿 + 脚

（3）承传自近代 11 个：身子 + 鼻子 + 嘴巴 + 颈子 + 肩膀 + 奶 + 肚子 + 屁股 + 膀子 + 胡子 + 眉毛

（共 23 个）

成都话

（1）承传自上古 6 个：身体 + 头 + 牙 + 背 + 腰 + 头发

（2）承传自中古 6 个：脸 + 眼睛 + 耳朵 + 牙齿 + 膝盖 + 脚

（3）承传自近代 12 个：鼻子 + 嘴巴 + 颈项/颈子 + 肩膀 + 膀子 + 胸脯 + 奶奶 + 肚子 + 屁股 + 腿 + 胡子 + 眉毛

（共 24 个）

贵阳话

（1）承传自上古 4 个：身/身体 + 头 + 背 + 头发

（2）承传自中古 7 个：脸 + 眼睛 + 耳朵 + 嘴 + 舌头 + 牙齿 + 脚

（3）承传自近代 11 个：鼻子 + 嘴巴 + 脖颈 + 肩膀 + 胸脯 + 奶 + 肚皮 + 屁股 + 腿 + 胡子 + 眉毛

（共 22 个）

柳州话

（1）承传自上古 6 个：身体 + 头 + 背 + 腰 + 手 + 头发

（2）承传自中古 5 个：脸 + 眼睛 + 耳朵 + 牙齿 + 脚

（3）承传自近代 14 个：身子 + 头皮 + 鼻子 + 嘴巴 + 颈脖子 + 肩膀 + 胸脯 + 奶 + 脊梁 + 肚子 + 屁股 + 腿 + 胡须/胡子 + 眉毛

（共 25 个）

（西南官话 4 地方言的承传词平均数为 23.5 个；其中承传自上古的平

均数为 5.5 个，承传自中古的平均数为 6 个，承传自近代的平均数为 12 个。）

扬州话

（1）承传自上古 6 个：身＋头＋眼＋牙＋腰＋头发

（2）承传自中古 4 个：脸＋嘴＋舌头＋脚

（3）承传自近代 13 个：身子＋鼻子＋颈项＋肩膀＋胸脯子＋奶子＋脊梁/脊背＋肚子＋屁股＋膀子＋腿＋胡子＋眉毛

（共 23 个）

南京话

（1）承传自上古 6 个：身体＋头＋牙＋腰＋手＋头发

（2）承传自中古 7 个：脸＋眼睛＋耳朵＋嘴＋舌头＋牙齿＋脚

（3）承传自近代 14 个：身子＋鼻子＋嘴巴＋脖子/颈子＋肩膀＋胸脯＋奶子＋脊背＋肚子＋屁股＋膀子＋腿＋胡子＋眉毛

（共 27 个）

（江淮官话两地方言的承传词平均数为 25 个；其中承传自上古的平均数为 6 个，承传自中古的平均数为 5.5 个，承传自近代的平均数为 13.5 个。）

（官话平均 23.75 个承传义位，承传自上古的平均为 6.3 个，承传自中古的平均为 5.8 个，承传自近代的平均为 11.6 个。）

2. 晋语

太原话

（1）承传自上古 8 个：身/身体＋头＋眼＋牙＋胸＋腰＋手＋头发

（2）承传自中古 5 个：脸＋眼睛＋耳朵＋嘴＋舌头

（3）承传自近代 11 个：鼻子＋脖子＋肩膀/膀子＋脯子＋奶＋脊背＋肚子＋屁股＋胳膊＋腿＋眉毛

（共 24 个）

忻州话

（1）承传自上古 6 个：头＋眼＋牙＋腰＋手＋头发

（2）承传自中古 5 个：脸＋耳朵＋嘴＋舌头＋脚

（3）承传自近代 12 个：身子＋鼻子＋脖子＋肩膀/膀子＋脯子＋奶/奶奶＋脊背＋肚皮＋胳膊＋腿＋胡子＋眉毛

（共 23 个）

（晋语地方言的承传词平均数为 23.5 个；其中承传自上古的平均数为 7 个，承传自中古的平均数为 5 个，承传自近代的平均数为 11.5 个。）

3. 吴语

丹阳话

（1）承传自上古 6 个：身/身体＋头＋口＋肩胛＋腰＋头发

（2）承传自中古 9 个：面孔＋眼睛＋耳朵＋嘴＋舌头＋牙齿＋手臂＋脚＋头毛

（3）承传自近代 12 个：身板＋脑袋瓜＋鼻头＋肩膀＋胸脯＋奶奶＋腰胯＋肚皮＋屁股＋腿＋胡子＋眉毛

（共 27 个）

苏州话

（1）承传自上古 6 个：身/身体＋头＋面＋耳＋腰＋头发

（2）承传自中古 6 个：面孔＋眼睛＋嘴＋舌头＋臂膊＋脚

（3）承传自近代 8 个：头颈＋鼻头＋胸脯＋奶奶＋肚皮＋屁股＋胡子＋眉毛

（共 20 个）

上海话

（1）承传自上古 6 个：身体＋头＋肩胛＋腰＋手＋头发

（2）承传自中古 7 个：面孔＋眼睛＋耳朵＋嘴＋舌头＋牙齿＋脚

（3）承传自近代 13 个：身子＋头颈＋鼻头＋嘴巴＋胸脯＋奶/奶奶＋背脊＋肚皮＋屁股＋腿＋膝馒头＋胡须/胡子＋眉毛

（共 26 个）

崇明话

（1）承传自上古 5 个：身/身体＋头＋背＋腰＋手

（2）承传自中古 7 个：面孔＋眼睛＋耳朵＋舌头＋牙齿＋脚＋头毛

（3）承传自近代 10 个：鼻头＋嘴巴＋胸脯＋奶/奶奶＋腰眼＋肚皮＋腿＋膝馒头＋胡子＋眉毛

（共 22 个）

宁波话

（1）承传自上古 6 个：身体＋头＋肩胛＋腰＋手＋头发

（2）承传自中古 7 个：面孔＋眼睛＋耳朵＋舌头＋脚＋脚＋头毛

（3）承传自近代 7 个：嘴巴＋头颈＋胸脯＋奶奶＋背脊＋肚皮＋屁股

（共 20 个）

杭州话

（1）承传自上古 8 个：身体＋头＋眼＋耳＋口＋腰＋手＋头发

（2）承传自中古 6 个：脸 + 眼睛 + 耳朵 + 舌头 + 牙齿 + 脚

（3）承传自近代 12 个：身板 + 头皮/脑袋瓜 + 鼻子/鼻头 + 嘴巴 + 脰颈/脖子 + 肩膀 + 奶奶 + 背脊 + 肚皮 + 屁股 + 胡子 + 眉毛

（共 26 个）

金华话

（1）承传自上古 7 个：身 + 头 + 口 + 腰 + 肚 + 手 + 头发

（2）承传自中古 7 个：眼睛 + 耳朵 + 牙齿 + 肩头 + 手臂 + 脚 + 胡

（3）承传自近代 8 个：鼻头 + 奶 + 背脊 + 肚皮 + 屁股 + 脚膝 + 胡须 + 眉毛

（共 22 个）

温州话

（1）承传自上古 6 个：身体 + 头/人头 + 牙 + 腰 + 臀 + 头发

（2）承传自中古 6 个：耳朵 + 嘴 + 牙齿 + 肚 + 脚（腿）+ 脚（足）①

（3）承传自近代 5 个：头颈 + 鼻头 + 胸脯 + 奶/奶奶 + 胡须

（共 17 个）

（吴语 8 地方言的承传词平均数为 22.5 个；其中承传自上古的平均数为 6.25 个，承传自中古的平均数为 6.88 个，承传自近代的平均数为 9.38 个。）

4. 绩溪话

（1）承传自上古 7 个：身/身体 + 头 + 背 + 腰 + 肚 + 手 + 头发

（2）承传自中古 8 个：眼睛 + 耳朵 + 嘴 + 牙齿 + 肩头 + 脚（腿）+ 脚（足）+ 头毛

（3）承传自近代 9 个：脰颈 + 胸脯 + 奶 + 背脊 + 屁股 + 胳膊 + 脚膝头 + 胡须/胡子 + 眉毛

（共 24 个）

5. 湘语

长沙话

（1）承传自上古 4 个：头 + 肩胛 + 腰 + 头发

（2）承传自中古 5 个：脸 + 眼睛 + 耳朵 + 牙齿 + 脚

（3）承传自近代 10 个：身子 + 鼻子 + 嘴巴 + 颈根 + 奶/奶子 + 背脊 + 肚皮/肚子 + 屁股 + 胡子 + 眉毛

---

① 因中古时期，"脚"既可以表示"腿"，又可以表示"踝下"，两种情况曾经并存，为简便起见，我们将同词形的"脚"表示"腿"、"踝下"分别计算。

（共 19 个）

娄底话

（1）承传自上古 5 个：头＋眼＋口＋背＋手

（2）承传自中古 4 个：耳朵＋嘴＋牙齿＋脚

（3）承传自近代 8 个：眼珠＋鼻头＋胸脯＋腰板＋肚子＋屁股＋胡子＋眉毛

（共 17 个）

（湘语两地方言的承传词平均数为 18 个；其中承传自上古的平均数为 4.5 个，承传自中古的平均数为 4.5 个，承传自近代的平均数为 9 个。）

6. 赣语

南昌话

（1）承传自上古 6 个：头＋牙＋颈＋腰＋手＋头发

（2）承传自中古 8 个：脸＋眼睛＋耳朵＋嘴＋舌头＋牙齿＋脚（腿）＋脚（足）

（3）承传自近代 9 个：鼻子＋嘴巴＋肩膀＋奶＋背脊＋肚皮/肚子＋屁股＋胡须＋眉毛

（共 23 个）

黎川话

（1）承传自上古 8 个：身/身体＋头/脑＋舌＋颈＋腰＋肚＋手＋头发

（2）承传自中古 6 个：眼睛＋耳朵＋嘴＋牙齿＋肩头＋脚（足）

（3）承传自近代 6 个：嘴巴＋奶＋背脊＋屁股＋胡子＋眉毛

（共 20 个）

萍乡话

（1）承传自上古 7 个：头＋眼＋背＋腰＋手＋头发＋须

（2）承传自中古 7 个：耳朵＋嘴＋舌头＋牙齿＋肩膊＋脚（腿）＋脚（足）

（3）承传自近代 10 个：眼珠＋鼻子＋嘴巴＋胸脯＋奶＋背脊＋肚皮/肚子＋屁股＋胡子＋眉毛

（共 24 个）

（赣语 3 地方言的承传词平均数为 22.3 个；其中承传自上古的平均数为 7 个，承传自中古的平均数为 7 个，承传自近代的平均数为 8.3 个。）

7. 客家方言

梅县话

（1）承传自上古 10 个：身/身体＋头＋眼＋口＋背＋腰＋肚＋手＋毛＋须

（2）承传自中古 4 个：肩头＋嘴＋牙齿＋手臂

（3）承传自近代 2 个：眼珠＋膝头

（共 16 个）

于都话

（1）承传自上古 10 个：身体＋头＋鼻＋颈＋肩＋胸＋背＋腰＋手＋头发

（2）承传自中古 5 个：眼睛＋耳朵＋舌头＋牙齿＋脚

（3）承传自近代 5 个：鼻子＋奶＋膝头＋胡子＋眉毛

（共 20 个）

（客家两地方言的承传词平均数为 18 个；其中承传自上古的平均数为 10 个，承传自中古的平均数为 4.5 个，承传自近代的平均数为 3.5 个。）

8. 粤语

广州话

（1）承传自上古 12 个：头＋眼＋耳＋鼻＋口＋牙＋颈＋胸＋腰＋手＋头发＋须

（2）承传自中古 5 个：嘴＋膊＋肚＋脚＋手臂

（3）承传自近代 5 个：身子＋奶＋背脊＋膝头＋胡须

（共 22 个）

东莞话

（1）承传自上古 9 个：身（体）＋头＋眼＋口＋牙＋颈＋乳＋腰＋手

（2）承传自中古 5 个：肩头＋脚＋膝盖＋头毛＋胡

（3）承传自近代 1 个：胡须

（共 15 个）

（粤语两地方言的承传词平均数为 18.5 个；其中承传自上古的平均数为 10.5 个，承传自中古的平均数为 5 个，承传自近代的平均数为 3 个。）

9. 南宁平话

（1）承传自上古 13 个：身＋头＋眼＋耳＋鼻＋口＋牙＋颈＋腰＋肚＋手＋头发＋须

（2）承传自中古 3 个：耳朵＋牙齿＋脚

（3）承传自近代 7 个：鼻子＋胸脯＋背脊＋屁股＋腿＋膝头＋胡子

（共 23 个）

10. 闽语

福州话

（1）承传自上古 15 个：身/身体/体 + 头 + 目 + 耳 + 鼻 + 口/喙 + 齿/牙 + 项 + 胸 + 腰 + 肚 + 手 + 头发 + 须 + 眉

（2）承传自中古 3 个：头脑 + 肩头 + 手臂

（3）承传自近代 2 个：奶奶 + 眉毛

（共 20 个）

建瓯话

（1）承传自上古 11 个：身 + 头/人头 + 面 + 耳 + 鼻 + 喙 + 舌 + � + 腰 + 腹 + 毛

（2）承传自中古 2 个：牙齿 + 头毛

（3）承传自近代 4 个：胸膛 + 背脊 + 胡须 + 眉毛

（共 17 个）

厦门话

（1）承传自上古 10 个：身/身躯/体 + 头 + 目 + 耳 + 鼻 + 喙 + 腰 + 腹 + 手 + 须

（2）承传自中古 2 个：肩头 + 头毛

（3）承传自近代 1 个：奶

（共 13 个）

雷州话

（1）承传自上古 10 个：身躯 + 头 + 目 + 耳 + 鼻 + 喙 + 舌 + 牙 + 胵 + 须

（2）承传自中古 3 个：肩头/胛 + 肚 + 头毛

（3）承传自近代 0 个

（共 13 个）

海口话

（1）承传自上古 14 个：身/身体 + 头 + 目 + 耳 + 鼻 + 喙 + 舌 + 齿 + 胵 + 肩/胛 + 腰 + 肚 + 手 + 须

（2）承传自中古 3 个：头颅 + 肩头 + 头毛

（3）承传自近代 2 个：奶 + 眉毛

（共 19 个）

（闽语 5 地方言的承传词平均数为 16.4 个；其中承传自上古的平均数为 12 个，承传自中古的平均数为 2.6 个，承传自近代的平均数为

1.8 个。）

（二）不同历史时期人体词的方言承传情况

1. 上古汉语人体词

42 地方言中都有承传自上古汉语的人体词，但其中的承传数目是不平衡的。几大方言区中，承传上古人体词位平均数最多的是南宁平话 13 个、闽语平均数是 12 个，紧跟其后；承传上古词位数目最少的不是官话，竟然是湘语两地方言；官话方言承传上古词位的平均数目为 6.3 个，甚至比比吴语还多；按各方言区内方言平均承传上古汉语人体词词位的数目由多到少的情况，将十大方言区简单地排序为：南宁平话（13）＞闽语（12）＞粤语（10.5）＞客家方言（10）＞赣语（7）＝徽语绩溪话（7）＝晋语（7）＞官话（6.3）①＞吴语（6.25）＞湘语（4.5）。就单个方言来说，保留上古汉语词位数目最少的是长沙话、贵阳和西宁三地方言还有北京话，都是 4 个；最多的是福州话、其次是海口话，闽语以外保留上古词位数目最多的是南宁平话。

2. 中古汉语人体词

42 地方言中都保留有中古汉语人体词词位，但各方言承传自中古的人体词位数目都不多。从单个方言来看，承传中古人体词位最多的是丹阳话，最少的是闽语建瓯、厦门两地方言，其次是闽语的福州、雷州、海口 3 地加上南宁平话共 4 地方言。从方言区来看，区内方言平均承传中古词位率最高的大概是徽语绩溪话，其次是赣语，再次是吴语；而平均承传中古词位数目最低的是闽语，其次是南宁平话，再次是粤语、客家话和湘语。按各方言区内方言平均承传中古汉语人体词词位数目由多到少的情况，将十大方言区简单地排序为：徽语绩溪话（8）＞赣语（7）＞吴语（6.88）＞官话（5.8）＞晋语（5）＝粤语（5）＞客家方言（4.5）＝湘语（4.5）＞南宁平话（3）＞闽语（2.6）。

3. 近代汉语人体词

42 地方言中有 41 地有承传自近代汉语（五代到清代）的人体词位，只有雷州一地没有。从单个方言来看，除雷州话外，承传自近代汉语人体词位数目最少的是闽语的福州、厦门、海口以及粤语的东莞、梅县客家话 5 地方言，其次是温州、广州和于都 3 地方言；承传自近代人体词位最多的是属于官话的哈尔滨话、济南话、洛阳话、柳州话和南京话，都是 14 个；官话以外最多的是上海话。从方言区来看，承传自近代人体词位最少

---

① 北京话没有参与计算，但从计算数据看，北京话承传上古义位数目为 4，低于官话区平均值。

的方言区是闽语，唐代以后产生的新义位很少在闽语中出现，而承传自近代人体词位平均数最多的是官话方言。但是各方言区，甚至一个方言区内部也是不平衡的，同是粤语，东莞话只有一个承传自近代的词位，而广州话有 5 个；同是赣语，黎川话只有 6 个承传自近代的词位，而南昌和萍乡两地方言却要多一些。按 42 地方言各区内各方言平均承传近代汉语人体词位数由多到少的情况，将十大方言区简单地排序为：官话（11.6）＞晋语（11.5）＞吴语（9.38）＞徽语绩溪话（9）＝湘语（9）＞赣语（8.3）＞南宁平话（7）＞客家话（3.5）＞粤语（3）＞闽语（1.8）。可见，数量是从北往南逐渐减少。

其中，有些情况值得关注：一是闽语内福州话承传上古人体词位较多，对中古和近代词位的承传也比闽语区其他方言多；二是哈尔滨话是承传自近代的人体词位最多的方言之一，但其承传自上古和中古的人体词位也不比区内其他方言少；三是从平均数看，42 地方言都是承传自上古和近代（粤、闽、客三方言除外）的词位数目多于中古；四是官话方言承传自近代的词位较多，而承传自上古和中古的词位平均数属于中间；五是属于远江方言的闽、粤、客三方言平均承传自近代汉语的人体词位数目最少，且与官话和近江方言的平均数目相差悬殊；六是闽语承传自上古的词位数较多，而承传自中古和近代的词位数都是全国最少的。这说明方言词的历史层次是极其复杂的，不考虑方言变异和方言创新的情况也不现实。

42 地方言都有承传自上古和中古的人体词位，但雷州话竟然没有承传自近代汉语的人体词，其承传自中古汉语的人体词位也很少。长沙话、贵阳话承传自上古的人体词位也极少，在承传中古和近代汉语人体词位方面最接近官话方言的是长沙话。平均承传古汉语各个时期人体词位最少的是闽语，平均数是 16.4；单个方言中厦门话和雷州话的数目最低，为 13；单个方言中徽语绩溪话、南宁平话（因为是单个方言无法计算平均值）的承传词位数目甚至高于官话方言区的某些方言；官话的平均数最高，单个方言哈尔滨话最高，为 28；全国平均值为 20.5。北京话承传词数目超过 20 个，与官话方言其他大多数方言相当。

"不能认为官话方言就少有古代汉语的传承词。"① 李如龙先生的这句话非常正确。从承传各个时期人体词位的总数看，官话方言（除银川话外）承传古汉语词位的数目都超过了 20 个，反而是闽语平均数最少，雷

---

① 李如龙：《谈谈词汇的比较研究》，载《汉语词汇学论集》厦门大学出版社 2011 年版，第 145 页。

州话和厦门话最少，只有13个承传词。在南方一些的方言中，如丹阳话、徽语绩溪话和南宁平话，其承传义位数目甚至高过官话区和晋语区的某些方言。

闽语区各方言平均承传上古人体词位较多，而承传自中古和近代的汉语人体词位数目较少，因此，闽语某些方言的人体词历史层次较古老，受中古和近代汉语，特别是汉语共同语演变影响较小；它们的人体词系统整体与普通话的差异较大。官话方言平均承传自近代汉语人体词位最多，也就是说近代汉语词汇的历史演变对官话方言影响较大；现代汉语是由近代汉语发展而来的，官话方言，特别是其中的北方地区各地方言承传了不少近代汉语人体词，因而其人体词系统整体与普通话的较接近，而其作为普通话的基础方言也是可以理解的。

（三）承传成分在相邻或相隔方言区的共时存现

某些由古汉语承传下来的人体义位，有的同时出现在相邻的方言区、点中，可能是因为方言间的相互影响，也可能是因为古汉语成分的共同遗存；有的却同时存现于相隔很远的方言区、点中，可能有共同的传承关系，或者是发生了"异地同变"即相同的变异，这两种情况都有可能；但是方言间的"飞跃影响"可能造成某一片，或某一地方言产生不同于周围其他方言的特点。

以"面"为单音节词或为单音节语素构词指称"脸"的情况存在于吴语及其以南的方言中，以"颈"为语素构成的指称"脖子"的词在北方官话的某些方言中也存在，这可能是方言对古汉语成分的"共同承传"。指称大腿，于都话说"大脚髀"、广州话和东莞话说"大髀"，"髀"语素的存在或许是客家于都话受粤语影响的结果，也可能是共同承传。处在吴语包围中、与官话方言相隔较远的杭州话中，有很多人体词与官话方言一致，如以"脸"称说面部，以"脖子"称说"颈"，以"脑袋瓜"称说"头"，疑是杭州话在南宋时期受北方话影响的结果；南昌话的某些人体词的说法与北京话一致，这可能是方言间的"飞跃影响"。

二 方言变异词的类型和区域特点

上文说过：方言变异词是指那些能在文献记录中找到与其同形的词、但意义却与文献中的同形词有别的方言词。这里以人体核心义位为例，尝试讨论方言人体变异词的类型和区域特点。

（一）方言变异词的类型

源于义位变异的方言人体词，其原义大都与人体词有相关关系；变异的类型概括起来有以下几种。

1. 义域扩大，以部分代整体

即由指称某一人体器官部位中一部分的词，义域扩大而指称这一整个人体器官部位。这在所有变异形式中占多数。如：南昌话以"脑盖"指头，"脑盖"原指头额，是头部的一部分；哈尔滨、济南、银川、乌鲁木齐4地方言说"脸蛋子"，哈尔滨、济南、徐州和西宁4地方言说"脸蛋儿"，"脸蛋"本指"脸的两旁部分"，义域扩大，泛指"面部"；建瓯话的"面颊"指脸，"面颊"本指脸的两侧，建瓯方言中发生变异，义域扩大，指整个面部；娄底、萍乡和梅县3地方言以"眼珠"指眼睛，但普通话和多数北方方言里的"眼珠"只是指眼球；福州和厦门两方言还以"目珠"指眼睛，"目珠"本义也指眼球，这两地方言以部分代整体指整个眼睛；西安、西宁和万荣3地方言以"眼窝"指眼睛，"眼窝"本指眼球所在的凹陷处，此3地方言义位发生变异，以部分代整体指整个眼睛；吴语苏州、上海和温州及徽语绩溪4地方言以"眼乌珠"、绩溪话以"眼乌珠子"指称眼睛，"眼乌珠"本指眼球，在这些方言中义位发生变异，以部分代整体指整个眼睛；"鼻孔"本指鼻腔跟外面相通的孔道，绩溪话发生方言义位变异，义域扩大以"鼻孔"指鼻子；柳州话以"胸口"指称胸部，"胸口"本指胸骨下端周围的部分；西安、西宁、上海3地方言以"奶头"指乳房，"奶头"本指"乳头"，并非指整个乳房，但3地方言的"奶头"是以部分代整体指整个乳房，是发生了方言义位变异；"髀"、"䏶"、"胯"的本义都指"大腿"，今天在粤方言、吴方言和武汉话中，这三个词位发生变异，意义都比古代扩大了，都可以指整条腿。

2. 有些方言人体词只是其中的某个语素保留了古汉语的意义

太原话又称"屁股"为"㞘子"；"㞘"，《集韵·屋韵》都木切，"《博雅》：臀也"。广州话的"屎朏"指屁股；朏，《玉篇·肉部》："朏，臀也。"雷州话的"尻川"指臀部；"尻"，《说文》："月隼也。"即臀。段玉裁注："尻，今俗云沟子是也。月隼，今俗云屁股是也。析言是二，统言是一。"雷州和广州两地方言是保留古汉语的词形和意义。

3. 相关或相邻代指

即由指称与某一人体器官部位相邻或相关的器官部位的词转而代指这一器官部位。如：于都话以"嘴角"指嘴，"嘴角"原指上下唇两端连接处，这里是以相邻部位代指，发生了义位变异；哈尔滨话指称头的"脑子"原指脑髓，脑髓是脑袋中的内容物，与脑子位置相关。梅县话的"腰骨"，《汉语大词典》的释义：腰部的脊骨。《医宗金鉴·刺灸心法要诀·周身名位骨度》:"腰骨。"原注:"腰骨者,即脊骨十四椎下,十五、十六椎间,尻上之骨也。"梅县话以与腰部位置相关的指称腰部脊骨的词来指称整个腰部,这是方言义位变异。

4. 性质或性能相关代指

即由指称某一器官部位的性能或性质的词转而代指这一器官部位,或以表示其他事物的词指代其承载物——人体器官部位。如:雷州方言以"身份"指身体,"身份"在近代汉语中指模样、姿态、架势,与人体有承载关系;武汉话的"身命"指身体,"身命"本指生命,而身体是生命的承载物;丹阳话以"脑头"指头,"脑头"原指头脑,思维能力,有思维能力是"头"的性质、性能;海口话的"形"指脸,"形"本义指形象、面貌,形象、面貌是长在人的脸上。

5. 古汉语中原有的指称某一人体部位的词,在现在方言中的其同形词只是指这一人体部位的一部分

即古今词形一致,但今天方言词的词义范围比古汉语词的要小。如:《儿女英雄传》中有"脖颈"(第十六回)、"脖颈儿"(第三一回)指称颈部,牟平表示"脖子后部"称"脖颈子";指称"颈项"的"脖梗"亦称"脖儿梗"、"脖梗子",较早的用例见于《老残游记》,济南表示"脖子后部"说"脖儿梗"。

6. 变异中存在的特殊形式

变异中还存在一些特殊形式,如:

一是指称某类人的词去代指这类人所拥有的特殊性能的人体器官。如:哈尔滨的"妈儿妈儿"、武汉的"妈"、洛阳的"妈妈儿"都是指称乳房;"妈妈"在济南、徐州、武汉3地方言里指"乳房",在济南和徐州两地方言里兼指"母亲"和"乳房"(武汉指称乳房的"妈妈"和指称母亲的"妈妈"声调不同),但《汉语大词典》和《汉语大字典》都没有收"妈"或"妈妈"的这一义项;这应该是一种义位变异,是以母亲——"妈妈"哺乳者代指母亲的哺乳器官——"乳房"。

二是古汉语原有的词位与方言中现有词位意义或相同或有相关关系,但形式却存在一定差别:比如方言现有词比古汉语词多了词缀。如:指称脸,哈尔滨、济南、银川、乌鲁木齐4地方言说"脸蛋子",哈尔滨、济南、徐州和西宁4地方言说"脸蛋儿",而《女儿英雄传》(第三十四回)只见本指"脸的两旁部分"的"脸蛋";"嘴角"指上下唇两端连接处,其文献用例可见于清李绿园《歧路灯》,丹阳话以"嘴角子"指嘴;"身骨"指身体、体格的例子见于《红楼梦》(第九十回),徐州话以"身子

骨儿"指称身体；哈尔滨、牟平、徐州、武汉、乌鲁木齐、扬州 6 地官话方言说"嘴头子"，文献中只有"嘴头"指嘴的用例，见于《金瓶梅》（第一回）；银川话以"嘴皮子"指嘴，"嘴皮"本指嘴唇，见于元杂剧《都孔目风雨还牢末》；《儿女英雄传》中有"脖颈"（第十六回）、"脖颈儿"（第三一回）指称颈部，徐州话的"脖颈子"、"脖了颈子"与文献中的"脖颈、脖颈儿"词形有差异；"奶膀"近代汉语有用例，见于元《东南纪文》，哈尔滨话说"奶膀子"；"奶胖"见于《醒世姻缘传》第四三回，哈尔滨话以"奶胖子"指称乳房。

变异中的这两种特殊形式，如果仅从词形看，说它们是变异词也可以；如果第一种形式联系词义，第二种形式严格按照词形完全相同的标准，说它们是方言创新词也未尝不可。

（二）继承中的变异

方言人体义位变异，可以说是继承中的变异。理由有两点：一是这些词本来就是指称人体某一器官部位，或指称与人体器官部位有关的事物，以指称与人体器官部位有相关关系事物的词指称人体，具有意义上好理解、使用中易接受的特点；二是构成这些词的主要语素一般都是从古汉语中继承下来的表示人体或与人体有相关关系事物的词，目前还没有见到有完全使用方言创新语素构成方言人体变异词语的情况。

（三）方言变异词的区域特点

1. 涉及的义位

从以上材料可以看出，核心人体词语的方言变异所涉及的人体义位主要有身体、头、脸、眼睛、嘴、乳房、屁股、腿，等等；而耳朵、舌头、牙齿、颈、肩膀、背、胳膊、肚子、手、膝盖、脚、头发、胡子等义位的方言变异形式较少。

2. 方言区域特点

从以上材料可以看出，核心人体词的方言变异并非涉及所有 42 地方言，有 35 地方言有变异形式存在，约占 42 地方言的 3/4；西南官话的成都话和贵阳话、江淮官话南京话、晋语忻州话、湘语长沙话、赣语黎川话、南宁平话等方言，几乎未见有核心人体义位的变异形式。

从 35 地方言的人体变异词的数量看，其中多数方言只有一个变异词，如万荣、西安、乌鲁木齐、柳州、扬州、太原、温州、娄底、南昌、萍乡、于都、东莞、福州、建瓯、厦门、海口等 16 地的方言；但哈尔滨话的方言变异词数量最多，不少于 5 个；西宁话、丹阳话、上海话和绩溪话也超过 3 个。从整体看，官话和吴语北部的某些方言的变异词数量要多些。

从变异形式看，拥有两种以上变异形式的有哈尔滨、牟平、济南、徐州、西宁、银川、乌鲁木齐、武汉、丹阳、广州、梅县、雷州12地方言，这些方言的变异形式都在两种以上。

上面谈到的几种形式的方言变异词，其中因第一种形式产生的方言变异词的数量最多、分布地域最广也最多，约有23地方言有这种形式的变异词存在；第二种形式的变异词只见于太原、广州、雷州3地方言；第三种形式分布在哈尔滨、于都、梅县3地方言中；第四种形式分布在武汉、丹阳、海口、雷州等地的方言中；第五种形式只见于牟平和济南两地官话中；两种特殊形式只存在于吴语丹阳话和个别官话方言中。

三　方言创新词的类型和区域特点

考察方言人体创新词的类型和区域特点，可以为更好地认识方言人体词的特点提供参考。

（一）方言创新词的类型

方言人体词语的创新类型很复杂，主要有以下几种类型。

1. 以承传的古汉语单音节人体词为语素，重新组合构成今天的人体词

以古汉语词作为单音节语素，仍保留古代原有的意义，如：朏，《玉篇·肉部》："臀也。"广州话的"屎朏"指屁股；古汉语曾以"目"指眼睛，以"腹"指称腹部，今天福州和厦门两方言以"目珠"、建瓯话以"目睭"指眼，厦门话以"腹肚"指称腹部；雷州话的"尻川"指臀部，"尻"，《说文》："月隼也。"即臀；"脖"，《广韵·没韵》蒲没切，"胦脐"，萍乡话以"脖子眼"指肚脐眼，其中"脖"指肚脐，是保留元代以前汉语的说法；"膁"，《广韵·忝韵》苦簟切，"腰左右虚肉也"，广州话的"小膁"指（人）腹部两侧（在肋骨之下），软肋，是保留古汉语的意义和说法。"喙"指称"嘴"先秦就已存在，厦门话有"喙口"、"喙斗"和"喙箍"、"喙齿"、"喙须"的说法，海口话有"喙马"和"喙水"；"脰"指称"脖子"先秦文献中的就用例，福州话有"脰骨"，海口话有"脰蒂"。

"有不少创新词用的是前代语言的语素，根据实际情况及自己的理解选用组合而成的。"① 李如龙先生的说法非常正确。

① 李如龙：《谈谈词汇的比较研究》，载《汉语词汇学论集》，厦门大学出版社2011年版，第145页。

2. 与普通话或古汉语文献中记录的相对应词的主要语素相同但语素顺序有差异

厦门话的"腹肚",我们没有查到文献用例,但《汉语大词典》收录了"肚腹"这是同义语素构词,方言语素顺序不同造成的;还有福州话指称头的"头首"。

3. 采用语素重叠或叠音的方式构成新的词

这又有四种情况:第一种情况是由表示这一器官部位的单音节词重叠构成新的方言词,如温州话指称嘴的"嘴嘴",西宁话指称脖子的"脖脖",福州话指称耳朵的"耳耳",成都话和温州话指称脚还说"脚脚",等等;第二种情况是由表示这一器官部位的单音节语素再与其他重叠成分构成,如太原话说"胡苴苴",贵阳的"手爪爪"(儿语,手),成都话还说"脚爪爪"(脚),忻州话的"奶牛牛"(乳房),长沙话的"奶唧唧"(乳房);第三种情况是用以表示人体的语素重叠后再加上词缀构成,如乌鲁木齐话还说"腿腿子"(腿),成都话的"膀膀(儿)"(肩膀);第四种情况是由记录方言词音的语素重叠构成方言创新词,如指称乳房,不少方言有这种形式的方言创新词:哈尔滨话的"哑哑儿"、贵阳话的"咪咪〔mi⁵⁵ mi⁵⁵〕"、银川和乌鲁木齐两地方言的"高高〔kɔ⁴⁴·kɔ〕—"、长沙话的"唧唧"、西宁话的"牛牛〔ȵiɯ²⁴⁺²¹ ȵiɯ²⁴⁺⁵³〕",还有,娄底话指称嘴的"毟毟"和"口口"(〔mi³⁵·mi〕嘴(詈辞)),建瓯话指称脖子的"仲仲〔tœyŋ⁵⁵ tœyŋ⁵⁵〕",等等。

4. 用古、今共同语单音节词为实义语素,再用虚语素(如词缀语素),甚至是方言特有的虚语素构成的方言特有的派生词

在第二章第三节,我们讨论方言核心人体词派生形式时,曾举过一些实义语素与方言特有的词缀组合构成派生词的例子。如:指称耳朵,广州、建瓯、厦门3地方言指称耳朵的"耳仔",扬州话的"耳头",黎川话的"耳儿",梅县话的"耳公",广州和福州话的"耳团",哈尔滨话的"耳丫子",都是由实义语素"耳"加上后缀"—子、—儿、—头、—仔、—公、—团"等构成的词;指称鼻子,赣方言(萍乡话除外)和客家方言的"鼻公"、粤方言的"鼻哥"、厦门话的"鼻仔",都是由实义语素"鼻"加上后缀"—公、—哥、—仔"等构成的词;指称舌头,湘语两地方言和萍乡话的"舌子"、梅县话的"舌嫲"、厦门话的"舌仔",都是用"舌"为主要语素加上不同后缀("—子"、"—嫲"、"—仔")构成的方言创新词。这样的例子还有很多:于都话的"腰牯"(腰),黎川话的"嘴仔"(嘴),成都话的"牙巴"(牙齿),扬州、苏州、上海、

宁波4地方言的"牙子"（牙齿），萍乡话的"颈牯"（颈/脖子），梅县话的"须姑"（胡子），梅县话的"奶姑"（乳房），厦门话的"奶仔"（乳房），等等。

5. 用方言创新词为单音节词，或用方言创新语素，或用方言特征语素参与构词而产生的方言特有的词

前一种情况如：西安话指称头的"膣"〔sɑ²⁴〕、广州指称乳房的"䎃"〔nin⁵⁵〕、建瓯话指称乳房的"脄"〔naiŋ³³〕，等等；后者有：海口话的"肚胿"，厦门话指称牙齿的"喙齿"，厦门话指称嘴的"喙口"、"喙斗"和"喙箍"，海口话指称嘴的"喙马"和"喙水"，建瓯话的"脄脬"和"脄座"（乳房不包括乳头那部分）。

6. 以指称人体某一器官部位中一部分的词作语素构成表示人体这一器官部位的词语，即部分代整体

温州话有"身膧"的说法，"膧"〔tʂʼuaŋ³⁵〕，《集韵》传江切，平江澄，"膧腔"同"艟腔"。《集韵·江韵》："艟，艟腔，尻骨。或从肉。"[①]可见，"膧"本只是身体的一部分。崇明话的"眼乌子"、"眼睛乌子"，温州话的"眼灵珠"和"眼儿珠"，本义指"眼珠"，部分代整体构成指称"眼睛"的词；崇明话的"腰眼"，《汉语大词典》的释义：腰后胯骨上面脊椎骨两侧的部位。

7. 语素义发生移位

某些古汉语人体义位以单音节语素的形式保留在今天的方言人体词中，这些方言人体词的整个词位或其中的某个或某些语素看似承传自古代——形式与古代相同，但其意义又与古代不同，即不表示古汉语中所指的那个人体部位，而是指与那个人体部位相邻的人体部位。我们把这种现象暂且叫做"语素义发生移位"。如：忻州话的"颞角儿"指太阳穴，"颞"，《广韵·叶韵》："颞，颞颥，鬓骨。""颞"原指"鬓骨"，只是与太阳穴部位相邻的骨头；温州话的"面领颐儿"指颧骨，"颐"，《集韵·鱼韵》子余切，"颐也"，不知为何本指下巴部位的"颐"为何被用来指颧骨？温州话的"颔颡"指腮，"颡"，《集韵·唐韵》苏郎切，"颔也"，原指额，汉代指称额头的"颡"在温州方言中被用来作语素构词指称腮，厦门话以"颔胿"指脖子的前部、以"颔颈"指脖子，"颔"在古汉语中原指称"下巴"；黎川话的"肚脐眼"指肚脐眼；"脐"《广

[①] 汉语大字典编辑委员会：《汉语大字典》，湖北辞书出版社、四川辞书出版社1992年版，第886页。

韵·支韵》疾移切，"人子肠名"，即小肠，肚脐眼与小肠只能说是位置相邻；厦门话的"骸头趺"、海口话的"脚趺脐"或"脚趺"中的"趺"同"跗"，《广韵》甫无切，"足上也"。《汉语大词典》解释："同'跗'，脚背。"从《汉语大词典》的释义看不出厦门、海口两地方言为什么用指称"脚背"的"趺"为语素构词去指称"膝盖"。

以上谈到的语素"颗"、"颌"、"且页"、"颡"、"齘"、"趺"都与古文献中的意义不同，在今天的某些方言中用来指称与古汉语中所指部位相邻近的人体部位，即这些语素的意义发生了移位。

8. 以并非指人体，而以仅是指称与人体有关的事物的词来指称人体器官部位

娄底话的"腰板"，《汉语大词典》释义：指人的腰和背，多就姿势而言，亦借指体格；又如福州"面顿"、厦门和海口"喙顿"都指面颊，"顿"，本指"头倾斜、不正"，不知为何在三地方言中指"面颊"，这很值得研究。

9. 以比喻形式造词

万荣话的"鼻疙瘩"，苏州和上海两地方言的"脚馒头"（膝盖），长沙话的"鲇鱼膀子"（前臂），成都话的"包子"（乳房）。

10. 方言区人民自造的詈骂语词、委婉或避讳语词，以及其他带有附加色彩的语词

徐州话的"枣木"（脑袋的戏称），宁波话的"丫脸"（贬称面孔），粤语广州和东莞两地方言用单音节的"脷"（舌头），柳州和南宁两地方言说"脷钱"（舌头），武汉话还有"赚头"（舌头）说法，都是方言创新。金华话的"肶口"（嘴，用于骂人），西安话和银川话的"尿嘴"（嘴，詈词），等等。

11. 以字记音而致的创新词

以汉字记录方言词的语音，因方言词语音的差异而使方言词语存在差异，如果这样的词语暂时找不到文献出处的话，也算是方言创新词。这种情况的方言创新词语应该是最多的。因方言语音的复杂性，不少方言存在有音无字的词。如：徐州话的"□［kə⁵⁵］了□［pəŋ³⁵］子"，忻州话的"□老［ tə²² lɔ³¹³］"，南宁话的"能□［nəŋ²¹ kʼəŋ⁵⁵］"，绩溪话的"扣［kʼi³⁵ ǀ ⁵³］颈"；指称头部的忻州话的"□老［ tə²² lɔ³¹³］"，南宁话的"能□［nəŋ²¹ kʼəŋ⁵⁵］"；万荣话有音无字的"□"（［tɕya⁵⁵］）指嘴（多用于小孩子或带有贬义时），上海话的"嘴蒲"，宁波话的"丫码—［mo²¹³ǀ⁵³—］"，金华话的"□蒲［ bu³¹³］"、"□蒲［ bu³¹³］儿"和"肶

口"（用于骂人），万荣话的"等［tei^{24}］脑"，成都话的"脸登儿"，银川和乌鲁木齐两地方言的"高高［kɔ^{44}·kɔ］"（乳房），长沙话的"唧唧"（乳房），西宁话的"牛牛［n̠iɯ$^{24|21}$ n̠iɯ$^{24|53}$］"（乳房），南宁平话的"□"［me^{21}］（乳房），武汉和南昌两地方言的"克膝"，忻州话的"圪替跪"，雷州话的"骹污"，牟平话的"波楞盖"，济南话的"胳拉瓣儿"、"波勒盖"和"波拉盖"，西安话的"咳膝盖"，武汉和贵阳两地方言的"克膝头"，柳州和东莞两地方言的"波萝盖"，银川话的"波里盖"，西宁话的"波膝盖"，南京话的"磕膝头"，太原话的"圪地跪"，忻州话的"圪替跪"和"圪膝"，万荣话和晋语两地方言的"圪膝盖"，黎川话的"屑头公"，雷州话的"骹头污"，哈尔滨话的"簸棱盖儿"和"簸勒盖儿"，徐州话的"胳娄拜子"，洛阳话的"圪老拜儿"和"不老盖儿"，成都话的"克膝头儿"，乌鲁木齐话的"波膝盖儿"，扬州话的"波罗盖子"和"胳记头子"，这些方言词暂时找不到文献例证，疑为方言创新词。

可见，多数方言创新也是在承传古汉语的基础上的，这更进一步证明了汉语各方言都对古汉语有承传，且相互间有密切的亲缘关系。

（二）方言变异词的区域特点

1. 涉及的义位

从以上的材料可以看出，除胸、背、屁股、手、腿等义位的方言创新情况较少外，其他义位都有方言创新词存在，其中尤其以身体、头、耳朵、鼻子、嘴、脖子、肩膀、乳房、胳膊、膝盖等义位的方言创新形式为多。

2. 方言区域特点

全部42地方言中都有方言创新词存在。单个方言中创新人体词最少的是牟平话，最多的是宁波话和厦门话；各方言区中平均创新义位数目[①]为：官话3.5，晋语5.5，吴语6，徽语绩溪话3，湘语6，赣语4.3，客家方言9，粤语7，南宁平话7，闽语7.6。可见，仅就人体义位来说，客家方言的创新形式最多，其次是闽语，徽语绩溪话的平均值最小。

---

① 如果某一方言对于同一人体义位有多种创新说法的话，为简便起见，我们只按数字1来合并计算。限于篇幅，详细的计算步骤暂不列出。

四　不同方言核心人体义位的承传、变异、创新情况总结

"不同时代，不同地域的语言，不论是共同语或方言，所有词汇中的传承，变异，创新和借用的成分一定有不同的比重，正是这些差异，构成了不同时地的共同语或方言的词汇差异的总的格局。如果就各时代的语言和各地的方言取出一批数量相当的基本词，分出这四种不同的词语，再看看各占多少比例，一定可以看到他们各自不同的历史地位和演变个性。"①仅就各方言的核心人体词中承传词、变异词和创新词来看各方言"不同的历史地位和演变个性"，显然是不可能的，我们这里只是作一个尝试，尝试以各方言的核心人体词中承传词、变异词和创新词的比例等为参考，讨论汉语核心人体词的演变，并暂且以核心人体词为参考讨论方言分区等问题；进一步的研究将应该涉及多个基本词，至少应该是全部核心词。

承传词的情况前文已经讨论过，结合变异和创新情况②，我们暂作一个简单讨论。

从单个方言看，官话方言的哈尔滨话承传自各个时期的义位总数最高，而其变异词数目也是各方言中最多的，其创新词数目在官话方言中也并非最少；闽语雷州话承传词数目最少，变异词数目超过 2 个，创新义位数目 5 个，在整个闽语中也算最少的（也许《雷州方言词典》对人体义位的收录情况也在某种程度上影响了计算结果，25 个人体核心义位有 6 个没有方言说法的记录）。

从方言区看，官话承传词平均数目最高，虽然官话方言内部义位变异的情况很不相同，但从整体看，官话和吴语北部的某些方言的变异词数量要多些，官话方言创新词平均值最低；晋语承传词数目平均值比较高，但忻州话几乎未见有方言变异词，然而晋语两地方言的创新词平均数目高于官话，甚至高于徽语绩溪话和赣语；吴方言承传词数目与官话相当，变异词数目比较高，创新词数目与湘语相当，高于官话、晋语、徽语绩溪话和赣语；徽语绩溪话承传义位数甚至高于晋语、官话和吴语，变异词数目低于哈尔滨，但超过 3 个，而创新义位数目最低，甚至低于官话；湘语承传

---

① 李如龙：《谈谈词汇的比较研究》，载《汉语词汇学论集》厦门大学出版社 2011 年版，第 146 页。

② 前文讨论过方言人体词中承传词的情况，方言人体词中的变异词和创新词的情况，很复杂；限于篇幅，也为简便起见，我们没有将详细的计算步骤列出，这里只用手工统计的结果来说明问题。

词平均为18，与客家方言相当，仅高于闽语，变异形式很少，创新词数目与吴语相当，高于官话、晋语、徽语绩溪话和赣语；赣语的承传词平均数为22.3，与官话和吴语相差不大，高于其他南方方言，赣语变异形式较少，创新词数目仅高于官话和徽语绩溪话，在南方方言中较低；客家方言的承传词数目平均为18，仅高于闽语，变异词有一些，但创新词平均数却是各方言区中最高的；粤语的承传词平均数目为18.5，仅高于湘语、客家、闽语，变异情况较多，创新词平均数目低于客家话和闽语、与南宁平话相当；南宁平话的承传词数目和徽语绩溪话一样在南方方言中较高，几乎未见有核心人体义位的变异形式，创新词平均数目低于客家话和闽语、与粤语相当；闽语承传词的平均数目在各方言区中最低，变异形式较少，创新词数目排第二，仅低于客家方言。

将十个方言区的核心人体词中承传、变异、创新三种情况的平均值，按降序排列：

承传词：徽语绩溪话（24）＞官话（23.75）＞晋语（23.5）＞南宁（23）＞吴语（22.5）＞赣语（22.3）＞粤语（18.5）＞湘语（18）＝客家方言（18）＞闽语（16.4）

变异词：吴语＞粤语＞官话＞徽语绩溪话＞客家方言＞赣语＞闽语＞湘语＞晋语＞南宁平话（几乎未见）

创新词：客家方言（9）＞闽语（7.6）＞粤语（7）＝南宁平话（7）＞吴语（6）＝湘语（6）＞晋语（5.5）＞赣语（4.3）＞官话（3.5）＞徽语绩溪话（3）

从42地方言看，各方言词汇系统中人体义位的情况大体为变异形式普遍较少，承传词和创新词较多；承传词几乎是从北往南逐渐减少，而创新词则相反，几乎是从北往南逐渐增加，但这其中也有"跳跃式发展"。

一直以来以为客家方言承传古汉语，特别是其南迁之前的古汉语情况比较多，但从人体义位的分析看，客家话创新词最多，承传词数目低于42地的平均数；因此，在研究人体词的承传时，对客家方言的材料更需谨慎对待。

第三节　汉语核心人体词语的历时演变原因

"词义变化有新生、变异、置换、消亡四种形态，与词义互为表里的词形也是如此，概念有产生、消亡、变动，反映词义体系的词汇场也有生、死、损、益。……'除新词外，名称的转移同样构成词义的变化。'（T. B. 斯特洛也娃）。"① 汉语人体词的变化中新生词的情况较少，但也存在变异、置换、消亡几种形态。

语言演变是有原因的，推动语言发展的力量既有来自客体和主体世界的语言外部力量，又有因语言内部各因素的影响而产生的语言内部的力量。

人体词表示的是人体的器官部位，从有甲骨文的殷商时代至今人的身体没有变化，加之人体词是属于基本词汇的范畴，按理来说，人体词也应当没有变化，但是实际情况是"它的稳固性没有自然现象的名称的稳固性那么大。几千年沿用下来的只有'心'、'手'等很少的一些词"。② 研究人体词的演变、替换，我们发现其中有各种极其复杂的原因，这些原因既有语言外部的又有语言内部的。

一 语言外部原因

（一）客体世界的原因

"在语言诸要素中，唯有词汇，特别是词义跟客体世界的关系最密切。……因此，客体世界每一个引起人们注意的变化都及时地反映到词义中。客体世界的变化发展是推动义位演变的第一动力。这个动力又包括许多不同方面的动力，诸如：自然和社会个体（多是物质形态）、社会生活（政治、经济、文化、军事、风俗习惯）、科学技术、民族种族、社会集团、历史的发展变化等。"③ 我们认为，诸多方面的原因中有三个方面与核心人体词有关，最值得研究。

1. 造词理据的异同

现实现象中有什么样的事物，就需要语言有相关的词去指称。有些方言中的某些人体词语，其造词理据即来自客体世界，是因为客观事物本身或文化的影响而产生这种说法。如：某些方言中表示额头的词："天庭"和"印堂"都来自相面用语，是相面术发展到一定阶段的产物。哈尔滨话的"哈拉巴"也作"哈喇巴"指肩胛骨，是满语译音；上海话的"番水"指脸，是英语 face 的译音。这两个词的出现都可以看出是受文化的影响，地处东北的哈尔滨话受满语影响是可以理解的；上海是国际化大都

---

① 马清华：《语义的多维研究》，语文出版社 2006 年版，第 3 页。

② 王力：《汉语史稿》，中华书局 1980 年版，第 496 页。

③ 张志毅、张庆云：《词汇语义学》，商务印书馆 2005 年版，第 256 页。

市，上海话受英语的影响也不奇怪。

2. 不同时期的共同语的演变引起的词语替换

政治、经济、文化的发展，会使某地方言的地位提高，并有可能成为共同语的基础方言，这样这一方言的词语有可能取得比较高的地位而进入共同语，并在全民广泛使用后而可能取代那个意义与之相对应的以往的通语词。汉语史上不少通语词就被替换，如指称下巴的汉代通语词"颐"在今天的普通话和方言中都已经被替换，甚至不如当时的方言词"颔"、"𬱖"，"颔"、"𬱖"今天还仍然以语素的形式保留在某些方言的指称下巴的词中；而方言词却可能进入通语并被固定了下来，如王力先生认为本是方言词的"头"，替换了通语词"首"。

3. 语言演变中时、地等因素不平衡的结果

总之，社会的发展、经济和文化等因素的影响等原因，都可以引起人体词的变化。

（二）主体世界的原因

"义位的第二个主要来源是主体世界，义位中包含的第二个主要因素是主体因素，即精神内容。因此，主体世界的变化发展，必定是推动义位演变的第二个动力。这个动力包括的主要方面是：思维认识、思想观念、心理感情。"[①]

从古至今有些人体词语的易名的原因之一，与人的联想，特别是邻接联想有关。"邻接联想使人体部位词在相邻部位间相互转移。汉语'脚'原指'小腿'，后由小腿转指脚"[②]；词义的模糊性加剧了相邻联想的程度，有些地处南方的方言中"手"可以指称整个身体"上肢"、"脚"可以同时指人体"下肢"，如果不是古汉藏语承传，也可能是这个原因。

"情感联想"和求雅心理是导致委婉用法产生的主要原因，如不少方言用"下（半）身"指阴部，牟平话的"小肚子"还指下身，有时专指阴部，牟平话的"大腿根子"或称"腿根子"还指阴部，忻州话的"小腹"为男性生殖器官的讳称，这些委婉的说法或讳称是求雅心理造成的，其中还可能有位置相近而产生"邻接联想"的原因。多地方言中如此一致地以表示下半身的词语表示"阴部"或"生殖器"，这是文明、社会道德发展的表现。多地方言中指称"乳房"的词语的造词理据也涉及避讳、"相关联想"和"相似联想"。避俗求雅心理的作用，也是语言词义发展

---

① 张志毅、张庆云：《词汇语义学》，商务印书馆2005年版，第258—259页。

② 马清华：《语义的多维研究》，语文出版社2006年版，第6页。

的一种原因。"对事物的厌恶、恐惧等情感联想往往带动这些事物的名称发生更易，而更改名称的目的其实是为了调整色彩。亵渎性、危险性的词使人听起来感到不快，受感情、道德观和社会支配，人们一般禁忌直接提起这些词，于是造出各种婉曲的说法，在使用中替换它们。"① 这是避讳说法产生的另一个原因，如粤语等地方言称"舌（头）"为"脷"或"脷钱"、武汉话称"舌头"为"赚头"，都是由于避免因听到"舌"而联想到"折（折本）"。

"喜新厌旧"等心理因素可能导致方言人体同义词的产生和演变，特别是方言中那些与普通话不同的、年轻人的新说法的产生与此不无关系，这也可能是历史上有些方言词的完全易名、替换的原因之一。"求新，就是追求语言表达上的新颖、新奇，汉族人的面部从甲骨文时代至今三千多年还是那张脸，可是表达它的名称却从'面'变成'脸'，而且'脸'的义域从面颊扩大到整个面部。其演变的重要原因是中古文学表达在这个语义场中开始弃旧（'面'）求新（'脸'）。"② "求新"而引起人体词语的演变的例子是很多的，又如"踝下"义位上"脚"代替"足"成为主导词位，"整条腿"义位上"腿"代替"脚"，都可能是语言社团"喜新厌旧"的结果。"脚"、"腿"是口语中新兴的语言成分，比书面语词"足"具有更强大的生命力。

"作为义位演变的动因，还有一个重要的心理因素——感情。……感情因素促使义位演变的一个显著结果就是义位的贬降和扬升。"③ 有些方言人体词语的不同情感陪义的产生可能与此有关。有些方言中有用表示动物的义位来转用于人，有的还是作詈辞用，引起词义的贬降，这也是源于感情因素。

总之，主体世界人们的认识、认知的发展、变化，会影响到人的联想：与隐喻有关的相似联想、与换喻有关的相关联想、邻接联想等发展、变化，会引起方言人体词词义的变化；避俗求雅、喜新厌旧等心理，也会影响方言人体词的演变。

---

① 马清华：《语义的多维研究》，语文出版社 2006 年版，第 7 页。
② 解海江、张志毅：《汉语面部语义场历史演变——兼论汉语词汇史研究方法论的转折》，《古汉语研究》1993 年第 4 期。
③ 张志毅、张庆云：《词汇语义学》，商务印书馆 2005 年版，第 261—262 页。

二　语言原因

"在客体世界和主体世界都没变的情况下，义位变了。这时只好到另一个世界去寻找动因，这就是语言世界的动因——语言结构的不平衡性。"① 无论是汉语共同语还是方言中的不少人体词的演变原因还要到语言内部去寻找。语言虽然是随着客体世界和主体世界的发展而发展演变，但是决定语言怎么变的直接动因却是语言系统内部的各种因素的相互关系。"语义场内部结构的不平衡性是引起语义场演变的内在原因。""人们要求语言用最简明、最经济的办法去满足交际需要；为此就要求语言系统保持一种有序平衡状态。但这种结构经常遭到语言'创新'的破坏，导致语言结构出现不平衡性；在词汇系统中，表现为词位的产生或发展引起语义场的变动。"② 从汉语共同语和方言人体词语的演变中能找到很多实例。

（一）语言明晰性的需要

每种语言或方言中的语言单位之间必须保持有效的区别性，否则会引起混淆，影响语言的表达功能。如果同音词过多，并且不容易靠语境等加以区别的话，势必会引起混淆。前面提到的上古汉语词"首"被"头"替代，就是因为"首"与"手"上古同音，为避免这两个同是表示人体部位的词发生同音冲突，保留了"手"，消失了"首"；"为避免同音词而改用另一个词的例子，汉语还有'木'和'目'"③。今天42 地方言中都没有以"首"指称头部的了，因为，几乎每个方言表示"手腕"以下的部分一般都是称"手"。

此外，多义词如果负担的意义太多，不容易在上下文中使其中一个意义显示出来而排除其他意义的话，就会在使用中引起混淆，语言系统必须想办法解决这一问题。"词义体系调整是人们最常提起的影响词义变化的语言原因。……过度多义可导致词义的重新组配。语义负荷越重，形式更替的要求就越强。从对上古汉语人体部位词所作的调查发现，词形全部改变的词，原平均义项数最多；词形局部改变的词，原平均义项数次之；词

---

① 张志毅、张庆云：《词汇语义学》，商务印书馆 2005 年版，第 263 页。

② 解海江、张志毅：《汉语面部语义场历史演变——兼论汉语词汇史研究方法论的转折》，《古汉语研究》1993 年第 4 期。

③ 黄树先：《汉语核心词探索》，华中师范大学出版社 2010 年版，第 61 页。

形不变化的词，原平均义项数最少。"① 根据《古辞辨》，上古表示头的"元"、"首"在被替换前都发展出来了多项引申义②；查阅工具书我们还发现存在于上古的其他单音节人体词，如"面"、"眼"、"足"等在被替换前也发展出了不少引申义，"头"代替了"首"，现在在一些方言中单义的"脑袋"又有替换有多种引申义的"头"的趋势。

（二）语言经济性的需要

语言明晰性的需要使原来的多义词发生分化，而语言的经济性却要求一个语言单位兼表相关的意义，而不必另造新词。汉语方言人体词，特别是核心人体词大多都有派生义，语言经济性的要求是语义派生的一个重要原因。

（三）汉语词汇复音化的结果

语音、语义、语法三者间是相互联系、相互作用的，一方的变化常引起与之有关的另一方的变化。古汉语语音系统的简化，造成大量同音词，加上新词的不断产生，使语言符号的区别性减弱，给交际带来了困难，为保存语言单位的有效区别，就促使双音节词大量产生，很多人体词，如鼻→鼻子、舌→舌头、骨→骨头、牙→牙齿、齿→牙齿、耳→耳朵、眉→眉毛、唇→嘴唇、肤→皮肤、肉→肌肉、发→头发、节→骨节、爪→手爪脚爪、膝→膝盖、臂→手臂、掌→手掌、身→身体等，从单音节词演变为双音节词的情况，都有可能是词双音节化的结果。汉语词汇复音化不仅发生在共同语中，全国大多数方言的词汇都不再是以单音节为主了，今天方言人体词词形的复音节化就是其反映。

（四）语言系统性和平衡性使然

语言是一个符号系统，系统内部的各要素相互制约、相互联系处于一种平衡状态，如果其中的某一种因素因为某种原因而发生改变，破坏了语言系统原有的平衡，那么系统中的有关因素会重新调整相互间关系，达到新的平衡。汉语各方言内部其人体词语构成一个相对独立的系统，这个系统内各个义位处于对立统一的关系中，共同构成一个相对封闭的系统。汉语普通话和各方言义位"腿"、"脚"的词义演变，也是语言系统平衡性的一个表现。"脚"由指称"小腿"到指称"踝下"，由于词义系统性，在"脚"发生专义化代替"足"后，原来"脚"所指的人体部位出现了义位空缺，打破了语言系统原有的平衡，由此词位"腿"填补了"脚"

---

① 马清华：《语义的多维研究》，语文出版社 2006 年版，第 12—13 页。
② 王凤阳：《古辞辨》，吉林文史出版社 1993 年版，第 115 页。

在"腿"义位上的空位，达到了语言词义系统的新的平衡。

（五）语言三要素的相互影响

1. 语音演变影响下的词形变化

组成语言的三要素：语音、词汇和语法是相互联系和相互制约的，一方面的变化常常会引起另一个，甚至两个方面的变化。

在汉语人体词语的历时演变中，语音影响词形等变化的例子也是有的。如前面提到的上古汉语词"首"被"头"替代，就是因为"首"与"手"上古同音，为避免这两个同是表示人体部位的词发生同音冲突，保留了"手"，消失了"首"；又如，一些方言中"舌"与"折"同音，由于避免因听到"舌"而联想到"折（折本）"，所以不少方言都不说"舌"或"舌头"，使这一人体器官的名称发生了改变。

2. 语法演变影响下的词形变化

语言的发展是一环扣一环的，在汉语词的双音节化过程中，句法造词又使派生词大量产生，这一语法现象也影响到汉语共同语和方言人体词语的词形演变。仅就普通话来说，不少核心人体义位由古代的单音节词以加词缀的方式演变为今天的派生词，如25个核心人体义位中就有3个：鼻——鼻子、舌——舌头、胡——胡子；方言中这种情况更多，如：身子；加之某些方言中存在独特的派生构词方式和特有的词缀，使方言的情况更为复杂。

三　认知的影响

认知在语言发展变化中所起的作用也不容忽视。如：人们认识到指称头的"元"和"首"因隐喻的相似性而产生多种引申义，其语义区别性减弱，就让来自方言的、当时引申义相对少的"头"逐渐替换了"元"和"首"；人们认识到本指"脸颊"的"脸"在整个面部的凸显性、本指"眼珠"的"眼"在目部的重要性，就以位置或作用比较突出、重要的部分替代整体，义位就发生了改变。

方言变异词和方言创新词的产生也可以看出认知在其中所起的作用。如创新词中的比喻造词，变异中的相关或相邻代指、性质或性能相关代指、以指称某类人的词去代指这类人所拥有的特殊性能的人体器官，等等；这些情形的产生都可以看出人的认知在其中起了作用。

词语变异的一个原因是相邻人体部位之间的转移。"词的模糊性还可导致词义发生变化，表示某一部位的词语可转而表示邻近部位……汉语中某些人体部位词，古人的训释有所不同，往往释为相邻部位，也许这些词的所指部位本身就有模糊。"① 房德里耶斯也说过："人体各部分的名称是'意义转移的古典战场'。在这种语言中，这类名称有许多是游移不定的，很容易从人体的一个部分或一个器官转移到另一部分或另一器官"②；如"脚"由指"小腿"转而指"踝下"、"股"由指"大腿"参与构成指"臀"的词，等等。"人体部位的词，部位比较接近的话，词义容易发生改变。"③ 人们意识到相邻人体部位的关系后，就可以用相邻联想来引起词义的演变。

现实中人体词语的演变原因非常复杂，不一定仅限于我们上面谈到的一些原因，具体到各方言区、各方言中的具体的人体义位，情况就更为复杂。但无论如何，其原因也只能来自主、客体世界和语言世界；有时演变的结果不只是一种力量在起作用，"事实上，一个演变的结果，常是两个或两三个动因交互作用的，只不过其中有主次或先后之分"④。

本章小结

本章考查了汉语核心人体词的历史来源及演变类型，并尝试探讨了汉语核心人体词演变的原因。

关于人体义位的历史演变类型，从上古到现代汉语普通话中的人体词，无论是语音、词义和词形都发生了一些变化，有时词义的变化是和词形的变化相关联的。

从历史来源看，方言人体词大都源自古代，或保持古汉语词形，或以古汉语单音节词为语素构成新词；各方言对不同历史时期的人体词位的承传情况不同，方言变异是在继承古汉语词形的基础上其意义发生了变化，方言创新一般也是以古汉语单音节词为语素构成新词。这更进一步证明了汉语各方言都对古汉语有承传关系，且相互间有密切的亲缘关系。

对于人体义位的每一类历史来源词，我们都分析了其类型和方言区域特点，最后还分析了不同方言核心人体义位的承传、变异、创新比例。

从单点方言看：闽语福州话承传上古人体词位较多，对中古和近代词位的承传也比闽语区其他方言多；官话方言的哈尔滨话承传自各个时期的

---

① 李慧贤：《汉语人体部位词语历史演变研究》，博士学位论文，北京大学，2007 年，第 187 页。

② ［法］房德里耶斯：《语言》，岑麒祥、叶蜚声译，商务印书馆 1992 年版，第 228 页。

③ 黄树先：《汉语身体词探索》，华中科技大学出版社 2012 年版，第 161 页。

④ 张志毅、张庆云：《词汇语义学》，商务印书馆 2005 年版，第 270 页。

义位总数最高，而其变异词数目也是各方言中最多的，其创新词数目在官话方言中也并非最少；闽语雷州话承传词数目最少，竟然没有承传自近代汉语的人体词，创新义位数目在整个闽语中也算比较少的；方言人体创新词最少的是牟平话、最多的是宁波话和厦门话。

从方言区看，42 地方言都是承传上古和近代（粤、闽、客三方言除外）的词位数目多于中古；官话承传词平均数目较高，所以"不能认为官话方言就少有古代汉语的传承词"。官话方言承传自近代的词位较多，官话和吴语北部的某些方言的变异词数量要多些，官话方言创新词平均值较低；徽语绩溪话创新义位数目最低；客家方言创新词平均数却是各方言区中最高的；南宁平话几乎未见有核心人体义位的变异形式；闽语承传词的平均数目在各方言区中最低，变异形式较少，创新词数目仅低于客家方言。闽语承传自上古的词位数较多，而承传自中古和近代的词位数都是全国最少的。

从 42 地方言看，各方言词汇系统中人体义位的情况大体为变异形式普遍较少，承传词和创新词较多；承传词平均值几乎是从北往南逐渐减少，而创新词则相反，几乎是从北往南逐渐增加，但这其中也有"跳跃式发展"。

汉语核心人体义位演变的原因可以从语言外部、语言内部、认知原因等方面去寻找。

第五章　核心人体词的共时差异与历时演变的关系

据前文对核心人体词的历史演变分析来看，指称同一人体器官部位的各方言不同说法，或是承传自古汉语，或是在承传中又有变异和创新。因为承传、变异、创新等情况不同，核心人体词的历时演变在不同方言中就呈现出不同的特点；核心人体词共时差异的原因之一是其历时演变情况的方言差异，因而可以说核心人体词的共时差异与其历时演变是有关系的。从另一个角度看，现时方言中承传自汉语史不同时期的人体词可以反映出其历史层次的差异。

本章是对前几章研究内容的进一步深化和补充。因第一章对 25 个核心人体义位的共时分布和历时演变进行分析后，还就每一个人体义位的共时分布和历时演变关系进行了简单的讨论，这一章我们将对核心人体词的共时差异和历时演变关系作一个综合的分析。本章的内容包括：分析核心人体词的普通话和方言历史层次，讨论核心人体词主要语素的共时差异和历史层次；分析核心人体词的历时演变情况：包括古汉语共同语中的核心人体义位在现代汉语普通话和各地方言中被替换的情况，因为很多在古汉语共同语中的人体词现时还是作为单音节词或单音节语素保留在书面语中，所以我们计算的核心人体词的方言保存率是指那些古汉语共同语中存在过、现代汉语普通话和方言口语中被替换的核心人体义位的方言保存率；目的是想弄清楚：主要人体义位的历史层次及其方言分布如何，古代的人体词今天是以什么形式——语素还是词——保留在哪些方言里。第三节、第四节是我们尝试性研究，目的是想探讨人体词今天的共时差异中折射出的历时演变、语言接触等方面的遗迹。最后一节是对核心人体词的共时差异与历时演变的关系总结。

第一节　核心人体义位的历史层次及方言分布

42 地方言中都有承传自古汉语的人体词，古汉语不同时期的人体词在汉语方言中的积沉，造成了汉语方言人体词的历史层次的差异。

"一个词在不同的历时层面上各具有哪些义位，词的不同义位各产生于何时，沿用到何时，这就是我们所说的词义的历时层次。"① 不同方言由于承传古汉语人体词的情况不同，因而其人体词的历史层次会不同。本节将从产生自不同时期的人体义位的方言分布情况、方言同义词中反映的历史层次情况两个方面讨论汉语人体词的历史层次及地域分布情况。

一　不同时期产生的人体义位的历史层次及其地域分布

（一）产生自不同时期的人体义位的方言分布情况

1. 上古义位的方言分布②

身体：只在福州话和厦门话存在的"体"；存在于官话、晋语、吴语、徽语绩溪话、赣语、客家方言、粤语、南宁平话和闽语共 19 地方言的"身"；存在于官话方言、晋语、吴语、徽语绩溪话、赣语、客家方言、粤语、闽语共 26 地方言的"身体"；厦门话和雷州话的"身躯"；除万荣、武汉、西宁、忻州、金华、湘方言、赣方言的南昌和萍乡、粤语广州 10 地方言外，其他 32 地方言表示人体的义位都保留有上古汉语的说法，即 42 地中绝大部分方言的指称人体的义位都是承传自上古。

头：黎川话的单音节词"脑"和存在于除官话万荣、成都、贵阳、扬州（无调查结果）4 地，晋语两地，吴语苏州话，湘语两地，赣语萍乡话、闽语厦门话和海口话以外的其余 30 地方言的单音节词"头"上古就存在；温州和建瓯两地方言的"人头"，上古汉语就有；福州话的"头首"指"脑袋；首级"，汉代有用例。可见，今天 42 地中绝大部分方言仍沿用承传自上古的义位"头"。

脸/面：现今存在于吴语的丹阳、崇明、金华、温州，徽语绩溪，湘语的娄底，赣语（南昌话除外），客家梅县话，粤语，南宁平话，闽语（建瓯没有调查结果）共 16 地方言中的"面"甲骨文中就已存在。

① 高守刚：《古代汉语词义通论》，语文出版社 1994 年版，第 151—152 页。

② 对于汉语史的分期，前面第一章已经交代过，此处不再赘述。

眼睛：闽语除建瓯话外都使用的单音节词"目"，上古就已存在。存在于官话方言、晋语、吴语、湘语、赣语、客家方言、粤语、南宁平话中共16地方言中的"眼"在战国至西汉时期产生"眼睛"意义，汉末"眼"已成为眼睛语义场的主导性词位。

耳朵：只存在于官话方言的牟平、吴语的苏州、粤方言的广州、南宁平话、闽方言5地共9地方言中的单音节词"耳"，从上古到中古一直存在。

鼻子：闽方言5个方言点，还有客家方言于都话、粤方言广州话、南宁平话也说的单音节词"鼻"上古汉语就存在。湘方言的娄底话和吴方言除宁波话以外都说的"鼻头"指鼻子，较早用例见于汉代。

嘴：存在于14地方言中的单音节词"口"先秦就已使用，而且从先秦至明代一直占据该语义场的主导地位。闽语3地方言的单音节词"喙"（厦门话说"喙口"）先秦就已存在，本指鸟兽等的嘴，也指人嘴。

舌头：黎川、建瓯和海口3地方言的单音节词"舌"，先秦就存在。

牙齿：存在于福州话和海口话的单音节词"齿"先秦就有。存在于官话方言、晋语两地、吴语、赣语、粤语、南宁平话、闽语中共21地方言的单音节词"牙"先秦就出现了。西南官话、江淮官话、吴语、徽语绩溪话、湘语、赣语、客家方言、南宁平话、闽语等21地方言使用的"牙齿"较早见于汉魏。可见，42地中绝大部分方言今天指称牙齿的义位是承传自上古。

颈/脖子：赣语、客家方言、粤语、南宁平话共6地方言的"颈"，先秦就已存在，"项"和"胫"先秦都已存在，现在还存在于闽语中，福州话说"项"，建瓯、海口、雷州3地方言说"胫"。

肩膀：存在于于都话和海口话的单音节词"肩"先秦就已存在；单音节词"胛"、"髆（膊）"，汉代以前都已存在，海口和雷州两地方言说"胛"，广州话说"膊"；"肩胛"亦作"肩甲"，汉代已有了；丹阳、上海、宁波、长沙4地方言说"肩胛"。

乳房："乳"，上古就有；今天只有东莞话说单音节词"乳"。

肚子：见于闽语建瓯话和厦门话的单音节词"腹"上古即出现了；见于金华、绩溪、黎川、梅县、广州、南宁、福州和海口8地方言的单音节词"肚"较早用例见于汉代。

手：周朝时金文中出现的"手"自出现后无论是在共同语还是汉语方言中都很稳固，没有改变、被替换。

腿："脚"在上古和中古还指"整条腿"。存在于吴方言的宁波和温州（温州也说"脚"，见附表中解释）、徽语的绩溪、赣方言的南昌和萍乡、梅县客家方言、粤方言东莞共 7 地方言的"脚"，保留了"脚"在上古和中古时期的意义和用法。

头发：梅县和建瓯两地方言还有单音节词"毛"指头发，上古汉语就存在。

胡子：存在于萍乡、梅县、广州、南宁、福州、厦门、海口 7 地方言中的"须"指称胡须，上古汉语就有用例。

2. 中古义位的方言分布

身体：现存在于武汉和万荣两地方言的"身上"指身体见于唐代文献。

头：现今福州话的"头脑"、海口话的"头颅"指脑袋，南朝有用例。

脸/面："脸"约从唐代开始，指称"整个面部"；以吴方言为界，几乎是存在着北"脸"、南"面"的局面，北部官话和晋语说"脸"，南方也有 3 地方言说"脸"：吴语的杭州话、湘语的长沙话、赣语的南昌话。"面孔"指面部约在唐代产生；吴语区丹阳、苏州、上海、崇明 4 地方言都说"面孔"。

眼睛："眼睛"最早见于唐代，于明代开始取代了"眼"，成为指称眼睛词汇场的主要成员，至今；官话、晋语、吴语、徽语绩溪话、赣语、客家方言共 23 地方言都说。

可见，今天 42 地方言中的大部分，其指称眼睛的义位都是承传自中古。

耳朵："耳朵"最早见于唐代文献，唐宋以后成为表示此词汇场的主要成员，一直到现代汉语中；官话、吴语、徽语绩溪话、湘语、赣语、客家话、南宁平话，共 27 地方言中都有"耳朵"的说法。

可见，承传自中古的义位"耳朵"的方言分布是很广的。

舌头："舌头"较早见于晋代，现今官话、晋语、吴语、赣语、客家共 26 地方言有"舌头"的说法；成都话说"舌头儿"。

可见，42 地中的绝大部分方言都使用承传自中古的"舌头"。

肩膀："肩膊"和"肩头"的较早用例都是在唐代；萍乡话说"肩膊"，10 地方言说"肩头"，哈尔滨话还说"肩头（儿）"。

乳房：只有西宁一地还说的"乳房"，较早的用例见于北魏。

肚子：存在于官话方言、晋语、吴语、湘语、赣语共 15 地方言中的"肚皮"指称腹部、肚子，较早文献用例的时间约为唐代。

　　胳膊：丹阳、金华、梅县、福州 4 地方言的"手臂"，较早的用例见于魏。只见于苏州话的"臂膊"较早的用例见于唐代。

　　膝盖：只有徐州、成都、东莞 3 地方言说的"膝盖"，较早的用例为唐代。

　　头发：存在于官话方言、晋语、吴语、湘语、赣语、客家方言、粤语、南宁平话、闽语共 32 地的"头发"，出现时间估计不会晚于六朝。存在于吴语、徽语绩溪话、粤语、闽语共 9 地方言中的"头毛"，较早用例见于隋代文献。

　　可见，42 地中的绝大部分方言使用的义位"头发"是承传自中古的。

　　胡子：吴语金华话和粤语东莞话的"胡"，其较早用例见于南朝文献。

　　3. 近代以后出现的义位的方言分布

　　身体：见于宋代文献的"身板"存在于丹阳和杭州两地方言，哈尔滨、牟平和洛阳 3 地官话方言有"身板儿"的说法；存在于官话方言、晋语、吴语、湘语、粤语共约 16 地方言的"身子"，较早见于元代文献；"身骨"见于清代，只有徐州一地有"身子骨儿"的说法。梅县话的"身坯"（亦作"身胚"）和成都、银川、娄底、萍乡、梅县 5 地方言的"体子"见于现代文献。

　　头：柳州和杭州两地方言的"头皮"，用例见于宋代；哈尔滨和济南两地方言的"脑袋"，金代有用例；丹阳和杭州两地方言的"脑袋瓜"、哈尔滨和济南两地方言的"脑瓜儿"和"脑瓜子"，《红楼梦》中有用例。

　　脸/面：西宁话的"脸脑"大约产生于宋元。"脸蛋"泛指"面部"，清末出现，哈尔滨、济南、银川、乌鲁木齐 4 地官话方言说"脸蛋子"，哈尔滨、济南、徐州和西宁 4 地官话方言说"脸蛋儿"。

　　眼睛：娄底、萍乡和梅县 3 地方言的"眼珠"泛指眼睛，见于清代。

　　鼻子：绩溪话的"鼻孔"指鼻子，不会晚于南宋；官话方言全部、晋语、吴语、湘语、赣语、客家方言、南宁平话 23 地方言都有的与普通话相同的词位"鼻子"在元代出现。

　　嘴/口：全国共 27 地方言都有的"嘴"唐朝时开始用于人，明初至清代中期逐步占据该语义场的主导地位；徐州话说的"嘴儿"在元杂剧中有用例；"嘴头"指嘴明代有用例，哈尔滨、牟平、徐州、武汉、乌鲁木齐、扬州 6 地方言说"嘴头子"（一般指说话时说的）；16 地方言说的"嘴巴"明代开始有用例。

可见，如今 42 地中绝大多数方言使用的义位"嘴"，其成为嘴部义场的主导词位的历时层次是在近代。

颈：成都话和扬州话的"颈项"的较早用例见于宋代。杭州话和绩溪话的"脰颈"，见于宋代。"脖子"和"脖项"的用例都见于元代；官话方言、晋语共 9 地方言的"脖子"，较早用例见于元曲；西安话和万荣话的"脖项"，较早用例见于元代；苏州、上海、宁波、温州 4 地吴方言的"头颈"的出现时间不会晚于明代；武汉、成都、南京 3 地方言的"颈子"的用例，出现时间不会晚于明代；柳州话的"颈脖"，其用例可见于明代。长沙话的"颈根"，用例见于清代；贵阳话的"脖颈"的用例见于清代；济南话指称"脖子后部"的"脖儿梗"，较早的文献用例见于清代。

肩膀：官话方言、晋语两地、吴语、赣语南昌共 14 地方言的"肩膀"，较早文献用例不会晚于元代；牟平、成都、太原、忻州 4 地方言的"膀子"的较早用例是明代。

乳房：存在于官话哈尔滨、牟平、乌鲁木齐、扬州、南京和湘语的长沙 6 地方言的"奶子"的说法较早见于宋代；存在于官话成都、晋语的忻州、吴方言的 7 地（金华除外）、闽方言的福州共 10 地方言的"奶奶"，较早用例是元代；指"乳房"的单音节词"奶"的较早用例不会晚于明代；"奶"主要存在于官话方言、晋语、吴语、徽语的绩溪话、湘语、赣语、客家方言、粤语、闽语的共 21 地方言。哈尔滨话的"咂儿"、"咂咂儿"，能检索到的较早文献用例见于清代。

肚子：存在于官话方言、晋语、湘语、赣语共 20 地方言的"肚子"，出现的时间据李慧贤说是元代。①

胳膊：存在于官话方言、晋语、徽语绩溪话共 12 地方言的"胳膊"的较早文献用例见于宋代；存在于官话 5 地方言的"膀子"的较早文献用例见于明代；只有乌鲁木齐话说的"胳臂"其文献用例见于清代。

膝盖：绩溪话的"脚膝头"，梅县、于都、广州、南宁 4 地方言的"膝头"，较早的用例都是见于明末清初；金华话"脚膝"的较早用例是清代；上海和崇明两地方言的"膝馒头"的较早用例是清代。

胡子：9 地南方方言的"胡须"，较早用例见于宋代；整个官话方言、晋语、吴语、徽语绩溪话、湘语、赣语、客家方言、平话南宁共 28 地方

---

① 李慧贤：《汉语身体部位词语历史演变研究》，博士学位论文，北京大学，2007 年，第 106 页。

言的"胡子"的用例是清代。

方言人体词语的承传、变异和创新情况是极其复杂的，方言人体词语的历史层次也并非是简单的各历史时期词的叠加；但方言人体词语的共时差异也折射出一定的历时演变情况。

（二）方言人体同义词中反映的历史层次情况

不同方言使用不同历史层次的语素构词，使其人体词的历史层次有差异。而同一方言内部的同义人体词使用不同的语素构词，也会使这些同义词的历史层次有别。如：南京话的"颈子"和"脖子"、上海话的"脚髁"和"腿"、崇明话的"髁"和"腿"，都是前一个词比后一个词的历史层次要早。

因语素的不同而使同义词间的差别表现在不同的历史层次上，这一点在同义词的研究中也应该得到重视。[①]

二 核心人体词在普通话和方言中的古今替换情况

这里的讨论主要想弄清楚以下几个问题：今天在普通话中已经消失了的义位是否还保留在某些方言中；如果方言中还有保留，是完全保留古汉语形式和意义还是有所变化；古汉语的单音节词在某些方言中仍是以单音节词的形式保存，还是只能以一个单音节语素的形式保留。

这里只选择那些在普通话中已经完全易名的人体词进行讨论，如：首→头，目→眼睛，口→嘴，面→脸，领/胵/项→颈/脖，腹→肚子，股/髀/脚→腿，足→脚，颔/颐/颌→下巴，踵→脚后跟。

（一）元/首→头

上古就完成了"头"对"元"、"首"的替换。今天普通话、北京话和42 地方言中没有用"元"、"首"指称头的；福州话说"头首"，"首"在这一义位中只能算是一个语素。

（二）目→眼睛

汪维辉[②]认为，在"眼睛"义位上，汉末"眼"已成为眼睛语义场的主导性词位，完成了对"目"的替换。42 地方言中，今天只有除建瓯话外的闽语4 地方言还使用单音节词"目"；"目"在闽语和客家方言中还作为一个单音节语素用于构词，如：福州和厦门两方言指称眼睛还说"目珠"，建瓯话说"目睭"；另外，客家方言梅县话在"目眉毛"（眉

---

① 因同义词研究涉及语义内容，本书暂不讨论，将另行撰文研究。
② 汪维辉：《东汉—隋常用词演变研究》，南京大学出版社 2000 年版，第 25 页。

毛）、"目汁毛"（睫毛）和"目溃毛"（睫毛）中还保留"目"作语素的情况。

（三）口→嘴

明初至清代中期，"嘴"逐步占据该语义场的主导地位，完成了对"口"的替换。

单音节词"口"还见于 13 地方言中，银川话的"口"多用于熟语。"口"还作为一个语素存在于一些南方方言中：金华话说"□蒲"、"□蒲儿"，于都话说"嘴口"，厦门话说"喙口"。

（四）面→脸

"脸"约从唐代开始指称"整个面部"，逐渐占据面部语义场的主导地位。在北方话和晋语中几乎都是以"脸"指称面部，据《汉语方言地图集》（058 图）[①]，中国北方地区方言说"脸"，南方方言几乎都说"面"或以"面"为语素构词指称脸。

（五）领/项/颈/亢→颈/脖

中古以后，"颈"取代了"领"成为脖子的称呼；到了近代，在共同语中，"脖"取代了"颈"，"颈"和"项"逐渐不单独用来指称脖子了。

今天 42 地方言中已经没有以"领"指称颈部的了，也未见以"领"作语素构成指称颈部的义位。根据许宝华等主编《汉语方言大词典》[②]，42 地方言以外属于闽语的福建漳平话有"领颈"（脖子）的说法，"领"作语素。

今天 42 地方言中只有福州话说"项"，"项"作语素：成都和扬州两地方言说"颈项"，西安和万荣两地方言说"脖项"；此外，根据许宝华等主编的《汉语方言大词典》[③]，属于江淮官话的安徽淮南、庐江、南陵 3 地话，属于徽语的安徽歙县话，属于吴语的浙江绍兴话等南方方言都有"项颈"（脖子）的说法。

"颈"无论是作为单音节词还是语素，在今天的方言中还广泛存在，"颈"作单音节词只是分布在南方，作语素也主要分布于西南官话及其以南的地区，但北京话和某些北方方言中还有"脖颈（子）"的说法。

"亢"以语素的形式存在，仅见于扬州话的"颈亢"。

---

① 李如龙：《汉语方言的地理语言学研究大有可为——喜读〈汉语方言地图集〉》，《方言》2009 年第 2 期，第 117—125 页。

② 许宝华等主编：《汉语方言大词典》，中华书局 1999 年版，第 2662 页。

③ 同上。

（六）股/髀/脚→腿

今天 42 地方言中已经没有用"股"指称大腿的了。

从 42 地方言看，"骹"作为单音节词和语素主要分布在闽语。

"髋"、"髀"、"胯"的本义都指"大腿"。今天"髀"在粤方言、"髋"在吴方言、"胯"在武汉话中，都发生了词位变异，意义都比古代扩大了，都可以指称整条腿。

（七）足→脚

汪维辉认为在"踝下"义位上"脚"对"足"的替换在六朝完成①。今天 42 地方言中已经没有用"足"指称相当于普通话的"脚"这一部位的了。根据许宝华等主编的《汉语方言大词典》②，属于吴语的浙江象山方言有"足膀"（大腿）的说法，这个由"足"作语素构成的词并非指称普通话的"脚"。

（八）颔/颐/颌→下巴

扬雄《方言》中提到的指称下巴的"颔、颐、颌"3 个词的今天的方言情况：现代 42 地方言都没有用汉代的通语词"颐"指称下巴的了；也没有用单音节词"颔"、"颌"的了。"颔"作为语素存在于以下表示人体部位的方言词中：温州话的"面颔"指"脸颊；脸蛋儿"，"面颔颐儿"指"颧骨"，"颔颡"指称腮；娄底话"下颔"指下巴；厦门话的"颔胈"指脖子的前部，"颔颈"指脖子。"颌"作为语素存在于以下表示人体部位的方言中词中：苏州话的"颌腮"指腮帮子，梅县话称下巴为"嘴颌"，③雷州话的"颌下"指下巴和脖子相连接的部分；只有娄底一地的"下颌"还指称下巴。这些方言词主要分布于南方。"颔、颌"作为语素构成的方言人体词，除娄底话的"下颔"外，都是方言创新词。

（九）踵→脚后跟

今天 42 地方言中已经没有用"踵"作为单音节词，甚至单音节语素来指称"脚后跟"的了；也就是说在今天的普通话和 42 地方言中，"踵"已经被完全替换。

（十）腹→肚子

"腹"作单音节词或语素只见于闽语。

①　汪维辉：《东汉—隋常用词演变研究》，南京大学出版社 2000 年版，第 56 页。

②　许宝华等主编：《汉语方言大词典》，中华书局 1999 年版，第 2662 页。

③　温美姬：《从梅县话古方言词看客家先民迁徙之遗迹》，《农业考古》2011 年第 4 期。

（十一）颏

《玉篇·页部》："颏，颐下"，"颐下"就是脖子前面部分。近代汉语沿用。清·许梿《洗冤录详议·尸格·附额颏辨》："颏者，结侯两旁肉之虚软处。"《广韵》平声哈韵户来切，又古亥切。音未全合，或有变异。今天客家话还保留"颏［koi1］"（脖子前面部分）[1]；另外，"颏"作为语素，还见于指称"下巴"的一些方言词，如：福州话的"颏"、丹阳话的"颏巴"、长沙话和福州话的"下颏"、南京话的"下巴颏"、忻州话的"下颏子"，还有哈尔滨、济南、徐州、乌鲁木齐 4 地方言的"下巴颏儿"，牟平话的"牙帮颏儿"，济南话、徐州话和太原话的"下巴颏子"。

可见，在共同语中被替换的义位，有的在现代汉语中已经被替换得比较彻底，在 42 地方言中不仅不能以单音节词，甚至不能以语素的形式出现，如："元"、"领"、"踵"、"股"、"颐"；还有的只能在个别方言中以语素的形式存在，如："首"、"足"、"颔"、"颌"，但它们都是主要存在于南方方言中；"目"、"口"、"面"、"项"、"颈"、"髀"、"腹"、"颏"不仅能以单音节词而且能以语素的形式存在，但除"口"和"颈"外，其他都还只是保留在南方的方言中，北方一些方言中的"口"也很少在口语中使用了。可见，一些被替换的义位在南方方言中还可以见到，而相对来说，在北方方言中被替换得比较彻底。

10 个方言区内，闽方言保留古汉语词位是最多的，古汉语中已经被替换的人体词或古汉语中就是方言词的人体词，如：面、目、喙、胝、腹、骹，现今只能见于闽语。

我们还发现：汉语史上不同时期的人体词在方言中的替换和演变是不均衡的。其中"手"自周代出现后，无论在共同语还是在各地方言中均无大的变化，是所有人体词中从古至今最为稳定的一个；"牙齿"也在上古就已经完成了演变，可以说多数方言指称"牙齿"的义位的历史层次也是在上古；"腰"，只是字形发生了变化，而且此义位在各地方言中的说法相差也不大。从核心人体词看，各方言差异较小的是"手"、"腰"、"牙齿"、"耳朵"、"鼻子"、"舌头"、"眉毛"，另外"头发"和"胡子"的古今演变和方言差异相比较而言也不是很大。

就演变和替换的复杂性而言，指称"腿"、"脚"的义位在共同语与

---

① 缪九花、温昌衍：《方言词的来源分类初探——以客家方言为例》，《嘉应大学学报》2002 年第 4 期。

方言中的变化都是比较复杂的；"手"的古今演变不大，但是 9 地南方方言中表示"上肢"的词与普通话表示"手"的词在词形上一致，却是值得研究的；其他如指称"头"、"脸"、"眼"、"嘴"、"脖子"、"肩膀"、"胳膊"、"膝盖"等义位的承传、演变和创新，无论是在共同语还是在方言中都是比较复杂的。

各方言承传古汉语词位、方言自我创新的情况是不同的，即与现代汉语普通话和古代不同时期共同语的相似、相异处也不同，也许这正是值得研究的方言特点。"从普通方言学的角度来看，'方言特点'是根据此方言与彼方言或方言与共同语的比较而言的。但是，我们所谓的'方言特点'实际上主要是以古语为衡量标准的，即在与共同语不同的前提下，跟古语最相同或最不相同的方言现象被认为是最特殊的'方言特点'。"①另外，包括人体词在内的方言核心词的历史层次问题也是很值得深入研究的。

总之，共时差异较大的人体词其方言间的历史演变情况肯定是极为不同的。

三　汉语共同语口语中被替换的古核心人体词的今方言保存率

在普通话中已经完全易名的人体词语，如：首→头，目→眼睛，口→嘴，面→脸，足→脚，辅→面颊，领→颈，踵→脚后跟等，其中"首"、"足"、"辅"、"领"、"踵"在 42 地方言中均被替换，我们只看"面"、"目"、"口"、"颈/项/脰"、"腹"5 个义位在 42 地方言的替换和保存情况。计算方法说明：看这五个人体义位在各方言中的构词情况，如果还有这五个单音节义位的话，数字就设定为 1；如果只以这五个单音节词为语素的，数字就设定为 0.5，有的方言中以"颈"（普通话的主导词位）为单音节词、单音节语素的分别定为 1 分、0.5 分，以"颈/项/脰"三个中的一个或两个为语素组成双音节词，我们暂且将数字定为 0.5；指称口部的词，古汉语中曾使用过"喙"，对于仍使用"喙"的方言暂且将数字定为 1；对于"口"，为简便及考虑到方言调查的偏误，我们只统计那些只说单音节词"口"或以"口"为主要语素的方言，有的方言，如武汉话可以"嘴"、"口"两说，还有的方言中"口"只作为一个语素，我们暂且将这些情况的数字定为 0.5，认为"口"对"嘴"只是部分替换；完全被替换的，数字设定为 0（计算结果见表 5－1）。

---

① 曹志耘：《汉语方言研究的思考》，《山东大学学报》1987 年第 1 期。

表 5 - 1　　　　　　　　　　被替换词位方言保留率

方言		面	目	口	颈/项/脰	腹	保留率
官话	哈尔滨	脸	眼睛	嘴	脖子	肚子	0 + 0 + 0 + 0 + 0 = 0
	牟平	脸	眼	嘴	脖子	肚子	0 + 0 + 0 + 0 + 0 = 0
	济南	脸	眼	嘴	脖子	肚子	0 + 0 + 0 + 0 + 0 = 0
	徐州	脸（儿）	眼（睛）	嘴	脖颈子	肚子	0 + 0 + 0 + 0.5 + 0 = 0.5
	洛阳	脸	眼	嘴	脖子	肚子	0 + 0 + 0 + 0 + 0 = 0
	万荣	脸	眼窝	嘴	脖项	肚子	0 + 0 + 0 + 0.5 + 0 = 0.5
	西安	脸	眼睛	嘴	脖项	肚子	0 + 0 + 0 + 0.5 + 0 = 0.5
	西宁	脸	眼睛	嘴	脖板	肚子	0 + 0 + 0 + 0 + 0 = 0
	银川	脸	眼睛	嘴	脖子	肚子	0 + 0 + 0 + 0 + 0 = 0
	乌鲁木齐	脸	眼睛	嘴	脖子	肚子	0 + 0 + 0 + 0 = 0
	武汉	脸	眼睛	嘴/口	颈子	肚子	0 + 0 + 0.5 + 0.5 + 0 = 1
	成都	脸	眼睛	嘴巴	颈子	肚子	0 + 0 + 0 + 0.5 + 0 = 0.5
	贵阳	脸	眼睛	嘴巴	脖颈	肚皮	0 + 0 + 0 + 0.5 + 0 = 0.5
	柳州	脸	眼睛	嘴巴	颈脖	肚子	0 + 0 + 0 + 0.5 + 0 = 0.5
	扬州	脸	眼	嘴	颈项	肚子	0 + 0 + 0 + 0.5 + 0 = 0.5
	南京	脸	眼睛	嘴（巴）	颈子	肚子	0 + 0 + 0 + 0.5 + 0 = 0.5
晋语	太原	脸/面	眼（睛）	嘴	脖子	肚子	0.5 + 0 + 0 + 0 + 0 = 0.5
	忻州	脸	眼	嘴	脖子	肚皮	0 + 0 + 0 + 0 + 0 = 0
吴语	丹阳	面/面孔	眼睛	嘴/口	颈梗	肚皮	1 + 0 + 0.5 + 0.5 + 0 = 2
	苏州	面	眼睛	嘴	头颈	肚皮	1 + 0 + 0 + 0.5 + 0 = 1.5
	上海	面孔	眼睛	嘴巴	头颈	肚皮	0.5 + 0 + 0 + 0.5 + 0 = 1
	崇明	面/面孔	眼睛	嘴巴	颈骨	肚皮	1 + 0 + 0 + 0.5 + 0 = 1.5
	宁波	面孔	眼睛	嘴巴	头颈骨	肚皮	0.5 + 0 + 0 + 0.5 + 0 = 1
	杭州	脸	眼睛	嘴巴/口	脰颈	肚皮	0 + 0 + 0.5 + 0.5 + 0 = 1
	金华	面/面孔	眼睛	口	项颈	肚皮	1 + 0 + 1 + 0.5 + 0 = 2.5
	温州	面	眼灵珠	嘴	头颈	肚	1 + 0 + 0 + 0.5 + 0 = 1.5
徽语	绩溪	面/面嘴	眼睛	嘴	脰颈	肚	1 + 0 + 0 + 0.5 + 0 = 1.5
湘语	长沙	脸	眼睛	嘴巴	颈根	肚子	0 + 0 + 0 + 0.5 + 0 = 0.5
	娄底	面	眼	嘴/口	?①	肚子	1 + 0 + 0.5 + 0 = 1.5
赣语	南昌	脸	眼睛	嘴（巴）	颈	肚子	0 + 0 + 0 + 1 + 0 = 1
	黎川	面	眼睛	嘴巴	颈	肚	1 + 0 + 0 + 1 + 0 = 2
	萍乡	面	眼	嘴	颈牯	肚皮	1 + 0 + 0 + 0.5 + 0 = 1.5

---

① "?"表示方言词典中无法查到这一义位的方言说法。下文同。

方　言		面	目	口	颈/项/脰	腹	保留率
客语	梅县	面	眼	嘴/口	颈筋	肚	$1+0+0+0.5+0=1.5$
	于都	面盘	眼睛	嘴角	颈	屎肚	$0.5+0+0+1+0=1.5$
粤语	广州	面	眼	嘴/口	颈	?	$1+0+0.5+1=2.5$
	东莞	面	眼	口	颈	?	$1+0+1+1=3$
平话	南宁	面	眼	口	颈	肚	$1+0+1+1+0=3$
闽语	福州	面	目	嘴/口	脰骨	腹老	$1+1+0.5+0.5+0.5=3.5$
	建瓯	面	目睭	喙	脰	腹	$1+0.5+1+1+1=4.5$
	厦门	面	目	喙口	领颈	腹	$1+1+0.5+0.5+1=4$
	雷州	面	目	喙	脰	?	$1+1+1+1=4$
	海口	形/面	目	喙	脰	肚	$1+1+1+1+0=4$

从对 5 个人体部位的古汉语词位的保存情况的计算结果来看，全国不同方言区乃至同一个方言区内的不同方言都是不平衡的：地处东南的闽语保留古汉语词位率最高，尤其是建瓯话，其次为厦门、雷州、海口 3 地方言，闽语对 5 个义位的古汉语人体词语的保存率是全部 42 地中最高的，分值都超过 3.5；分值是 3 的方言有：粤语东莞话和南宁平话；分值是 2.5 的方言只有粤语广州话和吴语金华话；分值是 2 的方言有：丹阳话和黎川话。从方言区的总体情况看，闽语保存率最高，其次是南宁平话，再次是粤语；吴语丹阳和金华两地方言、徽语绩溪话、除南昌话外的赣语和客家话随后；湘语和吴语比官话方言的保存率还是要高一些。官话方言内部也很不平衡：其中武汉话中此五个古汉语人体词的保存率最高，为 1；西南官话和江淮官话加上徐州、万荣和西安 3 地方言，其保存率都为 0.5；官话方言中的东北官话、胶辽官话、冀鲁官话、兰银官话保存率最低，甚至低于中原官话区内的某些方言。值得注意的是：这些分值不是 0 的官话方言只有表示"颈部"的义位还保留了古汉语语素；其他官话方言的古汉语人体词的保存率为 0，即被讨论的这五个古汉语人体词在这些方言中全部被替换，甚至都没有作为语素存在。

种种迹象表明：作为普通话基础方言的北方方言，其内部词语的情况也是极其复杂的，包括人体词在内的北方方言词，究竟哪些方言的词汇系统与普通话的接近度最高，哪些方言的词汇系统保留古汉语词比率最高，都很值得研究；但相关的研究要联系这个核心词系统，将会更有说服力。①

　　"古形式遗迹在偏僻地方才有最好的保存机会，所以往往出现在零星分散的小地方。"② 古汉语人体词今天主要保留在南方的一些边远地区的方言中，这正印证了此种说法。

第二节　汉语核心人体词主要语素的共时差异和历史层次

　　不仅是方言核心人体词整个词位存在着共时差异，反映出不同的历史层次。甚至方言核心人体词的主要语素也存在共时和历史层次的差异

一　方言人体词的主要语素的共时差异

　　（一）身体

　　观察 42 地方言中表示"身体"的词语，全国一致性比较强，各地都有以"身"、"体"为主要语素构成的词语，通行于全国大部分地区的"身体"是这两个语素构成的。以"体"为单音节或为主要语素构词的只有成都、银川、娄底、萍乡、福州和厦门 6 地方言，银川的"羞体"也是以"体"为主要语素构成；除金华、娄底、萍乡 3 地方言外，全国很多方言都有主要以"身"为单音节或为主要语素构成的词：如："身躯"、"身子"、"身命"、"身上"、"身平"、"身板"、"身膛"、"身份"、"身板儿"、"身架儿"、"身儿"、"浑身"、"身坯"、"身子骨儿"，等等；当然还有不用这两个语素构成的其他的说法，如：洛阳的"桩子"、万荣的"条干"、万荣的"汉架"、长沙的"坯伙"、黎川的"汉子"、乌鲁木齐的"骨架子"，等等。看来，以"体"为单音节词或为主要语素构词的方言点主要分布在西部、南部的少数地区，"身躯"只见于闽语个别方言。

　　（二）头

　　观察 42 方言中表示"头"的词语，主要是以"头"、"脑"为主要语素构成的，或以这两个语素结合构成双音节词语。以"头"为主要语素构成的词语有：柳州、广州、厦门、海口、南宁平话 5 地方言的"头

---

① 解海江主持的官话方言核心词研究项目，研究结果很快将要出版。

② ［美］布龙菲尔德：《语言论》，商务印书馆 1980 年版，第 416 页。

壳"，柳州话和杭州话的"头皮"，崇明话的"头爿"，宁波话的"头壳"，温州话和建瓯话的"人头"，海口话的"头颅"，梅县话的"头那"，丹阳话的"头箍郎［laŋ³³¹⁵⁵］"，苏州话和宁波话的"骷郎头"，宁波话的"骷颅头"，温州话的"骷髅头"，崇明话的"头爿壳落"，宁波话的"骷颅头氅"和"骷颅头瓶"，等等；以"脑"为主要语素构成的词语有：哈尔滨话的"脑子"、"脑壳子"、"脑壳儿"和"脑袋瓜儿"，哈尔滨话和济南话的"脑袋"、"脑瓜儿"和"脑瓜子"，哈尔滨、牟平和济南3地方言的"脑袋瓜子"，洛阳话的"低脑"，武汉、成都、贵阳、长沙、娄底、萍乡、于都、东莞8地方言的"脑壳"，南昌话的"脑盖"，太原话的"得脑"，万荣话的"等［tei²⁴］脑"，丹阳话和杭州话的"脑袋瓜"，等等；丹阳话的"脑头"、福州话的"头脑"是以这两个语素联合成词的，但两地语素组合顺序正相反。还有不使用这两个语素的其他方言说法。福州话的"头首"是以"头"和"首"两个语素联合构成的。"头"和"脑"的分布区域互有交叉，规律似乎不容易看出。丹阳话和杭州话的"脑袋瓜"与北方某些方言的说法相似。

（三）脸

比较42地方言中表示面部的词，明显表现出官话和非官话的区别，几乎是官话说"脸"、非官话说"面"，即：官话方言中的绝大多数及晋语几乎都是用单音节词"脸"或以"脸"为主要语素构成的词来指称面部，吴语、徽语、湘语部分方言、赣语、粤语、闽语、客家方言、平话及官话中的某些地处南方的方言（除个别方言点外）几乎都是以"面"或用"面"作为主要语素构成的词来指称面部（个别方言词除外）；当然"脸"与"面"的分布也有交叉、纠葛，北方太原话也说"面"，南方有4地方言也说"脸"：吴语的杭州话、湘语的长沙话、赣语的南昌话，还有属于官话方言的柳州话。《汉语方言地图集》（058图）显示："面"存在于江苏南部、浙江、福建、台湾、广东、海南、广西、湖南南部（长沙除外）、江西、湖北东南部、安徽南部等地区，这些地区确实包括吴语、徽语、湘语、闽语、赣语、客家方言、粤语、平话等方言区；但湖南的某些地区却用"脸"指称面部。

可见，除了方言义位变异和方言创新的情况，汉语南方方言至今还保留以单音节词"面"或以"面"为语素构成的词指称面部，这是中古以前义位和意义的承传，即使是以"面"为语素构成的词，也产生于唐代及以前；而北方方言以"脸"或以"脸"为语素构成的词指称面部，是中古以后产生的新用法，产生于唐代以后。南方方言指称面部的词的历史层次是在中古以前，普通话面部子场的主导词位"脸"、北方方言指称面部的词的历史层次一般都为中古以后。

（四）眼睛

除闽方言用"目"或以"目"为语素构成的词外，全国其他方言都以"眼"为主要语素构词。闽语"目"的历史层次是在上古，"眼"的历史层次也是在上古。

（五）耳朵

从全国42地方言看，所有方言中都存在以"耳"作为一个单音节词或者作为一个主要语素构成词以表示"耳朵"的情况，无一例外。

（六）鼻子

从全国42地方言看，所有方言中都存在以"鼻"作为单音节词或者作为主要语素构成的词，无一例外。

（七）嘴

全国各方言普遍以"嘴"、"口"、"喙"三个为单音节词，或为主要语素构成词语。"嘴"作为一个独立使用的单音节或作为主要语素存在于绝大多数方言，只有吴方言的金华、粤方言的东莞，以及闽方言的建瓯、厦门、海口、雷州和南宁平话7地方言不说"嘴"或没有以"嘴"为语素构成的词；吴方言的金华话、粤方言的东莞话和南宁平话只说单音节的"口"或仅有以"口"为语素的词语，闽方言除福州外其他4地方言都说"喙"。很多方言有由"嘴"、"口"或"喙"3个中的一个作为单音节或为主要语素构成的词。"嘴"和"嘴巴"的说法全国最通行。但是"嘴"作为单音节词或主要语素没有覆盖吴方言的金华、粤方言的东莞、平话南宁，以及闽方言的建瓯、厦门、海口、雷州7地方言，也可以说金华、东莞、南宁和闽语4地尚保留"嘴"的古汉语说法。武汉、银川、乌鲁木齐、万荣、丹阳、杭州、金华、娄底、梅县、广州、东莞、南宁、福州13地方言，同时有"嘴/嘴巴"等和"口"的说法，在有的方言中"口"或许已经退到熟语中，或许正处于与"嘴"竞争而此消彼长的状态中，这也可能是这些地区正在经历着的演变。

（八）舌头

除粤方言的广州和东莞、平话南宁3地方言用"脷"作单音节的词或主要语素（如：粤语两地话用单音节词"脷"，柳州话和南宁话说"脷钱"）外，其他38地方言都是以"舌"作单音节词或主要语素；有的还用"舌"与"嘴"或"口"组合成词，如：金华、温州和绩溪3地方言说"口舌"，福州话说"嘴舌"。

（九）牙齿

方言中表示"牙齿"的词语几乎都是由"牙"或"齿"作为主要构词语素，41 地方言无一例外，除"牙"和"牙齿"外，方言中其他指称"牙齿"的词语还有：成都话的"牙巴"，扬州、苏州、上海、宁波 4 地方言的"牙子"；不说"牙"，仅以"齿"为单音节词或主要语素构成表示"牙齿"的词语的，只有厦门话和海口话（福州话还说"牙"），如：海口话说单音节词"齿"，厦门话说"喙齿"；此外，武汉话的"柴吊子"是牙齿的旧时称呼。

（十）颈/脖子

除梅县话的"颏下"、建瓯话的"仲仲〔tœyŋ⁵⁵ tœyŋ⁵⁵〕"、厦门话的"颔胚"、雷州话的"头蒂"等少数词位外，42 地方言表示颈部的义位都与"脖"、"颈"、"项"、"脰"四个语素有关，从表 1－10 中可以看出这四个语素的方言分布情况。"脖"存在于除武汉、成都、扬州 3 地外的所有 12 地官话方言（乌鲁木齐没有调查结果）和晋语两地、吴语杭州共 15 地方言，即主要存在于北方各地方言（当然杭州也有"脖子"的说法），根据《普通话基础方言基本词汇集》，普通话基础方言中也有一些方言没有单音节词"脖"或不以"脖"作语素构词的，但这些方言点几乎都属于西南官话区、江淮官话区或徽语区等方言区。"颈"分布于西南官话 4 地、银川、扬州、南京共 7 个官话方言点，吴方言（金华除外）7 地，徽语的绩溪，湘方言的长沙，赣方言 3 地，客家方言两地，粤方言两地和南宁共 24 地方言中，但厦门话也有"颔颈"的说法，从 42 地方言看，"颈"作语素的词分布最广，基本上分布于除官话区的北部和闽语个别方言点外的大多数方言点。参考《福建县市方言志 12 种》①，福建有些方言也有用"颈"或"颔"作语素构词的：如晋江话说"颔规"、明溪话和建宁话赣说"颈"、将乐话说"颈骨"，除晋江话外，其他 3 地方言都位于赣方言区或闽西方言与客赣方言的交接地带；仙游话说"脰□〔ly⁵⁴〕"、沙县话说"脰总"、建阳话和崇安话说"脰"、浦城话说"脰胫"，除仙游话属于蒲仙方言、沙县话属于闽中方言外，其他三地话都属于闽北方言。"项"分布于官话方言的万荣、西安、成都、扬州及闽方言的福州共 5 地方言中。"脰"分布在吴方言的杭州，徽语绩溪，闽方言的福州、建瓯、海口、雷州共 6 地方言，看来"脰"主要存在于吴语个别点、徽语的某些方言和闽语区；厦门话情况特殊；闽语区由于受其西

---

① 李如龙：《福建县市方言志 12 种》，福建教育出版社 2001 年版。下文同。

部的客赣方言、北部吴语的影响而呈现出多种说法共存的现象。

（十一）肩膀

纵观42地方言，除绩溪话的"胳膊斗"外，表示"肩膀"的词语主要由"肩"、"膀"、"胛"、"膊"四个语素构成，这四个语素单用的情况极少，多数情况下是它们中的两个组合成词或由这四个语素中的一个或两个再加上后缀"子"、"儿"、"头"中的一个或两个组合成词，具体情况非常复杂。说单音节词"肩"的方言有于都话和海口话，以"肩"为主要语素的有：见于哈尔滨、金华、绩溪、黎川、梅县、东莞、福州、厦门、海口和雷州10地方言的"肩头"，哈尔滨话的"肩头儿"，苏州话的"肩架"，崇明话的"肩家"和"肩茄"，娄底话的"攀肩"，洛阳话的"肩忙头儿"，金华话的"肩圪末头"；以"膀"为主要语素的有：存在于牟平、成都、太原、忻州4地方言的"膀子"，成都话的"膀膀（儿）"，洛阳话的"膀臂头"；说单音节"胛"或以"胛"为主要语素的方言有：海口话和雷州话可以说单音节的"胛"或双音节的"胛头"，银川话说"胛子"，万荣话说"胛骨"，西安话说"胛骨头儿"；以"膊"单独成词或为主要语素的方言有：广州话的"膊"、广州话和南宁平话的"膊头"；由"肩"和"膀"组成的义位有：存在于官话方言济南、洛阳、武汉、成都、贵阳、柳州、西宁、扬州、南京9地，以及晋语两地、吴方言丹阳和杭州、赣方言南昌共14地方言的"肩膀"，哈尔滨话的"肩膀儿"，牟平、徐州和乌鲁木齐3地方言的"肩膀子"，南京话和建瓯话的"肩膀头"，徐州话和洛阳话的"肩膀头儿"，扬州话的"肩膀拐子"；以"肩"和"胛"结合构成的词语有：存在于丹阳、上海、宁波、长沙4地方言的"肩胛"，宁波、温州和厦门3地方言的"肩胛头"，萍乡话的"肩膊"是"肩"和"膊"的组合。值得一提的是"肩"、"膀"、"胛"、"膊"这四个语素一般都是两两组合，未见它们有三个或三个以上组合，而且都是"肩"去与"膀"、"胛"、"膊"三个中的一个组合，未见"膀"、"胛"、"膊"三个中两两组合的情况。除萍乡话有"肩膊"的说法外，南宁平话可能是受广州话的影响也有"膊头"的说法。

在42地方言中，这四个语素中"肩"的分布最广，从北到南都有；虽然建瓯话有"肩膀头"的说法，杭州话和南昌话说"肩膀"可能是受普通话的影响，以"膀"为语素构成的词还没有在南方方言大面积的分布；"胛"的分布很分散；"膊"分布区域较小，42地方言中见于粤语广州话、受粤语影响的南宁平话，另外还有赣语的萍乡话，根据其他方言材料，徽语休黟片（据《徽州方言》）和双峰（据《汉语方言词汇》）有

"肩膊"的说法，阳江（据《汉语方言词汇》）有"膊头"的说法，石家
庄话（据《河北方言词汇编》）说"肩膊头儿"，除石家庄外，其他方言
点都处于湘、赣方言区。

（十二）胸

指称胸部的方言词语分别以"胸"、"脯"、"怀"、"心"为主要语素
或以其中的两个构成。除了见于太原、于都和福州 3 地方言的单音节词
"胸"，以"胸"为主要语素的词语有：柳州话的"胸口"，济南、西安
和建瓯 3 地方言的"胸膛"，武汉话和梅县话的"胸前"，苏州话的"胸
旁"，上海话的"胸部"，建瓯话和厦门话的"胸头"，厦门话的"胸
坎"，海口话的"胸格"和"胸程"，杭州话的"胸口头"，长沙话的
"胸门口"，南昌话的"胸面前"等；以"脯"为主要语素的有：晋语两
地的"脯子"，黎川话的"脯前"①；以"怀"为主要语素的有：洛阳、
西安、万荣、扬州和温州 5 地方言的"怀"，丹阳话的"怀怀"，武汉话
和南昌话的"怀里"；以"心"为主要语素的有：哈尔滨话的"心口
儿"，柳州、广州、东莞和南宁 4 地方言的"心口"，金华话的"心头
孔"，福州话的"心肝"，温州话的"心肝丼"；以"胸"和"脯"组合
成的词语有：北京话及官话方言的徐州、万荣、成都、贵阳、柳州、南京
6 地，吴方言（杭州话和金华话除外）6 地，徽语的绩溪，湘方言的娄
底，赣方言的萍乡，南宁平话共 17 地方言中的"胸脯"，哈尔滨、牟平、
洛阳和扬州 4 地官话方言的"胸脯子"，哈尔滨话的"胸脯儿"；于都话
的"心脯"，是"心"和"脯"的组合。其他说法还有兰银官话和西宁
话的"腔子"、西宁话的"腔腔"、雷州话的"乳符［pɛu¹¹］"。

（十三）乳房

各地方言中表示"乳房"的词主要由"乳"、"奶"和"妈"等几个
语素构成。包含语素"乳"的词有：东莞话的"乳"，西宁话的"乳
房"，雷州话的"乳脯"和"乳磅"；包含语素"奶"的词有：官话方言
的济南、洛阳、万荣、武汉、贵阳、柳州，晋语两地，吴语的上海、崇
明、金华和温州，徽语的绩溪，湘语的长沙，赣语 3 地，客家方言的于
都，粤方言的广州，闽方言的厦门和海口等 21 地方言的单音节词"奶"，
还有存在于官话方言的哈尔滨、牟平、乌鲁木齐、扬州、南京和湘语的长
沙共 6 地方言的"奶子"，存在于官话方言的成都、晋语的忻州、吴方言

---

① 根据吴继光《徐州方言词汇订补（一）》，《方言》1996 年第 3 期，徐州话还有"脯肋儿"
这一说法。

的 7 地（金华除外）、闽方言的福州共 10 地方言的"奶奶"，此外还有西安、西宁、上海 3 地方言的"奶头"（指乳房），西安话的"奶脬子"，南京话的"奶儿"，忻州话的"奶牛"和"奶牛牛"，宁波话和绩溪话的"奶脯"，金华话的"奶窠"、"奶旁"和"奶儿奶儿"，梅县话的"奶姑"，厦门话的"奶仔"，哈尔滨话的"奶胖子"和"奶膀子"，上海话的"奶奶头"（指乳房），宁波话的"奶奶脯"，长沙话的"奶唧唧"；包含语素"妈"的词有：哈尔滨话的"妈儿妈儿"，武汉话的"妈"，济南、徐州、武汉 3 地方言兼指"母亲"和"乳房"的"妈妈"，洛阳话的"妈妈儿"。从 42 地方言看，"乳"作单音节词或主要语素的分布地区最小且分散，只存在于南部的东莞和雷州及西北部的西宁 3 地方言中；"妈"作单音节词或主要语素分布在官话区的个别方言点，如哈尔滨、济南、徐州、洛阳和武汉；"奶"作单音节词或主要语素的分布地区最广，只有徐州、西宁、东莞、南宁、建瓯和雷州 6 地方言没有。

（十四）背

方言中表示"脊背"的词大部分以"背"、"脊"等为主要语素。以"背"为主要语素的词有：哈尔滨、丹阳和娄底 3 地方言的"后背"，武汉话和苏州话的"背心"，成都话和丹阳话的"背背"，西宁话的"干背"，崇明话的"背肌"，娄底话的"背皮"，梅县话的"背囊"，广州话的"背花"，以及广州、东莞和南宁 3 地方言的"背脢"，温州话的"背瓿身"；以"脊"等为主要语素的词有：厦门、海口和雷州 3 地方言的"胛脊"，厦门话的"巴脊"，哈尔滨话的"后脊梁"，徐州话的"脊梁股 $[ku^{35}]$"，福州话的"髃脊骨"，雷州话的"胛脊板"牟平话的"脊梁盖子"和"脊梁杆子"、徐州话的"后脊梁股 $[ku^{35}]$"；同时以"背"、"脊"两个为主要语素的词：南京话和太原话的"脊背心"，上海话的"背脊骨"，宁波话的"背脊心"、"背脊登"和"背脊胴"，温州话的"背脊身"，建瓯话的"背脊髃"。

（十五）腰

除雷州外，42 地方言都以"腰"作为单音节词或作为主要语素构成表示"腰"的词。单音节词"腰"这一说法的方言一致性最强。

（十六）肚子

除广州话的"米柜"外，方言中表示"肚子"的词基本上是以"肚"或"腹"为单音节或为主要语素构成的。以"肚"为单音节词或主要语素的有：金华、绩溪、黎川、梅县、广州、南宁、福州和海口 8 地方言的"肚"，除贵阳外的 15 地官话方言、晋语的太原、湘语的长沙和娄底、赣方言的南昌和萍乡共 20 地方言的"肚子"，官话方言的哈尔滨、徐州、贵阳、柳州 4 地，以晋语的忻州、吴方言（温州除外）、湘语的长沙、赣方言的南昌和萍乡等共 15 地方言的"肚皮"，丹阳话的"肚里"，黎川话的"肚仔"，梅县话的"肚笥"，于都话的"屎肚"，广州话的"肚煲"，海口话的"肚屎"和"肚胿"；以"腹"为单音节词或主要语素的有：闽语建瓯和厦门两地方言中单音节词"腹"、福州话的"腹老"、厦门话的"腹肚"，看来"腹"是闽语的特征词。

（十七）臀

以"臀"为单音节或构词语素构成的词主要存在于中部地区的温州、长沙、黎川等地的方言中；闽方言比较复杂："～川"的说法存在于福州、厦门和雷州 3 地闽语，"尻～"的说法则存在于说闽南话的厦门、海口和雷州 3 地方言中。

（十八）胳膊

各方言指称"胳膊"的词语的主要构词语素有"臂"、"膊"、"膀"、"手"等。以"臂"为主要语素的有：乌鲁木齐话的"胳臂"、上海话和崇明话的"臂巴"；以"膊"为主要语素的有：官话方言的哈尔滨、牟平、济南、徐州、洛阳、万荣、西安、银川、西宁 9 地及晋语两地、徽语区绩溪共 12 地方言的"胳膊"，黎川话的"摘膊［tsaʔ³ poʔ³］"；以"膀"为主要语素的有：官话区徐州、洛阳、武汉、乌鲁木齐、扬州、南京 6 地方言的"膀子"，武汉话的"胳膀"，扬州话的"膀条子"，长沙话的"鲇鱼膀子"；以"手"为主要语素的有：成都话和贵阳话的"手杆"，宁波、于都、厦门 3 地方言的"手骨"，萍乡话和梅县话的"手梗"，东莞话和南宁平话的"手瓜"，南宁平话的"手肚"，福州话和海口话的"手腿"，厦门话的"手枅"，丹阳话的"手箍郎"，温州话的"手肢肚"，绩溪话的"手孤拐"，长沙、娄底、萍乡 3 地方言的"手欐子"。还有的方言词由以上几个语素中的两个联合构成的：柳州、宁波、建瓯 3 地方言的"手膊"，丹阳、金华、梅县、福州 4 地方言的"手臂"，苏州话的"臂膊"，成都、贵阳、扬州、南京 4 地方言的"手膀子"，上海话的"手臂巴"，东莞话和南宁平话的"手臂瓜"，成都话的"手膀膀儿"；方言中其他表示"胳膊"的词语有：温州话的"肉锤儿"（形容儿童的胖乎乎的胳膊），南昌话的"胛股子"。

（十九）手

方言中表示"手"的词其主要语素就是"手"。

（二十）　腿

42 地方言中指称普通话"腿"这一义位的方言词语很复杂，多数都由"腿"、"脚"、"骹"、"髀"、"髈"等语素构成。以"腿"为单音节或为主要语素构成的词语主要见于官话方言、晋语，以及吴语的丹阳、上海、崇明和湘语的长沙、南宁等地的方言；以"脚"为单音节或为主要语素构成的词语主要存在于：吴语区、徽语的绩溪、湘语的娄底、赣语、客家方言的梅县、粤语的东莞等地的方言；以"髈"为单音节或为主要语素构成的义位主要存在于吴语（丹阳、宁波、温州、金华除外）；以"髀"为单音节或为主要语素构成的词语主要存在于粤语的广州话；以"骹"为单音节或为主要语素构成的词语主要存在于闽语（暂且认为海口也应为"骹"）。

（二十一）　膝盖

42 地方言中指称"膝盖"的词语，多数由"膝"、"盖"、"脚"等语素构成，也有的是以它们中的两个或几个组合成词的。含有"膝"与"盖"的词语有：徐州、成都、东莞 3 地方言的"膝盖"，西安话的"咳膝盖"，西宁话的"波膝盖"，万荣话和晋语两方言的"圪膝盖"，万荣话的"膝子盖"，乌鲁木齐话的"波膝盖儿"；单含有语素"膝"的词语有：武汉话和南昌话的"克膝"①，忻州话的"圪膝"，梅县、于都、广州、南宁 4 地方言的"膝头"，武汉话和贵阳话的"克膝头"，② 南京话的"磕膝头"，丹阳话的"膝盘头"和"膝头盘"，上海话和崇明话的"膝馒头"，杭州话的"膝窠头"，长沙话的"髂膝骨"和"膝头骨"，娄底话和萍乡话的"膝头牯"，广州话的"膝头哥"，南宁平话的"膝头盖"和"膝头尖"，成都话的"克［k'e²¹］膝头儿"，萍乡话的"膝头牯弯里"；单含有语素"盖"的词语有：哈尔滨话的"簸棱盖儿"和"簸勒盖儿"，牟平话的"波楞盖"，济南话的"波勒盖"和"波拉盖"，柳州话和东莞话的"波萝盖"，银川话的"波里盖［pə⁴⁴·li kɛ¹³］"，洛阳话的"不老盖儿"，扬州话的"波罗［po¹¹·lo］盖子"；含有语素"脚"的词语有：海口话的"脚趺"和"脚趺脐"、苏州话和上海话的"脚馒头"、宁波话的"脚骨可头"、温州话的"脚胐头"、萍乡话的"脚弯里"，闽语用"骹"指称普通话"踝下部分"即"脚"，闽语中含有语素"骹"的词语有：雷州话的"骹污［u²⁴］"、福州话和建瓯话的"骹腹

---

① 两地词形一致，但读音不一样。

② 两地词形一致，但声调不同。

头"、厦门话的"骹头趺"、雷州话的"骹头污〔u²⁴〕";金华话的"脚膝䯏"、绩溪话的"脚膝头"都同时具有"膝"和"脚"两个语素;柳州话的"脚膝盖"则同时具有"膝"、"盖"、"脚"三个语素。方言中其他表示"膝盖"的词语有:武汉话的"拱子"、太原话的"圪地跪"、忻州话的"圪替〔t'i⁵³〕跪"、黎川话的"屑〔çiɛʔ³〕头公"、济南话的"胳拉瓣儿"、洛阳话的"圪老拜儿"、徐州话的"胳娄拜子"、扬州话的"胳记〔·tçi〕头子"。

从 42 地方言看,"脚"作语素主要见于吴语、绩溪话、萍乡话,可能与吴语、徽语、赣语等方言可以用"脚"指称腿部有关;"骹"作语素只见于闽语,可能与闽语用"骹"指称腿部有关。

(二十二)　脚

除武汉话的"一块二"(脚的谑称)外,42 地方言中表示"脚"的义位主要有单音节的"脚"或"骹",还有很多方言中存在由"脚"作主要语素构成的义位。方言中其他表示"脚"的词有:成都话和柳州话的"脚板",南京话的"脚巴",丹阳话的"脚头"(多指动作而言),宁波话的"脚骨"、"脚泥螺"和"脚末泥螺",成都话和温州话的"脚脚",温州话的"脚儿",建瓯话的"骹尖"(脚尖,有时也指整个脚),雷州话的"骹板",哈尔滨话的"脚丫儿"(脚鸭儿),成都话的"脚板儿"和"脚爪爪",哈尔滨话和乌鲁木齐话的"脚片子",太原话和忻州话的"脚板子",徐州话的"脚巴子"和"脚丫巴子"。另外,徐州称小孩的脚为"(小)脚巴儿巴儿",而西安称小孩儿的脚(含有喜爱意)为"□□〔paẽ²⁴·paẽ〕子脚"或"□□〔paẽ²⁴·paẽ〕儿脚"。

方言中表示"脚"的词,单音节的主要有"脚"和"骹",35 地方言中有"脚"这一说法(南昌、黎川和梅县的"脚"都是指"整个下肢",东莞的"脚"指"整条腿",这 4 地方言的"脚"的义域与普通话"脚"的义域不一致),除闽方言外还有徐州话和太原话没有单音节词位"脚",闽方言的海口话也有"脚"这一词位(但词典编者认为:"脚"的本字应是"骹");"骹"见于闽方言区(海口如果"脚"的本字是"骹"的话也算)。"脚丫子"见于北京、哈尔滨、济南、徐州、洛阳、乌鲁木齐 6 地官话方言,"脚鸭子"、"足"、"趾"的说法 42 地方言均未见。看来,单音节"脚"这一说法的方言分布最广。

(二十三)　头发

构成方言中指称"头发"的词语的主要语素有:"头"、"发"或"毛"。"头毛"存在于吴方言区的丹阳、崇明和宁波,以及徽语的绩溪、粤方言的东莞、闽方言（除福州话外）的共 9 地南方方言中；此外，徐州话"头发"戏谑的说法是"毛儿"，娄底话有"头丝"、厦门话有"头鬃"的说法；三音节词语有丹阳话的"头发丝"、娄底话的"斋毛子"和梅县话的"头那毛"。看来，与普通话一致的"头发"这一说法的方言分布占绝对优势，其次是分布于南方某些方言的"头毛"。"×（×）毛"的说法主要分布于中国南方的一些方言：吴方言、徽语、粤方言、闽方言（说"头毛"）、梅县客家方言（说"头那毛"）；参考其他方言材料，这一提法可以得到印证，《汉语方言词汇》显示："头毛"的说法存在于属于粤语和闽语的阳江、厦门、潮州、建瓯 4 地方言；《广州话、客家话、潮汕话与普通话对照词典》显示：指称"头发"，客家话说"头那毛"，潮汕话说"头毛"。

（二十四）胡子

方言中指称"胡子"的词其主要语素有"胡"、"须"。

（二十五）眉毛

表示"眉毛"的词语都以"眉"为主要语素，另外"眼"或"目"是必不可少的语素，有时"毛"也是主要语素。

二　方言核心人体词的主要语素的历史层次

构成方言人体词语的主要语素的异同，实际上是因为这些语素产生的时代也是不同的，它们也就处于不同的历史层次。

构成指称人体的词的主要语素"身"和"体"、构成指称头部的词的主要语素"头"和"脑"，都是产生自上古，历史层次不容易区分，其他人体词中的主要语素，大都存在着历史层次的差异。

构成指称"脸"的词的主要语素"面"和"脸"，前者的历史层次是在上古，后者用于指称整个面部的历史层次是在中古，"面"、"脸"作为主要语素构成的词分别存在于中国的南、北方，使南、北方指称脸部的词显示出不同的历史层次；构成指称"眼睛"的词的主要语素"目"和"眼"，"目"产生于上古，"眼"代替"目"是在汉代以后，两个语素的历史层次不同，闽方言使用"目"构成的词其历史层次是在上古；指称嘴的词的主要语素"口"、"喙"和"嘴"也处于不同的历史层次，"口"产生于上古，"喙"见于先秦文献，"嘴"中古时开始用于人，由它们三个构成的词也就显示出不同的历史层次；构成指称"颈"的词的主要语素"颈"和"脖"也产生自不同的历史时期，"颈"出现于先秦、但是到中古才成为脖子的通称，"脖"见于近代汉语，这样官话和晋语中以"脖"为主要语素构成的词的历史层次是在近代，其他方言由"颈"构成的词的历史层次是在近代以前；构成指称"肩膀"的词的主要语素"肩"、"膀"、"胛"和"髆"也并非处于同一个历史层次，"肩"先秦就有，"胛"用于人的较早用例是《后汉书》，"髆"唐代以前可以用于人，"膀"出现得最晚，而由这四个语素构成的指称肩膀的方言词也显出不同的历史层次，其地域分布也很有特点："膀"作语素构成的词主要存在于官话和南方的少数受官话影响较大的方言中，如吴语丹阳话和杭州话、赣语南昌话，"髆"作语素只见于赣语黎川话、粤语广州话和南宁平话；构成指称腹部词的主要语素"腹"和"肚"，前者上古就有，后者汉代才有用例，闽语由"腹"构成的词的历史层次是在上古；构成指称"胳膊"的词的主要语素"臂"、"膊"和"膀"也并非处于同一历史层次，由"臂"构成的指称胳膊的词在北方话中少见；构成指称"腿"的词的主要语素"腿"和"脚"的历史层次也不同，"腿"是"脚"用于指"踝下"以后、宋元以后才固定用于指称整条腿的，因此官话和晋语以"腿"或以"腿"为语素构成的词其历史层次要晚近，而南方多数方言以"脚"或以"脚"为语素构成的词指称"腿"其历史层次是在近代以前。

正是因为各方言人体词使用了不同历史层次的同义语素构词，才使这些方言人体词处于不同的历史层次。

第三节　汉语方言核心人体词的演变与汉语词汇复音化关系

一般认为，现代汉语普通话词汇系统是以双音节词为主。作为基本词汇重要成员的核心人体词的情况又如何？汉语核心人体词的演变与汉语词汇复音化的关系如何？这些问题都很值得研究。

我们也清楚地知道，如果想要充分了解汉语词汇的演变与复音化历程，应该研究更多的词，至少应该将整个核心词系统纳入研究之中，才能有一个比较全面的认识。这里我们只是想以核心人体词为尝试，希望能起抛砖引玉的作用。

这里我们先主要讨论汉语共同语核心人体词的古今演变及其复音化情况，对于方言人体词的情况我们将留待今后研究。

一　普通话核心人体词的复音化情况

25 个核心人体词的普通话主导词位皆为单音节词和双音节词，无三个及以上音节的。单音节的有：头、脸、嘴、胸、背、腰、臀、手、腿、脚 10 个；双音节的有：身体、眼睛、耳朵、鼻子、舌头、牙齿、肩膀、乳房、肚子、胳膊、膝盖、头发、胡子、眉毛 14 个；另外，普通话颈部子场的主导词位是"脖子"或"颈"。

这其中，双音节的人体词数量稍多些。

二　汉语共同语中核心人体词的古今演变与复音化

汉语共同语中核心人体词的古今演变与其复音化情况的研究，就是探讨人体词的古今演变、替换，以及演变、替换中词位变化的同时，词的音节的变化情况；还有那些双音节的人体核心词的替换时间。

表 5－2　　　　　　　　　普通话核心人体词的古今演变

普通话核心人体义位	汉语史历史时期		
	上古	中古	近代
身体	身/体—身体—		
头	头—		
脸	面	脸—	
眼睛	目—眼—	眼睛—	
耳朵	耳—	耳朵—	
鼻子	鼻—		鼻子—
嘴	口—喙		嘴—
舌头	舌—	舌头—	
牙齿	牙/齿—	牙齿—	
颈/脖子	领、项		脖子—
	颈—		
肩膀	肩—		肩膀—
胸	胸—		
乳房	乳—	乳房—	
背	背—		
腰	腰—		
肚子	腹—肚—		肚子—

续表

普通话核心人体义位	汉语史历史时期		
	上古	中古	近代
臀	臀—		
			屁股—
胳膊	臂—		胳膊—
手	手—		
腿	?	脚—腿—	
膝盖	膝—	膝盖—	
脚	足—	脚—	
头发	毛—	头发—	
胡子	须—	胡—	胡子—
眉毛	眉—	眉毛—	

由表5－2可以看出，除"身体"，上古汉语的人体词都为单音节词；双音节的人体核心词，除"身体"在上古既已出现外，"眼睛"、"耳朵"、"舌头"、"牙齿"、"乳房"、"膝盖"、"头发"、"眉毛"8个都在中古已出现；中古以后被替换的核心人体词，除"面←脸"、"口←嘴"、"脚←腿"外，都是以双音节词替换单音节词。

看来，就核心人体词这一小群词来看，中古以后，复音化的趋势是与词语的替换、演变相随的。但就核心人体词来说，其中承传自上古的单音节词仍不是少数。

从方言核心人体词的情况看，今天所有42地（包括北京话）方言、甚至其中与闽语5地方言，也并非是单音节词占全部，闽语5地方言也存在大量的双音节词，甚至有个别三个音节的词。

第四节　共时差异中的历时遗迹：共同承传
与语言接触的反映

华夏大家庭自古以来就是多民族共处的，在历史上，汉民族与其他民族接触、融合，也引起语言的接触、融合，加之，汉藏语系有同源关系的各语言，在演变中会有某些语言成分的"共同承传"等现象；据此，我们不禁产生这样的想法：汉语方言某些共时的差异现象，可能反映的是其历时演变的遗迹，即汉语与同源关系的语言的共同承传现象、历史上汉语与邻近语言间的相互接触、相互影响的结果。

一 共同承传

汉语与藏缅语等有同源关系的语言，在演变中可能同时保留一些原始成分；或者是一些原始汉藏语的成分，今天在其他语言中已经不容易见到，而在汉语方言中仍有保留；我们把这两种现象统称为"共同承传"。汉语方言人体词中就可以找到"共同承传"的例证。如：

广州话的"毑"[nin⁵⁵]，是方言俗字。黄树先引吴安其的解释：古藏语多用后缀，但*－n后缀更为古老。①

建瓯话的"脓"[naiŋ³³]，疑也为方言俗字。黄树先认为："汉语表示女孩、母亲的'娘娘'，我怀疑是否也来自表示乳房的'乳'系列。……汉语的*－ŋ尾，可以比较藏缅语：'乳房'，独龙语 nuŋ⁵⁵〈*nuk。"②

属于西南官话的柳州、吴语的上海、金华和温州、徽语绩溪、赣语3地和闽语海口这9地南方方言中表示"上肢"的词语与普通话表示"手"的词语在词形上一致，也就是说在这9地方言中的"手"包括普通话的"胳膊"和"手"。汉语多地南方方言的这一现象可以与汉语的亲属藏语相联系进行研究，因为"藏文 lag－pa 有'手、胳臂'两个意思。'手、胳臂'这两个意思可以相通"③。

福州、雷州、海口3地方言中表示"下肢"、"腿"和"脚"3个部位的义位的词形相同，同是一个"骹"；厦门话表示"腿"和"脚"两个部位的义位同是一个"骹"；广州、东莞、南宁、南昌、萍乡、温州、宁波7地方言中表示"腿"和"脚"的两个义位词形相同，都是"脚"；梅县、黎川、绩溪、金华、柳州5地方言中表示"下肢"、"腿"和"脚"的3个义位词形相同，都是"脚"；上海和丹阳两地方言表示"下肢"和"脚"的两个义位词形相同，都是"脚"。在这18地方言中，与普通话表示"下肢"、"腿"和"脚"3个义位相对应的义位可能只有一个或两个。汉语多地南方方言的这一现象是否可以与汉语的亲属藏语相联系进行研究？因为黄树先先生曾指出："'脚'和'腿'关系密切，藏文：keŋ

---

① 黄树先：《汉语身体词探索》，华中科技大学出版社2012年版，第254—255页。

② 同上书，第256页。

③ 同上书，第112页。

'腿，脚'，rkaŋ'脚，腿，干，茎'。汉语方言，'脚'可以指下肢，也指足，在南方方言里，'脚'混称下肢或部分下肢。"①

　　长沙、娄底方言指称与普通话"腿"相对应义位的"腿欐子"、"脚欐子"都可能与苗语、侗语有关，如："大腿"黔东苗语 pa¹，川黔滇苗语 pua¹。"腿"侗语 pa¹，水语 pa¹。

　　梅县话的"上□［sioŋ³¹］"指手臂或大腿的上段，上肢和下肢编码一致；黄树先先生曾指出："相同部位（类似部位）的词语，经常是可以相通的。……其他语言，手和脚共用一个词的现象也很常见，如藏缅语。"②

　　"乳房"，客家话、广府话、潮汕话的方言说法的词根相同，属来自古百越语的"底层词"。③

二　语言间接触的遗迹

（一）汉语借自其他民族的词

　　语言接触有不同的情况：语言融合或词语的借用。不少学者认为：汉语南方方言与古百越民族语言有融合、借用现象，至今南方，尤其是东南方言还保留了一些古百越语的成分。

　　汉族人民自古以来就有与少数民族接触的历史，今天南方一些方言中还保留着历史上民族接触而从百越等族语言借来的"底层词"；如：客家方言指称乳房的"□［nen⁵⁶］牯"，就是百越词语，是底层词。④闽语中指称乳房、乳汁的"膿"，可能是百越底层词。⑤雷州话的"□"（读［ŋaŋ¹¹］）、海口话的"□"（读［ŋaŋ²¹］）在两地方言中分别指人的下巴颏，也是底层词。⑥广州话指较大而隆起的小肚子的"肚腩"的"腩"

---

①　黄树先：《汉语核心词探索》，华中师范大学出版社 2010 年版，第 138 页。

②　黄树先：《比较词义探索》，四川出版集团 2012 年版，第 238—239 页。

③　详见温昌衍《客家话、潮汕话、广府话人体类词语比较研究》，《嘉应学院学报》2011 年第 3 期。

④　温昌衍：《客家方言的特征词》，载《汉语方言特征词研究》，厦门大学出版社 2001 年版，第 235 页，其中声调中的数字 56，不是五度标调法的数字，是表示这个字的读音来自阴入和阳入。下文同。

⑤　李如龙：《闽方言的特征词》，载《汉语方言特征词研究》，厦门大学出版社 2001 年版，第 309 页。

⑥　钱奠香：《雷琼闽语特征词初探》，载《汉语方言特征词研究》，厦门大学出版社 2001 年版，第 387 页。

在汉语中找不到语源，应是少数民族语言的借用。①

　　黄树先先生指出："汉语'足'早期应该是 * k－，塞擦音是后起的。汉语这一族词可能和南岛语有关：原始南岛语'脚、腿' **〔ko〕koq……"② 联系今天：黎川话"脚"〔kiɔʔ³〕（下肢，大腿、小腿和脚的通称），梅县话"脚"〔kiok¹〕（整个下肢），广州话"脚"〔kœk³³〕（人足、人和动物的腿），东莞话"脚"〔kø³⁵〕（整条腿），南宁平话"脚"〔kiɐk³〕（人或动物的腿和腿的下端），福州话"骹"〔k'a⁵⁵〕（人体的下肢），建瓯话"骹"〔k'au⁵⁴〕（骹和骹连着腿的部分），厦门话"骹"〔k'a⁵⁵〕（脚，足），雷州话"骹"〔k'a²⁴〕（人或动物的腿和脚）；这些方言中表示"人体下肢"、"腿"、"脚"的义位的都是以塞音〔k〕为声母，这些方言形式可能是汉语早期现象的遗留，与南岛语可能有关系。这很值得研究。

　　另外的例子还有③：指称头，刘艳平认为定襄话的"得老〔təʔ² lou²¹⁴〕"是"借自蒙语的词"，梅县话的"头那"，邓晓华先生认为是客家话和壮侗语的合璧词；黄树先先生认为汉语"妈"，不少方言都是指乳房，一般读去声，可以跟苗语 * mja 比较；盛益民认为来自突厥语、借自北方阿尔泰语；王笑舒提出大连方言的"波喽盖"来自满语；上海话的"番水"指脸，是英语 face 的译音。

　　（二）其他民族语中的汉语借词

　　当然，历史上也有少数民族语言从汉族语借词语的情况，如：不少地方的壮侗语和闽语一样也说"骹"，这可能是壮侗语早期借自汉语的说法。④

三　语言的共性

　　有些语言现象或语言成分，可以在既无同源关系又非相互接触的语言中共存，这有可能是多种语言间的共性。

　　"以上肢分割为例。英语区分 hand 和 arm，汉语亦同样区分出'手、

---

① 张双庆：《粤语的特征词》，载《汉语方言特征词研究》，厦门大学出版社 2001 年版，第 398 页。

② 黄树先：《汉语核心词探索》，华中师范大学出版社 2010 年版，第 7 页。

③ 引用文献的出处前面已经交代，恕不赘述。

④ 李如龙：《闽方言的特征词》，载《汉语方言特征词研究》，厦门大学出版社 2001 年版，第 280 页。

臂'。但北美帕帕果语用 nowi、藏语用〔lak^{12} pa^{54}〕一词来指说整个上肢，而不予以细分。"① 中国南方的一些方言也如北美帕帕果语、藏语一样，用一个词来指说整个上肢。

本章小结

本章进一步探讨了汉语核心人体词词形的历时演变和方言共时分布的相关问题。讨论了汉语核心人体词的历史层次及地域分布情况，分析了古汉语核心人体词的普通话和方言替换情况，计算了历史上共同语口语中被替换的核心人体词的今方言保存率。

从方言区的总体情况看，历史上共同语口语中被替换的核心人体词的今方言保存率，闽语较高；官话方言内部也很不平衡，不少官话方言的保存率为 0，即被讨论的"面、目、口、颈/项/脰、腹"这 5 个古汉语人体词在这些方言中全部被替换，甚至都没有作为语素存在。值得注意的是：某些分值不是 0 的官话方言只有表示"颈部"的义位还保留了古汉语语素"颈"。

种种迹象表明：作为普通话基础方言的北方方言，其内部词语的情况也是极其复杂的，究竟哪些方言的人体词与普通话接近度最高，哪些方言的人体词语保留古汉语词率最高，这都很值得做更深入的研究。

对汉语核心人体词主要语素的共时差异和历史层次，将来我们会做更深入的研究。

对共时差异与历时演变的关系总结，将是我们今后研究的重点之一；相信随着研究的深入，总结的内容将会更充实、更科学。

---

① 马清华：《语义的多维研究》，语文出版社 2006 年版，第 320 页。

第六章　核心人体词的共时差异及历时演变与方言分区

"比较一群方言的异同，主要是为了认识诸方言之间的亲疏远近的关系。当然，也可从中寻求为方言分区的合理方案，但弄清关系是理清客观的语言事实，是根本的基础，为方言分区是从中引出来的结论。"①

方言区域特征、方言特征词都可以从中看出各方言独特的特点及不同方言之间的亲疏关系，可以以此为参照看以往的方言分区是否合理；另外，从方言词的历史层次比较，也能看出各方言对古汉语承传的共性和差异情况，也可以作为方言分区的佐证。

我们这里就是要尝试通过方言人体词中的特征词、特征语素及方言人体词的区域特征的研究，为汉语方言分区等方面的研究提供一点参考。

第一节　核心人体词的方言区域特征与方言分区

"有时，某些方言特征可以跨过几个方言区连片分布，这便是区域特征。"② "区域特征指的是在一定区域之内多种方言所共有的语言特征。区域特征可以是语音的，也可以是词汇的、语法的。"③ 方言人体词中也在一定程度上反映区域特征，我们尝试通过对这些区域特征的分析，来发现方言亲疏关系等问题。

与方言特征词不同，按我们的理解：方言特征词主要存在于某一方言区内，而方言区域特征可以在不一定属于同一方言区的多种方言中存在；

---

① 李如龙：《论汉语方言的比较研究》（代序），载《汉语方言的比较研究》，商务印书馆2001年版，第1—29页。

② 同上。

③ 同上书，第30—44页。

方言特征词属于词汇范畴，方言区域特征可以是语音的，也可以是词汇的、语法的。

有时，两个或几个方言区共有的方言特征词与方言区域特征实在是不容易区分，"几个方言区之间共有一批方言特征词，这便是方言词汇上的区域特征"。例如：客赣方言的"鼻公"，多种南方方言都说的"面"、"颈①"；如果算上词缀，如："圪"主要存在于晋语区及42地方言中的万荣和洛阳两地官话方言中，"公、嫲、姑"等作后缀主要存在于以梅县话为代表的客家方言和少数粤语地区，等等。这些都是方言人体词中反映出来的区域特征。

研究方言特征词可以为方言分区服务，研究方言的区域特征也有多种意义："最直接的意义就在于为方言分区提供最重要的依据。……由于同源关系而造成的区域特征的研究，对于我们了解方言之间的亲疏关系，探寻姊妹方言结伴同行和分手上路的历史时期及过程，都能提供重要的佐证。……由于横向渗透而造成的区域特征的研究，对方言学的理论建设有特别重要的意义。"②

一　方言人体词的区域特征类型

"值得我们注意的方言特征的趋同，一是来自源流关系的，一是来自渗透关系的。"③ 我们按照这两种关系，分析方言人体词的区域特征的类型。

方言区域特征，我们认为来自纵向的源流关系的原因有二：一是在发生学上讲，古代曾有近亲属关系、有共同的来源，这样的情况，我们可以通过文献等资料来确定；二是因为移民等因素使某一方言区的特征扩散到此区以外方言中，这样的情况，我们试着由前哲时贤的研究成果中找佐证；比较难判断的是来自横向的渗透关系的方言人体词的区域特征，当然有些是受普通话影响的结果。

实际情况却是很复杂的，有时用于指称同一个人体器官部位的不同方言义位，在不同方言里可能会存在不同类型的区域特征。

---

① 李如龙：《汉语方言学》，高等教育出版社2001年版，第106页。
② 李如龙：《论汉语方言的区域特征》，载《汉语方言的比较研究》，商务印书馆2001年版，第30—44页。
③ 同上书，第7页。

（一）来自源流关系的方言人体词的区域特征

身体：存在于官话方言西北部、客家梅县话和粤语东莞话的单音节的"身"，保留了古汉语说法，这两片不连续的地域是有着共同的特征，这是源流关系。

头：存在于官话方言（万荣、成都、贵阳、扬州除外）、晋语、吴方言（苏州除外）、徽语、赣方言（萍乡除外）、闽方言（厦门和海口除外）、粤方言、南宁平话的广大地区的单音节词"头"，都是有着共同的来源，是古汉语的传承，是源流关系；主要存在于东北官话、胶辽官话和冀鲁官话等区域的"脑袋"、"脑瓜儿"、"脑袋瓜"、"脑瓜儿"、"脑袋瓜儿"、"脑袋瓜子"等说法，是汉语北方方言后来产生的说法，也是来源相同的源流关系。

眼睛：单音节词"眼"见于东北官话的哈尔滨、胶辽官话的牟平、冀鲁官话的济南、中原官话的徐州和洛阳、晋语这一连续的地域，这是古汉语单音节说法的遗留，闽语的"目"是保留古汉语的说法，都属于源流关系。梅县话和闽方言称说"眉毛"和"睫毛"的词中都能用语素"目"，这是继承自古代汉语的源流关系，是"异地传承"[1] 还是客家话受闽语影响的渗透关系，还需仔细研究。

耳朵：单音节词"耳"存在于闽方言的全部五个方言点，是古汉语说法的遗留。

鼻子：闽方言单音节词"鼻"，是古汉语说法的遗留；"鼻子"的说法存在于官话、晋语两个方言区，是有共同的来源。赣方言（萍乡除外）和客家方言说"鼻公"，有学者认为客、赣方言历史上曾经有很密切的关系[2]，如果真是如此，"鼻公"作为赣、客方言的共有的特征词，可能是有共同的源流关系。

颈部：除扬州话和柳州话外的整个官话方言、晋语两地方言，都用"脖"作语素构成词或用"脖子"称说颈部。这一大片连续的地区都有这一方言特征，是有共同的源流。客家方言以"颈"指"颈的前部"，各小

---

[1] 李如龙：《论汉语方言特征词》，载《汉语方言的比较研究》，商务印书馆 2001 年版，第 109 页。

[2] 罗常培先生早在《语言与文化》（语文出版社 1989 年版）一书后附录三有所论证，此外，认为客、赣方言有同源关系，但认为两方言没有密切关系的学者也都有论著表明自己的观点，在此不予赘述。

片均说，13 点一致（只有南康、石城两地例外）。①

乳房："奶奶"的说法存在于吴方言（金华除外）及闽方言的福州话，准确地说是古代吴方言与闽北和闽东方言有同源关系②。

腿："髈"、"髀"、"骹"分别是吴、粤、闽三地方言的特征词，这是从古汉语或可能是从古汉语方言传承下来的，在三个方言区各自都是源流关系。"骹"是闽语的特征词，但指称"脚腕"，湘语娄底话称"脚骹子"、粤语广州话称"脚骹"，这可能是与闽语有共同的来源。

头发："头发"的说法存在于整个官话方言区（成都除外）、晋语区、吴方言区（崇明除外）、湘方言的长沙、赣方言区这一大片连续地域，这是有共同来源的源流关系。

胡子："须"存在于赣语萍乡、客家话梅县、粤语广州这一地区，是保留古汉语的说法；整个官话方言 16 地，晋语忻州，吴语丹阳、苏州、上海、崇明 4 地，徽语绩溪，湘语两地，赣语（南昌除外），客家方言于都，平话南宁广大连续地域都说"胡子"，是有共同的来源。

另外，大连方言中的一些人体词肩膀头子、腔、下颏儿、下巴颏儿等来自山东方言③，是移民所至。

（二）来自渗透关系的方言人体词的区域特征

脑袋：吴语丹阳和杭州两地方言说"脑袋瓜"，是受北方方言影响的渗透关系。

舌头：因避讳而改称"脷"、"脷钱"的说法存在于广东、广西两省这一连续地区，粤语两地话说"脷"，受粤语影响，南宁平话和西南官话的柳州话都有"脷钱"的说法。

牙齿：江淮官话的扬州话和吴语的苏州、上海、宁波 3 地方言都说"牙子"，可能是 4 地方言相互影响的结果。

大腿：粤语两地大腿说"大髀"，客家方言于都话说"大脚髀"，于都话的说法有可能是受粤语影响的渗透关系的结果。

膝盖：客家话和粤语广州话都说"膝头"，这可能是客家话受广州话

---

① 温昌衍：《客家方言的特征词》，载《汉语方言特征词研究》，厦门大学出版社 2001 年版，第 226 页。

② 李如龙：《汉语方言学》，高等教育出版社 2001 年版，第 79 页。丁邦新先生和李如龙先生都从语音方面的研究得出："说浙南吴语有闽语的成分自无争议，说闽语有古吴语的继承也是站得住脚的……"据此，我们认为在身体词语中也能看出古吴语影响闽北方言的例子。

③ 王笑舒：《大连方言词汇研究》，硕士学位论文，广西师范学院，2010 年，第 15 页。

影响，是渗透关系的结果；中原官话的万荣话和晋语两地方言都说"圪膝盖"，可能是万荣话受晋语影响，是渗透关系的结果。

头发："头毛"的说法存在于吴方言区的崇明和宁波两地方言，有可能是相互影响的结果。

胡子：吴语上海、金华、温州和徽语绩溪4地方言说"胡须"，这可能是徽语绩溪话受吴语影响，是渗透关系的结果。

（三）交叉、混杂的情况

头：跨西南官话柳州、粤语广州、闽语厦门、平话南宁4地方言的"头壳"，有可能是邻近方言间相互影响的结果。但闽语厦门和海口两地方言"头壳"的说法，却可能是移民所致，即海口话的说法源于闽南移民，这两地方言又有同源关系。

脸：以吴方言为界，北方话和晋语及吴语的杭州话都说"脸"，南方方言说"面"，这是源流关系，北方地区方言中"脸"替换了"面"，南方各方言（杭州除外）还保留中古的说法，这是南北方言各自同源的结果；但是南方吴语的杭州话、湘语的长沙话、赣语的南昌话3地方言也说"脸"，这却是受北方话影响的渗透类型。

脖子：存在于赣方言南昌话和黎川话、粤方言的"颈"，是古汉语单音节词的遗留，是源流关系；存在于杭州话和绩溪话的"胫颈"却可能是方言相互影响的渗透关系。

有一些方言人体词的区域特征的关系不容易判断：

胳膊：吴语上海话和崇明话都说"臂巴"，可能是上海话影响崇明话，也可能是两地有着共同的来源。

还有一例，我们既不能说它是渗透关系造成的，源流关系也不明显。洛阳、西安、苏州、上海、金华、温州、娄底、南昌、梅县、南宁10地方言以"下身儿"、"下身"或"下半身"指"阴部"或"生殖器"，多地方言中如此一致地以表示下半身的词语表示"阴部"或"生殖器"，从源流关系和渗透关系上找原因似乎都不太妥，这只能是多地自己发展出的说法，最后却因为相似的说法而趋于多地一致，可以说是"异地同变"，原因是这10地方言点的人民有相同的认知。

无论是纵向源流关系还是横向渗透关系的方言人体词的区域特征，都不是一蹴而就的，都是经过了长期的发展演变。

关于方言人体词的区域特征，有几个问题需要说明：第一，因为《现代汉语方言大词典》所选取的42个方言点在全国，甚至在一个方言区内部的分布都是不均衡的，所以如果要对方言人体词的区域特征有更充分的研究的话，必须要考察更多方言点的方言情况，必须在一片连续的地域内作更深入的调查研究；第二，渗透关系形成的方言区域特征中，如果要研究方言受普通话影响的情况，还要作更多的调查研究，本书限于篇幅和时间，对此暂不涉及；第三，一些方言中新产生的方言现象、新的方言词语，是否会在一片连续的区域内成为新的方言区域特征，不能仅仅从方言人体词这一小类词中去观察，而应该通过更多的词语作更进一步的调查研究；有些新现象要成为新的方言区域特征，还需要长时间的观察。

二　方言人体词的区域特征与方言亲疏关系

借用历史比较语言学的说法，整个中国版图内的汉语各方言都是有亲属关系的，都是远古汉语在各地发展演变的结果，在汉语长期的演变过程中，各方言之间既存在分化、整合，又存在相互影响、相互借用等多种复杂的关系，其亲疏关系的远近是相对的，而且地域上相邻的两种方言一般会相互影响的，尤其在两个方言区交界的地区，语言成分的相互影响、借用的现象很常见；另外，汉语方言在长期的发展过程中，都有可能受到不同时期共同语的影响，不同地域的方言受共同语的影响的情况和程度也不相同，有的方言还可能受到汉语以外他族语言的影响，这更增加了汉语方言发展演变的复杂性。

方言人体词只是方言基本词汇中的一部分，加之因材料、笔者水平、篇幅等条件的限制，用上述的人体词的区域特征去考察方言亲疏关系，其结论肯定是不充分、不完备的，我们这里仅作一个初步的尝试。

（一）官话方言

官话方言"词汇方面，很难说哪些词只限于北方方言用。这一方面因为北方方言和其他方言区的基本词汇来源相同，所以很多词汇大家都用；另一方面，北方方言中的词汇，几百年来一直被中部方言及南方方言所借用"。[①] 从源流关系看，北方话和其他方言都有同源词语，其中不少人体词北方话的说法与晋语的说法同源关系最明显，一般认为客家方言应保留古代中原地区方言情况，从方言人体词的情况看，确有存在于北方话的说法在客家方言也存在的情况，如于都话与普通话的相似程度竟达75%，比较高；但这种现象不多，而客家话的代表方言梅县话与普通话的相似程度却只有46%，这其中还有整个词不同而只是语素相同的情况。从渗透关系看，作为普通话基本词语来源的北方话词语可能会对其他方言

---

① 罗杰瑞：《汉语概说》，语文出版社 1995 年版，第 173 页。

的词语产生影响，如：长沙话、南昌话说"脸"而不像其周围的方言一样说"面"，就是一例；但与官话方言关系最为密切的是处于其周围的方言，其中晋语、湘语、吴语丹阳话受官话方言的影响更明显些。

（二）晋语

从源流关系看，晋语与官话方言，特别是中原官话关系最为密切；联系方言人体词，从渗透关系看，既有晋语受中原官话影响的现象，也有官话方言，特别是地处河南、山西、陕西等地的中原官话受晋语影响的情况。晋语在区外的扩散情况，乔全生先生早有论述①，中原官话的洛阳、万荣两地因与晋语区地理上有相邻关系，两地方言受晋语的影响更明显。

（三）吴语

从源流关系看，吴语与其周围的方言，特别是江淮官话、闽语都可能有同源关系；从渗透关系看，吴语，特别是金华等地方言对与其邻近的徽语绩溪话的影响比较明显。

（四）绩溪徽语

绩溪徽语与吴语关系密切，其与吴语、赣语的关系，已有学者论述。②

（五）湘语

湘语内部长沙话与娄底话还有差异，从渗透关系看，长沙话受官话，尤其是西南官话影响较明显。③

（六）赣语

赣语与客家话关系密切，人体词中就有赣、客方言共有的特征词；此外，赣语与其周围的方言官话、湘语、吴语等都有关系。"赣方言同其他姊妹方言有特殊往来，而受北方话（特别是下江官话）的影响最深。南昌话有些词似与吴方言接近。有些词同湘方言接近。有些词是与吴、湘方言都相同的。"④

（七）客家方言

有学者认为客家话与赣语有同源关系，从渗透关系看，客家方言与闽、粤语有一定关系。"客家方言因为与粤、闽等方言邻近，在词汇上容

---

① 乔全生：《晋方言向外的几次扩散》，《语文研究》2008 年第 1 期。

② 侯精一主编：《现代汉语方言概论》，上海教育出版社 2002 年版，第 88 页。

③ 袁家骅：《汉语方言概要》，文字改革出版社 1983 年版，第 121 页。

④ 同上书，第 139—140 页。

易接受这些方言的影响，产生借入的现象。"①"由于客家话和其他方言区混处一起，所以很少客家话特有的词汇，……客家和闽、粤关系紧密，在某种程度上，客家是连接闽、粤的纽带。客家受北方话、中部方言影响很大……和北方话的儿化同源。客家话和北方话表面上的相似，……客家话与北方话的关系，没有和广东话来得密切。"② 从人体词看，赣方言（萍乡除外）和客家方言都说的"鼻公"，是客赣方言共有的特征词；梅县话和闽方言在称说"眉毛"和"睫毛"的词中都能用语素"目"，其他方言未见；与粤方言相似的例子：客家两地方言、粤语两地方言和南宁平话都以"脚眼"称说踝骨，客家两地方言和粤语广州话都以"膝头"称说膝盖，粤语两地方言以"大髀"、客家方言于都话以"大脚髀"称说大腿，都使用语素"髀"。以上这些例子虽然不多，但也可以证明客家方言与赣方言、粤方言及闽方言都是有关系的。

　　但从词汇方面看，客家方言与赣方言词汇方面存在不少差异，"造成上述词汇差异的原因是因为客家方言一方面是古赣语在赣南、闽西山区发展、创新的结果，另一方面它又处于封闭、闭塞之中，与赣语相比，仍保存有更多的古赣语的成分 。赣语则因为受长江中下游方言词汇的影响以及后起北方话的影响因而近江方言词汇和后来北方话词汇比客家方言多，而古赣语的成分比客家方言少了很多。张光宇称这是两者'异地分居之后，词语随地而异'的结果。……客、赣方言的共性与差异性，其原因就在于此。……此外，赣南客家话由于与赣语相邻，受今赣语影响较大，这在前文已经作了说明。赣语的萍乡片、吉安片在明末清初的客家移民浪潮中接纳了不少客家人，受到客家方言不小的影响，有不少的客家方言成分，……这两点加深了客、赣方言的关系"③。

　　（八）粤语

　　粤语一直是中国南方地区的强势方言，它对与其邻近的方言：客家话、赣语、南宁平话、西南官话的柳州话都可能产生影响。粤语还保留了不少古汉语成分。

　　"粤语的形成与客家方言的形成有紧密的关系，这种关系一是通过早期的楚语（或南楚方言）建立的，表现为粤语前身与客、赣方言母体古

---

① 袁家骅：《汉语方言概要》，文字改革出版社 1983 年版，第 167—170 页。

② 罗杰瑞：《汉语概说》，语文出版社 1995 年版，第 199 页。

③ 温昌衍：《客家方言特征词研究》，商务印书馆 2012 年版，第 109 页。

赣语的前身……"① 有关系。

温昌衍先生曾对客家话、潮汕话、广府话人体类词语进行了比较研究，他的结论是："从人体类词语的比较来看，可以发现：（1）三大方言说法各不相同的词语不少，说明三大方言个性鲜明。（2）三大方言中，客家话与广府话说法相同的词语最多，说明客家话与广府话关系最紧密，潮汕话与广府话说法相同的词语最少，说明潮汕话与广府话关系最疏远。（3）三大方言中，广府话与普通话说法相同的词语最多，客家话其次，潮汕话最少。说明广府话与普通话词汇相似度最大，客家话居中，潮汕话最小。"② 可见，客家话与粤语的关系比较紧密。

（九）南宁平话

从地理上看，其与西南官话区、粤语区都有邻接关系，所以从人体词来看，这几个地方方言间有相互影响、渗透关系，也有共同源流关系，如：舌头，南宁平话说"脷钱"有可能是受以广州话为代表的粤语影响的结果。

（十）闽语

闽语保留古汉语成分最多、方言自我创新的成分也多。"闽语中，既有古代汉语的很多遗迹，又有很多限于这个地方的创新，由于交通不便，孤立独处，因此闽语的内部分歧也很大，尽管如此，闽语仍是最具特点的一组方言。"③ 虽然有学者指出吴语和闽语可能有共同的来源，"由于吴闽两方言具有重要的共同特点，近年来一些学者提出了吴闽两方言同源的假设"④，但从人体词的区域特征看，闽语与其北部的吴语、西部的客家话、赣语和粤语都没有太大的相似关系，只有称乳房为"奶奶"的说法可算是福州话与吴方言有同源关系的例子。

总起来说，从方言人体词的区域特征来看，官话与晋语，吴语与徽语，湘语与西南官话，赣语与客家方言、客家方言与闽语和粤语、闽语和粤语，南宁平话与粤语，北部闽语与吴语，都有一定关系。

三　相邻方言间核心人体词的相似与差异

地理位置相邻的不同方言之间，可能因为对古汉语的共同承传、异地

---

① 温昌衍：《客家方言特征词研究》，商务印书馆 2012 年版，第 109 页。

② 温昌衍：《客家话、潮汕话、广府话人体类词语比较研究》，《嘉应学院学报》2011 年第 3 期。

③ 罗杰瑞：《汉语概说》，语文出版社 1995 年版，第 200 页。

④ 王福堂：《汉语方言语音的演变和层次》，语文出版社 1999 年版，第 68 页。

同变和方言间的相互影响而在人体词中有相同或相似的说法，也可能因为方言自我发展演变而使相邻方言间在人体词方面拥有自己的特殊说法，以区别于周围其他方言。

参考专家们的研究结果，仅举几个例子：

赣、粤、闽、客家几个方言因历史源流、地理上的邻近而存在相似关系。如：梅县客家话说"鼻公"（鼻子），赣方言区的一些方言也有这一说法；与粤方言相似：梅县和广州都说：屎窟（屁股）、手指公（大拇指）①；客家话（以梅县话为例）、潮汕话（以潮州话为例）、广府话（以广州话为例）三地相同的方言人体词有：面（脸）、手臂（胳膊）、手（手）。②

客家方言和赣方言在人体词方面的不同之处是存在的，如客方言多单音词，赣方言往往已经变为双音词，如：指称嘴，客家方言说"嘴"、赣方言说"嘴巴"；客方言中有方言特色的词语多，赣方言则较为接近普通话。如：指称"头发"和"屁股"，客家方言说"头毛"和"屎窟"③，赣方言则多与普通话说法相同。客家话（以梅县话为例）、潮汕话（以潮州话为例）、广府话（以广州话为例）三地不同的方言人体词有很多，如："鼻子"和"耳朵"，潮州话说"鼻"、"耳"，这是传承下来的古代词语；客家话说"鼻公"、"耳公"，广府话说"鼻哥"、"耳仔"，都是方言区自造的新词。④

此外，湘方言也与其邻近的吴语、赣语、西南官话在方言人体词方面存在差异。⑤

四 人体词的方言区域特征与方言分区

表达相同范畴，汉语不同方言所用词位不同，表现在方言区域分布上形成汉语方言的类型特征。李如龙先生把汉语方言词汇差异与汉语分区的关系提到理论高度进行深入研究，提出了方言特征词理论，其意义在于为汉语方言分区提供词汇方面的证据。罗杰瑞也尝试根据汉语方言音韵、词

---

① 庄初升：《从方言词汇看客家民系的历史形成》，《韶关大学学报》1998 年第 2 期。

② 温昌衍：《客家话、潮汕话、广府话人体类词语比较研究》，《嘉应学院学报》2011 年第 3 期。

③ 李如龙：《客家方言与客家的历史文化》，《嘉应大学学报》1998 年第 2 期。

④ 温昌衍：《客家话、潮汕话、广府话人体类词语比较研究》，《嘉应学院学报》2011 年第 3 期。

⑤ 罗昕如：《湘方言词汇研究》，湖南师范大学出版社 2006 年版，第 236、250、261 页。

汇、语法三方面十条标准把汉语方言分为北、中、南三大片，下位又包含着七个区。① 李如龙先生将汉语方言分为官话方言和非官话方言，非官话方言又以长江为坐标分为两大片——近江方言（自东而西是吴语、徽语、赣语、湘语）和远江方言（闽语、粤语、客家方言、平话）。②

我们按照官话、近江方言和远江方言的三个分区来讨论问题。

（一）官话方言（和晋语）

"身体"和"身子"的说法是除中原官话的万荣、西安和与它们相邻的兰银官话银川、西南官话（武汉、成都、贵阳3地）外的广大官话方言东部和北部地区的区域特征；"脑袋"、"脑瓜儿"、"脑袋瓜"、"脑瓜儿"、"脑袋瓜儿"、"脑袋瓜子"等说法主要存在于东北官话、胶辽官话和冀鲁官话等区域；只见于官话方言的人体词："耳根"（耳朵）、"脚脖子"（脚腕）、"脚丫子"（脚）、"脑瓜子"（头）"脑瓜子"（头）只在北京官话、东北官话、冀鲁官话、西南官话、中原官话和晋语中全部都能说，"波棱盖"（膝盖）、"脑壳"（头）、"脑勺子"（头的后部）只在北京官话、东北官话、江淮官话、中原官话中全部都能说；用以上谈到的这些人体词可以先将官话方言内部作一个划分；北京、东北和中原三个官话似乎关系更近一些。

以吴语为界，几乎是北部说"脸"、南部说"面"。"脸"是北方地区官话和晋语的区域特征，"面"是南方方言的区域特征，似乎以说"脸"还是说"面"可以将官话和晋语与南方方言分开。"须"和"胡须"的说法都存在于吴语以南的南方地区（柳州属于西南官话）；"脊背"和"背脊"这一对词序不同的义位的分布是以吴方言为分界线的，吴方言及其以南地区说"背脊"，官话方言和晋语说"脊背"。可以说用"脸"或"面"、"须"或"胡须"、"脊背"或"背脊"，可以将南方方言与北部的官话和晋语初步分开。

中原官话的西安、西宁和万荣3地方言说"眼窝"，但与这3地在地理上邻近的晋语两地却没有这种说法，可见中原官话这3地说法内部一致，并对区外的晋语有排他性。

吴方言区（杭州有"鼻子"的说法）、徽语的绩溪、粤方言、闽方言都不说"鼻子"，官话和晋语以外只有杭州、长沙、南昌、黎川、于都和南宁6地说"鼻子"，说"鼻子"是官话和晋语的区域特征，以是否说

---

① ［美］罗杰瑞：《汉语概说》，语文出版社1995年版，第163页。

② 李如龙：《汉语方言学》，高等教育出版社2001年版，第44页。

"鼻子"几乎可以将官话和晋语同其他非官话分开（当然中间还跳跃性地有个别方言点例外）。

指称颈部的词，官话（武汉、成都、扬州、乌鲁木齐4地方言除外）和晋语都说"脖子"或以"脖"为语素构成的词；这一条可以看成官话和晋语的区域特征，可以将其他非官话区分开来（杭州话有"脖子"的说法，可能是受北方方言的影响）。

"肚子"存在于除贵阳外的15地官话方言、晋语太原话这一连续地域，还有湘语和赣语（黎川话除外）这一连续地区，是否说"肚子"可以先将官话、湘语和赣语同其他方言分开。

"胳膊"存在于官话方言中的哈尔滨、牟平、济南、徐州、洛阳、万荣、西安、银川、西宁9地和晋语两地这一从中国东北向南到胶辽、冀鲁官话再向西到兰银官话银川的广大北方地区；这也可以算是官话和晋语的区域特征之一。

官话方言区（武汉除外）、晋语区、吴方言丹阳这一片连续地域内都以"腿"指称下肢踝以上的这一部位，丹阳处于吴语区和江淮官话区的交界地带①，有官话的特征可以理解；以是否说"腿"可以将官话和晋语与其他方言分开。

（二）近江方言

江淮官话的扬州话和吴语的苏州、上海、宁波3地方言都说"牙子"，存在于吴语苏州、上海、宁波、温州4地方言的"头颈"，存在于吴方言（温州话除外）和赣方言（黎川话除外）这一连续的地域的"肚皮"，都表现出一定的区域特征；除"头颈"是吴语4地特有的外，"牙子"和"肚皮"是吴语与其邻近的个别方言共有的。吴语和赣语都属于近江方言。

从吴语区的上海、金华、温州向西到徽语区，再向西、向南到赣语区，到西南官话柳州这一片地域内，表示"上肢"的词与普通话表示"手"的词在词形上相似，表现出区域特征；这一区域特征分布于除湘语外的几乎整个近江方言区。

指称"腿"，吴方言的宁波和温州、徽语绩溪、赣语（东部黎川除外）、粤方言东莞等6地方言都说"脚"，除东莞话外，其他5地方言都属于近江方言。

---

① 蔡国璐编纂：《丹阳方言词典·引论》，载《丹阳方言词典》，江苏教育出版社1995年版，第4页。

（三）远江方言

"须"存在于赣语萍乡、客家话梅县、粤语广州这一都属于远江方言的地区。双音节的"耳朵"在粤方言和闽方言中都没有，可以说"耳"易名为"耳朵"这一变化没有传到边远的闽、粤方言区。

闽方言除建瓯话外都使用单音节的"目"，以是否说"目"可以将闽语与其他方言分开；单音节词"耳"存在于闽方言的全部 5 个方言点；单音节的"目"、"鼻"、"耳"存在于闽语，闽方言还有单音节的词或语素"喙"；单音节的"腹"存在于闽语的建瓯话和厦门话中；闽方言用单音节词"骹"或以"骹"为语素构成的词。以单音节词"目"、"鼻"、"耳"、"喙"、"腹"、"骹"的使用，可以将闽语与其他方言区分开来。

由以上的讨论我们可以看出，的确有能或多或少反映官话和晋语、近江方言、远江方言各方言区域特征的方言人体词。可以用人体词反映的方言区域特征进行方言分区的试验。

第二节　方言核心人体特征词和特征语素与方言分区

"如果词根有不同的，往往成为大区方言间的词汇差异，（这些不同词根有古今之别、南北之异、非汉语借用等不同类别），其重要性显然在词根相同词缀不同的方言词之上，有许多就是方言区的特征词。"[1]

李如龙先生是最早提出方言特征词的。方言特征词是"一定地域里一定批量的，区内大体一致，区外相对殊异的方言词"[2]。

除了方言特征词，那些只在一定方言区内存在，而外区少见的特别语素，我们没法为其定名，暂模仿特征词的说法，称其为"特征语素"。

李先生不仅提倡方言特征词的研究，而且还身体力行进行研究，这在他的多篇文章和一些专著中都有体现。

研究方言特征词，对于了解方言的词汇特点、对方言分类和分区都有重大的意义；研究方言特征词还能"说明不同方言之间的亲疏远近关系"[3]，对于汉语词汇史的研究也有重要意义。

---

① 李如龙：《论汉语方言特征词》，载《汉语方言的比较研究》，商务印书馆 2001 年版，第 115—116 页。

② 李如龙：《论汉语方言特征词》，《中国语言学报》第 10 期，商务印书馆 2001 年版。

③ 同上。

一　方言特征词与方言分区

（一）官话方言

官话方言覆盖中国的广大地区，虽然说其内部一致性较强，但不同的次方言区内也各自有自己的特征词或特征语素，官话北方地区与西南官话就有差别。我们发现：表示"脊背"的各种方言说法中，"脊梁"在官话方言区比较通行；表示"胸部"的词，官话北方地区的兰银官话和西宁话还有"腔子"的说法；以"脖"为语素构成的词，存在于除武汉、成都、扬州3地外的所有官话方言和晋语两地、吴语杭州共15地方言中，即主要存在于官话的北方各地方言（当然杭州也有"脖子"的说法）中，"脖子"的说法存在于官话方言哈尔滨、牟平、济南、洛阳、万荣、银川、南京、晋语两地、吴语杭州共10地方言，根据《普通话基础方言基本词汇集·词汇卷》，普通话基础方言中也有一些方言没有单音节词"脖"或不以"脖"作语素构词的，但这些地区几乎都处于西南官话区、江淮官话区或新被提出的徽语区等方言区。

刘晓梅等将官话区分为：东北官话，北京官话，冀鲁官话，胶辽官话，中原官话，晋语，兰银官话，江淮官话，西南官话共9区，凡是分布在官话区及晋语区7—9区、在非官话区又较少见的，作为官话方言的一级特征词，常见的一级特征词中的人体词有：板牙、脚脖子、脸子、脑瓜①；凡是分布在各官话区及晋语区5—6区或与非官话区有较少交叉的，视为官话方言的二级特征词②；并指出：未见于非官话区的一级特征词中的人体词有："耳根"（耳朵）存在于北京官话、东北官话、冀鲁官话、胶辽官话、西南官话、中原官话和晋语中，"脚脖子"（脚腕）存在于北京官话、东北官话、冀鲁官话、江淮官话、胶辽官话、兰银官话、西南官话、中原官话和晋语中，"脚丫子"（脚）存在于北京官话、东北官话、冀鲁官话、江淮官话、胶辽官话、兰银官话、西南官话、中原官话和晋语中，"脑瓜子"（头）存在于北京官话、东北官话、冀鲁官话、江淮官话、兰银官话、西南官话、中原官话中③；见于部分非官话区的一级特征词中

---

① 李如龙：《略论官话方言的词汇特征——官话方言词汇论著读书札记》，《吉林大学社会科学学报》2014年第2期。

② 刘晓梅、李如龙：《官话方言特征词研究》，载《汉语方言特征词研究》，厦门大学出版社2001年版，第2—3页。

③ 同上书，第4页。

的人体词有："腚"（臀部）存在于北京官话、东北官话、冀鲁官话、江淮官话、胶辽官话、西南官话、中原官话和湘语中，"后脑勺子"存在于北京官话、东北官话、冀鲁官话、江淮官话、胶辽官话、兰银官话、中原官话、晋语及吴语中，"脚底板"（脚掌）存在于北京官话、东北官话、冀鲁官话、江淮官话、兰银官话、西南官话、中原官话和吴语中，"奶子"（乳房）存在于北京官话、东北官话、冀鲁官话、江淮官话、胶辽官话、西南官话、中原官话、晋语和湘语中①；未见于非官话区的二级特征词中的人体词有："波棱盖"（膝盖）存在于北京官话、东北官话、江淮官话、胶辽官话、兰银官话、中原官话中，"脑壳"（头）存在于北京官话、东北官话、江淮官话、西南官话、中原官话中，"脑勺子"（头的后部）存在于北京官话、东北官话、冀鲁官话、江淮官话、兰银官话、中原官话中②；见于部分非官话区的二级特征词中的人体词有："大拇哥"（拇指）存在于北京官话、东北官话、冀鲁官话、兰银官话、晋语和闽语中，"眼眉"（眉毛）存在于北京官话、东北官话、冀鲁官话、胶辽官话、中原官话和粤语中，"纂"（妇女梳在头后面的发髻）存在于东北官话、冀鲁官话、江淮官话、中原官话、晋语和吴语中，"嘴巴"（嘴）存在于东北官话、江淮官话、兰银官话、西南官话、中原官话及吴语、湘语、赣语和客家方言中③；此外在 8 个（至少 7 个）官话区普遍通行而在 12 个非官话区中至多见于近江方言的一个方言区的特征词中的人体词有：身体：鼻子、肚子、胳膊肘子。④

　　其他存在于一地或一区方言的特征词有：哈尔滨方言特征词的"波棱盖儿（膝盖）"⑤，陕西一些地区的"膧"（头）。⑥"沟子"指臀部，俗

---

① 刘晓梅、李如龙：《官话方言特征词研究》，载《汉语方言特征词研究》，厦门大学出版社2001 年版，第 6 页。

② 同上书，第 7—10 页。

③ 同上书，第 13—15 页。

④ 同上书，第 39—40 页。

⑤ 冯青青、陈建敏在《方言词研究中的三个问题》中（《文教资料》2008 年 2 月号下旬刊），指出"波棱盖儿（膝盖）"是哈尔滨方言的特征词，实际上与其词形相近的形式在其他方言中也存在。

⑥ 陕西方言与普通话"头"、"臀"等相对应方言词的记录，参见刘育林《陕北方言略说》，《方言》1988 年第 4 期；张崇、王军虎《陕西方言词汇和语法方面的几个特点》（《西安外国语学院学报》1998 年第 2 期）中西安、渭南、商州、宝鸡四地方言关于义位"头"的方言记录；郭芹纳《陕西方言词语汇释》，《西安教育学院学报》1997 年第 2 期；王宝红《陕西近代歌谣方言词汇特点初探》，《咸阳师范学院学报》2011 年第 3 期；等等。

称屁股，此方言词在陕西方言通用。① 兰银官话两地称乳房为"高高"，区外未见。

（二）晋语

我们发现：指称"胸部"的词，"脯子"的说法存在于晋语两地；晋语两地以"屎子"指称"臀部"。

晋语有一些人体特征词，除前面提到的指称"胸部"的"脯子"、指称"臀部"的"屎子"外，晋语两地称脚为"脚板子"，据《普通话基础方言基本词汇集》，这一说法还见于张家口、阳原、大同、临河、集宁、二连浩特等均属于晋语区的方言中，区外未见有此说法。

根据陈庆延《晋语特征词说略》，见于晋语特征词中的人体词有："胡才"（胡子）、"脚梁面"（脚面）、"肚口〔pəʔ⁴〕脐"（肚脐）、"脸圪腮"（腮帮子）、"鼻鼻"（鼻子）②；但这些说法都未见于《太原方言词典》和《忻州方言词典》。

（三）吴语

我们发现：从42地方言词典的记录来看，称说"鼻子"的词，湘方言的娄底话和吴方言（除宁波外）都说"鼻头"，"鼻头"可能是吴方言的特征词；表示"额"的词中"额角头"的说法在吴语区较通行；表示"拳"的词，吴方言都说"拳头"，一致性很强；表示"下肢"及"腿"的词，以"骱"为单音节或为主要语素构成的词主要存在于吴方言中，"骱"可能是吴方言个别地区仍保留自古汉语的特征词或特别语素，区外不见，区内只有金华一地未见；表示腿部的义位"腿"和"脚"的分界线的北端可能是从吴方言区开始的，吴方言区表示腿部的义位既有用"腿"也有用"脚"作为单音节词或作构词语素的。吴语"有一批跟其他方言或普通话不同的常用词语。例如：眼说'眼乌珠'，左手说'济手'，右手说'顺手'……"③ 从第一章表1–4中可以看出，"眼乌珠"的说法只存在于吴语的苏州、上海、温州及徽语的绩溪4地方言；"济手"的说法仅存在于吴语的丹阳、苏州、崇明3地方言中，"顺手"的说法只存在于除崇明外的整个吴语区和徽语的绩溪话中；"口舌"（舌头）主要分布在吴语区的南部（金华、温州）和徽语（绩溪）区等地。称乳房为

① 田晓荣、姚艳丽：《渭南方言词寻源（二）》，《渭南师范学院学报》2010年第1期。

② 陈庆延：《晋语特征词说略》，载《汉语方言特征词研究》，厦门大学出版社2001年版，第83—99页。

③ 侯精一主编：《现代汉语方言概论》，上海教育出版社2002年版，第73页。

"奶奶"的说法存在于吴方言（金华除外），区外仅见于闽方言的福州话和成都话；吴语区丹阳、苏州、上海、崇明4地都用"面孔"指称脸，以"眼×珠"或"眼（睛）×子"指称眼睛在吴方言区较普遍。这些吴方言的特征词或特别说法，区外不见或少见，可以以此将吴语分离出来。

李如龙先生曾指出："脖子说头颈（北吴）、项颈（浙中），苏南尚有颈颈、颈骨、颈根的说法，都是以颈为词根的双音词。外区少用。"① 从42地方言词典记录看，"头颈"的说法存在于苏州、上海、宁波、温州4地方言，但温州似乎超过了李如龙先生说的"北吴"的范围；崇明话说"颈骨"、长沙话说"颈根"。

（四）徽语

徽语有共同的基本词：面、反手、顺手、脚膝头……②42 地中只有绩溪处于徽语区，而根据《绩溪方言词典》的记录，"面、反手、顺手、脚膝头"的说法确实存在于绩溪话中，验证了侯精一先生的说法。

（五）湘语

"舌子"主要分布在湖南省（西北部和东南部的少数方言点除外），它可能是湘语的特征词；湘语和赣语萍乡话指称胳膊说"手欄子"，而"鼻公"是赣、客方言的共有的特征词，黎川和梅县两地方言中都说；因为赣语和湘语、客家话的纠葛，这两条标准可以将赣语与其他方言分开，却又可能与湘语、客家话相混。

指称"腿"，长沙话说"腿把子"、娄底话说"脚把子"，这可以和说"腿"的赣语以及以"髀"构词的吴语区别开来；指称"腿肚子"长沙方言说"鮎巴肚子"，可以与说"髀肚肠子"的苏州话为代表的吴语、说"腿肚子"的以成都话为代表的西南官话区别开来。③

（六）赣语

我们发现：表示"鼻子"的词，"鼻公"可能是赣、客方言的共有的特征词。

另外，据曹廷玉《赣方言特征词研究》，脚跟说"脚胫"通行于赣方言多数点，弋阳有同义词"后胫"，赣方言一些点的"胫"与其他语素可构成表示肘部的词，如新余话的"肘胫"、黎川话的"斗胫公"、抚州

---

① 李如龙：《汉语方言的地理语言学研究大有可为——喜读〈汉语方言地图集〉》，《方言》2009 年第 2 期，第 117—125 页。

② 侯精一主编：《现代汉语方言概论》，上海教育出版社 2002 年版，第 93 页。

③ 罗昕如：《湘方言词汇研究》，湖南师范大学出版社 2006 年版，第 236、250、261 页。

话与余干话的"斗脙";客家方言个别方言点、粤语广州、阳江等地方言,也有以"手脙"指肘部的说法;脖子叫"扁颈",赣西片新余、宜春、宜丰、上高、万载、峡江等地方言说;胳膊叫"肨骨",南昌、永修说。[①]

(七)客家方言

我们发现,表示"肘"的词,"手脙"的说法在客家方言内部一致性比较强。

另外,根据温昌衍《客家方言的特征词》:"颏"(脖子前面部分)各小片均说,只有南康、石城两地例外;"啜"(嘴),各小片均说;"□[nen⁵⁶]牯"(乳房),8点一致,赣南(石城除外)、粤北几乎不见,其余小片均说,是百越词(底层词);"髀"是古代汉语词,本指"人的腿",今客家话部分点保留了此用法,大腿说成"大脚髀",又引申指动物的腿;头颅(头),10点一致。例外是宁化及赣南4点。[②]"肚尿"(肚子)是客家方言的特征词。[③]

(八)粤语和受其影响的方言

我们认为,表示"鼻子"的词,"鼻哥"则可能是粤方言的特征词;粤方言的广州和东莞两地方言用来称说舌头的单音节的"脷"是粤方言的特征词;表示"肘"的词,粤方言说"手踭"[④],内部一致性比较强;"眼眉"和"眼眉毛"的说法主要是粤语和平话使用。表示"腿","髀"可能是粤方言的特征词或特征语素,区外只有某些客家话指称"大腿"说"大脚髀";以"鼻哥"、"脷"、"髀"几乎可以将粤语与其他方言分离开来。

根据张双庆先生的《粤语的特征词》,粤方言特征词中的人体词有:膊头(肩头),胳肋底(胳肢窝),肚腩(小肚子,一般指较大而隆起者,"腩"在汉语中找不到语源,应是少数民族语言的借用),膝头哥(膝盖),骹(骨关节,包括手骹、骨骹、脚骹,又下颌骨关节叫"牙骹"),

---

① 曹廷玉:《赣方言特征词研究》,载《汉语方言特征词研究》,厦门大学出版社2001年版,第137—207页。

② 温昌衍:《客家方言的特征词》,载《汉语方言特征词研究》,厦门大学出版社2001年版,第208—277页。

③ 庄初升:《从方言词汇看客家民系的历史形成》,《韶关大学学报》1998年第2期。

④ 指称"时"的词和指称"脚跟""脚腕"等的词,吴、赣、客家等等粤方言分别称为"手脙"、"脚脙。"后词有"脙""踭"两种写法《汉语方言大词典》中的《广州方言词典》和《东莞方言词典》都是"踭""脙"。

颈（脖子），髀（大腿），踭（脚跟或手肘）。①

其中，"骹"在闽语中也有，但闽语是指"下肢"或"脚"，与粤语意义有差异；据温昌衍研究，"髀"也见于客家方言，但在客家方言中是指"人的腿"，粤语是指"大腿"，意义有差异；以单音节词"颈"指称脖子，42地方言中不仅见于粤语两地，还有赣语的南昌话和黎川话、客家方言的于都话和南宁平话中也存在。

从粤、闽语中都有的"骹"和客家方言、粤语都有的"髀"看，词形相同的都是从古汉语承传来的词，其意义在不同方言中未必相同，从承传角度看，可能是不同的方言在承传古汉语词的过程中走了不同的道路，抑或是不同方言在继承的同时又有自己的创新；从渗透角度看，或许是方言在借用的同时又有自己的创新。

（九）闽语

我们发现，闽方言的特征词或特别语素比较多：表示"额"的词，"头额"的说法主要通行于闽南语的一些方言点；表示"眼睛"的词，闽方言除建瓯外都使用单音节词"目"，"目"作单音节词或构词语素仅存在于闽方言区；表示"嘴"的词，闽方言除福州外其他4地方言都用"喙"；表示"颈部"的词，"胚"主要存在于闽语区；表示"脊背"的词，"髀"作为单音节词或构词语素存在于闽北和闽东，"胛脊"有可能是闽南语的特征词；表示腹部的词，单音节词"腹"只存在于闽语的建瓯和厦门两地方言中，"腹"作语素只见于闽语；表示"肚脐"的词，"腹脐"可能是闽语的特色词；表示"拳"的词，"拳母"或"拳头母"的说法存在于闽方言中；表示"眉毛"的词，"目眉"和"目眉毛"主要通行于闽语地区；表示"下肢"和"脚"的词，"骹"作单音节词或语素存在于闽方言区（海口话的"脚"如果本字是"骹"的话也算），"骹"可能是闽方言的特征词或特别语素。

除上面提到的这些词外，根据李如龙先生《闽方言的特征词》，人体词中的闽语特征词有：鼻，闽语普遍都用为多义词，指鼻子，又指鼻涕；目（珠），眼睛在闽语普遍说"目"或"目珠"，除了闽语，眼睛说"目珠"还通行于一些客方言，但不单说"目"，有的也同时说"眼珠"（如梅县）；"膙"，指乳房和乳汁，闽语说法相同，并与多数客家话音韵地位

① 张双庆：《粤语的特征词》，载《汉语方言特征词研究》，厦门大学出版社2001年版，第390—414页。

相仿，俗写作"膧"，可能是百越语"底层"词。① 而"膧"、"膧脖"和"膧座"的说法却只见于建瓯话。

（十）多方言区共存的情况

用"额角"称说"额"，主要存在于湘语、赣语和客家方言的部分地区；表示"头顶"的词以"脑"作语素则主要分布在中部或南部地区，如西南官话、湘语和赣语的部分地区；"鼻公"见于赣、客两方言中；眼睛说"目珠"通行于闽语和客方言中；表示"肘"的词中，以"手"作第一个语素构成的词分布于除赣方言和南宁平话外的南方地区，如吴方言的个别地区、湘方言、客家方言、粤方言、闽方言（雷州话除外）；客赣语都有"颈"、"屎窟"（臀）等说法；表示"胡子"的词中，"须"和"胡须"的说法都存在于吴语以南的南方地区（柳州话属于西南官话）；"脊背"和"背脊"这一对词序不同的义位的分布是以吴方言为分界线的，吴方言及其以南地区说"背脊"，官话方言和晋语说"脊背"。

据《汉语方言地图集》（058 图），脸，"北片都说脸，北片吴语说面孔，个别赣语说面嘴，粤北土话或说面体，其余南片各方言都说面"。② 从 42 地方言词典的记录来看，以吴方言为界，几乎是存在着北"脸"、南"面"的局面，当然"脸"与"面"的分布也有交叉、纠葛，南方有三地方言也说"脸"：吴语的杭州、湘语的长沙、赣语的南昌；吴语区丹阳、苏州、上海、崇明 4 地都说"面孔"，绩溪话说"面嘴"，42 地方言的情况与李先生所说的和《汉语方言地图集》记录的情况基本相符。

据《汉语方言地图集》（061 图），嘴，"江北、鄂、贵官话和粤语都说嘴，川、云官话、湘语、北片吴语、徽语说嘴巴，闽语说喙（昌芮切）或以喙为词根的双音词，客赣语除说嘴外还说啜（尝芮切），南片吴语和粤语、平话有说口的"③。从 42 地方言词典记录看，与李先生所说的基本相符。

据《汉语方言地图集》（068 图），手、脚，"以长江为界，江北除赣语、吴语和个别官话外都不包括手臂、腿，江南除个别沿江官话和少数徽语、吴语外，都是手含胳膊、脚含腿"④。从 42 地方言词典的记录来看，

① 侯精一主编：《现代汉语方言概论》，上海教育出版社 2002 年版，第 214 页。

② 李如龙：《汉语方言的地理语言学研究大有可为——喜读〈汉语方言地图集〉》，《方言》2009 年第 2 期，第 117—125 页。

③ 同上。

④ 同上。

与李如龙先生所说和《汉语方言地图集》记录的情况基本相符。属于西南官话的柳州、吴语的上海、金华和温州、徽语绩溪、赣语3地和闽语海口这9地南方方言中表示"上肢"的词与普通话表示"手"的词在词形上相似；属于闽语的厦门、福州、建瓯、海口、雷州方言，属于粤语的广州、东莞方言，属于客家话的梅州、于都方言，属于赣语的南昌、萍乡、黎川方言，属于徽语的绩溪方言、属于湘语的娄底方言，属于吴语的金华、温州、宁波、杭州、上海等方言，两个义位"腿"、"脚"的代表性词位相同；"手"包括"手臂"比"脚"包括"腿"的分布区域要窄些。

（十一）方言特征词与方言区下次方言或土语的细分

方言特征词也可能在某一方言区内的一小片地区存在，这些特征词可以用于各方言区下的次方言，甚至是土语的进一步细分。如按周志锋：上海、苏州和嘉兴三地也都有"臂膊"的说法，这可能是这一带地区的方言特征词；也据周志锋：杭州、绍兴和宁波一样都有"手膀"的说法，这也可能是这一小片地区的方言"特征词"。[①] 琼北闽语除有闽语共有的方言特征词外，还有自有的特征词，在人体词方面有"颔 [ŋaŋ²¹]"（下巴颏，下颚的地方）。[②]

李如龙先生认为："不论从语言本身的特征或历史发展的不同过程，乃至不同的地域文化特征来看，客方言都应分为南北两片。北片是闽西、赣南、粤北；南片是粤东、港台、粤西以及湘、桂、川等地。南北两片之下还可以分成几个小片。"北片和南片的方言人体词就存在差异，如指称普通话的"头"，南片说"头那"，北片有"头那、脑盖、头脑、脑骨窠"多种说法；指称普通话的"手指头"，南片说"手指"，北片有"手指头、手指脑、手指子、手指头哩"多种说法[③]；指称"耳朵"，南片说"耳公"，北片有"耳朵、耳刀"等多种说法；指称"喉咙"，南片说"喉连"，北片有"喉咙、喉灵"等多种说法。[④]

二　特征语素及词语构成方式与方言分区

（一）实语素

包含语素"踝"的词主要出现在官话方言的部分北方地区（哈尔滨、

---

① 周志锋：《宁波方言的词汇特点》，《宁波大学学报》2010年第1期。

② 符其武：《琼北闽语词汇研究》，四川大学出版社2008年版，第184页。

③ 李如龙：《客家方言与客家的历史文化》，《嘉应大学学报》1998年第2期。

④ 温昌衍：《客家方言特征词研究》，商务印书馆2012年版，第60页。

牟平、济南、徐州、洛阳和银川等地）；以"肘"为构词语素的词主要分布于官话方言；表示"肘"的词以"胳"作第一个语素构成"胳×"的说法见于晋语。表示"腮"的词，吴语以"面"和"嘴"为语素；表示"肩膀"的词，以"膊"为语素的只见于粤语广州话、受粤语影响的南宁平话和赣语的萍乡话；在西南方言中还存在以语素"坨/砣"构成词表示"拳头"的情况。

（二）词缀语素

"圪"主要存在于晋语区及万荣和洛阳两地方言，"公、嫲、姑"等作后缀主要存在于以梅县话为代表的客家方言和少数粤语地区，等等。

还有与普通话词缀使用不同的情况。指称舌头的词，"舌子"是湘方言的特征词，可以看成这是与普通话后缀不同；梅县话的"舌嫲"和厦门话的"舌仔"也是后缀比较特别的。

（三）词语构成方式

"胳膊×（×）"、"胳膀×（×）"的说法主要分布于北方地区。指称"肘"的词以"拐"为构词语素的除牟平和乌鲁木齐两地方言外，主要存在于西南部的西南官话和长沙话。表示"眼睛"的词，"眼×珠"或"眼（睛）×子"的说法在吴方言区较普遍。

参考专家们的研究成果和我们自己的总结，有两条值得说明：一是在方言人体词中也可以找出方言特征词、特征语素（实义语素和词缀），甚至还可能有特别的方言构词形式；二是有些方言人体特征词不仅仅在一个方言区存在，可能是跨方言区存在，如徽语绩溪话就有和吴语一致的特征词，粤语和平话、粤语和客家话、客赣方言、闽客方言、湘赣方言都有共存的特征词或特征语素，有的特征词甚至可能在南方几个方言区中同时存在，还可能见于西南官话区部分方言，这也可以看作方言区域特征；其中，方言间相互影响、或是古汉语的共同承传等关系，颇值得研究。

另外一些"特征语素"，特别是一些词缀，也反映了方言特征，也可以在方言分区时作为参考："圪"主要存在于晋语及其周围的万荣和洛阳两地方言，"公、嫲、姑"等作后缀主要存在于以梅县话为代表的客家方言和赣语、粤语的个别方言。这些词缀也可以作为方言分区时的参考。

研究方言特征词和特征语素，对于了解方言的词汇特点、方言分类和分区都有重大的意义。我们这里只就方言人体词这一类词，试就其能否作为方言分区的依据作一个简单探讨。事实证明，有些方言人体词作为特征词，只在一区方言内存在，区外不见，在考虑方言分区时可以以其作为参考；对于那些区外少数方言也存在的方言特征词，在以其作为方言分区的参考时，要分清主次及源流还是渗透关系，再结合其他标准才能做到准确的分区。

第三节　核心人体词的方言历史层次及方言区别特征与方言分区

核心人体词的方言历史层次的差异、核心人体词的方言区别特征是否可以用来作为方言分区的参考？我们将在此做一个尝试性探讨。

一　核心人体词的方言历史层次与方言分区

方言人体词的历史层次在不同方言区也存在不同的表现。官话方言整个保留上古汉语词位要少些，保留上古汉语词位最多的是闽语；从方言区看，区内方言平均承传中古汉语词位率最高的大概是吴语，其次是官话方言，再次是赣语；而平均承传中古汉语词位率最低的是南宁平话，其次是闽语，再次是粤语和湘语；从方言区看，承传自近代汉语人体词位最少的方言区是闽语，而承传自近代人体词位平均数最多的是官话方言。

由此看来，闽语和官话（及晋语）正好处于两端，而其他各方言则处于中间。这样按照承传自上古、中古、近代人体义位的情况，可以将汉语方言区分为三大片，恰好与李如龙先生提出的官话、近江方言、远江方言的方言分类和分区相吻合。

二　核心人体词方言区别特征反映出的方言特点与方言分区

"区别特征"本是音位学的概念，是指"有区别音位作用的发音特征"①，其实就是音位间区别、对立的最小发音特征。

方言人体词语间的区别、对立是多方面的，这些不同的差异是否可以借鉴音位学的"区别特征"这个说法来分析，我们想做一个尝试。

（一）方言人体词的区别特征

通过对汉语方言人体词共时和历时的比较，我们发现方言人体词的区别可以是词形、词义的不同，还可能是历史层次的不同，更可能是词形和词义相结合、共时和历时相联系的错综复杂的多方面区别。

---

① 叶蜚声、徐通锵：《语言学纲要》，北京大学出版社1997年版，第77页。

1. 共时方面

方言人体词共时方面的差异主要集中在词形和词义两方面。而这两方面内部又有很多值得探讨的区别特征。

（1）词形的区别

方言人体词词形方面的差别不仅在于语素数目的多少，更在于语素使用情况的差异，如主要语素、词缀语素、语素组合方式等方面的不同，还有与语素组合相关的造词法和构词法的不同，这些都可以造成人体词的方言间差别。

①主要语素的区别

指称脖子，官话内部很多方言和晋语两地说"脖子"，西南官话的武汉话、成都话和江淮官话的南京话说"颈子"，主要语素不同；指称头发，全国大部分方言都说与普通话一致的"头发"，闽语多数方言和南方个别方言说"头毛"，这些差异都是主要语素使用不同造成的。

②词缀语素的区别

使用不同的词缀：同样是指称鼻子，全国多数方言与普通话一致说"鼻子"，吴语和湘语的一些方言说"鼻头"，赣语和客家话的一些方言说"鼻公"，粤语两地方言说"鼻哥"，厦门话说"鼻仔"；同样是指称舌头，全国多数方言说与普通话一致的"舌头"，湘语两地和赣语萍乡话说"舌子"，梅县话说"舌嫲"，闽语厦门话和海口话说"舌仔"。以上这些方言词的主要语素是相同的，但使用不同的词缀，因而词形有差别。

有无词缀的区别：指称头的词，哈尔滨话的"脑壳子"、"脑壳儿"与武汉、成都、贵阳、长沙、娄底、萍乡、于都、东莞8地方言的"脑壳"，区别在于有无词缀；丹阳话和杭州话的"脑袋瓜"与哈尔滨话的"脑袋瓜儿"、哈尔滨、牟平和济南3地方言的"脑袋瓜子"，区别都是有无词缀。

③语素顺序的区别

"脊背"和"背脊"这一对语素顺序不同的词位的分布是以吴方言、徽语等为分界线的，吴方言、徽语及其以南地区说"背脊"，官话方言和晋语说"脊背"；指称脖子的词，贵阳话的"脖颈"与柳州话的"颈脖"也是语素相同，但语素顺序相反。

④构词方式的区别

在主要语素相同的情况下，有的方言用这个语素与词缀语素结合构成派生词，有的方言用这个语素与其他实义语素组合构成复合词，但同样是复合词，其中几个语素的关系是偏正关系还是联合关系，也可能不同；还有只用一个语素重叠构词的情况。指称腰，全国方言几乎都是说与普通话一致的"腰"，于都话加上词缀构成派生词"腰牯"；指称牙齿，全国多数方言及普通话的说法都是"牙齿"，这是由同义语素构成的联合式复合词，成都话加后缀构成派生词"牙巴"，苏州、上海、宁波 3 地吴语构成派生词"牙子"，厦门方言构成偏正式复合词"喙齿"；指称脖子的词中，西宁话的"脖脖"由一个实义语素重叠构成，而建瓯话的"仲—仲—"只是一个记录语音的语素的重叠。

（2）词义方面的区别

方言人体词词义方面的区别是多方面的，其中既有基本义的区别，又有引申义的区别；基本义中又可以分析出基义的区别、陪义的区别、义域的区别、语用的区别等方面。（限于篇幅，我们没有设专门章节讨论人体词词义的问题，将另行出版研究结果。）

2. 历时方面

方言人体词历时方面的区别，主要是在于词中主要语素的历史层次的区别，使用不同时期产生的语素而构成的词，具有不同的历史层次，这些不同历史层次的人体词，从词形方面看，又是语素使用不同。

另外，词形和词义相结合的区别特征也有，西安话指称拳头说"捶头子"，"捶头儿"含喜爱意，指小孩的拳头，意义有区别，词缀语素使用也不同；乌鲁木齐话以"腿"指称腿，"腿腿子"指（小孩的）"腿儿"时含喜爱义，意义有差别，词形表现形式不同。

共时和历时相联系的区别，例子不多。在普通话和多数方言中已经被替换了的"目"、"腹"等还可以以词或语素的形式存在于闽语中，闽语与其他方言这些共时词形的差异其实反映的正是历时变化的区别，即演变速度的区别。

（二）区别特征与方言特点

上面谈到的很多区别特征，其中还可以反映一定的方言特点。主要语素的方言间区别，实际上有些是方言特征词、特征语素的存在造成的；也有一些词缀语素是某方言特有的，从中也可以分析出方言特点；方言语素、方言人体词历史层次的区别，实际上反映了人体词在方言间演变速度和方式的不同，也折射出一定的方言特点。

（三）方言人体词的区别特征反映出的方言特点与方言分区

方言人体词的区别特征可以反映一定的方言特点，而这些方言特点也可以在方言分区时作为参考。主要语素的方言间区别，既可以联系方言特征词、特征语素，又可以联系方言人体词的历史层次，从这两方面入手，可以研究用主要语素的区别作为方言分区的参考；也有一些词缀语素是某方言特有的，从中也可以分析出方言特点，以这些特别的方言词缀语素为参照，可以尝试以此为方言分区的又一条参考。

本章小结

　　方言人体词的区域特征因为是在连续的地域中存在，如果以此为参考，是可以将大方言区先行分开的，而先行分出的大方言区内部有可能包含几个方言区或次方言区，如官话和晋语、吴语与江淮官话、吴语与赣语、吴语与徽语、闽语和粤语等，就有可能存在因为相同的方言特征而混同在一起不易分开的情况。方言人体特征词或特征语素可以用于划分一个方言区，但特征词有时也可能存在于邻近方言区，或在一方言区以外的个别方言点找到相似的说法，这可能是两方言的同源保留，也可能是渗透影响；这些情况都可能影响到以方言特征词进行方言分区的准确性和可能性。方言词汇种种复杂的现象，在方言交界地区更明显。尽管如此，以方言区域特征划分大的方言区是可行的，某些方言人体词的区域特征的分布是符合官话方言、近江方言和远江方言的分法的。

　　按照方言人体词的历史层次，保留上古汉语最多的闽语、南宁平话、粤语和客家话正好都属于李如龙先生提出的远江方言的分类和分区，承传自中古汉语词位较多的吴语、徽语、赣语正好都属于李如龙先生提出的近江方言的分类和分区（湘语情况有些特殊），而官话方言（和晋语）承传近代汉语的词位多些，这样看来，方言人体词的历史层次也可以作为方言分区和分类的一个参考。

　　方言人体词的区别特征反映一定的方言特点，可以研究以方言人体词的区别特征作为方言分区的参照。

　　方言特征词也可能在某一方言区内的一小片地区存在，这些特征词可以用于各方言区下的次方言，甚至土语的进一步细分

　　无论是人体词的历史层次、方言区域特征还是方言人体特征词、特征语素，都只能是在方言分区时作为一方面的参考，还应该结合其他词汇、语音、语法标准一起作为划分方言的依据。鉴于汉语方言的复杂和多样性，无论是语音标准还是词汇标准，抑或是语音、词汇和语法相结合的标准都很难做到把所有方言都轻易地、整齐地分离开来。想要准确地对汉语方言进行分类和分区，应该联系整个方言词汇系统、结合语音和语法标准，还应对各种因素、各种标准进行综合的考虑和分析，结合各方面标准而非利用一种标准。

结　　语

限于篇幅，我们只选取核心人体词为研究对象，缩小了研究范围，虽然从共时看，核心人体词的方言差异不如其他非核心人体词大，但核心人体词的历时演变、替换却比较明显，描写核心人体词的现代汉语、古文献资料也比描写其他人体词的要多；加之人类身体的相同性，所以人体词的方言对应性也很强，适于比较研究。但依据我们掌握的资料，非核心人体词比核心人体词的方言差异要大，对非核心人体词的研究，我们将留待今后进行。

一　研究总结

本书用共时和历时相结合的比较方法，对汉语核心人体词进行了综合比较研究。在共时方面，比较了普通话与方言、方言与方言之间核心人体词词形的共性和差异，并尝试解释了共时共性和差异的原因。在历时方面，主要考察核心人体词的历史源流和历史层次，及其与共时差异的联系；还考察了汉语人体词的演变类型及成因。并结合人体词的共时共性和差异表现出的方言区域特征、方言特征词、方言人体词的区别特征及人体词的历史层次等问题探讨了方言分区问题。

从共时分布的角度看，汉语人体词词形表现显得复杂多样，但从词形和构成词的主要语素情况看，有些人体义位在各地方言中的说法相差不大，如42地方言中表示"耳朵、舌头、腰、手、头发、胡子、眉毛"等的词全国差异比较小；有些人体词虽然表面上看方言差异较大，如表示"鼻子"、"牙齿"等的词，但其中的主要语素和构词情况的一致性较强。"子"和"头"等词缀在全国分布广泛。而方言人体词词形的区别主要表现为语素数目、主要语素、词缀及语素组合形式的差异。方言人体词语素数目有时差别较大，表示同一人体器官部位的方言词从单音节词到多音节词都有。主要语素的差异，一是因为各方言对同义语素的选择不同；二是因为古汉语单音词在一些方言中仍保留为单音节语素，或方言区人们新创的语素参加构词的缘故；三是因为词义的模糊性使人们可能用表示相邻人体部位的语素来构词。方言人体词中的词缀在使用数目、可否重叠、所处位置和虚化程度上都有一些与普通话不同的情况，南方某些方言还有一些自己特有的词缀。另外，方言词典反映的词形演变情况，显示了新派比老派、城市比郊区或乡村更容易接受与普通话相近的说法，但年轻人发明的一些戏谑的说法却显示了不同于普通话的方言创新。

汉语方言人体词词形存在着共性和差异。共性的原因：一是汉语方言都是从古汉语发展演变而来，有共同的历史基础；二是方言都不同程度地受不同历史时期共同语或强势方言的影响，而使趋同性加强；三是相邻地区方言间的影响使共同的成分可以跨方言存在；还有因为各方言区人民有相同的认知基础，而使造词法和构词方式方面有相似之处。造成汉语方言人体词差异的原因也很复杂，其中语素的差异、人体词在不同方言中的演变不同步、方言自我创新词或新语素的使用、造词法和构词法不同、认知基础或造词理据不同、编码情况不同、语言内部各要素的相互影响等原因都可能造成指称同一器官部位的人体词的方言差异。从不同方言的人体词的编码差异即所编语码、编码度、编码方式、词化程度等方面的共性和差异中可以窥见汉语方言人体词词形和词义的关系。

从历时的角度看，不同历史时期、不同方言及表示不同人体部位的义位演变情况都很复杂。我们比较了方言人体词的历史层次，还比较了方言人体词的变异、创新情况，进而探讨了方言人体词共时差异与历时演变的关系。共时的差异与历时的演变是有一定关系的，一些在共同语中已经被替换的义位，仍可能在某些南方方言中存在，而且汉语史不同时期产生的义位的方言分布不同；几乎可以说地理上离北方方言越远的方言越是保留汉语古老的说法；越是晚近的说法，越是见于北方方言或受北方方言影响的中部近江方言里；人体义位的承传、演变、创新与方言人体词的历史层次是有关系的，一些人体义位的历史替换和演变，不仅仅是词位的替换，还有词义即词指称范围的演变、转移和替换，这些不同的替换、演变在方言地理分布上也是极其复杂的，在承传和变异外还伴随着方言创新。我们还分析了承传成分在相邻或相隔方言区的共时存现的原因。

通过对核心人体词的历时比较，可以认识到：有些人体词承传自遥远的古代，在多地方言中一直沿用至今且少有变化，表现出人体词的历史稳固性和方言一致性；某些方言人体词或语素的历史层次差异恰好与中国地理上的南、北方分界相符；近代汉语文献中才出现的词位多是分布于官话和晋语，以及受官话影响的近江方言，一般不易传到远江方言中；一般认为，普通话和北方方言的人体词的历史层次比南方方言的要晚些，但也有值得研究的特殊情况；扬雄《方言》所记录的某些汉代的通语词已在现代汉语普通话，甚至在42地方言中都已经消失了，这也体现了人体义位的竞争情况；无论是方言承传、方言义位变异，还是方言创新词，在各个方言中的情况都不相同，有时承传之中又有变异和创新，这也是造成方言词词形差异的一个原因。

多数方言创新也是在承传古汉语的基础上的，这更进一步证明了汉语各方言都对古汉语有承传，且相互间有密切的亲缘关系。

通过汉语人体词的共时分布和历时演变情况、演变类型及演变原因的讨论，可以看出，语言外部原因、语言原因和认知原因都可能影响人体词的变化和方言间差异。避俗求雅、喜新厌旧等心理，也会影响方言人体词的演变。语言原因涉及语言明晰性的需要、语言经济性的需要、汉语词汇复音化的结果，以及语音、语义、语法三者间的相互联系、相互作用，而语言三要素之间的相互作用，特别是语音影响词汇，是很值得研究的一个重要原因；另外语言的系统性和平衡性也会影响人体词的演变。

本书还讨论了核心人体词的共时分布和历时演变与方言分区等方面的问题，探讨了人体词的共性和差异的方言区域特征与方言分区的关系，方言人体词的历史层次与方言分类和分区的关系；还尝试用“区别特征”这一说法，从共时和历时多角度探讨了方言人体词的区别内容，以及方言人体词区别特征反映出的方言特点。结论是：方言人体词的区域特征、方言人体词中的特征词和特征语素、方言人体词的历史层次、方言人体词区别特征反映出的方言特点等都可以为方言分区提供一点参考，以方言区域特征划分大的方言区是可行的，某些方言人体词的区域特征的分布是符合官话方言、近江方言和远江方言的分法的；但想要准确地对汉语方言进行分类和分区，应该联系整个方言词汇系统、结合语音和语法标准，还应对各种因素、各种标准进行综合的考虑和分析，结合各方面标准而非利用一种标准。

汉语普通话与方言间、方言与方言间，人体词的词形、演变、古汉语承传等方面都存在很多共性，这是汉语言民族共性的表现，因为汉语方言毕竟是同一种语言的地方分支和变体；同时，核心人体词在某些方言中又存在不少方言独特的说法和用法，这又是地域特点、方言个性的表现。由人体词一类词，我们就可以从中看出汉语言民族共性和方言个性是并存的。

研究中我们发现，无论是人体词的共时表现形式还是历时演变类型，都既有共性，又有差异，各方言既有对历史上人体词的继承，也有自我创新，继承中也存在变异。有些在普通话和绝大多数方言中已经被替换的人体词，还可能以古汉语原来的词形和意义或者只是以单音节语素的形式保留在某些南方方言中，这些被保存的古汉语成分或者因为共同的传承关系或者因为方言间的相互影响而有可能在相邻或相隔很远的方言区或方言点中存在。

目前我们能见到的对人体词的研究成果，无论是讨论其语义发展还是研究其历史演变，基本上都是局限于普通话人体词，将研究范围扩大到汉语方言人体词，比以往的研究范围扩大了。运用共时和历时相结合的比较方法，尝试研究汉语核心人体词的共时差异与历时演变关系，丰富了汉语方言词语、汉语史的研究内容。比较的范围不是限于一区或一地的人体词语，扩大到 43 地（包括北京话），虽然对全国的方言覆盖并不周全，但比较的规模还是大了。比较中发现了不少新问题，不仅总结了一些规律，而且还探讨了现象背后的深层原因。最后，运用方言人体词的共性和差异情况，讨论方言分区等问题，这是将研究扩大至应用，使我们的研究既有理论价值又有实践价值。

二　发现的问题

研究中还发现了一些问题，在此提出，有待于进一步研究。

一是因方言用字不统一而影响人体词的方言一致性问题。我们发现，不少方言人体词，词典中记录它们的字可能并非其本字，而是"以字记音"，由于不同方言词典的编纂者的用字不同，可能会造成本是同一个词位而词形不同的情况，这影响了对方言词一致性的认识。

二是作为普通话基础方言的北方方言，其内部词语的情况也是极其复杂的，包括人体词在内的北方方言词，究竟哪些方言的哪些词与普通话接近度最高，哪些方言保留古汉语词率最高，都很值得研究；但研究应该扩大范围，至少应该研究包括人体词在内的整个官话方言核心词系统；所以对汉语核心词，至少对官话核心词研究很有必要。

三是由杭州话里的几个受北方话影响的人体词例子，提醒我们应该利用方言的实例去研究文献记录语言演变情况滞后的情况。元代以后的文献中才能见到的"肩膀"和"脖子"、较早文献用例是清代的"脑袋瓜"出现在远离北方话、南宋时受过北方话影响的杭州话中，是否这三个词在南宋就已经在口语中出现了，但文献记录晚于实际语言的发展，很值得研究。

　　四是一些出现在中古以后或近代文献中的人体词，不见或少见于北方话而见于某些南方方言，是否其本就为南方方言词，只是近代文献才有对其的记录，这也值得研究。

　　五是因语素的不同而使同义词的差别表现在不同的历史层次上，这一点在同义词的研究中也应该得到重视。

　　六是某些方言中那些看似承传自近代的人体词，是否并非是真承传自近代汉语，而是受普通话或北方方言影响而在现代时期产生的新说法，也值得探讨。

　　另外，某些古代就为方言词的人体词，其今天的地理分布比其古代的分布南移了。

　　因作者水平有限，对一些问题的分析和研究还有疏漏；一些总结性的结论还有待于进一步完善。加之研究材料、篇幅等方面的限制，研究还存在很多问题。这只能留待后续的研究。

主要引用资料

李荣主编:《现代汉语方言大词典》（42 分卷本），江苏教育出版社1993—1998 年版。

（汉）许慎:《说文解字》，中华书局 1963 年版。

（清）段玉裁:《说文解字注》，上海古籍出版社 1981 年版。

《礼记正义》，《十三经注疏》（清阮元校刻），中华书局 1980 年版。

《尔雅注疏》，《十三经注疏》（清阮元校刻），中华书局 1980 年版。

《周礼注疏》，《十三经注疏》（清阮元校刻），中华书局 1980 年版。

《尚书正义》，《十三经注疏》（清阮元校刻），中华书局 1980 年版。

《论语注疏》，《十三经注疏》（清阮元校刻），中华书局 1980 年版。

《孟子正义》，《十三经注疏》（清阮元校刻），中华书局 1980 年版。

《春秋左传正义》，《十三经注疏》（清阮元校刻），中华书局 1980 年版。

范祥雍主笔、范邦瑾协校:《战国策笺证》，上海古籍出版社 2006年版。

张双棣等:《吕氏春秋词典》，山东教育出版社 1993 年版。

（清）王先谦:《韩非子集解》，钟哲点校，《新编诸子集成》，中华书局 1998 年版。

（梁）萧统编:《文选》，（唐）李善注，中华书局 1977 年版。

（后魏）贾思勰撰:《齐民要术校释》，缪启愉校释，缪桂龙参校，北京农业出版社 1982 年版。

金盈之:《新编醉翁谈录》，辽宁教育出版社 1998 年版。

《梅尧臣集编年校注》，朱东润编年校注，上海古籍出版社 1980年版。

《苏轼诗集》，王文诰辑注，孔凡礼点校，中华书局 1982 年版。

（宋）陈澎年等:《钜宋广韵》，上海古籍出版社 1983 年版。

（东汉）刘熙撰:《释名疏证补》，（清）毕沅疏证，王先谦补，中华书局 2008 年版。

项楚：《王梵志诗校注》，上海古籍出版社1991年版。

周钟灵等主编：《韩非子索引》，中华书局1982年版。

（清）张隐庵：《黄帝内经素问集注》，学苑出版社2002年版。

（东汉）安世高译：《佛说罪业应报教化地狱经》，《大正新修大藏经》电子版。

（宋）洪楩：《清平山堂话本》，谭正璧校注，上海古籍出版社1987年版。

（晋）葛洪：《肘后备急方》，人民卫生出版社1963年版。

（东晋）法显：《佛国记》，说郛本。中国工人出版社，1996年版。

（唐）张鷟：《耳目记》（说郛卷34），商务印书馆1930年版。

（唐）戴孚撰：《广异记》，方诗铭辑校，中华书局1992年版。

王重民等：《敦煌变文集》，人民文学出版社1957年版。

（唐）段成式：《酉阳杂俎》，《唐五代笔记小说大观》，上海古籍出版社2000年版。

（唐）长孙无忌：《唐律疏议》，刘俊文点校，法律出版社1999年版。

（唐）杜佑：《通典》（影印本），中华书局1984年版。

（唐）李林甫：《唐六典》，陈仲夫点校，中华书局1992年版。

（唐）韦绚：《刘宾客嘉话录》，《唐五代笔记小说大观》，上海古籍出版社2000年版。

（唐）孙棨：《北里志》，《唐五代笔记小说大观》，上海古籍出版社2000年版。

《新刊大宋宣和遗事》，中国古典文学出版社1954年版。

（梁）顾野王：《大广益会玉篇》，中华书局1987年版。

（元）吴昌龄：《张天师断风花雪月》杂剧，《吴昌龄、刘唐卿、于伯渊集》，山西人民出版社1993年版。

（明）李登：《重刊详校篇海》，《续修四库全书》（二三二·经部·小学类），上海古籍出版社2002年版。

（明）罗贯中：《全图绣像三国演义》，内蒙古人民出版社1981年版。

（清）曹雪芹《红楼梦》，人民文学出版社1996年版。

（清）王引之：《经义述闻》，江苏古籍出版社1985年版。

《现代汉语词典》（第5版），商务印书馆2006年版。

《汉语大词典》，汉语大词典出版社1997年版。

《汉语大字典》，湖北辞书出版社、四川辞书出版社1995年版。

（清）张隐庵集注：《黄帝内经素向集注》，上海科学技术出版社

1959 年版。

李孝定：《甲骨文字集释》，台湾"中央研究院"历史语言研究所，1965 年。

参考文献

［法］房德里耶斯：《语言》，北京：岑麒祥、叶蜚声译，商务印书馆1992年版。

［美］布龙菲尔德：《语言论》，商务印书馆1980年版。

《词汇学理论与应用》编委会编：《词汇学理论与应用》（三），商务印书馆2006年版。

《辞海·语言学分册》，上海辞书出版社1987年版。

白云：《汉语五类常用动词研究》，博士学位论文，厦门大学，2006年。

北京大学中文系语言学教研室：《汉语方言词汇》，语文出版社1995年版。

蔡国璐：《丹阳方言词典·引论》，载《丹阳方言词典》，江苏教育出版社1995年版。

曹廷玉：《赣方言特征词研究》，载《汉语方言特征词研究》，厦门大学出版社2001年版。

曹志耘：《汉语方言研究的思考》，《山东大学学报》1987年第1期。

曹志耘主编：《汉语方言地图集》，商务印书馆2008年版。

陈刚主编：《北京方言词典》，商务印书馆1985年版。

陈瑶：《官话方言方位词比较研究》，博士学位论文，暨南大学，2001年。

陈庆延：《晋语特征词说略》，载《汉语方言特征词研究》，厦门大学出版社2001年版。

陈伟武：《潮汕方言词考释续貂》，《汕头大学学报》1997年第6期。

陈孝玲：《说侗台语"膝"》，《语言研究》2009年第1期。

陈章太：《北方话词汇的初步考察》，《中国语文》1994年第2期。

陈章太、李行健主编：《普通话基础方言基本词汇集》，语文出版社1996年版。

程雨民：《语言系统及其运作》，上海外语教育出版社 1997 年版。

戴庆厦：《汉语方言词汇差异比较研究·序》，载董绍克《汉语方言词汇差异比较研究》，民族出版社 2002 年版。

邓晓华：《客家话跟苗瑶壮侗语的关系问题》，《民族语文》1999 年第 3 期。

丁邦新：《方言词汇的时代性》，《北京大学学报》（哲学社会科学版）2005 年第 5 期。

董绍克等主编：《汉语知识词典》，警官教育出版社 1996 年版。

董绍克：《汉语方言词汇差异比较研究》，民族出版社 2002 年版。

董绍克：《论汉语方言词汇的构词差异》，《山东师范大学学报》2002 年第 1 期。

范俊军：《从词汇看粤北土话与湘南土话的异同及系属》，《华南师范大学学报》2000 年第 3 期。

范峻军：《湖南桂阳敖泉土话方言词汇》，《方言》2004 年第 4 期。

方一新：《"眼"当"目"讲始于唐代吗?》，《语文研究》1987 第 3 期。

方云云：《"脖"的源流考》，《现代语文》2007 年第 6 期。

方云云：《近代汉语"脖子语义场"主导词的历时演变》，《安徽农业大学学报》2010 年第 1 期。

冯凌宇：《汉语人体词语的演变特点》，《武汉大学学报》2006 年第 5 期。

冯凌宇：《汉语人体词汇研究》，中国广播电视出版社 2008 年版。

冯青青、陈建敏：《方言词研究中的三个问题》，《文教资料》2008 年 2 月号下旬刊。

符淮青：《现代汉语词汇》，北京大学出版社 1985 年版。

符淮青：《词义的分析和描写》，语文出版社 1996 年版。

符其武：《琼北闽语词汇研究》，四川大学出版社 2008 年版。

高守刚：《古代汉语词义通论》，语文出版社 1994 年版。

葛本仪：《现代汉语词汇学》，山东人民出版社 2001 年版。

龚群虎：《人体器官名词普遍性的意义变化及相关问题》，《语文研究》1994 年第 4 期。

桂诗春、宁春岩：《语言学方法论》，外语教学与研究出版社 1997 年版。

郭芹纳：《陕西方言词语汇释》，《西安教育学院学报》1997 年第

2 期。

汉语大字典编辑委员会：《汉语大字典》，湖北辞书出版社、四川辞书出版社 1995 年版。

贺魏：《吴方言词语与官话的差异》，《中国语文》1990 年第 1 期。

［德］洪堡特：《论语言发展不同时期的比较语言学研究》（1820），张材烈译：《国外语言学》1987 年第 4 期。

侯精一主编：《现代汉语方言概论》，上海教育出版社 2002 年版。

胡士云：《汉语亲属称谓研究》，博士学位论文，暨南大学，2001 年。

黄金贵：《古代文化词义集类辨考》，上海教育出版社 1995 年版。

黄树先：《汉语核心词"鼻"音义研究》，《语言研究》2009 年第 2 期。

黄树先：《汉语核心词探索》，华中师范大学出版社 2010 年版。

黄树先：《汉语身体词探索》，华中科技大学出版社 2012 年版。

黄树先：《比较词义探索》，巴蜀书社 2012 年版。

晃瑞：《〈醒世姻缘传〉方言词研究》，博士学位论文，南京师范大学，2006 年。

江蓝生：《魏晋南北朝小说词语汇释》，语文出版社 1988 年版。

蒋绍愚：《古汉语词汇纲要》，北京大学出版社 1989 年版。

蒋绍愚：《近代汉语研究概况》，北京大学出版社 1994 年版。

金理新：《从核心词看汉语和藏语缅语的亲疏关系》，《民族语文》2001 年第 6 期。

李行健主编：《河北方言词汇编》，商务印书馆 1995 年版。

李慧贤：《"目"和"眼"的词义演变》，《汉字文化》2008 年第 5 期。

李慧贤：《汉语人体部位词语历史演变研究》，博士学位论文，北京大学，2007 年。

李慧贤：《人体词语的特点及历史演变情况》，载《第四届汉语史研讨会暨第七届中古汉语国际学术研讨会论文集》（北京），2009 年 8 月第 1 版。

李锦芳：《粤语西渐及与壮侗语接触的过程》，载《第七届国际粤方言研讨会论文集》，商务印书馆 2000 年版。

李荣：《方言词典说略》，《中国语文》1992 年第 5 期。

李荣：《〈现代汉语方言大词典·分地方言词典〉总序》，《辞书研究》1997 年第 2 期。

李如龙：《论汉语方言的词汇差异》，《语文研究》1982 年第 2 期。

李如龙、张双庆主编：《客赣方言调查报告》，厦门大学出版社 1992 年版。

李如龙：《论汉语方言的类型学研究》，《暨南学报》1996 年第 2 期。

李如龙：《客家方言与客家的历史文化》，《嘉应大学学报》1998 年第 2 期。

李如龙、吴云霞：《官话方言后起的特征词》，《语文研究》2001 年第 4 期。

李如龙：《汉语方言的比较研究》，商务印书馆 2001 年版。

李如龙：《论音义相生》，载《汉语方言的比较研究》，商务印书馆 2001 年版。

李如龙：《闽方言的特征词》，载《汉语方言特征词研究》，厦门大学出版社 2001 年版。

李如龙：《闽西客家方言语音词汇的异同》，载《汉语方言的比较研究》，商务印书馆 2001 年版。

李如龙：《谈谈词汇的比较研究》，载《词汇学理论与实践》，商务印书馆 2001 年版。

李如龙主编：《汉语方言特征词研究》，厦门大学出版社 2001 年版。

李如龙：《福建县市方言志 12 种》，福建教育出版社 2001 年版。

李如龙：《汉语方言学》，高等教育出版社 2001 年版。

李如龙：《关于东南方言的"底层"研究》，《民族语文》2005 年第 5 期。

李如龙：《词汇系统在竞争中发展》，《词汇学理论与应用》（三），商务印书馆 2006 年版。

李如龙：《汉语方言的地理语言学研究大有可为——喜读〈汉语方言地图集〉》，《方言》2009 年第 2 期。

李如龙：《汉语词汇学论集》，厦门大学出版社 2011 年版。

李如龙《略论官话方言的词汇特征——官话方言词汇论著读书札记》，《吉林大学社会科学学报》2014 年第 2 期

李幼蒸：《理论符号学导论》，中国社会科学出版社 1993 年版。

李云云：《汉语下肢语义场的历史演变》，硕士学位论文，烟台师范学院，2005 年。

李宗江：《汉语常用词演变研究》，汉语大词典出版社 1999 年版。

练春招：《从词汇看客家方言与粤方言的关系》，《华南师范大学学报》2000 年第 3 期。

林寒生：《闽东方言词汇语法研究》，云南大学出版社 2002 年版。

刘冬冰：《开封方言记略》，《方言》1997 年第 4 期。

刘俐李：《同源异境三方言核心词和特征词比较》，《语言研究》2009 年第 2 期。

刘纶鑫：《江西客家方言概况》，江西人民出版社 2001 年版。

刘晓梅等：《官话方言特征词研究——以〈现代汉语词典〉所收方言词为例》，《语文研究》2003 年第 1 期。

刘艳平：《定襄方言词汇与普通话词汇的比较—以日常生活用词为例》，《忻州师范学院学报》2010 年第 6 期。

刘育林：《陕北方言略说》，《方言》1988 年第 4 期。

刘镇发：《现代粤语源于宋末移民说》，载《第七届国际粤方言研讨会论文集》，商务印书馆 2000 年版。

刘镇发、李如龙：《汉语方言学在语言学上的意义》，《深圳大学学报》2003 年第 4 期。

龙丹：《魏晋核心词"颈"语义场研究》，《云梦学刊》2007 年第 3 期。

龙丹：《魏晋核心词研究》，博士学位论文，华中科技大学，2008 年。

龙丹：《魏晋"口（嘴）"语义场及其历时演变》，载《第四届汉语史研讨会暨第七届中古汉语国际学术研讨会论文集》（北京），2009 年 8 月第 1 版。

卢兴翘：《广州话与普通话词汇的差异类型》，载《词汇学理论与实践》，商务印书馆 2001 年版。

罗常培：《语言与文化》，语文出版社 1989 年版。

［美］罗杰瑞：《汉语概说》，语文出版社 1995 年版。

罗昕如：《湘方言词汇研究》，湖南师范大学出版社 2006 年版。

吕传峰：《"嘴"的词义演变及其与"口"的历时更替》，《语言研究》2006 第 1 期。

吕叔湘著、江蓝生补：《近代汉语指代词·序》，学林出版社 1985 年版。

马军丽：《固原方言词汇特点探析》，《连云港师范高等专科学校学报》2012 年第 3 期。

马清华：《语义的多维研究》，语文出版社 20 年版。

马文忠等：《大同方言志》，语文出版社 1986 年版。

马希文：《比较方言学中的计算方法》，《中国语文》1989 年第 5 期。

孟庆惠：《徽州方言》，安徽人民出版社 2005 年版。

欧阳觉亚：《广州话、客家话、潮汕话与普通话对照词典》，广东人民出版社 2005 年版。

潘允中：《汉语词汇史概要》，上海古籍出版社 1989 年版。

戚雨村等：《语言学百科词典》，上海辞书出版社 1993 年版。

钱曾怡：《汉语方言学方法论初探》，《中国语文》1987 年第 4 期。

钱曾怡：《钱曾怡汉语方言研究文选》，山东大学出版社 2008 年版。

钱奠香：《雷琼闽语特征词初探》，载《汉语方言特征词研究》，厦门大学出版社 2001 年版。

乔全生：《晋方言向外的几次扩散》，《语文研究》2008 年第 1 期。

任学良：《汉语造词法》，中国社会科学出版社 1981 年版。

邵百鸣：《南昌方言》，江西人民出版社 2009 年版。

盛益民：《论"脖"的来源》，《语言研究》2010 年第 3 期。

史存直：《汉语词汇史纲要》，华东师范大学出版社 1989 年版。

史存直：《汉语史纲要》，中华书局 2008 年版。

束定芳：《隐喻学研究》，上海外语教育出版社 2000 年版。

孙逊：《论从表示人体部位的词派生的词或词义：比较词义学探索》，《外语学刊》1991 年第 2 期。

孙常叙：《汉语词汇》（重排本），商务印书馆 2006 年版。

［瑞］索绪尔：《普通语言学教程》，高名凯译，商务印书馆 1980 年版。

田晓荣、姚艳丽：《渭南方言词寻源（二)》，《渭南师范学院学报》2010 年第 1 期。

涂良军：《云南方言词汇比较研究》，云南大学出版社 2001 年版。

汪维辉：《东汉——隋常用词演变研究》，南京大学出版社 2000 年版。

王宝刚：《〈方言〉简注》，中央文献出版社 2007 年版。

王宝红：《陕西近代歌谣方言词汇特点初探》，《咸阳师范学院学报》2011 年第 3 期。

王凤阳：《古辞辨》，吉林文史出版社 1993 年版。

王福堂：《汉语方言语音的演变和层次》，语文出版社 1999 年版。

王军：《汉语词汇的动态仿真变化探析》，山东大学出版社 2002

年版。

王珂：《清代河南地方志方言材料研究》，硕士学位论文，河南大学，2013 年。

王力：《汉语史稿》，中华书局 1980 年版。

王力：《同源字典》，商务印书馆 1982 年版。

王力：《汉语词汇史》（《王力文集第 11 卷》），山东教育出版社 1990 年版。

王丽丽：《汉语"足"类人体词的历史演变研究》，硕士学位论文，内蒙古大学，2011 年。

王士元等：《方言关系的计量表述》，《中国语文》1992 年第 3 期。

王笑舒：《大连方言词汇研究》，硕士学位论文，广西师范学院，2010 年。

王毅力等：《"颈"语义场的历时演变》，《宁夏大学学报》2009 年第 6 期。

王云路：《中古汉语词汇史》，商务印书馆 2010 年版。

王作新：《宜昌方言词汇的地方色彩简识》，《三峡大学学报》2013 年第 6 期。

魏巍：《元代汉语词汇史新词研究》，硕士学位论文，山东大学，2010 年。

温昌衍：《客家方言的特征词》，载《汉语方言特征词研究》，厦门大学出版社 2001 年版。

温昌衍：《客家方言》，华南理工大学出版社 2006 年版。

温昌衍：《客家话、潮汕话、广府话人体类词语比较研究》，《嘉应学院学报》2011 第 3 期。

温昌衍：《客家方言特征词研究》，商务印书馆 2012 年版。

温端政：《山西方言调查研究报告》，山西高校联合出版社 1993 年版。

吴宝安：《西汉"头"的语义场研究——兼论身体词频繁更替的相关问题》，《语言研究》2006 年第 4 期。

吴宝安：《西汉核心词研究》，博士学位论文，华中科技大学，2007 年。

吴继光：《徐州方言词汇订补（一）》，《方言》1996 年第 3 期。

吴金华：《佛经译文中的汉魏六朝语词拾零》，《语言研究集刊》第 2 辑，上海辞书出版社 1988 年版。

吴哲:《现代俄语词汇的多义性研究》,博士学位论文,黑龙江大学,2005年。

武占坤、王勤:《现代汉语词汇概要》,内蒙古人民出版社1983年版。

解海江、张志毅:《汉语面部语义场历史演变——兼论汉语词汇史研究方法论的转折》,《古汉语研究》1993年第4期。

解海江:《汉语方言义位比较研究》,硕士学位论文,华中师范大学,2000年。

解海江:《汉语方言义位基本义的差异》,《汉语学报》2002年第5辑。

解海江等:《汉语方言义位陪义的差异》,《莱阳农学院学报》2003年第1期。

解海江等:《汉语方言义位义域的差异》,《烟台师范学院学报》2004年第1期。

解海江、李如龙:《汉语义位"吃"普方古比较研究》,《语言科学》2004年第3期。

解海江:《汉语编码度研究》,博士学位论文,厦门大学,2004年。

解海江等:《汉语词汇比较研究》,中国社会科学出版社2008年版。

解海江:《汉语基本颜色词普方古比较研究》,《语言研究》2008年第3期。

解海江:《汉语义位"走""跑""站"普方古比较研究》,载《第四届汉语史研讨会暨第七届中古汉语国际学术研讨会论文集》(北京),2009年8月第1版。

解海江等:《汉语义位"腿""脚"比较研究》,《南开语言学刊》2011年第2期。

邢向东:《神木方言研究》,中华书局2002年版。

邢向东:《陕北神木方言词汇内外比较研究》,《语言研究》2003年第1期。

邢向东:《关于深化汉语方言词汇研究的思考》,《陕西师范大学学报》2007年第2期。

徐时仪:《古白话词汇研究论稿》,上海教育出版社2000年版。

徐通锵:《历史语言学》,商务印书馆1991年版。

徐通锵:《语言论——语义型语言的研究方法》,东北师范大学出版社1997年版。

徐朝华：《上古汉语词汇史》，商务印书馆 2003 年版。

徐志民：《欧美语言学简史》，学林出版社 2005 年版。

许宝华：《汉语方言大词典》，中华书局 1999 年版。

许威汉：《二十世纪的汉语词汇学》，书海出版社 2000 年版。

杨蓓：《吴语五地词汇相关度的计量研究》，《语言文字应用》2003 年第 1 期。

杨振兰：《从词的形象色彩看词义引申》，《山东大学学报》1991 年第 1 期。

叶蜚声、徐通锵：《语言学纲要》，北京大学出版社 1997 年版。

叶晓锋：《汉藏语中的"眉毛"》，《民族语文》2009 年第 6 期。

殷晓杰：《明清山东方言词汇研究》，中国社会科学出版社 2011 年版。

袁家骅：《汉语方言概要》（第二版），文字改革出版社 1983 年版。

詹伯慧等：《汉语方言及方言调查》，湖北教育出版社 2001 年版。

张成材：《西宁方言词典·引论》，载《西宁方言词典》，江苏教育出版社 1994 年版。

张崇、王军虎：《陕西方言词汇和语法方面的几个特点》，《西安外国语学院学报》1998 年第 2 期。

张树铮：《现代汉语方言音系简化的趋势与推广普通话》，《语言文字应用》1994 年第 1 期。

张树铮：《试论普通话对方言语音的影响》，《语言文字应用》1995 年第 4 期。

张树铮：《清代山东方言语音研究》，山东大学出版社 2005 年版。

张双庆：《粤语的特征词》，载《汉语方言特征词研究》，厦门大学出版社 2001 年版。

张雪梅：《"脚"有"足"义始于西汉中期》，《古汉语研究》2007 年第 2 期。

张永言：《词汇学简论》，华中工学院出版社 1982 年版。

张振兴：《台湾闽南方言记略》，福建人民出版社 1983 年版。

张振兴：《漳平方言研究》，中国社会科学出版社 1992 年版。

张振兴：《闽语及其周边方言》，《方言》2000 年第 1 期。

张振兴：《〈现代汉语方言大词典〉编纂后记》，《方言》2000 年第 2 期。

张志毅、张庆云：《词汇语义学》，商务印书馆 2001 年版。

张志毅、张庆云：《词汇语义学与词典编纂》，外语教学与研究出版社 2007 年版。

长召其、张志毅：《异形词是词位的无值变体》，《语言文字应用》2003 年第 3 期。

赵倩：《汉语人体名词词义演变规律及认知动因》，博士学位论文，北京语言大学，2007 年。

赵红梅：《汉语方言词汇语义比较研究》，中国广播电视出版社 2011 年版。

赵克勤：《古汉语词汇概要》，浙江教育出版社 1987 年版。

赵克勤：《古代汉语词汇学》，商务印书馆 1994 年版。

赵艳芳：《认知语言学概论》，上海教育出版社 2001 年版。

郑锦全：《汉语方言亲疏关系的计量研究》，《中国语文》1988 年第 2 期。

郑张尚芳：《汉语方言异常读音的分层及滞古层分析》，载何大安主编《南北是非：汉语方言的差异与变化》，台湾"中央研究院"语言学研究所筹备处，2003 年。

中国社会科学院语言研究所词典编辑室编：《现代汉语词典》（第 6 版），商务印书馆 2012 年版。

中国社会科学院语言研究所方言研究室资料室：《汉语方言词语调查条目表》，《方言》2003 年第 1 期

钟雪君：《维吾尔语人体词研究》，硕士学位论文，新疆大学，2009 年。

周荐：《论方言词的确定》，载《语言研究论丛》第 4 辑，南开大学出版社 1987 年版。

周光庆：《试论从本体论角度研究汉语词汇》，载《词汇学理论与实践》，商务印书馆 2001 年版。

周琳娜：《清代新词新义位发展演变研究》，博士学位论文，山东大学，2009 年。

周绍珩：《欧美语义学的某些理论与研究方法》，《语言学动态》1978 年第 4 期。

周志锋：《宁波方言的词汇特点》，《宁波大学学报》2010 年第 1 期。

朱永锴：《谈汉语方言的词汇差异》，《汕头大学学报》1987 年第 3 期。

主金超：《隋代新词新义研究》，硕士学位论文，山东大学，2011 年。

庄初升：《从方言词汇看客家民系的历史形成》，《韶关大学学报》1998 年第 2 期。

Lyons, John：*Semantics*, London：Cambridge University Press, 1977.

致　　谢

　　本书是以作者的博士论文为基础，经过修改、补充，并申请国家社会科学基金后期资助项目后的结项成果。

　　请允许我首先向几位语言学界德高望重的先生们致谢！我并非他们门下的注册学生，但几位先生给予我的指导和帮助已经超出了学籍上的师生关系。

　　特别感激李如龙先生！可以说如果没有李先生高瞻远瞩地提出"汉语词汇'普——方——古'综合比较研究"的理论和研究方法，也就不会有今天的成果！特别难忘，2008年李先生在紧张的讲学间隙，不辞辛劳，专门到寒舍，对我的论文写作进行精心指导，先生对一个小辈如此关爱、提携，而我的论文并非做出希望的成果，辜负了先生的期望，很是惭愧和不安！

　　王宁先生是我们的答辩主席，先生自身的学术修养和对后辈的关爱，令人由衷地敬佩！谨此一并感谢答辩委员王贵元教授和史冠新教授的指教！

　　感谢张志毅先生！愿先生的精神长存！先生的学术思想永远得以承传！

　　感谢张庆云先生的鼓励和提携！

　　感激恩师张树铮先生！今天的成果也凝结着恩师的心血！

　　感谢山东大学的各位老师：杨端志教授、吉发涵教授、唐子恒教授、杨振兰教授和王新华教授对我的博士论文开题提出过中肯的意见和细致的指导！

　　感谢我的硕士导师董绍克先生！

　　感谢烟台大学人文学院的领导和同事，兰翠院长、赵文静院长、教研室罗丽主任等在排课等方面给予我很多照顾，张力军书记还亲自为我代课，使我能有充分的时间进行博士论文的写作。在院领导董晔院长、张胜利主任、刘会清老师、郑炜老师，以及科研处高老师和曹老师的鼓励和帮助下，我申请的国家社会科学基金后期资助项目，终于在 2014 年 6 月获得立项。

感谢在生活、学习等各方面给了我无微不至的关怀和帮助的山东大学 2007 级、2008 级博士同学！

我还要感谢我的家人。我的母亲和两个妹妹！

感谢我的同道、患难与共的丈夫解海江，也是本书的作者之一，没有他的支持和帮助就没有我的今天！

感谢中国社会科学出版社的任明主任，任先生亲自担任责任编辑，付出了极其艰苦的劳动！感谢中国社会科学出版社各位先生的劳动和帮助，才使得项目得以申请成功、拙著得以付梓！

应该感谢的人太多了！

有这么多好人的帮助，我才能走向成功。祝好人们一生平安！

二〇一五年九月
于波兰卢布林